# Political Animals:
# 為何我們總是選錯人？

## 人類政治行為的迷思

How Our Stone-Age Brain
Gets in the Way
of Smart Politics

Rick Shenkman
**瑞克・謝克曼**

曾亞晴　陳毅瀓　林士堯——譯

# 目錄

獻給我了不起的母親，菲莉絲・謝克曼
八十歲的她重回校園求學
母親一輩子是我人生最有力量的榜樣
我想要追隨她

# 推薦序

王宏恩（菜市場政治學共同創辦人、內華達大學拉斯維加斯分校政治系助理教授）

政治科學的發展中，過去七十年來，隨著民意調查工具與各種實驗工具的進步，加上其他領域從不同面相對人類的探索，讓政治科學家們對於選民有更多的理解，但這卻是一連串解構與重構的開始。

自從啟蒙運動以來，哲學家們常常假定人們對於政治的興趣與知識量都很高，並進而推論在這種狀況下民主如何可以更好、制度該如何設計。但自從我們真的用問卷開始詢問廣大的民眾對於政治的了解，如同本書所舉的例子，包括大法官是誰、包括上一個颱風或鯊魚攻擊應該歸咎於誰等問題，選民的答案往往嚴重挑戰了古早學者對於民主的樂觀假設。因此在九〇年代，一群學者乾脆大喊選民並沒有真正的知識、也沒有真正的意見，民主崩壞不遠矣！

隨著更多研究，我們發現實際情況也沒有那麼悲觀。雖然我們把選民一個個抓出來問，政治學可以考及格的人並不多，但當大家一起投票時，往往似乎真的可以在正確的時機點懲罰壞領袖、換人做做看，雖然換的人常常也只是下一個小丑，嘗鮮期只有六個月。而各國民主運行多年以來，似乎經濟也還可以、也不太愛跟別的國家進行全面性的戰爭、社會福利與人民生活水準也持續提升。

我們又該如何解釋這個人層次與集體層次的差異呢？

因此，新一波對於人們政治行為與政治知識的研究，就朝兩個方向前進，第一個是客觀看待人所需的知識與相應的限制，以及觀察這兩者加減後是否真的會影響民主運行。第二個，則是朝向制度設計，個人或許不完美，但我們是否能透過一些程序、制度、投票方式，讓集體決策的結果至少不會導向毀滅。

這本《為何我們總是選錯人》，從演化生物學出發，就是前文所述第一個方向的集大成。演化生物學認為人的大腦並不是一出生是空白一片，可以完全由後天教導而百分之百改變。相較之下，演化生物學相信人的大腦內有些預先設計好的機制，是我們現代人一出生就在腦內有的設定，如同買了電腦後裡面內建微軟的Office作業系統，日後你一遇到文件資料就會由Office系統打開一樣。在這本書中，提到了好奇心、觀察他人表情、說謊與辨識說謊、以及同理心等四個機制。演化生物學進一步假設，人會有這些內建的機制，是因為這些機制對我們的祖先有生存優勢，我們的祖先靠這些機制打敗了沒有機制的其他同類，最後把這些機制隨著基因傳遞下來。

而這本書的主要論述，就是這些祖先給我們的腦內機制，在過去幫還在打獵的祖先們獲得勝仗；但到今日，這些內建機制卻與民主制度裡面對「理性選民」的完美假設相違背。本書的一大優點，在於作者橫跨數個領域的研究收集與整理，把政治學、心理學、神經科學、歷史學等近年來的重要著作都依照相同的大方向整理在一起，文獻回顧的廣度堪比一本博士論文。這樣的文獻串連對有興趣的讀者尤其重要——雖然作者礙於篇幅，許多地方並沒有把整個實驗設計或研究方式給講清楚，而只有簡單敘述配上研究結論，但由於文獻回顧的完整，所以有興趣的讀者都可以順藤摸瓜找到原本的研究文章與其他相關著作來繼續深究。

作者也在本書發揮了歷史學家擅長的優點：透過無數資料描述、側寫數位美國總統的決策過程與遇到的危機。對於美國政治或美國總統不熟悉的台灣讀者來說，一下子看到一大堆英文名字或官階可能會感到有點吃力。但讀者不妨想像一下，假如自己正是坐在白宮裡面的那位總統，桌子前面有無數麥克風跟記者等著你開口，旁邊也有數位官員們拿出不同的決策要你做最終判斷，而你的開口判斷可能導致幾萬人的生死，在這個時候，你的腦袋在想什麼呢？你如何做出判斷呢？雖然作者也說，要有同理心不容易，但我們假如認真去想像一下，讀者很快就可以理解「同樣身為人」的美國總統們和幕僚們，為什麼跟我們一樣受到古早祖先們傳給我們的預設大腦機制給影響了。

雖然這些祖先給我們的機制可能先天的影響了我們一開始的政治判斷，但如同作者所云，我們畢竟是人類——祖先給我們的預設機制放在較省能源的大腦（系統一），但我們大腦內仍有（系統二）讓我們能更周全的思考，這也是作者仍樂觀的理由。在這個資源與資訊都充足的年代，我們更應該有時間與義務去控制自己的情緒，好好地接收資訊，因為我們共同決定的政治事務影響了更多的人、影響了國內與其他國家的人、甚至影響了整個地球，例如全球暖化等議題。

當然，除了作者在本書提到人們腦內的機制與破解之道外，人類其實也逐漸認知到個人的極限，而透過制度與系統來降低政治決策的錯誤，也就是前面提到的第二個新研究方向。中國一些明君會讓大臣直言不諱、以人為鏡；而到了近代，我們則是透過憲法上的分權制衡來互相牽制可能犯錯的掌權者，透過言論自由來挖掘政府可能的謊言，並透過定期選舉與參政權讓人們定期關注與評價執政者，或至少可以在執政者太誇張時出來投票把他換下來。或許有時候人們的集體決策修正錯誤的效率並不快，但長期而言，假如沒有外來的威嚇或扭曲，至少民主都不會有太大的錯誤，而是穩穩地測試錯誤然後修正前進，這也是我們這群「政治動物」仍值得珍惜民主的最起碼的原因。

我們都是政治動物，但我們的祖先選擇不只是當個動物。千百年後的我們，也能選擇繼續證明我們的祖先當初的決定是對的。

# 導論：兩造不相配合
## 為什麼我們不能相信本能

## 1.

一八九一年的某一天，一位走遍世界各地、樂於戳破公眾迷思的富有旅行家，拿出五百美金，懸賞世上有誰能證明鯊魚會攻擊美國東岸人類。消息成了新聞頭條。人們確信富翁必將為此付出賞金，可是他們錯了。

美國頂尖的鯊魚專家們對此並不訝異。他們早已發現，水手間口耳相傳的恐怖食人動物，幾乎不可能出現在美國沿海的非熱帶海域。沒有證據證明，美東沿岸曾有鯊魚追食人類，除非偶然意外，專家們如此斷言。那麼又為何沿海居民，總對鯊魚懷抱幽深的恐懼？專家們視此為全然的迷信。這個看法持之有年。

一九一六年暑假前夕，專家們一如往常，再次向大眾重申，無須擔憂沿岸鯊魚攻擊。他們強調這不是見解如何的問題。這是科學事實。

隨後日子來到七月一日的星期六。

來自費城的萬森特（Vansant）一家人，越過德拉瓦河進入紐澤西州，搭上下午三點三十五分的火車，由肯頓郡（Camden）前往紐澤西海岸。下午五點剛過，他們抵達環境優美的度假勝地天堂灘（Beach Haven），距離南方的大西洋城約二十英里遠，入住當地一家高級飯店The Engleside。之後，查爾斯．萬森特（Charles Vansant）的雙親決定稍作休息，他自己則換上由頸至膝的黑色泳裝，前往海灘游泳。那時還不到下午六點。

當時萬森特是大學生，他參加兩個運動校隊，分別是高爾夫球和棒球。一下水，他勇猛地往前游去，游得比任何人都還要遠。海邊圍觀的群眾看著他在海裡和划水的狗兒玩耍，突然間，他放聲呼叫救命。水裡有東西拉著他往下沉。

是鯊魚。萬森特奮力掙扎，他的血染紅了整片海。一名勇敢的救生員快速游向他，將萬森特拖往岸邊。但是鯊魚緊咬不放。直到兩人接近岸邊，鯊魚刮到海底的卵石，方才游走。但還是太遲。就在萬森特下火車後，不過一小時的時間，強壯勇健的他就這麼死了。得年二十五歲。

五天過後，位於天堂灘北方四十五英里遠的春湖（Spring Lake），在高級飯店The Essex and Sussex擔任行李員領班的查爾斯．布魯德（Charles Bruder），趁著飯店午休，跑去海邊游泳。上百名遊客目睹一頭鯊魚朝布魯德襲來，人群之中還站著社交名媛喬治亞．喬爾德（George Childs）。喬爾德女士描述，她看見鯊魚衝向布魯德「就像一架飛機正攻擊飛船」。布魯德驚聲尖叫，鯊魚咬下他右邊膝蓋以下的腿，然後奪去他的左腳。女士們看到這血淋淋的一幕，無不倒胃噁心、暈厥過去。查爾斯．布魯德在極度驚恐中，很快死去，血肉模糊的軀幹四分五裂散落在沙灘上。那年他二十八歲。

緊接著，紐澤西海岸頻傳鯊魚攻擊。其中一起意外裡，鯊魚逆流游向小城馬塔萬（Matawan），一個距離海岸十六英里的內陸市鎮，從沒有人想過鯊魚竟然能游來到此地。鯊魚害死了一個戲水小男孩，還有一個企圖救人的男人。事件的最終，一名有經驗的釣客，清晨乘著破舊小船垂釣，抓到鯊魚並殺了牠。雖然無法證實這頭鯊魚就是這幾起攻擊事件的兇手，牠的死卻也結束了紐澤西海岸社區兩個星期以來的恐懼，當地經濟因攻擊事件嚴重受創。夏天結束，所幸並無再添亡魂。

一九一六年的教訓似乎是明白告訴我們，不論專家怎麼說，你都應該相信自己的直覺。鯊魚巨大又危險，你應該要害怕牠們。專家說不用擔心鯊魚攻擊，可是他們錯了。共有四人喪生。是否該相信專家？他們錯得不能再錯了。

但是這條看似清楚的教訓，就是真正的教訓嗎？難道不需要加以區辨？談到鯊魚的習性，專家們的觀察並沒有錯。他們是對的。數百種鯊魚之中，只有少數會對人類造成威脅，牠們全非美東海岸的原生動物。一九一六年慘案的教訓，不是要我們忽視專家建議。真正的教訓在於，我們要從事件脈絡進行判斷。如果你見到海裡有鯊魚，應該馬上離開水中。如果你看到鯊魚游向一群男孩，試著警告他們。採取安全作法不要冒險。但是，如果新聞不再出現攻擊事件，多年後鯊魚也銷聲匿跡，那麼請放心規劃你的大西洋假期，好好享受，這才是我們真正該學會的。

這也是紐澤西人一九一六年得到的結論。一旦危險遠離，他們不再讓鯊魚帶來的恐懼壞了夏日戲水的興致。次年他們回到沙灘，重回大洋的懷抱。本能告訴他們，一切沒問題。本能沒有錯。而且本能會隨著人類身處環境的變化，幫助人類改變判斷。他們知道什麼時候該害怕，什麼時候不需要屈服於恐懼。

本能機制，不僅精微，而且全自動。當一顆石頭朝你丟過來，你不用思考，馬上就能做出反應。本能反應就是如此迅速。這正是人類本能的重要作用。如果你必須花時間思考如何阻止石頭砸中你，你早就被石頭砸傷，失去來不及保護自己。

若我們靜下來想想，我們竟然可以靠本能避免被飛石砸傷，這實在是神經工程學的驚人成就。本能很神奇。想想你的大腦如何運作，在警告你危險來了，並且幫你做出行動之前，需要做些什麼。首先，大腦必須精準地評估環境。靠我們一、或兩種、或全部的感官，去評估當下的環境。必須靠哪一種感官？大腦會做出決定，而這只是它必須在剎那之間決定的許多事項之一。接著，你的大腦會開始建構事件的脈絡。朝你飛來的是石頭，還是一顆球？是你的朋友，還是敵人丟過來的？是大石頭，還是小石頭？接著，大腦才會判斷該如何反應。此時，大腦正進行一連串「條件運算式」（if/then formula）的運作。如果來的是顆大石頭，我就低身躲過。如果是顆小石子，我就接住它。如此類推，走過數以萬計的「如果……，那就……」的可能性。這一切發生的時間以毫秒計，而且往往在意識覺知（conscious awareness）之外。[1]

我們憑藉本能處理各種不同狀況。過馬路時，聽到輪胎摩擦地面的刺耳聲音，我們是該停止前進，還是全力衝過馬路？走在暗夜小巷，突然警覺周遭有人，感謝我們的本能，身體自動變得緊繃，對環境高度警覺。決鬥，還是逃跑？我們憑著本能做決定。

動物的行為，全靠本能驅使。[2]人類擁有更高程度的認知能力，我們會思考。可是科學家表示，我們具有數十種本能反應——甚至可說數千種，全看我們如何定義——幾乎涉及所有你能想到的人類行為。美國心理學之父威廉．詹姆斯（William James），主張本能機制從我們出生那刻就引導著我們。他甚至認為哭泣、打噴嚏，也是本能的一種。畢竟你不用人教也會哭、也會打噴嚏。[3]

本能機制運作得如此天衣無縫，幾乎涵蓋我們生活的每個面向，以至於我們無可避免要下結論說我們隨時都可以相信本能。天性要我們相信本能。順從本能，我們也會感覺比較好。[4]

但並不是每一種情況下，我們都應該相信本能。儘管本能的運作如此精微，卻也不是每次都奏效。本能出錯了該怎麼辦？要是我們的大腦錯判了情勢？如果我們的大腦無法建構出正確的事件情境？不要懷疑，環顧四周，這正是我們關於政治的問題。

## 2.

接下來我想談談一些人，他們的行為看似古怪。有名媽媽，在競選活動裡與約翰．甘迺迪（John F. Kennedy）短暫眼神接觸，就此成為他的終生粉絲。還有一群理查．尼克森（Richard Nixon）的死忠支持者，即使四十幾年過去了，依然無法接受水門案的結果。另外還有一群人，始終堅信巴拉克．歐巴馬（Barack Obama）生於肯亞，信奉穆斯林。當我們認識了上述這些人與其他人士，我將向各位指出，並不是只有怪胎和蠢蛋才會搞不清楚政治。我們全都搞不清楚。瘋狂愛上約翰．甘迺迪的那位媽媽，不但受過良好教育而且相當聰明。尼克森的支持者們也是。就連相信歐巴馬是穆斯林的那群人也一樣。政治專家們、政治人物，乃至總統——熟悉政治內情的人，也經常誤判政治局勢，讓人覺得不可思議。他們同樣搞不清楚政治。

仔細探究這些人的故事，我將專注討論這群人的行為所展現出來的四種謬誤：一、多數人常常漫不在乎，漠不關心。二、我們無法準確地評價政治領袖。三、我們懲罰說逆耳真話的政治人物。四、面對迫切需要我們施予同理心的狀況，我們總是失去同理的能力。

以上四大謬誤，分明是教人困惑；本書後面的章節，我將依序深入討論。首先，來看看第一個問題。證據顯示數千萬的美國人——數字意義上的數千萬而非修辭形容——漫不經心到這種地步，他們沒辦法憑藉充足資訊投下一票，因為對政治太不了解。這結果讓人難以置信。人類與生俱來就有探索世界的好奇心。嬰兒出生後的九分鐘，就懂得觀察周圍的人臉。[5]長大成人的過程裡，人類習得獨特的能力用以吸收新的資訊。更不用說現代人，只要敲打電腦鍵盤幾下，便能找出所有問題的答案。儘管如此，還是有數百萬人搞不清楚歐巴馬究竟在哪裡出生，信什麼宗教。

談到第二個問題，同樣讓人傷腦筋。為何解讀政治人物如此困難？一般來說，人類擁有察言觀色的天賦。普通人遇到朋友，瞥一眼馬上便能得知他／她今天心情好不好。儘管我們無法真正閱讀他人的心。大多時候，我們也無法理解自我，因為驅動我們的事物有很大一部分發生在我們的意識覺知之外。社會科學家曾如此形容，我們都是「自己的陌生人」(strangers to ourselves)。[6]我們認為是某些因素驅使我們的所思所為，實則不然，左右我們心智的往往另有其他因素。此外，科學家們還指出，我們不怎麼擅長辨別謊言。[7]另一方面，科學家卻也承認，人類到四歲時，就已發展出解讀他人意圖的能力，這是人類與其他生物最關鍵的不同，[8]科學家們表示這或許也是人類成為萬物之靈的理由主因之一。如此說來，我們為什麼不能好好解讀政治人物？一再為政治人物不符合我們期待而詫異？

再者，我們傾向懲罰那些說出殘酷真相的政治人物。第三點謬誤顯得可以理解，因為誰都不情願面對難堪的事實。只是，若輕易屈服於甜美的幻想，我們這個物種不可能活得了太久。如果路上來了一頭豹，你必須處理眼前的危險，而不是妄想牠憑空消失。既然如此，當政治人物冒出實話，我們為什麼會覺得那是糗事一樁？我們不想要真相嗎？

第四點謬誤，缺乏同理心。乍聽之下，不免讓人一頭霧水，畢竟我們生活之中隨處可見展現同理心的例子。媒體特別喜歡報導，重大災難來臨時，人們如何互助合作，甚至不惜犧牲自我、解救他人。科學家們確信，同理心是人類天性。[9]神經科學家們進一步指出，當我們看見他人承受身體上的痛苦，我們也感同身受。並非說我們的身體也同樣承受痛苦，而是我們能體驗到受難者的情緒。[10]矛盾的是，面對藥物成癮者、刑犯、貧窮者、還有其他不幸的人，我們卻又不夠敏感而缺少同理。

問題到底出在哪裡？

答案是，在這四項情況中，各有一種演化而來的心理機制出了錯。姑且讓我粗略地統稱這些機制為本能。好奇心（curiosity）、察言觀色（mind reading）、現實主義（realism）、同理心（empathy），皆不過是本能機制。我將證明在政治活動裡，本能如何失去作用、無法啟動，甚至誤導我們。在本書中我更要大膽推論，只要一談到到政治，我們斷然不可毫無懷疑地相信本能。

是什麼緣故使得我們在參與政治活動時，本能無法有效運作？在個人生活中我們大可順從本能反應，又為何在政治領域不行？不管是叢林中遇上美洲豹，或是暗巷遭逢連環殺手，本能反應都能幫助我們面對生存危機。偏偏當我們試著觀察政治人物，或是決定票投給誰，本能就失效了。

更進一步說，為何在現代情境裡面，我們有這麼多的本能不但無法完成它們本來應當完成的任務，反而使我們做出愚蠢的決定？原因是現代政治（modern politics）遠遠不同於更新世時期（〔Pleisto-cene〕兩百萬年前至一萬年前）人類遠祖們的生活——早在更新世，人類的本能已烙印在DNA裡——因此，承襲這些DNA的我們才會一再搬起石頭砸自己的腳，把民主搞得一團混亂，儘管那並非我們的本意。我們會這麼做，是因為我們不是根據現代世界而被設計出來。我們是根據更新世而設計出來*。然而，在大部份的情況下這不成問題，祖先遺傳給我們的本能，依然對生存有利。選擇戰鬥，還是逃跑？不論眼前的是美洲豹，還是連環殺手，本能都會替我們做出判斷。此外，像是擇偶牽涉到的一連串反應機制，在人類祖先和現代人身上同樣運作，女人從古到今都比男人挑剔，因為她們得獨自背負生產下一代的責任。[11]

然而，我們沒有演化成足以在今日的政治世界中興旺。人類所適應的，是作為狩獵採集者（hunter-gatherers）要存活下來，並繁衍下一代。那是我們的生活方式，也是我們直系先祖數百萬年以來的生活方式——那是人類在這行星上百分之九十九的時間。今天，我們把政治弄得烏煙瘴氣——做不到選賢與能、看不清我們的政治領袖、誤信詭辯的教條，甚至冷漠以對貧窮受苦的人們，這些都是因為我們身體內建的裝備不足以應付當今政治活動。若想要順著我們的習性以本能來處理政治卻能夠運作良好，人類這個物種，必定是從更新世以來已經有根本上的改變。然而我們並沒有。

生物學家估計，一個物種要產生根本的改變（像是改變人類主要的本能機制），需要兩萬五千年，起碼經歷上千個世代。[12]人類從更新世的狩獵採集生活，到現在一共經過多少年演化？也不過一萬年的時光，約四百個世代。而這中間的差距，正是我們得克服的。演化心理學的創始者勒達・科斯米德斯（Leda Cosmides）和約翰・托比（John Tooby）提出，「想要理解現代人心智如何運作，就必須先明白我們的心智迴路並不是設計來解決現代人的日常問題——而是為了解決身為狩獵採集者的祖先們，每天會遇到的問題。石器時代人類面對棘手問題的優先順序，使我們的大腦在解決某些困難的時候比起另外一些困難強得多。」[13]

並不是說因為我們的腦部這樣構造，我們的言談舉止就注定要和原始人一樣，雖然看了每天早晨的報紙頭條之後我們可能會這樣認為。有人會說我們人類配備了展現出某種言行舉止的固定線路（hardwired），但是心理學家蓋瑞・馬庫斯（Gary Marcus）提出了一個很有說服力的論點，即是我們最好把人類想成是配備了預配線路（prewired）。這樣的比喻將能幫助我們理解人類行為為什麼有那麼大範圍的差異。你的某一項特質可能是天生的，然而在特定時機下它究竟會不會決定你的行為，則受許多因素影響。試著想像一下，在擁擠的高速公路上，你已經遲到，正趕著赴約，而前一台車的駕駛卻擋在前面龜速前進，你大概會很生氣。但如果你是個佛教徒，你會被教導不要生氣。又或者，

* 作者註：被設計（be designed for）的說法也許會造成誤會。使用 design 這個字是為了解釋方便。我無意指涉人類為造物主所創。人類是演化而來的。沒有誰設計了我們。

你剛剛經過一個畫著笑臉的看板，而它恰巧帶給你好心情。[14] 此外，身體能量也會影響行為。當我們很疲憊的時候，表現將會和睡眠充足且精力充沛時不同。人越疲勞，自我控制的能力就越差。疲倦將會破壞大腦的執行功能（executive function，簡稱EF）。這也是為什麼當我們感到疲憊時，比較容易和他人起爭執的緣故。[15]

文化是形塑我們行為的重要因素。哈佛教授史迪芬・平克（Steven Pinker）的演化心理學研究顯示，文化讓今日的我們不再像千萬年前的祖先一樣暴力。在現代世界裡，往往不容許暴力，除非在某些特殊情況下。為了阻止歹徒殺人，警察可以開槍，但是你不能為了鄰居好幾個月都把報廢汽車停在他的車道，而開槍射殺他。[16]

話雖如此，預配的特質就是預配的特質。它們還未改變。如同科斯米德斯和托比總結的論點，「現代人的身軀裡，住著石器時代的心靈」（Our modern skulls house a stone age mind）*。人類麻煩大了。我們的本能在許多方面都不合時宜。後面我們將會看到，對於我們在現代世界所面對的政治任務，「本能」更顯得格格不入。我們或多或少能應付生活中的挑戰，唯獨面對政治，往往不然。本能和現實政治雙方並不匹配。對石器時代人類有幫助的許多特質，到了現代卻不那麼有幫助了。生物學家稱之為「不良適應」（maladaptive）。[17]

## 3.

談到「不良適應」，來自普林斯頓的政治學者克里斯多福・艾真（Christopher Achen）精采的研究生涯，可以用來說明這個名詞的內涵。

二〇〇二年，艾真來到普林斯頓市區內的書店Micawber Books，當時有兩本新書剛上市，陳列在書店前檯，十分醒目，內容都跟一九一六年美東沿岸鯊魚攻擊人類的事件有關——是的，我又回到了鯊魚事件。這兩本書分別是：富爾尼克拉的《驚恐十二天》（*Twelve Days of Terror*, by Richard G. Fernicola）和麥可・卡普佐的《靠近海岸》（*Close to Shore*, by Michael Capuzzo）（前文我撰寫到一九一六年慘案時，也參考了這兩本書）。鯊魚的故事令艾真十分著迷。佇立書店內，艾真思索著攻擊事件對紐澤西一帶居民必定造成什麼樣的影響，他想起一段談話。他和另一位政治學者，也就是他的同事賴利・巴特爾（Larry Bartels）聊過。「我和賴利談到政治學界對選舉的一般看法，也就是只要遇到時機不好，投票結果往往就是執政黨下台，不管執政當局究竟有沒有責任。」艾真回憶道，「賴利打趣地說，『如果隕石撞擊亞利桑納州，民眾大概也會叫執政黨下台吧。』雖然賴利事後忘了，但是聽了這句話，我深受衝擊，覺得太重要了——對於這樣的結果我們都不感到驚奇，但卻沒有人具體說出事情會這樣進展的意涵。」[18]

這一刻艾真靈光乍現。「突然之間，站在書店的一角的我想到，『鯊魚事件就是我們的隕石』。顯然如果賴利和我沒猜錯的話，受鯊魚攻擊影響，一九一六年秋天的選舉中，伍羅德・威爾遜

* 作者註：石器時代始於兩百五十萬年前，當我們的祖先在舊石器時代開始製作石器工具。考古學家認為，舊石器時代結束於人類開始製造金屬器具，首先是青銅器，約在一萬年前。石器時代大約等同於地質學上說的更新世時期，當時地球的平均溫度低於現在。

（Woodrow Wilson）選票肯定減少。」當時威爾遜總統打算爭取二度連任。原因在於攻擊事件重創海濱社區的經濟，這裡的居民一向仰賴夏季的買賣維持生計。第二起意外發生後，查爾斯・布魯德不幸喪生，嚇壞了觀光客。一向充滿歡樂的旅遊勝地，瞬間籠罩在鯊魚和死亡的陰影下。飯店人去樓空，靠著觀光客做點小生意的店家們紛紛倒閉。根據富爾尼克拉在書中的記載，攻擊事件讓紐澤西的店家蒙受約一百萬美金損失（以現在幣值來算，約一千六百萬美金）。

那時靠著研究員獎助金過日子的艾真，為了檢驗自己的假設，好幾個星期窩在普林斯頓大學圖書館蒐集資料，工作既瑣碎又乏味。他首先要做的是，找出一九一二年威爾遜初次參選總統時，在紐澤西地區的得票數，接著和一九一六年威爾遜二度競選的得票結果相比。這意味艾真必須挖出紐澤西州各郡和各市鎮的舊選舉資料，過去從沒有人如此做過。他還必須研究鯊魚事件的報導，並且鑽研地方政治。「我對自己說，」艾真揶揄自己，「我花了一個月的時間研究鯊魚和選舉之間的關聯，如果一無所獲，我該怎麼向人解釋。給我獎助金的單位大概會把錢收回去吧。」

事實上，艾真的研究很有可能白費工夫。因為威爾遜和紐澤西的淵源相當深厚，在當選總統之前，威爾遜曾任紐澤西的州長，當地選民基礎穩固。此外，威爾遜對澤西海岸的居民，情感特別不同，因為每年夏天他都會到海邊小住一段時間，即使搬去白宮以後也沒改變。何況，更早以前，威爾遜還曾是普林斯頓大學的校長。此外，鯊魚攻擊海岸的新聞一爆發，威爾遜立刻表達關切，採取非常措施。在召開緊急內閣會議後，威爾遜指派國家警衛隊（National Guard）巡邏海岸。同年秋天，威爾遜連任總統，美國因此免於蹚上第一次世界大戰的渾水*。然而一九一六年夏天的鯊魚攻擊事件，弄得社會人心惶惶，威爾遜卻誓言「向鯊魚宣戰」。如此看來，選民會將鯊魚的帳算到威爾遜頭上嗎？這個假設似乎很難成立。邏輯常識也告訴我們，選民不會這麼做。

不過，猜猜艾真發現了什麼。從整個州來看，威爾遜的支持率約莫維持和第一次競選結果相同的水平。但是，在鯊魚事件引起恐慌最大、經濟受創最深的四個郡，威爾遜支持率下降約有三個百分點。當艾真進一步以市鎮為單位來檢視開出來的票，情況更加可觀。特別是直接遭受攻擊的兩個海濱社區，威爾遜的得票率直直下墜。在鯊魚咬死查爾斯．布魯德的春湖，威爾遜支持率下降約九個百分點。另一件慘案發生在天堂灘，從肯頓郡來到海邊的萬森特，剛下火車不久，旋即命喪鯊魚之口，威爾遜在天堂灘地區的得票率下跌了十一個百分點。找不到其他因素能夠影響威爾遜在當地的支持度，鯊魚攻擊和事件造成的經濟損害，是得票率下降的主因。艾真調查後發現，這樣跌幅震盪與一九三二年赫伯特．胡佛（Herbert Hoover）在紐澤西州的選況可以相比。容我換句話說，一九一六年的鯊魚事件之於對春湖和天堂灘的選民所造成的效果，猶如一九三二年經濟大蕭條對紐澤西州選民造成的效果。[19]

艾真的調查結果十分驚人。任何理性的選民都不會讓七月發生的事情影響他在十一月的決斷。我們要求政治領袖負責任的事項，應當只限於他們能夠合理負責的項目。若我們投票反對某些政治

* 譯註：威爾遜在連任後，致力於對德交涉、協商停火。並在戰爭期間發表威爾遜宣言，十四點和平原則。力保美國在戰爭中的中立地位。直到一九一七年太平洋戰爭爆發。

人物，那應該是因為他們背棄了我們，而不是因為有某種他們也控制不了的事情讓我們覺得很危險。鯊魚事件造成威爾遜掉的票，連一票也不能說是他自作自受。鯊魚咬人的責任不在他，他也不可能採取什麼作為來阻止。他主要能夠做的就是表達關切，而這正是他當年所做的。這就是為什麼他召開緊急內閣會議、派遣國家警衛隊護衛。不過，對春湖和天堂灘的選民來說，這樣做還不夠。

然而一九一六年的美國正處於非常時刻，這場選舉至關重要，需要選民冷靜審慎判斷。歐洲大陸硝煙四起。兩年戰爭打下來，數百萬計的士兵進行著史無前例的戰亂屠殺。美國岌岌可危，隨時可能捲入大戰。以下是從當年舊報紙找出來的新聞頭條：

德軍發動潛艇戰：八月一日至九月十一日期間，一百九十四艘船艦遭擊沉

法國強攻索姆河南方戰線：激戰持續，戰況慘烈

U潛艇擊沉英國船艦，數名美國人士下落不明

法國奄奄一息，德國興登堡表示：法國堅持繼續作戰的話，法軍恐將全軍覆沒

《紐約時報》的舊頭條，今日讀來依然怵目驚心，昔日戰爭的畫面一一浮現。可是，並不是這些戰爭新聞在驅動海濱社區選民的投票行為，美國響叮噹的計量政治學者艾真如是說。夏日鯊魚攻擊事件造成的恐懼和經濟損失，左右了該區選民。

沒錯，就是鯊魚攻擊事件。

如果你詢問選民為什麼反對威爾遜連任，他們絕對能說出合情合理的理由。要找到威爾遜的痛腳一點也不難。主戰派的老羅斯福（Teddy Roosevelt）抨擊他是個滿口和平的騎牆分子。反戰代表威廉・詹寧斯・布萊恩（William Jennings Bryan）又認為他的和平立場不夠堅定，因此辭去國務卿一職。愛爾蘭裔的人民抗議威爾遜的政策討好英國。商界大老則擔心他過分激進。女權運動者更是諷刺威爾遜，說他不敢在國會支持婦女投票權的憲法修正案。諸如此類的抗議聲浪不斷，而且有理有據。反對者的立場，全都情有可原。要是你問一問春湖地區的某一位選民為什麼不支持威爾遜，他的說法極可能充滿說服力。我們都希望自己表現的有理有據，不是嗎？講道理的人，才能維護尊嚴並且贏得他人尊重。可是，事實上，一談到政治，我們總會替自己的行為找理由，不僅自欺，而且欺人。

從艾真的研究得知，如果想找出人類行為背後的真實動機，光是一個個去問他們是不行的。必須研究他們整個群體的行為。如此一來，我們才能偵測出人的行為模式，釐清左右人的想法的真正驅力。在集體行為模式裡，我們將發現在個體行為調查中看不見的真相，即便這邊所說的個體恰好是你自己亦然。我們自以為很了解自己。可是其實我們也會對自己隱瞞某些事情。不論我們有多坦承地面對自己，都無法全然的理解自我，因為大腦的心智運作，有這麼多東西在我們的意識覺知之外。我說了，想要打開這把心智之謎的鎖，就必須把我們當作群體之中的成員來研究。如此才能接近真相。這也是二〇〇二年克里斯多福・艾真在普林斯頓大學圖書館裡領悟到的道理。

我們以為，既然人們能針對自我的政治行為提出理性的解釋，他們就是理性的。我們經常掉進一個陷阱，即是相信大家口頭上的說法——不管是我們自己或是其他人。我們應該避免這樣的陷阱。春湖和天堂灘的選民，投票行為不符合理性，只是他們自己不知道而已。

一般人理所當然認為，政治就是報紙新聞、電視媒體上報導的那些事情。實際上，政治還包含我們隱而不顯的行為模式，像是政治學者艾真試圖從一堆老舊資料裡爬梳出來的選民行為，這些模式我們無法透過其他方式發現到。這些發現將能有效幫助我們理解政治行為背後的驅力邏輯。

理解這些行為模式至關重要，將避免我們陷入同樣的行為謬誤——本書後面的章節會深入探討前文所提到的四大謬誤，揭露我們如何不自覺重蹈覆轍，傷害民主。

## 4.

克里斯多福・艾真的鯊魚研究結果公開後，立即引來質疑。多數政治學者不願意相信，鯊魚攻擊事件會對選舉投票造成顯著的影響。他們的模型和經濟學者一樣，乃是奠基於「理性決策」(rational actor）的模型。雖然政治學家很快就認識到，選民的決策有時不符合自利（self-interst）原則，以及只要時機不好，選民多半要執政者下台，不管執政者有沒有責任，但是，一般仍然假定選民大部份都採取理性的行動。若艾真要證明並非如此，他需要更多證據。

為了進行研究，艾真找來賴利・巴特爾搭檔。巴特爾曾打趣地談到若是隕石撞上亞利桑那州，會對選情產生何等衝擊。艾真和巴特爾決定聚焦在氣候對選舉的影響。他們懷疑氣候因素是影響政治的關鍵，有鑑於人類歷史上許多重要事件都和氣候變遷有關。他們覺得，氣候的變化就如同鯊魚攻擊事件。因此他們著手調查，是否能在選舉結果與惡劣氣候之間建立相關性。為何針對惡劣氣候，而不是觀察氣候良好時的狀態？政治學者早已確立，當外部因素所造成的效果是負面的時候，將會帶來政治上的後果。哈佛心理學家丹尼爾．吉伯特（Daniel Gilbert）曾提出一種解釋：人類大腦生來較容易關注帶來負面影響的事物。這特性屬於演化適應（evolutionary adaptation）的一種，幫助人類免於淘汰而能生存下來。我們稍後也會討論到這點。

巴特爾和艾真開始檢視二〇〇〇年美國總統大選，布希（George W. Bush）和高爾（Al Gore）在佛羅里達州的選戰。[20]那場選舉令人不解。即使佛羅里達屬於搖擺州（swing states）*，但當年應該不會有什麼事讓搖擺州扮演關鍵角色。二〇〇〇年該州經濟狀況普遍看好，失業率維持在百分之三．八的低水平。在一個理性的世界裡面，像二〇〇〇年的佛羅里達州這樣的戰場，應當明確傾向民主黨。政治學文獻顯示，時機不好的時候，選民往往反對執政黨，而國泰民安之時，選民通常願意支持執政黨。也就是說，時任副總統的艾爾．高爾應該獲得較多選民支持。但是結果並非如此。怎麼會這樣呢？會和氣候有關嗎？

以下地圖是來自美國國家海洋暨大氣總署（National Oceanic and Atmospheric Administration，NOAA）的資料。[21]圖中顯示二〇〇〇年的一月起，佛羅里達州乾旱情形。深色部份為中度乾旱地區，淺色部份則是未受乾旱影響區域。從圖中可以發現，僅有部份郡縣有災情。二、三月的地圖約略與此相同。

* 譯註：搖擺州，選戰激烈的州。沒有單一候選人擁有壓倒性勝利。

極度乾旱　輕度乾旱
嚴重乾旱　一般溼度
中度乾旱

1.

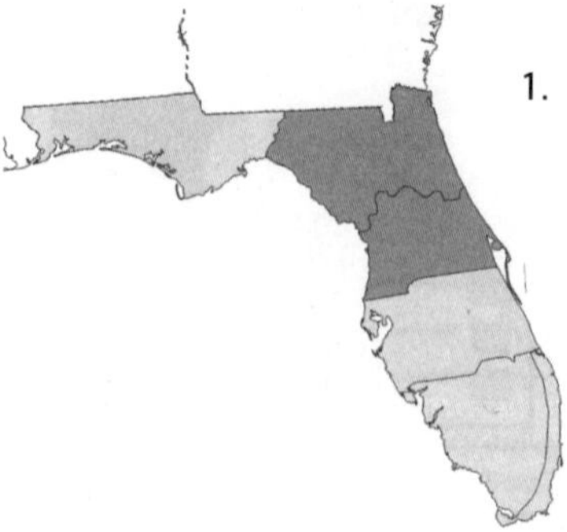

來到四月，情勢改變。
從下圖可見，乾旱正在擴散中。

2.

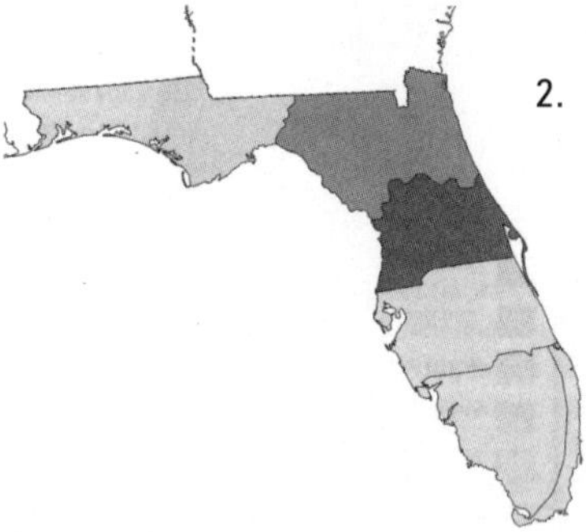

以下是五月的地圖。
看到顏色都變深了嗎？

3.

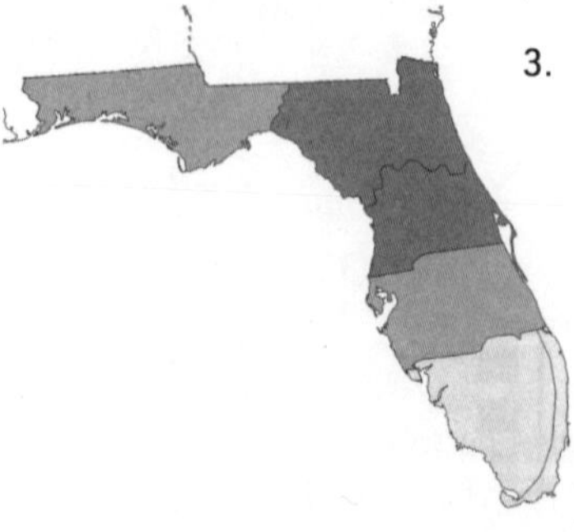

從六月的地圖可以看見，半個佛羅里達州陷入較為嚴重的乾旱，從中部銜接坦帕（Tampa）和戴托納海灘（Daytona Beach）沿著四號州際公路（I-4）的區域開始，一直延伸到整個佛羅里達走廊（panhandle）。

4.

八月乾旱在佛羅里達全州肆虐。
最深色的區域屬於極度乾旱，
覆蓋了一半的佛羅里達。

5.

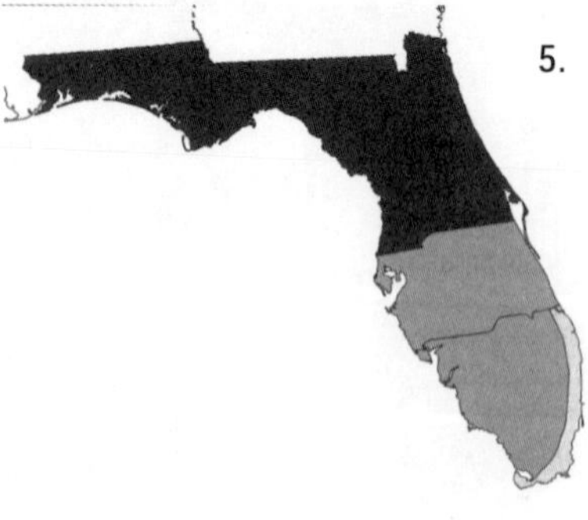

所幸極度乾旱的情況到了九月份便結束，然而州內許多區域仍受旱災之苦，特別是佛羅里達州的中部，乾旱持續到十一月美國大選。

如果我們考慮的僅限於總統大選，乾旱現象應該是一個大大的「那又怎樣？」，此次乾旱尚未嚴重到影響全州經濟。而且本來旱災就不應當左右公民在大選所投的票，因為我們不能夠說總統要為氣候負責，就好像我們也不能夠說總統要為鯊魚咬人負責。雖然有時候乾旱所造成的影響或許確實可以歸咎於公共政策——舉例來說，一九三〇年代「黑色沙塵暴」（Dust Bowl）*——可是二〇〇〇年並沒有人要求兩位總統候選人針對任何相關議題提出立場。沒有任何人把旱災當作影響選舉的一項因素。就算你讀遍二〇〇〇年與選舉相關的所有出版品，也找不到有一個字提到乾旱問題。在歷年總統選舉中，氣候幾乎從來不被列入可能影響選情的因素——除了暴風雪來得特別早而影響十一月選舉結果這些少數例外（雖然隨著全球暖化日益嚴重，情況或許會改變）。

但是巴特爾和艾真透過迴歸分析，仔細研究數據後發現，乾旱影響了佛羅里達州多數選民的決定。有些人按歷史平均得票來看應該是會支持高爾，但他們卻投給布希。而這樣的選民數以千計。開票結果出爐，布希以五百三十七票險勝，然而高爾本來應當獲得實實在在的勝利，即便是考慮到投票設計有缺失的「蝴蝶式對開選票」（butterfly ballots）†和其他有利於布希的因素亦然。佛羅里達州

＊譯註：Dust Bowl，一九三〇年因北美大平原的不當開墾，土壤缺乏植被保護，再加上乾旱，使得北美平原地區吹起一股巨大的沙塵暴。

應該絕對不會讓布希取勝的。高爾照理應該贏過布希幾千票，並且當選總統。

氣候的影響真的會有這麼關鍵嗎？

研究進行到此，巴特爾和艾真確信他們走對路了。於是，他們將分析調查的範圍拉大到全美各州。如果氣候影響了佛羅里達的選情，其他州可能同樣也會受到影響。

研究結果果真如兩位政治學者所預期。透過精密的模型計算，同時考量三種不同版本的官方乾旱指數，他們比較了歷年得票狀況和二〇〇〇年的開票結果，發現乾旱不僅打亂佛羅里達州的選情，同時衝擊亞利桑那、路易斯安那、內華達、新罕布夏、田納西以及密蘇里各州選舉。受到氣候因素影響投票行為的選民總數，估計達到上百萬人。巴特爾和艾真這兩位政治學者如今已負盛名，當年他們的報告指出，百分之二・七的選民人口，也就是大約有兩百八十萬人，「因為氣候乾濕變化的緣故，在二〇〇〇年投票反對高爾」。

二〇〇〇年高爾以五票選舉人票之差落選。如果高爾能順利拿下這些受氣候影響而損失的州，他將以一百三十九張選舉人票之差勝出。也就是說，布希的得票數將會是一百九十九票，對上高爾的三百三十八票，化失敗為驚人勝利，媲美柯林頓（Bill Clinton）一九九二年、一九九六年兩次勝選的得票數。

確認了氣候在二〇〇〇年不僅改變佛羅里達的選情，還影響了其他六州的投票結果以後，巴特爾和艾真決定將選舉研究應用到更廣泛的地方。他們套用二〇〇〇年氣候影響投票行為的研究模型，逐一檢視從一八九六年起，美國百年來的總統大選，交叉比對選舉結果以及國家海洋暨大氣總署公佈的氣候數據。從中他們一次又一次找到相同的模式。遭受到洪水或是乾旱肆虐的各州選民，會流露對執政當局的不滿。以下是他們令人驚異的結論：

> 經過各種迴歸分析、套用不同版本的乾旱指數，所得到的研究結果一致強烈顯示，乾旱和洪水對執政黨的選情造成負面衝擊，殆無疑義。這些負面衝擊並非巧合，也不僅僅是因為選民理性地教訓某一位特定總統面對特定災難時準備欠妥或者反應失當。這是每次執政黨再次選舉時所承擔的風險，要控制下雨不是那麼容易。

巴特爾和艾真發現，惡劣的氣候條件整體來說將導致執政黨減少一．五個百分點的選票。當選情膠著時，這樣的差距往往就決定了勝負。（自一九九〇年以來，半數以上的總統大選，得票數的勝負相差皆小於五個百分點。）

看到這樣的研究結果，若是我們在討論政治的時候，還是一味認定重要的只是政治人物的言行，或者選民在民調當中的說法——公共討論所端出來的菜色往往是這些——那樣有道理嗎？如果鯊魚事件和乾旱這一類隱而不顯的因素能夠左右我們的政治，我們是不是應該試著弄清楚為什麼會

†譯註：butterfly ballots的設計會使選民因圈選錯位而選錯候選人，有意投給高爾的選民可能因而誤投給改革黨的保守派帕特．布坎南。

這樣？有沒有可能是我們的本能造成的？

## 5.

每年三月的大學籃球聯賽，總引來全美上上下下的人為之瘋狂。因此有了「三月瘋狂」的說法。Google 一下「March Madness Fan」，你將發現這些籃球迷對賽事有多痴狂。搜尋結果會跳出上千則「三月瘋狂」相關的新聞、網誌、影片，見證了粉絲對於美國大學體育協會所主辦的這些比賽有多麼熱情。其中一則影片命名為「德克薩斯對上維克森林——三月瘋狂的狂熱分子，超有趣」（Texas v Wake Forest –Crazy Fan's March Madness. Fun.）。

影片中一名男子正在觀看二〇〇九年的比賽，他最愛的德克薩斯長角牛隊（Texas Longhorns），與維克森林魔鬼執事隊（Wake Forest Demon Deacons）對戰中。長角牛隊居於劣勢，男子無法控制自己。

「他們太讓我傷心了。」

「上！快上！那個大個子犯滿離場了。上，卡進去。快上！」男子放聲尖叫，「快去！」

「對，對，對！對！哇哇哇哇哇！」他在椅子上蹦上跳下，就要跳起舞來。

「拜託，你們這些人在幹嘛。對，就是這樣才對，寶貝，快跑！」

幾分鐘過後……

「你在跟我開玩笑嗎？」

「他們根本就拚命要打輸吧，哭爸。」

又過了幾分鐘。進入延長賽，長角牛隊一度領先八分。但最後哨音響起，宣告比賽結束。長角牛隊輸了。

「我就跟你說他們他們會讓我傷心。」男子開始罵起髒話。

影片下方的留言區，出現一則充滿同情的留言：「欣賞他這樣純粹的激情。我以前也和這傢伙一樣大吼大叫，直到我老婆制止。現在我會走到外頭去，放聲喊出來。」

想像一下你是影片中的男子。籃球是你的一切。就在心愛的球隊輸掉比賽以後，你得去投票。你會不會有那麼一瞬間覺得長角牛隊輸球會影響到你投的票？我猜，在你還沒讀過鯊魚事件和乾旱如何影響投票行為以前，你的答案會是否定的。但現在你知道正確答案，而且你想的沒錯。二〇一〇年《美國國家科學院院刊》刊出一份研究報告，由安德魯．希利（Andrew Healy）、尼爾．馬爾霍特拉（Neil Malhotra）和牟（Cecilia Hyunjung Mo）共同發表，其中提到體育競賽會感染民眾，影響他們對執政當局的看法。這幾位社會科學家找來二〇〇九年大學籃球聯賽中，第三和第四輪比賽贏球的球隊粉絲，詢問他們是否滿意歐巴馬，結果發現歐巴馬的支持率有了明顯的增長，上升了百分之二．三。

他們對美式足球迷進行類似的測試，結論一樣。贏球隊伍的粉絲比起輸球隊伍的粉絲，相對滿意執政黨的表現。如果在投票前的兩星期內，球隊贏球，粉絲對執政當局的支持度將上升百分之一．〇五。三位社會學家據此提出：「我們發現有清楚的證據顯示，在投票日前地方足球校隊的輸贏，顯著影響到執政黨選情，這代表選民會針對其幸福感之中，無關乎執政當局表現的那些變化，而對當局施以獎勵或懲罰。」總結來說，「這樣的結果構成一項證據，指出投票決策乃受不相干事件的影響，這些事件與政府效能以及施政表現毫無關係。」[22]

上述的研究報告，還有巴特爾和艾真的研究發現，再再引導我們悲觀地推想，民主制度是沒有希望的。如同上一個世紀李普曼（Walter Lippmann）*所言，我們好像別無選擇，只能承認公眾輿論似乎總是流於既不理性又難以捉摸。但那樣未免太輕鬆了。那表示我們所作的決定完全沒有理由，表示當我們不理性的時候，我們反正就只是不理性。不過，幾乎可以肯定，真相並非如此。

不只美國人的投票行為受到大自然因素（例如氣候）的影響，社會科學家研究顯示，二〇一〇年智利發生地震，同樣衝擊選舉，一如美國的乾旱和洪水。[23]智利和紐澤西兩地的選民，遇上自然環境變化時表現出相同反應，這難道會是巧合嗎？演化心理學告訴我們，當不同地域、不同文化的人們，對於同一類事件反應相同，且該反應在事件脈絡下顯得突兀，此時多半是演化心理機制在作祟。按演化心理學家的說法，是現代環境的刺激，觸發人類古老的本能反應。這種說法可以解釋許多現象，我們將在後面幾章看到。

面對科學證據，我們再也不可能假裝政治爭議的交鋒與勝利完完全全是憑著純粹理性。但是我們喜歡這樣想，因為我們確知人類有思辨能力，而我們解決政治爭議的方式又是提出立論，這些立論再再都顯示出我們是理性的。然而，陷阱就在於我們以為只有理性論證在驅使我們行動。我們頑固地這樣以為，儘管有許多證據擺在眼前，顯示公眾輿論經常違反理性，更多我們看不見的因素，形塑我們如何回應政治。

問題不是選民太笨，這一點我在第二章會進一步解釋。問題出在我們承襲了石器時代的腦部，當時人類以小聚落群居，而我們卻需要另一種腦部才能面對數百萬人所組成的民主社會之中的挑戰，兩者並不相配。這樣的不相配，解釋了本能為何總在處理政治問題時誤導我們。我們的本能之所以形成，是為了幫助我們在彼此競爭的小團體中作為某團體的一員生存下來，而不是幫助我們在彼此競爭的大眾社會（mass society）中作為某社會的一員生存下來。不論紐澤西的選民本著何種深層的心理因素反對威爾遜，這一套心理邏輯都不利於現代世界的政治運作。凡遇災厄，不管是什麼情況，都要領袖出來頂罪，這樣的做法在更新世或許是可靠的一般性策略，雖然並不完美。本能上順應此策略的族群，比起不順應的族群，很可能就更有優勢，提高其演化適合度（fitness）——將基因傳給下一代的能力。但是在一個現代的、多黨派的、大眾式的民主體系裡面，這個體系又受各種自然力和社會力的複雜影響，上述做法當然就不是個明智的策略。

我們常常聽到情緒在政治中扮演了惡名昭彰的角色，這又該如何理解？問題不是情緒本身，而是古老本能在錯誤的時機啟動了情緒。想要理解政治，就必須接受本能透過許多方式將我們弄得顛顛倒倒——以及為什麼會這樣。這個答案我後面會反覆提及，那就是本能在政治情境中無法好好運作，因為我們無法正確解讀脈絡。

總歸一句，政治攸關我們大腦裡的一場拔河，是本能（及其觸發的情緒反應）和高階認知（high-order cognition）不斷拉鋸的結果。儘管我們談論政治時往往聚焦在候選人的經歷、意識形態和性格

＊譯註：美國著名的新聞評論家、傳播學者。著有《公眾輿論》一書，分析媒體、群眾和民主政治的關係。

個性，但應該探討的對象其實不是他們，應該探討的是我們自己，和我們大腦裡發生了什麼事。

一直到最近，都還沒有人知道人類究竟是在哪些方面與現代環境不相匹配。不過，隨著科學不斷進步，如今我們已然能夠肯定地指出，人類重要的幾項本能可能是怎麼形成的，這些本能又為何會影響政治。我們無須再盲目猜測。上一代的科學家開始揭露人類決策過程的心智謎團，有些案例更是近年才提出的。大腦不再是一只密封的黑盒子，科學為我們掀開其面紗，人類第一次有機會探索本能的根源，更加理解自我，有助於消除政治當中人類行為所具有的一大半神祕色彩。本書將一一介紹這些科學上的突破如何開創新視野。

有一個重點要注意，那就是我們對腦部之所以有新的認識，沒有單一學科可以居功。唯有參考科學和社會科學領域當中一系列五花八門的學科所累積的成果，我們才能夠一窺黑盒子內部。其中包含神經科學、遺傳學、演化心理學、人類學、行為經濟學、政治學、政治心理學、社會心理學，甚至賽局理論。我在本書中引用的研究來自以上各學門，還有其他領域。希望你閱讀時感到驚喜，正如我做研究時一樣興奮。作為記者同時也是歷史學者的我，一一閱讀書末注解所引用的資料時，常常覺得自己好像到外國旅遊的觀光客。但是這樣形容不太完美。雖然科學家使用的數學對我來說十分陌生，但是我所旅遊的地方卻如同故鄉一般熟悉。我造訪同樣的街道，街上是同樣的樹木房舍，但景色看上去卻不再相同。科學改變了我的觀點。我希望它也能改變你的觀點。

借重科學研究，我們將能找出以下四大問題的答案：

一、選民為何沒有更好奇一點、知識沒有更充足一點？

二、觀察政治人物為何如此困難？

三、為何我們沒有更實際一點？

四、為何對於受苦的人們，我們的同理心總是不足？

或許你會和正在寫這本書的我一樣，不禁問自己，找到這四個問題的答案有什麼好處？弄懂這些本能有什麼好處？你的直覺反應也許是「根本沒什麼好處」，因為本能就是本能，對吧？如同我在本書再三提到的，我們一直以來所反應的方式就是我們以後會反應的方式。心智深處的偏見和傾向不好對付，即便我們意識到偏見的存在，也不見得能抵抗它。我們稍後會讀到一位知名心理學者丹尼爾．康納曼（Daniel Kahneman），他在回憶錄中坦承，自己不斷屈服於內心的偏見，雖然那些偏見明明是他本人幫忙找出來的。[24]此外，社會科學家的報告也指出，令實驗受測者認知到偏見所扮演的角色，並不會使他們減少偏見。[25]許多忠貞黨員無法客觀審視本黨的候選人，以及敵對陣營的候選人，我們將會見到，那是因為我們生來就不是客觀的。（見第七章）

儘管如此，其實有各種措施是我們可以採取的，來塑造我們對事件產生反應的方式。無法改變本能，但是我們可以找出有礙民主政治的本能，減弱其引發的效應，同時，強化能幫助民主的本能。[26]最高的原則只有一個，那就是我們必須認知到在我們的信念形成時，本能所扮演的角色。而這一點可以說大部分人類都辦得到。我們並不需要察覺到自己思緒中的本能偏見，也能夠承認人類容易受其影響，至少在理論上是這樣。接著，我們便能採取措施，抵銷本能的作用。具體的作法，我會在最後一章結論中提到。

其中一項措施來自鯊魚故事的啟示。脈絡是關鍵。如果本能的失能，是因為脈絡弄錯了，我們應當設法改變脈絡，讓本能可以好好運作。這也是當下最迫切的任務：思考如何讓我們的本能促進民主，而非任由本能破壞民主。其中一個方法是，接觸多樣化的訊息來源，以誘導自己用開闊的心胸看待政治，後文會再闡述這一點。我們之所以辦得到，要歸功於一項基礎本能：我們的社會本能，而心理學家強納森・海德特（Jonathan Haidt）稱之為「合群性」＊。人類天性喜歡群體，透過群體定義自我。選擇置身多元的社群、團體，面對不同背景、不同意識形態的成員，我們的思想將能更多元開放。英文有句慣用說法，「用腳投票」（voting with your feet）。這種做法則可說是「用腳思考」（thinking with your feet）。當然，要達到這一點我們就必須戰勝另一項天性：渴望與和自我相似的人共處。不過那幾乎算不上是主要的困難，因為我們還擁有另一種本能：受城市的吸引。歷史告訴我們，大多數的人類傾向都會生活型態。拜演化所賜，人類擁有各式各樣的本能，不會全部作用在同一方向。於是我們便有一定自由，能規劃所走的路徑——只要我們有此意志。[27]

最後，也許本能就是本能，但人類並不只是本能的總和。即使演化心理學家也說，演化不代表人類最終命運。今天的女人，不再像更新世的女人一樣侍奉丈夫。文化扮演至要角色。於是，東非馬賽族（Maasai）女人全然服從於丈夫，而印度東北的卡西族（Khasi）女人則否，[28]在卡西族的母性社會裡，女人當家。

人類不是演化的囚徒。本書終章介紹的具體方針，可以幫助我們免受本能擺佈。科學給予我們這樣一個機會——只要我們能抓住它。

* 譯註：強納森・海德特在他的著作《好人總是自以為是：政治與宗教如何將我們四分五裂》一書中形容人類擁有合群性（hivishness），就像「人人為我，我為人人」的蜜蜂，為保蜂巢擊退入侵者，犧牲小我也在所不惜，合群性促成了人類的利他主義。

# PART
# 1

# 好奇心

## CURIOSITY

CHAPTER 1

# 麥可·喬登教我們的事

## 為什麼有人覺得不需要看新聞也不用投票？

## 1.

這是一本談論政治的書，不過，一個體育選手的故事，比起我聽過的任何一個政治故事，更可以解釋一樁主要的政治現象——選民好像不太擅長投票。這位選手是籃球史上最出名的球員：麥可·喬登。就算你不關心體育，也一定聽過他的名字。因為喬登是一名橫空出世的運動員，他引起一股全民風潮。體育聯播網ESPN稱喬登是二十世紀北美最偉大的運動員。美聯社將喬登列為史上最佳運動員第二名，排名僅在棒球員貝比·魯斯（Babe Ruth）之後。喬登從罰球線一躍而起，飛過半場將球灌進籃框，成了他最為人所知的事跡。這驚天一躍也為他贏得飛人喬登的美名。九〇年代前半，喬登帶領芝加哥公牛連三年奪下NBA總冠軍，開創公牛三連霸王朝。幾年之後，他再度為公牛隊創下三連霸佳績。舉世皆知他在體育上的成就，《紐約時報》資深體育專欄作家艾拉·貝科（Ira Berkow），以此開頭側寫喬登：

一日，我在船上，行過博斯普魯斯海峽，這道海灣不僅將伊斯坦堡一分為二，也將歐洲與亞洲分了開來。早晨的導遊只為我們兩個遊客解說。他是來自土耳其當地的年輕人，完全照表操課在執行任務。途中我們倚靠船欄，是靠亞洲那一側的欄杆，而非歐洲那一側。如果我沒記錯的話，小夥子問我，在美國靠什麼過生活。我隨口回答，突然他精神來了。「你見過麥克・喬登嗎？」他問。我回答他，見過幾次，我的工作很難不碰上他。「我的天啊！」那位導遊說。[1]

在喬登三度拿下三連霸之前，他做了件震驚全球的事。從籃球隊退役後，喬登跑去打棒球。新聞上遍世界各大洲的頭版頭條。

以打擊率來看，史上最佳棒球員是泰德・威廉斯（Ted Williams），他在一九四一年創下最佳打擊率.406，為球員單季最高紀錄。生涯最佳打擊率的保持者是柯布（Ty Cobb），成績.366。若要論起表現最差，通常打擊率低於.230，就會被視為不及格的打者。

歷史上最了不起的籃球員麥可・喬登，改行打棒球表現如何？他初登場參加的是一支小聯盟球隊——2A級，次於3A——喬登打擊率.202，總共擊出三支全壘打。再次出擊的喬登，加入亞利桑那秋季聯盟（Arizona Fall League），混合小聯盟2A和3A選手，他的打擊率來到.252。這樣的成績不容易，不過依舊讓人失望。在籃球界，喬登是巨星。在棒球界，他不是。《運動畫刊》（*Sports Illustrated*）封面故事〈退開壘包吧，喬登！〉（Bag it, Michael!）大大嘲諷他一番。[2]

打了兩年棒球，喬登重返籃球場，振奮公牛隊粉絲。喬登離開後，公牛隊痛失冠軍。復出的他又一次引領風騷。在重登場的第二場比賽，他個人拿下五十五分。而緊接下來的球季，每場平均得分三十，讓他成為聯盟年度最佳球員。在喬登的加持之下，公牛隊重返榮耀，有喬登打滿整年的球季，公牛隊一共奪下七十二場勝利，只輸掉十場，這也是NBA史上，隊伍球季最多勝紀錄。

高中時期的運動明星，常常縱橫各種校隊，翻開高中畢業紀念冊，不同運動校隊，老是出現相同面孔。有人在某一頁是棒球校隊強棒，在另一頁卻頭戴球盔、手抱美式足球；網球校隊主力則身兼籃球隊後衛。可是大學校隊就不一樣了。大學運動員術有專攻，不常見到選手同時掌握多種運動項目。理由是，大學經營運動項目往往投入大量資金，校方希望選手專注在他們最擅長的領域。多數的運動員都會有一項特長，明顯勝過其他能力；而且在高強度的大學聯賽，即便是十項全能的選手，也無法對每一種運動的表現都一樣好。

維基百科可以查到一項很有趣的名單，列出史上職業美式足球選手在其他運動領域也表現突出者。[3]名單不長。歷年來有超過一萬名美式足球選手進入職業比賽，榜上有名者只有一百一十六位。維基百科上還有另一份名單，記錄歷屆奧林匹克運動會裡，分別在不同項目得下獎牌的選手。數十萬名運動員曾參加奧運會，獨獨八十一位選手有此記錄。[4]從這些名單可得知，運動明星很難兼顧不同體育項目。不只如此。仔細檢查名單，我們將能發現某種規律。以下列表數字為職業美式足球選手們曾勝任的其他領域運動：

| | |
|---|---|
| 49名 棒球 | 24名 田徑 |
| 20名 籃球 | 7名 足球 |
| 5名 競技武術 | 4名 摔角 |
| 3名 長曲棍球 | 3名 高爾夫球 |

| | |
|---|---|
| 3名 | 拳擊 |
| 1名 | 賽車 |
| 1名 | 極限體能 |
| 1名 | 冰上曲棍球 |

發現什麼了嗎？這些運動員表現傑出的領域，大部分並非截然不同的兩種項目。他們擅長的不同競賽，需要相同技巧。美式足球，和棒球、籃球有許多共通點。眼手協調佳或跑速快的運動員，在此三類運動較占優勢。美式足球和田徑比賽的相似性較不明顯，我們印象中的美式足球員往往體格粗獷，田徑運動員則纖細修長。不過，標槍選手的臂力應該能用來拋擲美式足球，表列中勝任田徑項目的美式足球員也有好幾位是專業標槍選手。表列上的其他項目，和美式足球顯得更不相關，甚或，有些運動根本不出現在列表上；沒有任何美式足球員在游泳或網球競賽嶄露頭角。這頗為驚人。

你將能從歷屆奧運得牌選手名單中看出相同規律。運動員各有所長，不是專攻夏季奧運，就是專注於冬季奧運。史上僅有四位夏季奧運得牌者，獲得冬季奧運獎牌。在奧運綿長的歷史裡，來自世界各地的好手，僅僅只有四位做到。美式足球和棒球雙棲的運動明星桑德斯（Deion Sanders），是史上唯一參加過世界大賽和超級盃的選手。另一位天才雙棲球員是傑克森（Bo Jackson）。他有何過人之處？根據體育專欄記者們的觀察，他是世上絕無僅有之才，同時擁有打美式足球和棒球的天分。在他贏得美式足球大學聯賽海斯曼杯（Heisman Trophy）並獲得年度最佳球員後，職業美式足球和職業棒球隊紛紛找上門來。ESPN替傑克森製作了紀錄片，製作這部影片的人提到，他衝浪和直排輪的表現甚至更出色。[5]

這表示只要是人類，就算是天才，也不可能十項全能。這就是麥可・喬登的故事告訴我們的事。人擅長做某些事情，但不是擅長做所有事情。他們可以在一項運動登峰造極，卻不能在所有運動項目都登峰造極。運動明星什麼時候會成功？當他們的技藝對應到他們所面對的挑戰的時候。他們什麼時候會失敗、會手忙腳亂？當他們把同樣一套技藝運用到他們天生不適合的領域的時候。[6]這也是為什麼泳將馬克・史畢茲（Mark Spitz）打不了美式足球，而美式足球名將喬・納馬斯（Joe Namath）贏不了奧運游泳獎牌。

同樣的道理是否也能用來解釋，選民要隨時追上新聞、根據充分的訊息來下決定，為何是那樣困難？

## 2.

從人類開始嘗試民主以來，民主不可行的聲音層出不窮。公眾無知是最常被引用的理由。早期對民主的批評當中，以柏拉圖的「洞穴寓言」最廣為流傳。故事一開始描述一群囚犯自出生以來便被幽禁在洞穴，他們身上的枷鎖，讓他們只能憑藉身後一把火炬帶來的微光，看見眼前一堵牆。他們無法左顧右盼，甚至根本不能轉頭，視線所及只有正前方，此外，他們身後還有一個舞台，如同牽線木偶表演的舞台。柏拉圖要我們想像，在舞台上不斷有表演，表演當中有各種物體——一匹小馬兒的形狀、一個小人偶的形狀，諸如此類——操縱的人（在視線之外，就像木偶師一樣）把這些東西在舞台上挪來挪去。這麼說吧，囚犯們見到的，不是物體本身，而是物體投射的巨大影子。

這些影子組成了囚犯們所知的唯一世界；直到一日，一名囚犯被放開了。獲得自由的他站起身來開始移動，他注意到這些年來囚犯們所看見的並不是物體本身，只是物體投射出來的形象。逃出洞穴的囚犯重見光明，眼睛稍作適應後，他看見真實的世界、真實的物體。「他想起先前的洞穴，在裡頭被信以為真的種種，還有他的囚犯同伴們，」柏拉圖問，「難道他不會為自己的發現感到慶幸嗎？不會可憐洞穴裡的囚犯們嗎？」答案當然是，他會。

不過，故事還沒結束。柏拉圖要我們試想，如果獲得自由的囚犯回到洞穴，告訴他的同伴們他的所見所聞，事情會如何發展。如果你以為囚犯們得知真實世界的樣貌會心懷感激，你可要失望了。柏拉圖預言的情況大大不同，那是一場悲劇：

> 當他的視力仍然微弱，眼睛還不能穩定視物（需要一段相當長的時間，去適應新的方法看世界），他看上去難道不荒謬嗎？大家會說，他上去了又下來了，但卻瞎了眼；還會說像走出去這種事情，最好是想也不要去想；還會說，若有人替哪個囚犯鬆開枷鎖，領他至光明世界，那他們定要逮到幹下這勾當的傢伙，將他處死。

柏拉圖說的故事，結尾十分陰鬱，聽上去很極端：見得陽光的人將因擁有新視野，而被缺乏洞見的人懲罰。但柏拉圖有很深刻的體會。柏拉圖的老師蘇格拉底，因為執意說真話而賠上性命。在現今進步的西方民主社會，有遠見的人不再需要擔負性命危險，書商反而會請他們出書。這群現代柏拉圖們大聲疾呼，群眾的無知如何傷害民主，危言聳聽地指陳世人愚痴已然成為一門小生意。走進任何一家書店你都可以找到這類書籍，像是史蒂芬．普羅希羅（Stephen Prothero）所著的《宗教素養》，警告我們對宗教無知所造成的危險；而馬克．巴爾萊（Mark Bauerlein）《最愚蠢的一代》，則指控在Google盛行的年代長大的年輕人不讀經典作品，無法理解基礎的科學概念，也不清楚政府是如何運作的。

巴爾萊的書指出，年輕人應該被歸成一類特別的「愚人」（ignoramuses）——事實也許正是如此——但其實數世代以來論者早已對此窮追不捨。群眾是愚昧的。請參見李普曼（Walter Lippmann）任一部作品，尤其是他一九二二年的著作《公眾輿論》，他在此書中召喚柏拉圖的鬼魂，試圖讓這個國家開始正視大眾無知的問題。李普曼的論調在二戰後特別受歡迎，納粹的出現嚇壞了世人，自由派的民主黨人更紛紛成為驚弓之鳥，一位歷史學家稱呼他們是「神經兮兮的自由主義者」（The Nervous Liberals），[7] 民主好像不再是治世良方，反倒是問題本身。納粹主義顯示出，即使像德國如此進步的國家，上百萬的人也有可能同時陷入無知。希特勒掌權並不是靠政變，他是趁著德國群眾對局勢的不滿，順勢進入政府（雖然他從未在自由選舉上贏得多數選票）。

在早期的戰後評論中，卑爾根．伊凡（Bergen Evans）的觀點最為流行。像伊凡這樣的人物，你一定想得到他會極力說服美國，社會將為群眾的無知付出慘痛代價。他是牛津大學的羅德學者（Rhodes Scholar），在哈佛求學，後來成為一名英語文學教授。伊凡有名到益智問答節目「六萬四千元的問題」（The $64,000 Question）聘請他檢閱節目替參賽選手準備的問題。他甚至還自己主持過節目，叫「世間萬物」（Of Many Things），該節目融合趣味的大眾文化，嚴肅討論歷史事件。他曾出版兩本書，暴露社會大眾的集體無知。第一本在戰後不久的一九四六年出版，書名為《胡說的歷史》（*The Natural History of Nonsense*）。全書的開篇讓人印象深刻：「也許我們離開了過去，可是過去並沒有從我們這裡離開。石器時代的觀念與最新的科學思想，兩者並存。世上只有一部分的人已經擺脫黑暗時代，而在許多神智清醒的腦袋瓜裡面，正如洛根・皮爾索・史密斯（Logan Pearsall Smith）所說，我們會碰上『一窩一窩的毛毛蟲』。」伊凡在書中指出，有上百萬的人依然相信巫師，他告訴讀者「一九二六年到一九三六年間的《紐約時報》，一共報導了超過五十五起巫術案件」，其中十五起發生在美國。我們離黑暗時代是多麼近哪，伊凡警告道。因為「很少人理性思考。」懷疑主義乃是「科學的精髓」，卻很少見。這本書很受讀者歡迎，幾年後伊凡出版第二本《鬼話連篇》（*The Spoor of Spooks*），同樣成為暢銷書。這兩部作品在銷售上的好成績，代表當時受過教育的讀者普遍接受他的論點。

戰後，大學教授們一心探究公眾的無知現象。其中一位值得特別提出來談，因為他潛心研究該領域數十年。此公乃是湯瑪斯・貝利（Thomas A. Bailey），他在歷史學界的名聲顯赫，被選為美國歷史學會（Organization of American Historians）主席。他有一頭白髮，正如一般想像中的優秀歷史學家那樣，而他的面容看上去和善且睿智。或許你聽過他的名字。美國最受歡迎的歷史教科書《美國共和史》（*The American Pageant*），便出自貝利之手。半個世紀過去了，他的書持續印行。幸運的話，搞不好你高中的時候還曾經讀過。和一般的教科書不同，貝利的書寫彷彿出自活生生的人類之手。他的人就如同他的書一樣，幽默機敏，曾經有名大學生參觀貝利任教的史丹佛大學，當時他很期待能見到寫出《美國共和史》的大師一面。果不其然，他見到這位歷史學家正在一樓的大辦公室，四周全是開著的箱子，裡面裝滿影印資料，數以千計。貝利抬起頭來，瞥見學生直擊大批書面資料後的驚訝表情，他打趣地和學生說，「這年頭要是不用影印機就死定了。」

貝利原先專攻外交史，但不久他的興趣轉往輿論研究，因為他發現美國歷史上的外交危機，往往受到輿論的決定性影響；他另一本廣為流傳的教科書《美國外交史》（*A Diplomatic History of the American People*）第一章即論證此事。控制種種事件的並不是外交官，而是大眾。十九世紀英國政治經濟學家約翰．彌爾（John Stuart Mill）曾在《論自由》說，「現在左右政治世界的是輿論，這一點幾乎是老生常談了。」

貝利不覺得這樣令他安心。他在《街上的人：美國輿論和外交政策》（*The Man in the Street: the impact of American Public Opinion on Foreign Policy*）闡述了他的憂慮，該書於一九四八年出版（彌爾的話作為引言放在第一頁）。讀完《街上的人》就像走一遭美國外交史的鬼屋巡禮。每隔幾頁，這群「街上的人」就幾乎要將美國帶往絕境。一八九八年爆發美西戰爭，美東沿岸群眾要求海軍將對陣西班牙的主要軍力從西印度群島戰場撤回，只為了抵禦美東根本不存在的威脅。貝利表示，「如果西班牙的艦隊再強盛一點，這段故事的結局很可能不會那麼幸福美滿。」也就是說，美國很可能輸掉戰爭。二次大戰期間，要「先打倒昭和天皇」的美國群眾聲勢浩大，軍方承受極大的壓力要求其改變方針，不再優先對付希特勒，「那樣的話，這場戰爭可能持續更久，美國甚或會輸掉戰爭。」

在貝利看來，是我們的無知在驅動此類冥頑不靈的作為。「對外交事務的無知已經到了駭人聽聞的地步，這是美國輿論最顯眼也最危險的缺陷，」貝利尖銳地批評。貝利提出關於「大西洋憲章」的民調作為證據——大西洋憲章規定了同盟國的戰爭目標，並為士兵和國民說明了二次大戰的意義。它堪稱二十世紀最重要的歷史文件。而在一九四二年，十個美國人裡頭有八個人承認自己完全不知道大西洋憲章是什麼，而當時羅斯福和邱吉爾簽屬此條約，不過是幾個月前的事情。

兩個世代以後，受伊凡和貝利的影響，一九八〇年代晚期的另一名作者繼續挖掘這個議題。他特別關注歷史的迷思，這些主題貝利也曾在幾部著作中提到過。「不要管人家怎麼說，美國人其實知道不少歷史，」這位作家談迷思的處女作就這樣開場了。「清教徒朝聖者是從麻薩諸塞州的普列茅斯岩石（Plymouth rock）登陸；老羅斯福率領蟒騎兵在聖胡安山（San Juan Hill）衝鋒陷陣；哥倫布發現地球是圓的；伊萊．惠特尼（Eli Whitney）發明第一部軋棉機。笑點當然就是，美國人知道上面所舉的每一件事情，但這些事情沒有一件是真的。」* 和伊凡當年的暢銷作品一樣，這本書同樣賣得不錯。在作者受邀參加「今日秀」（Today Show）節目以後，他的書供不應求。新書從印刷廠急急送出，沒有時間等它們乾，於是書店抱怨說書來的時候封面紙張是彎曲的。這位作者戳破人人習以為常的迷思，開展了他的新事業，相同主題的作品又出版了兩本。幾年之後，還是一直有證據顯示出公眾的無知，這名作者很是挫折，於是寫一本書引戰。書名是：《我們到底有多蠢？：美國選民真實面目》（*Just How Stupid Are We: Facing the Truth About the American Voter*）。以上談論的這三本書，還有那本引戰的書，作者就是我本人。[8]（那位跑去拜訪貝利教授結果卻看到滿坑滿谷的書面資料的菜鳥大學生，也是我本人。）

時間來到二十一世紀初的頭幾年，顯示公眾無知的證據無所不在。以下僅列出幾項曾經引人注意的發現：[9]

- 大多數支持伊拉克戰爭的美國人相信，九一一恐怖攻擊的幕後指使者是海珊。他們支持戰爭主要為了這個理由。在他們心中，美國攻打伊拉克是為了討回九一一事件的公道。
- 將近百分之二十五的中學生不認得希特勒。
- 百分之二十五的美國人對Panetta-Burns法案有一些意見——但這項法案根本不存在。那是一家報社為了研究大家面對民調問題會不會亂猜答案，而捏造出來的法案。
- 二〇一〇年時，大多數的美國選民相信，歐巴馬總統在第一任任期的起初兩年，提高了中產階級的稅。事實上那段期間歐巴馬替百分之九十五的美國人降了稅。
- 將近百分之六十的美國人不認識最高法院的首席大法官。
- 大多數美國人不清楚政府機構有三個分支。
- 二〇一三年的路易斯安那州，有將近百分之三十的共和黨人認為歐巴馬總統應該為卡崔娜（Hurricane Katrina）風災負責。事實上颶風於二〇〇五年來襲，當時的總統是小布希。

* 譯注：歷史學者研究發現清教徒登陸的地點並非普列茅斯岩石所在之處。早在老羅斯福上戰場以前，西班牙軍隊已撤軍。根據可考證的文獻，早在古希臘時代畢達哥拉斯已發現地球是圓的。早在西元前五百年，印度已發明世上第一部手動軋棉機。

- 將近百分之二十五的高中畢業生，無法通過美國軍人入伍的測驗，科目包含基礎數學、閱讀和科學。
- 多數的共和黨人相信，左派社運團體ＡＣＯＲＮ（全名為「社區組織改革協會」）為了歐巴馬而在二〇一二年的選舉舞弊。事實上ＡＣＯＲＮ於二〇一〇年在敵對的共和黨人防堵下，組織早已名存實亡。
- 大多數美國人不知道國會多數黨是哪一黨。

這些都還不是最糟的。

二〇〇八年歐巴馬顯得有望登上總統寶座，過了沒多久，媒體觀察到一個似乎很怪異的現象，有許多人似乎相信歐巴馬是穆斯林。民調指出，一開始只有約十分之一的人相信，後來竟有五分之一的人相信。許多美國人宣稱他們完全不清楚歐巴馬的宗教信仰為何，儘管歐巴馬已竭盡全力表明自己是基督徒。二〇〇八年俄亥俄州的民調結果顯示，大約有十分之四的選民不清楚歐巴馬的宗教信仰為何。出生質疑論（birtherism）在當時也相當盛行，很多人認為歐巴馬出生於國外，但多數美國人表示自己不清楚歐巴馬究竟出生在哪一國，數以百萬的人相信他生於肯亞，反對歐巴馬的陣營甚至要求歐巴馬提出出生證明文件。

由媒體從業人員的角度看來，這些民調的結果高度展現了集體的無知。事實很清楚，歐巴馬出生於夏威夷。他也不是穆斯林。他參與一間教會的活動，已有二十幾年。歐巴馬的牧師傑勒麥亞·

賴特（Jeremiah Wright），也曾成為新聞媒體爭相報導的主角，只因他佈道的錄音帶外流，其內容似乎暗示美國遭受九一一攻擊是罪有應得。「美國正在自食惡果，」傑勒麥亞·賴特痛喝道。然而，讓媒體百思不得其解的是，歐巴馬怎麼一下子成了穆斯林，一下子又跟一個牧師過從甚密了（此公甚至主持了歐巴馬夫婦的婚禮）。這不合理。於是為了把事情查個水落石出，《華盛頓郵報》派出記者伊萊·薩斯洛（Eli Saslow）前往美國的腹心地帶尋找答案。[10]

薩斯洛來到俄亥俄州的芬利（Findlay），一九七四年國會將芬利指定為美國國旗城（Flag City USA）*。薩斯洛在此遇到一位典型的腹心地帶在地人吉姆P.。他在「固鉑輪胎」公司一直工作到退休。他是美國空軍退役軍人，育有兩子。除此之外，他家前院杵著四根竿子，上頭掛著四面美國國旗。太讚啦！試著想像一下當薩斯洛遇見吉姆P.，心裡頭有多樂。薩斯洛提出了他的問題：有人說歐巴馬是肯亞出生的穆斯林，這樣的論調吉姆P.是怎麼看？吉姆P.的答案好到薩斯洛拿這段話來作報導的開場白。吉姆P.不太確定該如何評價歐巴馬的這些新聞，因為新聞內容一直相互矛盾。「好像在看兩個不同人物的報導，這兩人甚至彼此沒有共通點。」吉姆P.回答，「你不知道該相信什麼，究竟什麼是真的。」一個記者活著就是為了引述這樣的發言。

弔詭的是，主流媒體在當時已不斷破除謠言，確認歐巴馬並非穆斯林，也不是在肯亞出生的。

* 譯注：一九六〇年代的美國，盛行在城市中飄揚美國國旗的風潮。其中芬利城，美國開國元勳後裔John B. Cooke更是大大提倡這個運動。在他的奔走下，芬利城於一九七四年受美國國會正式正名為Flag City USA。https://www.findlayohio.com/visitors/flag-city-usa/

媒體既已揭露此類說法不實，難道這些流言不是應該完全停止散播嗎？不僅僅只有那些關於歐巴馬的傳言被證實為非，其他不實的流言，像是九一一攻擊事件的主謀為海珊等，也一一被戳破是假的。生於現代的我們，輕易就能查證事情真相，無知的現象卻持續蔓延，令人不解。那麼，為何這些假消息不但繼續流傳，還有數以百萬計的人願意相信？為何人們會如此無知愚昧？

我們竟然必須提出上述問題，這本身就令人憂心。這表示人類不太能夠認清我們世界當中的基本事實，但理論上來說我們應當十分擅長這件事。人類這個物種對於發現自然世界的真相，相當拿手。正是為了要理解這個世界，我們才擁有與生俱來的五感，我們的構造是為了幫助理解我們所處的環境。舉例來說，視覺幫助我們區分敵人和朋友，而敏銳的聽覺使我們能分辨聲音來自何方。

我們的大腦內建有好奇心。二十世紀一項重大的科學發現，讓我們瞭解到這一點。[11]諾貝爾獎得主同時也是神經科學和生物學專家的艾瑞克．肯德爾（Eric Kandel）透過最出乎意料的方式發現這項事實，當時他在研究室的實驗對象是海鹿屬（Aplysia）。這種普通的海蛞蝓深受研究者喜愛，因為牠們腦中只有兩萬個的神經元（相比之下，人類腦部有八百六十億個神經元）。肯德爾花了好幾年時間刺激海鹿屬生物，觀察他們對不同刺激的反應，其中還包括電流刺激。他最了不起的發現是什麼？這些生物第一次接觸某種刺激時，腦部神經元放電的程度就像發瘋了一樣。可是牠們接受到相同的刺激越多次，這些生物反應的程度越低。當相同的刺激進行到第十次時，牠們的反應降到只有原先的二十分之一。

這是一項驚人的發現，代表動物的腦部並非有意識地忽略那些慣常的刺激——海蛞蝓甚至不具備意識。相反地，我們的大腦會自動忽略那些重複的刺激。肯德爾在他那本深具啟發意義的回憶錄中，描寫了他長達數十年的海鹿實驗，書中他解釋了為何演化過程容易助長此一發展。它能幫助我們節省能量。當你第一次聽到火災警報器響起，你全身打冷顫，而且消耗大把能量來設法判斷情況，做出反應。但如果你調查之後發現火災其實並未發生，接著，五分鐘過後，火災警報再次響起，沒多久後，又再響起，一次又一次都是這種情況，你會怎麼做呢？此後每一次警報響起，你的注意力就會減少。到了第十次，你只會將警報聲響當成環境的背景噪音。你的反應幫助你節省能量，有助於生存。這樣你就可以把焦點放在環境中有可能出現的真正威脅。俗話說好奇心會殺死一隻貓，可是好奇心有時反而能救我們一命。

巧合的是，我們對新奇事物天生的注意力，同時也能幫助人類發掘真相。我們為什麼要讀新聞報紙？因為報紙能告訴我們最新發生的事情。閱讀報紙讓我們知道世界有哪些地方改變了。而這是一條通往真相的常軌。專注在新發生的事情讓我們保持實際，而不必靠過度意識型態的詮釋來掌握世事。其他動物也能夠將注意力放在新事物，但是沒有一種生物能像人類一樣，在認知層次上找到世界的意義，這也是我們的王牌之一。[12]

既然如此，那我們怎麼會在理解現代世界的關鍵事物上，顯得如此失能？我們又回到原點了，而卻更加困惑。如果人類這個物種天生具備好奇心，又為何數以百萬的美國人，始終弄不清楚歐巴馬的宗教和出生地？時間回到二〇〇三年，美國決定入侵伊拉克，那時候難道選民沒辦法弄清楚九一一事件的基礎事實？這可是當代最重大的事件。好奇的人，不是應該會希望找出真相嗎？

類似的問題幾十年以來持續困擾著社會科學家們。不過答案也許是淺顯易懂。還記得麥克・喬登的故事嗎？

然而在我們回到喬登的故事之前，回到那個能幫助我們找出解決方法的故事之前，我們必須先釐清問題究竟是什麼。這項工作可不像表面上看起來那麼簡單。

CHAPTER
# 2
# 人人都是政治動物
## 那為何我們沒有更擅長處理政治？

## 1.

以下這些網站是為了幫助選民理解近期美國選舉而開設的：

| | | |
|---|---|---|
| congress.org | epolitics.com | vote411.org |
| congressionalreportcards.org | politics4all.com | votizen.com |
| e.thepepole.org | popvox.com | votesmart.org |
| electionaland.com | quora.com | |
| electionu.com | visiblevote.us | |

以上名單並不完整。事實上還有數以百計像這樣的網站。這些網站有什麼共通特性？它們都是為了幫助選民了解新聞上談論的公共政策，以及候選人的政見而建立的。如果你上到congress.org，你會發現國會正在審查的法案有什麼最新消息，也能查到你支持的議員在國會裡投下什麼票。

如果你上到votesmart.org（聰明投票網站），你將能找到哪些議員代表你，以及他們在各項議題上的立場。如果你上到Quora，那麼對某項你所關注的政治議題的基礎問題，你可以在這邊找到解答。簡而言之，這些網站的目的，就是為了直接處理先前提到的問題——公眾的無知。這些網站幫助選民增加知識。也就是說，幫助選民變得更聰明。

聽上去好像是一個值得敬佩的目標。你想像一下，如果每個選民突然都清楚了事實，會變成怎麼樣。我們就會彷彿住在民主的聖殿吧。還是不會呢？一九八八年之前，沒有人知道答案。也就是在那一年，現於史丹佛任教的政治科學家詹姆士・費希金（James Fishkin）發想出「審議式民調」（deliberative poll）的方法。[1]一般的民調，將會詢問選民一系列的問題，選民也許清楚這些議題，也許不清楚。一問一答的方式，是選民和調查單位彼此互動的最大限度，接著訪談者便轉而詢問下一位受訪者。審議式民調則不同，調查單位同樣訪問選民，同樣針對他們熟悉或者不熟悉的議題，不過，調查單位接著會針對這些議題教育選民——通常是在周末的研討會，讓選民們有機會研讀相關議題的資訊，聽取正反方意見的表述，並且在閱讀完資料後加入深度的討論。會中還有專家協助受訪者理解這些資料的意義。會議結束後，這些受訪者等於接受了相關議題的教育，然後將再次接受民意調查。

結果有何不同？這些受測者的表現有不一樣嗎？教育真能改變選民嗎？一九九四年的英國，於電視上公開轉播一場審議式民調的研討會。三百位受測者參加，他們乃由具代表性的樣本中選出。選出的受測者中，有店員也有教師、有藍領也有白領、有醫生也有律師，而且男性和女性的人數均等。結果如何?對各類政治議題一知半解的受測者們，參加完會議後，突然對於議題瞭如指掌。這只需要一個周末。從各種不同人口類別找來的受測者，都能夠成長。接觸到相關的資訊以後，這些受測者紛紛改變了他們的看法。他們開始能察覺議題背後的微妙之處。他們發覺到政治人物慣常提供的簡化答案遠遠不足夠。舉例來說，雖然他們對犯罪的態度仍然強硬，且堅持監獄應該要「更嚴格、不能那麼舒服」，但他們也接納原先不接受的改革意見。現在他們傾向讓犯罪者接受教化，並且更會注意到犯罪者的程序權（procedural rights）。

美國第一場電視轉播的「審議式民調研討會」於一九九六總統大選年舉行，時間與地點是德州奧斯汀，一月十九至二十一日的周末。[2]會議吸引四百六十位民眾參加，他們代表了社會的各行各業，也來自紅州和藍州的各種不同地理區域*。其中四分之一的受測者，家庭年收入少於兩萬美金。有一位女性受測者之所以同意參與這項活動，純粹是為了活動的飯店有用不完的熱水。美國公共電視網的吉姆・萊勒（Jim Lehrer）擔任主播，又有幾位受過訓練的主持人來帶領討論。為了公平起見，受測者閱讀的資料，皆經過兩個政黨的代表審查確認——民主黨的芭芭拉・喬登（Barbara Jordan）以及共和黨的比爾・法蘭澤（Bill Frenzel）。這些選民同樣吸收了大量基本資訊，他們也同樣改變了原先的看法，對於六十六個相關政治議題的提問，他們從一開始簡單粗略的回答，轉變為更細膩的立場表述。此外，他們的主張並非總是轉向自由派觀點。雖然這些選民整體的意見轉而支持政府投入更多資源在改善托嬰育兒及教育環境，但是他們認為最好是由州政府管理這些社會安全網路，也就是說，我們過去根深柢固的意識形態，在這個情況下完全敵不過事實。這些受測者當中不論是自由派或保守派，似乎都願意依照事實調整他們的看法。當保守主義者吸收了充份資訊，知道托嬰政策帶來的好處，他們便轉而支持協助窮人育幼的計劃，所謂保守派意識形態頑固到無視於事實，這樣的說法不過爾爾。[3]

詹姆士・費希金在世界各地舉行了此類研討會，每一場會議的結果都一樣，這實在非比尋常。選民不是笨蛋，他們只是無知。當你給予他們足夠的資料訊息，他們就能消化並且理解，這代表民主是可行的，這代表我們阻止得了魚目混珠的假專家。費希金注意到，一九六六年帕特・布坎南（Pat Buchanan）競選總統，被問及是否縮減聯邦醫療保險（Medicare）的預算來平衡財政赤字。布坎南回答，不會。他宣示將保留聯邦醫療保險的預算，而這是在政治上相當安全的回答。接著他又說，他將會砍去援外預算。這同樣也是大打安全牌的回答——美國的援外政策向來不受國人歡迎。然而這樣的回答同時也是標準的鬼扯。援外預算占總預算不到百分之一，不過是聯邦預算的零頭。但是大多數的選民不清楚，以為這是正經的解決方案。你發現了嗎？選民需要事實，事實能夠保護他們。費希金樂觀地認為，只要我們能將事實傳達給選民，就可以讓民主正常運作。換句話說，我們社會的問題不在於選民太笨，而是我們有著嚴重的資訊落差問題。

無論如何，這似乎就是費希金的研討會帶給我們最大的啟發。選民是可被教育的。愚昧可獲得啟蒙。但是真的有人懷疑過這些事情嗎？畢竟我們送孩子到學校上課，就是因為我們相信孩子有能力學習。政府每年投注幾十億的預算在高等教育上，是因為我們相信只要讓學生有機會學習複雜的知識學問，他們就辦得到。他證明了知識不足的選民可以變成知識充足的選民，但這並不是什麼新論調。無知的選民缺乏知識，只不過他們的問題不在學習有障礙，他們的問題在於不會自發去學習，而傾向依賴某種偏見來進行判斷。†4

我們以為我們所面對的是無知的問題，然而事實上我們所面對的會不會是動機問題？參與費希金研討會的人有足夠的動力，是因為費希金提供了獎勵。他付錢給來參與活動的受測者。參加奧斯汀會議的受測者，將獲得三百美元的報酬。受測者參與活動的食宿費用，費希金也一手包辦。於是，全美各地的人紛紛湧入這項活動。這些因素都能解釋為什麼人們前來參與。受邀參加這樣子一場研討會，對於一般人來說是很刺激的事情，特別是這將引來全國觀眾的注目。而且對於大部分的受測者而言，這也是第一次有機會能夠見到電視名人吉姆．萊勒。費希金十分用心在鼓勵人們參與活動。在他曾談到奧斯汀研討會的書中，他寫道，有一名來自芝加哥的受測者，一輩子沒搭過飛機，而他讓這位受測者答應前來的方法，是使一位友人同行，好與她作伴。

這表示，如果希望選民變得聰明，我們得付錢給他們。要是我們希望群眾關注新聞，就應該架設一個網站，讓大家每周上網做個時事測驗，如果他們通過考試，就能獲得一筆獎金。希望群眾出門投票？付錢給他們吧。希望群眾定期和朋友們討論公共議題？付錢給他們吧。我們都知道，獎勵能驅使銷售員或是CEO們更加勤奮。何不以獎勵來幫助選民成為更好的選民？正如我們在費希

＊譯注：紅州指選民主要投給共和黨的州，藍州則是選民主要投給民主黨的州。

†作者註：雖然費希金發現到事實勝於選民的偏見，然而卻有許許多多專門檢驗偏見的研究顯示，除了在他的研討會環境之外，選民往往難以克服偏見；我前文已帶過這一點，而在稍後的章節中將會繼續討論。

金的研究計劃中所見，獎勵就是有作用。

難道這就是我們一直以來尋求的解決方案？在絕對理性的世界裡——由經濟學家來指揮的世界——它也許是解決方案。然而世界並非由經濟學家指揮，世界也不十分理性。在現實世界裡面，一般美國人不樂見花費太多公帑在選舉上。過去幾年，他們甚至開始抨擊自水門案以來實施的溫和改革，也就是由公共財政補貼總統選舉的方案。將水門案引發的選舉改革運動*在聯邦政府層級更為廣泛實施的企圖受挫，之後改革派轉而在州政府層級推行。乾淨選舉改革（clean-election reforms）在全美十個州不同層級的選舉中實施，這項改革的內容乃是由公共財政補貼候選人選舉經費，以將私人資金屏除於政治之外。然而這些舉措沒有一次能持續喚起公眾熱情。這些改革措施當中的許多項目後來遭到作廢，被宣布違憲，或是被取消補貼。[5]

當然我們必須承認，從來沒有人打算直接付費獎勵群眾研究政治議題並且關注候選人，這並不是因為付錢給選民有道德上的疑慮，雖然的確也可以針對我們不該付錢給選民提出一有力論述，因為付錢給選民將貶損公民權利的意義。而是因為背後有個務實的道理。如果告訴選民要有人付錢，他們才會去做那些他們應該憑著自身意志去做的事情，選民會覺得對他們而言是一種污辱。只要有人敢公開倡議付費給選民，以免他們懈怠了公民的責任，那麼此人馬上會被貼上菁英主義與反美的標籤。

2.

若不願付錢給大家，那麼還可以改變文化。例如，在斯堪地那維亞國家，公民教育已經深深植入他們的文化之中，就如同一層厚厚的巧克力夾心，包在比例完美的社群舒芙蕾之中；他們的選民對政治有積極興趣。當你向斯堪地那維亞國家的人民問到他們政府的架構與難題，他們都知道答案，彷彿剛剛修完高階公民教育課程的學子一般。文化可以作為一種誘因，和費希金所採用的獎勵一樣有效。斯堪地那維亞經驗帶給我們的啟發在於，如果在學校中教授公民素養，成人教育的環節中也繼續強調公民教育的重要，像是百分之七十五的瑞典人，在成年之後會接受過公民教育，那麼他們便能記住在校內學到的資訊，並持續關注政治。你不需要買通他們。

有件事情似乎特別有幫助，那就是創造大量的社會資本，供群眾可以隨時提領。群眾必須覺得自己的聲音被聽到，覺得領袖會回應他們的訴求。社會體系必須讓人覺得是公平的。當人們觀望自己在社會裡面的處境，大家必須感覺到他們在民主制度下過的是好日子——至少要感覺自己有機會過上好日子。而借用社會學家羅伯特．普特南（Robert D. Putnam）的比喻，人們不能獨自打保齡球（bowl alone）。他們必須加入團體。哪些國家的人民自願加入志工組織的比例最高？根據報告顯示，結果是斯堪地那維亞國家。[6]

可是結論真的就這麼容易？比方說，如果社會信任（social trust）乃是關鍵因素，如同許多公民運動改革者所言，那麼地方選舉的投票率應該更高。美國選民說他們最信任的民選首長是哪些？是

* 譯者註：尼克森的選舉經費疑似被用來掩蓋水門案真相。因此在水門案爆發後，引發一連串的競選籌款法改革。

地方上的行政首長。可是在美國又是哪些選舉，投票率一年比一年低？是地方選舉。二〇一三年洛杉磯市長初選，僅有百分之二十一的合格選民參與投票，候選人花費共約一千六百萬美金的選舉宣傳費用，而前任市長並未參與角逐，這樣的情況理應激起民眾強烈興趣，然而卻沒有。二〇〇九年紐約市民主黨市長初選同樣冷清得可憐，僅有百分之十一合格選民參與，《紐約時報》甚至還在頭版頭條報導「初選投票率跌破當代紀錄」。

由此可見，斯堪地那維亞國家的成功，其背後的因素複雜。我們知道這個因素存在於文化當中，但我們無法肯定究竟是文化中的哪一個環節促成，或者究竟是哪幾項文化因素以何種正確配方促成。太多我們未知的不確定性。我們也不知道，在斯堪地那維亞成功的方法，在美國適不適用。斯堪地那維亞的民族單一，不像美國人口多元，是一個移民社會，這是一項已知的不確定性。以上種種，形成了高度的不確定性。

美國顯然尚未投入足夠心力以複製斯堪地那維亞模式，創造出鼓勵公民積極參與政治的文化。但我們努力過。很可惜，結果令人灰心。二〇〇〇年西維吉尼亞州的參議員勞勃・伯德（Robert Byrd）認為，社會大眾對於歷史的無知將使美國遭受危機，於是他在國會通過一條法案，設法改善歷史教師在學校教授歷史的方法。經過數年，該計畫陸陸續續用去了五千萬美元。[7] 教師們覺得值回票價。研究卻顯示它對學生沒有影響。接著，伯德又讓國會通過預算，花上一億一千九百萬美元在該項教學計畫上。結果還是一樣。教師大為讚揚，而學生顯得毫無長進。

美國最高法院大法官們，長期致力於提升社會的公民素養。一九八〇年代的首席大法官華倫・

柏格（Warren Burger）希望讓民眾更理解美國憲法，於是毅然決然請辭大法官，投入一個唐吉軻德式的活動，試圖點燃公眾的熱情，關注即將到來的美國憲法兩百週年紀念日。為此辭去大法官一職？民眾大驚失色。可是伯格堅信他正要做的工作至關重要。不幸的是，沒有證據顯示他的努力帶來長久的改變。美國人似乎對憲法還是一樣一無所知。

過了一個世代，另一位首席大法官珊卓拉・戴・歐康納（Sandra Day O'Connor）從最高法院離開，她深信民眾對憲法的認識仍然嚴重缺乏。為了採取行動改善這種情形，她決定組織一個團體，明白表示其目標在於向青年學子教授公民素養。該團體的網站叫 iCivics，學生們可以透過網站上的遊戲，理解最高法院如何運作，還有移民法案、選舉投票等議題。這些遊戲很吸引人。其中一個遊戲可能大家都會覺得很有用：責任發射台（Responsibility Launcher）。「你是否曾經想要把公民常識敲進別人腦袋瓜裡？」遊戲問。「在責任發射台裡，你能輕易做到。你將可以提醒公民，他們的公民義務不只是責任，還可以藉此把事情辦好。」聽起來不錯。遊戲還帶著一股討人喜歡的調皮，這在倡導公民素養的運動中可不常見。遊戲指示玩家說，如果他們沒辦法把公民常識敲進別人腦袋瓜，那麼應該拿個鐵砧來試試看。畫面接著出現一台鐵砧，好像此一建議真的得按字面照辦。不過並沒有證據顯示出這個遊戲，或網站上哪一個別的遊戲，有什麼成效。我上這個網站那天，鐵鎚遊戲在臉書上僅有七十七個按讚數。相較之下「辛普森家庭」的柯阿三，一個不受觀眾重視的角色，故事裡QK便利商店的店主，好歹有兩萬七千九百四十三個按讚數。

3.

是不是我們努力不夠，所以持續失敗？全美的公民運動改革者皆抱持著這樣的看法。他們在研討會中對彼此這樣說，也這樣告訴社會大眾：如果我們做的更多，事情將有進展。這也是為什麼你在公民研討會上聽到的總是同一套大聲疾呼：增加預算吧。美國是一個富有的國家，我們擊敗了小兒麻痺，登陸月球，所以這種說法聽起來的確有道理。我們認為錢能解決所有問題。但是這種想法的前提在於我們面對的是金錢問題。真的是嗎？

說到底，為何我們必須訴諸文化，或是金錢的誘因來讓公民行使他們的義務嗎？民眾豈不是應該盼望參與嗎？民眾不是應該希望自己具備相關知識嗎？畢竟，理論上來說政治是我們的天性。亞里斯多德曾說過一句名言，「人，天生是政治動物。」我們自然而然形成團體。人類幾百萬年以來，都過著團體生活。既然如此，為何我們對於自身所在團體的運作方式，漠不關心？為何有那麼多人會在民調中表示自己對政治不太了解？從邏輯看來，演化將幫助那些擅於政治活動的個體生存下來，特別是懂得查出相關事實的個體，因為有能力探究事實的人，就不容易被操弄。在有限資源的競爭中，懂得保護自己，避免受到外界操弄的個體，在時間的長河中較為有利。根據演化生物學，一個人擁有的資源越多，他就更有可能順利將基因傳給子子孫孫。換言之，擅長政治應該對我們的基因是有利的。那我們的問題到底在哪裡？我們面對政治表現得如此失能，這說不通。難不成亞里斯多德是錯的？我們並非天生的政治動物？

CHAPTER 3

# 身邊最親近的一百五十位朋友

## 數數你認識多少人？

## 1.

群眾對於政治普遍漠不關心，很容易讓我們以為亞里斯多德說錯了，人類其實並非天生的政治動物。不過就在你草率的下結論之前，試想一下。儘管在狩獵採集社會裡，人們信仰神話，而且要是某些問題涉及其知識範疇以外的科學，人們一般來說就會不明白這些問題，但卻沒有證據顯示狩獵採集的團體，對政治集體冷漠，或者對於社群普遍知曉的事實，個別成員會死板地保持無知。[1]這些缺陷屬於當代社會現象，普遍存在現代世界，除了前文提到的斯堪地那維亞。當代社會究竟出了什麼問題？能找到一個單一因素來解釋嗎？

狩獵採集社會與當代的社會之間差異太大，所以想歸納出單一因素來解釋為何當代社會對政治如此冷感，好像是痴人說夢。對於兩種社會的重大差異，凡可能有關者，你都能夠隨便組合，據此提出說法。你可以主張在現代壓力之下，家庭的角色變得薄弱，使得個人獨自漂流。另一種說法同樣有說服力，你可以鼓吹因為現代人每天面對的生存任務更加複雜，我們無法專注在每一項任務上，所以人們放棄了其中最煩的事項，例如政治。此外，經濟學家們還提出另一種看法，從完全相反的角度看待問題。公民運動改革者則假定，群眾的無知和對政治的冷感是因為他們缺乏理性；經濟學家們卻不這麼認為，他們說群眾對政治冷漠正是最理性的選擇。因為光憑一張選票不可能改變選舉結果，所以個別選民拿他手上僅有的資源來研究政治，根本沒有道理。因此，冷漠才是最理性的做法。反正這件事情你又影響不了，何必追蹤它的消息？反正你投的票也沒有用，何必還去投票？投入政治活動的成本大於收益。總而言之，你若是詢問十位專家，就能聽到十種看法——甚至更可能聽到一百種看法。

年輕有為的政治學者邁克爾·邦·彼得森（Michael Bang Petersen），主持丹麥奧爾胡斯大學的「政治學和演化研究」計畫，他發現選民普遍對政治冷感，這問題並沒有那麼複雜。彼得森的臉上總是帶著笑容，不拘小節的樣子讓他顯得很可親。他放在大學網站上的個人照片，本人穿著一件淺棕色的格子襯衫，就像你休假時會穿的那種衣服（可以明確看到裡面搭配白色T恤）。他的外在符合所有你對北歐白人的想像，身材高大、偏瘦，一頭金髮。他在政治科學領域的著作，包含共同著作的學術論文，超過五十篇（丹麥文和英文的論文都有）。

這些論文的主題多半圍繞著同一個觀點——唯有透過演化的視角，才能找出驅使人類行為的深層心理因素。早在百年多以前威廉·詹姆斯就已提出這個看法，但它到最近才開始深深影響社會科學的研究方向。我們現在將這種觀點稱為演化心理學（evolutionary psychology，EP）。演化心理學的核心概念在於，人類生來不是一張白紙，我們有一套心理運作模式烙印在身體裡。因此探討人性（human nature）乃是有意義的，人性並非只是一個形容詞，而是確實有某種叫做人性的東西存在。此物之所以形成，是為了回應我們在更新世所處的環境，如同我曾在導論中提到。你想要了解人類嗎？那就不要試著弄明白為什麼我們能夠生存在現代世界。人類的演化大部分並非在當代的環境中形成。你要了解人類，就得回顧更新世。那時候我們的演化經歷了重大改變，使得人類成為人類——天擇所保留的本能是要幫助我們在當時存活，而不是如今。

為什麼我們一見到蛇就會打顫？因為在更新世，蛇是人類的威脅，對於體形細長、鑽過草叢的動物，某些人抱持著恐懼感，這樣的恐懼感是健康的，因為這樣的人比較容易生存下來，把他們畏懼蛇的基因傳給後代（就是我們）。為何我們一見到排泄物、老鼠就會噁心？因為更新世的人類發展出一種噁心的機制，保護我們遠離致命的微生物。為何我們對患有重病的人感到害怕？因為在更新世，如果靠近那些生病的人，很有可能會喪命。但又為何我們並不會害怕汽車？明明汽車每年奪走了成千上萬條美國人命。那是因為遠在更新世的祖先們沒有汽車。以上這些睿智的洞見來自演化心理學家史迪芬．平克。[2]

更新世的人類生活型態有哪一項關鍵特色？聚落的人數很少。彼得森從已知的演化心理學文獻中歸納出，在形形色色影響我們演化的因素裡，聚落人數少的這點特色最為重要。[3]我們的先祖，最早的人屬，約在兩百五十萬年前出現於地球上。從那時候開始一直到農業時代——約莫一萬年前——人屬都以小型聚落群居，人數不超過一百五十，大概就是一個大學講堂能容納的人數。當時世界各地人類的祖先都是如此。我們怎麼會知道，人類好像天生就適合以小團體群居？

不論哪個時代，不論在何方，人類似乎都喜歡小群體。田納西東部山區的社群大約多少人？一百五十人。美國主流新教的教會大約多少人？一百五十人。艾美許人的社區教會組織？同樣是一百五十人。一百五十這個數目好像有點特別。演化心理學家、同時也是當代著名的社會科學家羅賓·鄧巴（Robin Dunbar）回顧世界各地的文獻，發覺人類似乎天生就喜歡人數落在一百到五百人的聚落，而中位數約落在一百五十人。權威商業專家認為企業部門最適人數是多少？一百五十。在什麼情況下員工所回報的工作滿意度最高？在一百五十人（或是更少人）的工作環境。什麼時候經理人會指出工作士氣開始低落？當組織人數超過一百五十人。英國人每年寄出幾張聖誕賀卡給親朋好友？一項研究顯示是六十八張。而收到這些賀卡的家戶人口數加起來總共多少？一百二十五到一百五十！這代表我們的人際網路的自然規模約落在一百五十人左右。[4]

在一八四七年的摩門之路（the great Mormon trek）中，楊百翰（Brigham Young）率領他的信眾一路西遷，渡冬的地點是今日的內布拉斯加州。兩千五百人在此紮營。楊百翰在四月時組一隊先發部隊越過洛磯山脈。這趟路途可以預期相當艱險——印地安人隨時可能突襲——因此計畫非常周延。他們的部隊準備相當於一年份的存糧。隨隊的牲口包含九十三匹馬、六十六頭公牛、五十二頭騾。隊伍共有一百四十三名男子、三名女子，還有兩個小孩同行——隊伍的總人數還差兩名就來到神奇數字一百五十。[5]研究摩門教的歷史學者們表示，楊百翰發現這樣的隊伍人數最適合長征。當時他帶領了約五千名信眾前往猶他州，途中他多次將大隊人馬分成一百五十的的小隊。「摩門之路」可以說是人類遷移史上最著名、也最成功的例子。[6]

羅賓・鄧巴十分著迷於這些研究，他好奇此現象背後是否有生物學機制可以解釋。如果能找到，一切就合理了。演化心理學家已經發現，人類行為不只受到環境影響，同時也受到基因影響。研究該從何處下手？鄧巴也不確定。最後鄧巴將焦點放在動物腦部的大小。長久以來，科學家們普遍猜想動物頭腦的大小和智慧有關。一般認為，腦越大的動物越聰明。這符合直覺判斷。但是研究結果卻發現這個推論有問題。尼安德塔人的腦比我們還要大，但智慧卻不如我們。

鄧巴持續研究，發現了一樁驚人祕密。腦的整體大小和智能並無絕對關係，重點在於大腦新皮層（neocortex）佔腦部的比例。於是，他的理論有了突破性的發展。把新皮層的體積除以腦部總體積，會得到一組漂亮的數字比例，這比例恰恰對應到該物種的關係網絡平均規模。數值越大，網絡規模越大。什麼動物擁有最大的比例數值？人類。什麼動物擁有最大的社群網絡？人類。

為何人類深受一百五十人左右的聚落吸引，如今我們找到了生物學解釋。因為這就是人類大腦所能掌握的人際網絡規模；我們無法記住上千人，只能記住大約一百五十人。為何上限只有一百五十，更廣闊的人際網絡豈不是顯然更加有利嗎？試想若是人類能夠應付的人際網絡擴展到兩千人。這樣當你走進一個大型商務會議，就不必再煩惱要先認識哪些人。你能和每一個人交談，培養並維持你們的關係。唯一限制你開拓人際網路的，只有建立關係以及偶爾維持關係所花費的時間。這將對經濟所產生的影響會十分巨大。但這只有在現代社會才算是優勢。在更新世，當人類漸漸演化成智人，我們的祖先並不需要認識幾千人。要生存下來並繁殖後代，祖先們只需要維持大約一百五十人左右的聚落，所以能夠記得約莫這個數量個體的人，就被演化選中了。

我們今日的腦來自百萬年的演化，它曾幫助人類在過往的環境中生存下來，卻不是為了適應未來的環境。大自然沒有為我們準備多餘的腦力好應付將來的變化。[7]其中原因是腦部的運作本身極耗費能量。人腦——包含三磅的神經元（neurons）、灰質（gray matter）還有其他東西——消耗了我們全身百分之二十的能量。如果我們的腦部被設計成足以處理數千人的人際網絡，可以想見腦會長得比現在更大，消耗更多能量。今日的我們的確有能力提供腦部更多養分。但是在過去呢？也可以，但只有天公作美的時候才可以。如果天公不作美呢？怎麼辦？此時人類這個物種的存亡可能就有危險了，而這一切是為了什麼？就為了我們並不需要的一項能力？演化不是這樣運作的。演化讓一個物種支付的代價，不可能只在順境中才付得起。

另一種可能的解釋是，如果腦部要記得住幾千人，那麼它將會大到我們現有的身體無法支撐。為了避免頭重腳輕，我們可能需要更高大的身體，來撐起更大的腦。另一個問題在於，腦部若是處理如此龐大的人際網絡，或許工作太過繁重，真的會燃燒殆盡。腦部組織能夠承受的電流及化學突觸反應只有一定量，超過就會燒焦。於是我們的大腦容量也有了限制。也許我們並不需要增加腦容量，也能滿足和上千人建立關係的慾望。有些人只靠現有的人腦便可以和上千人建立關係，像是美國總統詹姆士．波爾克（James K. Polk），他在世時有一項能力就很出名，即便是幾十年前短暫相遇的人，他也能記得對方的名字和臉。所以我們可以夢想將來有一天人類演化能做到，只不過到目前為止，對人類而言，記得住幾千個人並不是一項演化優勢。

## 2.

能夠和一百五十個人建立關係的能力有多重要？科學家們認為，這項能力不但重要，甚至人類的腦部之所以這麼大、這麼有用，就是為了維繫人際網路。

科學界有很長一段時間曾經以為，人類演化出碩大的腦部，是為了對付狩獵者以及找尋食物。但今日的科學家則認為，人類之所以演化出碩大的腦部，是為了幫助我們生活在複雜的社會團體中。也就是說，天擇留下了擁有較高認知能力的個體，因為智力是一種划算的投資，你的腦力越高，就越能掌控他人，為自己和親人取得更多資源，這就是所謂馬基維利智力假說（Machiavellian Intelligence Hypothesis）。一九七〇年代由一位研究靈長類動物的科學家所提出，他發現了一個驚人的現象。[8]尼古拉斯・漢弗萊（Nicholas Humphrey）當時正在參觀同事的實驗室，他看到籠子裡的猴子很可憐：

> 猴子們成群結隊，一隊大概八到九隻猴子。他們關在這相對空蕩的籠子裡，四周空無一物，沒有可供操弄的東西，也沒有可以探索的環境。每天一次會有人把裝著食物的盤子丟進來，拿水管沖水清洗水泥地板。如此而已。我環顧四周，這般荒蕪的環境，必然會為猴子們帶來負面的影響，減弱他們的心智。

直到一日漢弗萊發現自己錯了。

……我再次看見他們，一隻還未斷奶的猴子纏著媽媽要奶喝，兩隻未成年的假裝在打架，還有一隻老公猴正幫母猴理毛，此時，另一隻母猴悄悄來到公猴身邊。我以全新的眼光看待眼前的景象：不要去想他們身處的環境空無一物，這些猴子還有他們的夥伴可以操弄、可以去探索。他們不會喪失智力，因為社交環境提供他們足夠的機會，讓他們參與這場一直在進行的辯證討論。和我宛如獨居隱士的猴子相比，我同事羅伯特・海因德為猴子準備的社交環境，簡直就像是類人猿的雅典學院。

漢弗萊終於明白到，與他者相處，不管對人類還是對猴子而言，都需要極複雜的技巧。如果每個個體都在追求自己的利益，社會秩序隨時可能崩塌，團體隨時可能變得一片混亂。為了防止這些事情發生，靈長類必須要有強大的腦袋來應付。

人與人之間如何和睦相處，是一件相當複雜的議題。愛因斯坦曾被問及，[9]為何人類能弄懂原子的構造，卻無法想出阻止核子戰爭的方法。他答道：「很簡單，我的朋友，這是因為政治比物理學還要困難。」政治很複雜，正因為人類很複雜。[10]高中的社會學課堂曾教導我們一句從遠古流傳下來的智慧：所有人都和一些其他人相似，有些人和一些其他人相似，但卻沒有一個人和另一個人是完全一模一樣的。[11]雖然一般來說人類生來都有兩隻手臂、兩條腿、十根手指頭，但每個人參加的群體不同，也各有所愛、各有所惡，人與人的相處，於是變成極大的挑戰。

漢弗萊發表他的研究之後，過了幾年，有一位年輕的靈長類學家法蘭斯・德瓦爾（Frans de

Waal）到荷蘭的阿納姆動物園任職。[12]阿納姆動物園是靈長類學者的天堂，園內馴養的黑猩猩是全世界最多的。德瓦爾在那裡工作了六年。在日記裡，他記錄下黑猩猩的行為。如同漢弗萊的發現一樣，德瓦爾注意到黑猩猩具有高度社會性，他們的行為像極了人類。他觀察到園裡兩頭黑猩猩的權力競爭，耶羅恩（Yeroen）和魯伊特（Luit）的戰爭，有一天耶羅恩變得常常發脾氣。德瓦爾在書中寫道，耶羅恩的歇斯底里讓他想起鮑勃・伍華德（Bob Woodward）、卡爾・伯恩斯坦（Carl Bernstein）描寫水門案的《尼克森白宮末日記》一書當中的著名場面。書裡的尼克森倒在地毯上，開始哭喊大叫「我究竟做了什麼好事？事情為什麼會這樣？」當耶羅恩屈居下風的時候，他似乎也表現出同樣的絕望。「鬥了大概一個月之後，耶羅恩開始耍脾氣。他對表演的判斷十分準確，會自己從樹上掉下來，像一顆熟透的蘋果，還在地面上打滾、尖叫、拳打腳踢……像這種歇斯底里的發作，會讓人覺得他有難以壓抑的絕望和委屈。」

最後德瓦爾得到了結論，黑猩猩不只在沮喪（或興奮）時的行為像人類，他們還和人類一樣擁有政治，他們玩政治的手法在某些關鍵方面與我們明顯相似。黑猩猩會跟誰結盟呢？並不是他們剛好還滿喜歡的黑猩猩——和人類一樣，黑猩猩會選擇他們需要的對象。德瓦爾長時間觀察這群黑猩猩發現，黑猩猩的領袖需要表現出許多特質，不只是純粹力氣大。他們必須要贏得群眾的喜愛——如同人類的領袖。德瓦爾在書中寫道，在黑猩猩的團體裡，並不是權力競爭的結果決定了社群關係，而是社群關係決定了權力競爭的結果。魯伊特勝過耶羅恩並不單純只是力量強大——體型上來說兩隻猩猩差不多，雖然魯伊特稍微年輕一些——而是因為當鬥爭持續幾週之後，魯伊特贏得了更多的同盟。耶羅恩脾氣鬧得太兇了，所以傷害到自己的群眾基礎。他越發脾氣，其他猩猩就越不支持他，甚至忽略他的大吵大鬧。結果魯伊特看起來才比較像合適的領袖。不過，魯伊特的勝利也只是暫時的。耶羅恩敗陣之後，又找另一隻公的黑猩猩結盟，聯手推翻了魯伊特。

在演化的時間線中，人類和黑猩猩是最親近的兩種動物。事實上，有些科學家甚至認為人類是黑猩猩的分支。也就是說，我們也是黑猩猩的一種，雖然人類和黑猩猩不一樣。人類的腦部比較大。腦部比較大有什麼作用？它讓我們可以組成更大的團體。[13]人類以外的靈長類動物所組成的團體，最多也就七十個個體。而人類的團體，如同我前面提到的，可以來到一百五十人左右。主宰世界的是人類而不是黑猩猩，這項差異乃是原因之一。「團體」至關重要。在現代世界裡，人類已經證明其有能力組成超過百萬人的群體。

為何黑猩猩無法像人類一樣拓展關係網絡？你可以想像得到，科學家們的答案非常分歧。羅賓．鄧巴的論點具有說服力，他認為是因為黑猩猩不會說話的緣故。[14]說話這項能力顯然很重要，但是鄧巴進一步指出若是要促成團體合作，說話特別重要。事實上，語言可能正是因此才會演化出來。我們需要靠語言來與他人連結。我們使用語言來溝通我們的感受，記錄每天發生的事情。人類每天談論的話題是什麼？人類自己本身。我們最感到興趣的事物是人類本身，我們不斷地談論人類本身。當社會學家開始研究人類對話時發現，說話者三分之二的談話內容都圍繞在社交話題。廣泛說來，我們講話的時候喜歡談論八卦，男人和女人都一樣，男人女人天生都愛說八卦。

人類和黑猩猩最大的不同點在哪裡？人類說話，黑猩猩理毛。下次當你參觀動物園時，仔細觀察靈長類動物，你將發現大部分的時間牠們都在互相理毛。但是動物也就只能花那麼多時間理毛，科學家表示，是每天百分之二十的時間。如果超過這些時間，這隻動物就必須放棄別的重要任務，像是覓食。因此，動物能夠建立的關係數量是有限的。一般說來人類可以建立的人際網路是一隻黑猩猩的三倍。語言使我們能做到這點。語言比起理毛更加有效率。你同一時間內只可以為一個個體理毛，但是你卻能使用語言同時與許多個體溝通。研究顯示人類透過語言可以在同一時間內，面對面與四個人同步溝通。超過四人就會讓對話變得吃力。不過「四」也已經是一個大數字了。一個小時之內，一個好的溝通者可以在房間裡來回穿梭，與不同的陌生人展開談話，儘管一次談話不超過四人，溝通對象也足以超過一隻黑猩猩一天理毛的對象。理毛所建立的關係網絡有限，但語言卻可以使其拓展。在人類的世界裡，當然我們透過語言跟成千上萬的人溝通，這也是人類勝於其他靈長類的動物的地方。

但是語言和理毛，哪一種方法可以帶來更強的連結？答案是理毛。當一隻猴子為另一隻猴子理毛時，大腦會分泌嗎啡，獎勵這項行為。理毛的感覺很好。這種溫暖的感覺將會加強猴子和猴子之間的親密以及某種同理心。雖然靈長類學家認為猴子的同理心感受和人類並不相同，但是當一隻猴子剛剛替另一隻猴子理完毛，若此猴發出求救叫聲，牠會更加容易產生反應——而且更可能確實伸出援手。理毛行為產生的連結相當緊密，語言無法達到同樣的效果。

光是對著另一個人說話，並無法刺激我們的大腦分泌嗎啡。那什麼才可以呢？微笑和大笑。不是語言本身帶來連結，而是笑容和笑聲。在西雅圖有一間貝果店，我光顧了好幾年，因為那是全城最好的貝果店。但最後我發現我並不喜歡去那裡，因為從來沒有人會笑著跟我打招呼。那是一間家族經營的貝果店，可是不論是媽媽還是兒子站在櫃台為我點餐，從來沒有露出表示善意的微笑。光顧那間店總讓我心情不好，讓我在一天的開始就搞砸心情，所以我停止光顧那間店，儘管這代表我必須放棄我最愛的貝果，而我並不在意（並不是十分在意）。我找到了另一間新的貝果店，在那裡我收到很多微笑，這才是更重要的事情，雖然我依然十分懷念原本那間店貝果的香味和口感。幸好這個故事有一個快樂結局。有一天當我十分渴望嚐一口老貝果的味道，我走回之前的那家店，店家的兒子在櫃台，他沒有微笑，這次我直斥其非，說他很沒有禮貌。我的眼角餘光看見他的母親正在附近看著我們，似乎很尊重地聆聽我在說什麼，我的不吐不快帶來什麼改變了嗎？好奇心作祟下，隔日我又回到了店裡。我沒看見那個兒子，倒是看到店裡的媽媽，她一見我就給我一個大大的微笑，從此之後我每天光臨我最愛的貝果店，還收到很多微笑。

我們將微笑和大笑視為重要的社交線索。有了這些線索，我們可以感受自己是被對方看重的。一個講師如果可以讓聽眾笑出聲來，則能加強自己和聽眾間的連結，此時，說話者和聆聽者腦中都分泌著嗎啡。靈長類動物互相理毛，而人類則靠微笑和大笑，來和陌生人建立關係。看看人們在桌上擺放的親友合照，照片中的人臉上都是什麼表情呢？大多時候都是微笑的臉。猜猜我最喜歡母親的哪一張照片？這張照片捕捉到的畫面裡，母親散發著難以言喻的喜悅和笑容，它就放在我的辦公桌上，在我父親的照片旁邊。隔壁照片中的父親同樣在微笑，當我正提筆寫下此書時，我才理解到為何我選擇了這兩照片放在書桌上。

群體對人類很重要，以及人類最適合的團體人數為一百五十人，以上兩點結論對我們有什麼啟發？回到麥可．喬登的故事。在他天生適合的領域——籃球——喬登是明星，他與眾不同的長才能幫助他面對球場上的挑戰。然而一旦他站上棒球場的本壘板，他就只是一個普通人，因為他的天賦並不適合打棒球。儘管籃球和棒球這兩種競賽，運動員所需要的技能相當類似，但也不是完全相同，即使有人精通一種運動，他也可能無法勝任另一種運動。這就是我說的「兩造不相配合」。選民的問題，正是我們與環境配合不起來。社會科學家邁克爾．邦．彼得森主張，人類生來就適合待在小群體中。如今我們活在難以掌握的大型團體中——一個大型的現代國家，成員包含數百萬人，而不是只有一百五十人的小團體。我們為何對政治冷感？為何大多數的人面對政治議題都顯得如此無知？是因為我們的心智無法適應如此龐大的組織。[15]

我們並不是無法取得足夠的資訊，也不是缺乏理解政治的動機，更不是缺乏金錢的誘因。我們面對的是「身為一個人」的問題。*

## 3.

試想一下，提到「適應不良」（misfit）首先浮現你心頭的是什麼？我猜你會聯想到一個不協調的

* 作者註：在後面的章節我們可以發現到，缺乏知識是一種很複雜的現象。當我們身處在小團體中時，很容易克服某些問題，但卻無法解決所有問題。事實上，有些問題在小團體中顯得更糟。

畫面：像是一個人穿著骯髒的短褲和T恤參加婚禮，或是一個怪咖在喪禮上亂開玩笑，或是一個在安靜的火車上大聲講手機。那麼試想對政治適應不良的人（political misfit），你會想到什麼呢？是不是像林登・拉羅奇（Lyndon LaRouche）的信徒，在廣場上公開發放宣傳手冊，裡頭鼓吹著不可思議的陰謀論，純粹只是胡說八道，例如指控英國女王是毒梟、宣稱世界自然基金會（World Wildlife Fund）將引來戰爭（事實上羅拉奇確實會提出以上兩項指控）。這些適應不良者的共通之處，就是我們一眼就看得出來。一見到這種人，我們就知道他們適應不良。但是並非每一種適應不良的情況都能這麼容易辨識出來。

回顧一九一六年美國紐澤西海岸的選民。顯然其中有許多人是因為鯊魚攻擊事件，才投票反對威爾遜連任——其實威爾遜對這些攻擊事件無可奈何，就算他下令陸軍、海軍、海軍陸戰隊集結，一同保衛紐澤西沿岸，還是不會有用，選民的行為一點也不理性。民主需要選民運用智慧做出政治選擇。但是這些選民顯然沒有。他們沒有好好負起責任。他們任由地方事務影響他們在大選當中的決定。

而這些人從外表上看來，一點也不像適應不良。他們的一言一行看不出有何異樣。他們不四處說些莫名其妙的話，他們不會穿著不得體的衣服，他們表面上毫無適應不良的跡象，但是，他們真的適應不良。

只不過他們並非在每一個事件脈絡中都顯得適應不良。一九一六年七月，紐澤西海岸民眾的性命受到了立即威脅，而他們憑著本能作出了正確決定。本能告訴他們，千萬不要靠近鯊魚出沒的海灘，不論專家怎麼說——這種本能是正確的。但是當時間來到了十一月的總統選舉，本能卻使他們作出錯誤判斷。春湖和天堂灘的選民接觸到的選戰新聞，和紐澤西州其他民眾是相同的，但是他們所在的地點和別人不同。鯊魚事件影響了他們，觸發他們原始的本能，最終促使他們投下手中的一票。鯊魚事件帶來的影響很幽微，沒人發現，直到艾真的研究在八十六年後找出真相。

我們怎麼分辨什麼時候應該相信本能，何時又不該相信呢？從一九一六年的鯊魚案件中我們上了寶貴的一課，脈絡是最重要的。有時候本能要我們提高警覺，也有時候本能告訴我們無需擔心。水裡有鯊魚呀！趕緊離開。沒有鯊魚呀！那就不用擔心。但是，在另一種情況下，更需要我們仔細地判斷環境的脈絡，那就是當我們的本能完全沒有用的時候。在某些情境裡，依靠本能很有用，而在某些情境則不然。這本書就是要提醒我們，何時我們的本能失去作用，又為何在政治中我們的本能特別容易失效。

當我們憑著本能行動，很容易就會忘了事件的脈絡，但是脈絡才應該是判斷一切的依據——如同我們在鯊魚的故事中得知的道理一樣。不可以單單因為這兩個星期發生了慘案，就認定隨時都會有鯊魚咬人，所以永遠不去海邊游泳。為了平息事件引發的恐懼，我們必須提醒自己關注事件的脈絡。

某種程度上，每個人在現代社會都適應不良。人類不是為了現代世界而生，我們天生缺乏在現代政治領域中順利前行所必需的本能。這會造成一些不好的結果。

可是麥可・喬登的故事還有哪些啟示？它的啟示不僅僅是，唯有在天賦擅長的領域中我們才能發揮良好。這故事還告訴我們，訓練也能有所幫助。喬登在大聯盟的第二季表現的更好了，因為他努力練習。當然他成為史上最頂尖的籃球員，也是因為他勤於練習。因此，不論人類的資質為何，我們都能透過努力來進步。人類不是遲鈍的動物，人類很聰明。也許，一旦出現某些情境，我們心裡還是無法不產生那些自然會瞬間產生的想法——前文講過，遇到事情的時候，我們一直以來所反應的方式就是我們以後會反應的方式——但這不代表我們一定得投降，放棄用更加理智、更加符合人性的方法去思考和行動。以前無論是國王也好、農夫也罷，他們都覺得把貓活生生丟進火堆裡很好玩，但我們已經不會那樣想，這是有原因的。文化陶冶了我們，所以我們會覺得那種行為駭人聽聞。這也是我們的希望。

# PART 2

# 察言觀色

# READING PEOPLE

CHAPTER 4

# 為何領袖不如預期會讓我們驚訝？

## 就連聰明的選民也會犯的錯誤

## 1.

還記得詹姆士．費希金研究中的選民，也就是那些努力研讀各種議題的選民嗎？（見第二章）費希金的研究前提是相信能藉由教育選民如何變聰明，進而產生聰明的選民。他證明了可以教育這些選民關於移民、稅賦以及槍枝管制等議題。然而在這美好的過程中，一件有趣的事情發生了，這些選民似乎並不善於一件我們都以為我們很擅長的事，也就是判斷他人的好壞。不管他們有多認真研讀議題、看了多少影片，他們似乎就是無法看穿那些競選總統的政治領袖。

在二〇〇四年，費希金召集了一群足以代表全美選民的人士，想要研究他們會選擇誰擔任民主黨的總統候選人。參與的選民共有七百人，在五個星期間，每個星期都研究各種議題以及每一位候選人，他們收看候選人的競選廣告以及閱讀立場公正的文章。到了研究尾聲，這些選民可說是專家了。那麼這些費希金的聰明選民最後選擇了誰？[1]答案是約翰．愛德華茲（John Edwards）。他是一位上相、梳著完美髮型的候選人，但在這之後短短四年，他的事業化為烏有；他遭揭露，在他的妻子與癌症奮鬥時與情婦有染，後來她的妻子死於癌症。官方表示，他還利用競選經費支付情婦薪資，此舉公然違反聯邦法律。他甚至與情婦產下私生女，雖然他一開始斷然否認與孩子有血緣關係。時至今日，他被認為是總統參選人中有史以來最虛偽的偽君子。

話雖如此，愛德華茲連政治專家都騙得過，畢竟連參議員約翰·凱瑞（John Kerry）當時也選擇了愛德華茲當他的競選搭檔，但是影響凱瑞選擇的原因無疑是愛德華茲的民調數字。民調數字害凱瑞看不出愛德華的瑕疵，隨著選戰開打，愛德華漸漸露出馬腳，知情人士開始後悔自己的選擇。但問題並非為何凱利顯得判斷能力不足。就像二〇〇八年共和黨參議員約翰·馬侃也選了莎拉·裴琳當他的副手，總統候選人常常因為亟欲贏得選戰，而選擇任何他們認為能幫助勝選的人擔任副手。雄心壯志遮蔽了他們的雙眼，然而是什麼讓費希金的選民變得盲目？

## 2.

更新世時，人類最常以遊群（band）的形式群居，在成員不一定有親屬關係的社會團體中，遊群是人數最少的。典型的部落約有一百個左右的成員，遊群則約有二十五人。這種社群規模小到讓我們現代人難以想像，想到「小」，我們總會想到「小鎮」的那種小。在遊群裡就像數個家庭在一起生活，遊群生活的規模之小對各個層面都有影響。人們彼此熟識像是彼此有手足或是夫妻關係，一對男女若發生性關係，他們的鄰居（跟他們的小孩）很可能會知道，因為他們可以聽到啪啪啪的聲響，或是根本就目睹全程。所有人都知道誰是採集高手而誰笨手笨腳，誰工作勤勞而誰又是懶惰鬼，誰是狩獵好手而誰不擅此道，誰值得信任，誰滿口胡言，誰慷慨，誰吝嗇，誰個性好，誰難相處，最後誰是模範父母也眾所周知。這類的知識全部都攸關團體的成功與否，不僅讓遊群的成員獲得需要的資訊以做出正確的社會判斷，另外還能做出正確的政治判斷。不需要猜想誰值得交付權力，他們很容易知道誰是最佳人選。

例如，試想領袖以及追隨者之間的互動。狩獵採集者與領袖面對面互動，這表示他們可以用人類演化出來的機制評斷領袖表現的好壞，也就是說他們可以善加利用人類的視覺、聽覺以及觸覺能力判斷一名領袖是否表現出應有的領袖風範。他是否在戰鬥中坦然無懼？是否在遭受攻擊時畏懼了？他是否知道如何處變不驚？這些問題的答案對追隨者至關重要，而且人類有充足的能力回答這些問題。我們有判讀他人的能力，這份能力讓我們能在瞬間察覺到對方的恐懼，只要我們能夠解讀一個人的身體語言，我們還能察覺到他是要正面迎戰或是準備撤退。雖然這份能力絕非百發百中，但我們通常能夠看出一個人的心情好壞，還有他們對我們抱持的是好意或是惡意。另外，我們不只看得出來他人對我們抱持的想法，還可以看出他們是如何設想我們對他們抱持著怎樣的想法，也就是心理學家所稱的「心智理論」(Theory of Mind)。這份能力使人類有別於其他物種，也是人類之所以為人類的其中一個特徵。我們自然而然地就會解讀他人的心智，以致我們往往不會停下來想這份能力有多不可思議。不過這真的無比神奇，相比之下，魔術師胡迪尼的任何把戲都顯得黯然失色。

現在，請設想我們的處境與這些狩獵採集者有何不同，我們對領袖知道多少？其實非常少，我們沒有在日常生活中與領袖有所接觸，這些領袖也不是我們的朋友或鄰居。我們對領袖的認識來自中間的媒介，例如媒體或是電視上的短暫片段。也就是說，我們只能遠距離認識領袖，讓色彩強烈的濾鏡左右我們的視野。狩獵採集者能全方位評斷領袖，包括領袖的好、壞以及複雜之處。我們只能依靠卡通般簡化的角度勉強評價領袖：他們很強壯、他們很軟弱、他們在圈內、他們在圈外……但僅此而已，通常少到不足以讓我們下什麼判斷。

為何如此？正如政治學者邁克爾・邦・彼得森所指出，演化出來的機制，其設計是幫助我們評斷周遭的人們。[2]在遠距離之外，評斷他人的能力就變得薄弱。我們與生俱來、判讀他人的能力在政治人物身上顯得無用武之地。由於我們認識政治人物的情景全是來自為迎合大眾而刻意營造的情境，大多數時候，想要看穿虛造人物之下的真實樣貌根本不可能。我們以為很瞭解這些政治人物，但其實根本不瞭解他們。

二〇〇四年的研究中，費希金的選民證明了就算是聰明的選民也無法做出明智的抉擇，從他們並不真正瞭解的人當中選出領袖。當然，研究議題本身並沒有壞處，我們知道得越多越好。二〇〇三年，華盛頓月刊（Washington Monthly）的創辦人兼編輯查理斯・彼得斯（Charles Peters）在聽過一個來源可靠的故事後發現約翰・愛德華茲根本無能至極。彼得斯所聽到的故事是這樣的：一九九八年，約翰・愛德華茲正在競選北卡羅萊納州的參議員，某天晚上他要在幾個可能出席的活動當中選擇一個，一個助選人員提議：「也許我們應該去為利亞・拉賓（Leah Rabin）辦的歡迎會。」愛德華茲回應：「她是誰？」幕僚回答：「伊扎克・拉賓（Yitzhak Rabin）的遺孀。」愛德華茲問道：「他又是誰？」[3]約翰・愛德華茲不知道誰是伊扎克・拉賓？也不知道他已遭暗殺？伊扎克・拉賓是以色列領導者，他簽署奧斯陸協議，承認巴勒斯坦人在加薩走廊以及約旦河大部份西岸地區的主權之後，於一九九五年遭到暗殺身亡。奧斯陸協議當時在全球都登上頭版頭條，在一張有名的宣傳照當中，以色列總理以及巴勒斯坦領袖彼此握手，美國總統柯林頓則居中斡旋，這張照片可說是柯林頓為此協議留下的紀念。這張握手照是有史以來最有名的照片之一，約翰·愛德華茲竟然不認識伊扎克·拉賓？而他竟然還要參選美國參議員？現在他還要選總統？

然而我們又有多少人能像查理斯·彼得斯一樣，由可靠的來源得到內幕消息？我們多數人只能得到競選活動期間各處流傳的資訊，但這並沒有帶給我們真正需要的洞見，好讓我們有充分的資訊做出決定，即使我們研讀得非常、非常仔細也一樣。

## 3.

美國前任國防部長羅伯特·蓋茲（Robert Gates）在他的回憶錄裡寫道，在歐巴馬首次宣誓就職前的幾個禮拜中，他曾想像過跟希拉蕊·柯林頓共事將會是怎樣的情形？當時希拉蕊剛獲任命為美國國務卿。羅伯特·蓋茲從來沒有見過希拉蕊，但是他坦承對希拉蕊抱持著負面印象。之後這兩人開始會面，也開始互相瞭解。羅伯特感到大吃一驚，希拉蕊在媒體上的形象跟這位他慢慢開始認識的女士完全不相符。他下了結論，他從此不該再自以為瞭解一個他從來沒有共事過的人。

羅伯特·蓋茲前後共經歷過八位不同總統，然而他卻憑著報紙及媒體的報導，自以為瞭解希拉蕊的為人。即使是像他這樣高水準及經驗豐富的人都無法仰賴直覺，直覺只會帶來誤導。

想要判讀一個人，你必須親自認識他們。

甘迺迪家族的故事是絕佳的例子，在一九六一年，如果去問任何一個美國人最喜歡甘迺迪夫婦哪一點？他也許會說他倆的婚姻。約翰．甘迺迪跟賈桂琳．甘迺迪看起來像一對完美夫妻。選舉過後，數百萬美國人深受甘迺迪家族影響，開始把他們視為模範。美國男性不再戴帽，因為甘迺迪從不戴帽，至於女性則開始戴起藥盒帽（pillbox hat），因為這是賈桂琳在總統就職典禮上的穿著。在影片中這對夫妻陪他們一雙可愛的子女：小約翰及凱洛琳一起玩，此舉溫暖了選民的心，進一步強化了甘迺迪家族脫俗的形象。

當然，這是天大的謊言。[4]甘迺迪是個花花公子，冷酷無情地玩弄女性於股掌間。在一九五六年，他甚至在賈桂琳懷孕八個月時出軌，當時他因為剛輸掉民主黨副總統候選人的提名感到疲憊且憂鬱，與好友喬治．史馬瑟斯（George Smathers）一同前往法國，史麥瑟斯是佛羅里達州的參議員。根據史馬瑟斯的說法，甘迺迪在法國時有不少豔遇。有一天，賈桂琳流產且命在旦夕的消息傳來，甚至神父已經到賈桂琳床前進行臨終前的禱告，然而甘迺迪不想飛回美國，賈桂琳的狀況穩定下來後，他繼續留在法國三天，直到史馬瑟斯終於說服他此舉無異於賭上他的婚姻以及政治生涯。「我告訴他，」史馬瑟斯回憶道，「我就算用拎的也要把他拎回美國。」據傳甘迺迪的父親約瑟夫．甘迺迪付給賈桂琳一百萬美元以確保這場婚姻走下去。

這還只是甘迺迪紙包不住火的獵豔史中的一段，約翰．甘迺迪並非出軌一、兩次而已，他根本是偷吃慣犯。就連選上總統他也沒有絲毫收斂，他身旁的幕僚幫他介紹符合他口味的妙齡女子給他認識，接著就是一場又一場的婚外情。他曾經向一名英國外交官承認，他要是沒有每天從事性行為就會頭痛。幫派分子的女人、朋友之妻、綽號「菲都都」（Fiddle）及「肥都都」（Faddle）的兩名白宮秘書都名列他的花名冊上，甚至還有年僅十九歲的實習生，他在她要結婚的幾個月前引誘她。甘迺迪是怎麼和這個未經人事的實習生相遇的？甘迺迪最親近的幕僚之一安排這名實習生到白宮的游泳池泡個水，而甘迺迪正在泳池中裸泳。[5]這些還只是罪證確鑿的婚外情，甘迺迪還跟數名女演員傳出緋聞，其中包括瑪莉蓮·夢露。

在甘迺迪擔任總統期間，美國人民不可能獲知這些事。一九六〇年總統大選時，甘迺迪的對手理查·尼克森明確禁止他的幕僚在外流傳有關甘迺迪私生活的傳聞，媒體則視報導他的花邊新聞為大忌，因此也從不報導，不過如此一來，這些事情就成了時任聯邦調查局局長約翰·埃德加·胡佛手中的把柄。（胡佛會讓有關當局知道他的探員蒐集到這些流言，好暗示甘迺迪家族他對於這些縱慾行為知之甚詳，雖然胡佛勒索甘迺迪時，也承認自己有「保護」甘迺迪免受勒索的衝動。）但是美國人民確信他們瞭解甘迺迪的程度更是令人匪夷所思，他們沒有親身見過甘迺迪，就算有，也只是在公共場合匆匆地一瞥。他們不認識甘迺迪的朋友，但是還是確信他們瞭解甘迺迪。美國人民深深相信他們瞭解甘迺迪，因此一九七〇年代甘迺迪的惡行開始浮出台面時，他們驚訝不已。原先他們以為瞭解這個男人，但並非如此。

## 4.

如果你停下來想一想，這些政治人物的舉止一再嚇到我們，我們卻還深深相信我們瞭解他們，就更奇怪了。你還以為我們會學乖，評斷他人時更加謹慎小心，但我們沒有。一九七二年的總統大選，理查・尼克森大獲全勝、順利連任。十八個月後，隨著水門案爆發，民調顯示如果再重選一次總統，大多數美國人民將會投給尼克森的對手喬治・麥戈文（George McGovern）。[6]他們等於是承認誤判了尼克森的為人。

最令人訝異的是尼克森竟口出穢言。這樁醜聞最重要的轉捩點是白宮內部秘密記錄下的對話逐字稿遭到公開。這份逐字稿中到處都是被刪除的不雅用詞。尼克森於二戰期間曾於海軍服役，眾所周知，水手很愛罵髒話，但是尼克森打造自己的形象是一名談吐得體的男士。說粗話讓那些曾經以為瞭解他的支持者突然對他感到極度陌生。（這些選民沒有意會到口出穢言這件事進一步證明了他們根本不瞭解尼克森，畢竟一個人只要花一點點時間和朋友相處，就能察覺到這個人是否習慣罵髒話。）

甘迺迪與尼克森都曾參與一九六〇年總統大選，在一九七〇年代中期以前他們的光環就完全褪色了。緊接著吉米・卡特脫穎而出，他的臉上掛著大大的微笑，人民再一次服膺於政治神話，這一次他們相信這位領導者極有能力，而且絕不向人民說謊。卡特的能力似乎無懈可擊，在海軍服役期間，卡特直接隸屬於有「核能海軍之父」之稱的四星上將海曼・李高佛（Hyman Rickover），且在一艘核子潛艇上身居高位。卡特的誠信似乎也不證自明，畢竟他來自小鎮，是農夫出身，許多人認為他的臉不像會說謊的樣子。

接著在他的總統任期內遇到通膨失控、國債高築、經濟停擺。到了一九八〇年，即使是同黨的民主黨人也不認為卡特是有能力的政治領袖，因他顯得如此弱勢，隨即在黨內初選面臨了來自參議員泰德・甘迺迪（Ted Kennedy）的挑戰。初選選戰剛開打時，卡特的地位迅速上升，這歸功於伊朗政府挾持美國外交官當成人質（我們接著會看到在危機中美國人民傾向支持總統），但是接下來解救人質的計劃失敗，卡特再次失去民心，雖然對泰德・甘迺迪來說已經太遲，不足以助他在這場政治遊戲中取勝。接著，總統大選中，因為民調數字低迷，卡特自己毀了他的誠信招牌。隨著選戰越演越烈，卡特要幕僚製造共和黨對手隆納・雷根乃是瘋狂炸彈客的印象。在雷根與卡特第一次總統辯論後，這件事反而成了卡特的致命傷。不管雷根讓你感覺如何，似乎都沒有理由相信他會想要發動戰爭。兩人之中雷根看起來更具總統相，卡特則表現得有點窮途末路。（在這場辯論中卡特甚至搬出他十二歲的女兒艾美〔Amy Carter〕，以支持他的核武政策。）

大眾曾以為選出吉米・卡特就像選出英勇的童軍團長，他就像在由法蘭克・卡普拉（Frank Capra）執導的電影《風雲人物》（*It's a Wonderful Life*）中的吉米・史都華（Jimmy Stewart）一樣。但現實世界是，他們只是又選出一個失敗的政治人物，在骯髒的選戰之中為了選票不惜破壞自己的名聲，堂堂美國總統竟然會抹黑對手。大眾再一次失望不已。

就像大多數的選舉，一九八〇年總統大選乃是對過去的清算，人民通常不會依照他們對未來的預期投票，未來難以捉摸，過去則千真萬確。情緒化的人類對於千真萬確的事情反應更為強烈。[7]人民投給雷根是為了**反對**卡特而非**支持**雷根。

大眾甚至不支持雷根保守的政治立場，民調一直顯示一九八〇年時，大眾對社會的看法以及政治的意識形態都沒有劇烈的改變。選民對墮胎、毒品或社會福利沒有什麼新觀點，高達百分之四十的民眾沒有特定的意識形態，他們承認也不知道自己算是自由派還是保守派。[8] 然而，兩黨上百萬的民眾都對雷根展現了無比的熱情，這是因為許多人發現雷根非常討人喜愛，聲音能撫慰人心，他的樂觀帶來鼓舞，他對問題簡潔有力的答案也極具吸引力。[9] 總之，雷根帶給人民親近感。

親切感有何重要之處？社會科學研究顯示，遇到很有親切感的人，我們會說服自己說自己很瞭解他。[10] 這是美國人民將總統大位交給雷根的原因之一，大眾也許是為了反對卡特而投給雷根，但是依然有大多數選民支持雷根這個人，這點也相當重要。即使是讓選民幻滅的現任總統，選民通常還是會支持他。整個二十世紀，除了卡特以外，只有三位美國總統無法連任，包括威廉・霍華・塔虎脫（William Howard Taft，因為選舉時共和黨的選票被第三勢力狄奧多・羅斯福吸走）、赫伯特・胡佛（他因經濟大蕭條下台）以及老布希。我們生性謹慎，我們情願忍受已經瞭若指掌的惡魔，也不願選出尚不瞭解的魔鬼。但是選民卻覺得他們**確實**瞭解雷根。

這倒是很奇怪，雷根是最神秘的美國總統之一，對於最瞭解他的朋友及家人而言，他也是高深莫測，雷根的兒子隆納・雷根二世（Ron Reagan Jr.）說他無法參透父親那層自我保護的外殼，我們接下來會看到，就連雷根的傳記作者也無法突破他的心防。但是一九八〇年時，美國人民卻覺得他們已經很瞭解雷根，足以將總統大位交付給他，到了現在還是覺得很瞭解他。

## 5.

為何我們以為我們很瞭解政治人物？最重要的原因是因為我們能夠看到他們。在電視上看到政治人物讓我們誤以為跟他們很親密，因此讓我們以為我們是從絕佳的角度判讀政治人物的為人，但實際上並不是。

這就是演化結果與現代社會不相匹配的現象之一。狩獵採集者能夠完整的判讀領袖，我們則無法辦到。但是我們的大腦擺了我們一道，演化告訴我們只要看到一個人，我們就可以衡量他。大腦並不會停下來考慮在電視上短暫看到一個人跟長久以來親自看到一個人之間的差別。大腦只在乎「看到」這一件事。

演化教導我們最重要的一課是我們能夠相信自己的雙眼。如果你是一個在森林中的狩獵採集者，一個陌生人拿著長矛向你走來，此時眼見為憑。為了讓我們這種物種生存下去，我們必須能夠相信自己的雙眼，對其他物種也是同樣的道理。在五億四千萬年以前，是什麼加速了寒武紀大爆發，讓地球上的生物形式從三個門暴增到三十八個門？科學家說，答案是視覺。哪一種感官對這個弱肉強食的世界的發展至關重要？科學家再一次說，答案是視覺。

我們花在什麼活動的時間最多，甚至超過睡眠？政治學學者瑪莉亞·伊莉莎白·格雷貝（Maria Elizabeth Grabe）指出答案是使用媒體。[11]我們通常以什麼方式接收媒體？答案是視覺，人類的五種感官當中，視覺占領導地位。[12]如果聽覺告訴你某件事正在發生，但視覺告訴你正在發生的是另一件事情，你會相信視覺。我們是這樣知道的：如果你看到一個人不斷說：「拔」（ba），一次又一次地說：「拔、拔、拔」，當你看著這個人的嘴唇，你會聽到「拔、拔、拔」。但是你覺得如果那個人說「拔」但是看起來像在說「伐」（fa）的話會發生什麼事？你將會聽到「伐」，這就是答案。BBC製作了一支Youtube影片展示這個現象，你也可以在Google上搜尋「麥格克效應」（The McGurk Effect）。

心理學家哈利・麥格克（Harry McGurk）於一九七〇年代意外發現了這個現象。在BBC的影片中以特寫鏡頭拍攝一個人說「拔」，接著拍攝同一個人做「伐」的嘴型，播放跟上一個片段一樣的聲音，也就是「拔」的聲音。觀看影片時你會聽到什麼聲音？你會聽到「伐」。為了證明這不是在整人，接著影片中並排兩個畫面，左邊的畫面裡那個人做「伐」的嘴型，右邊的畫面同一個人做「拔」的嘴型。影片的聲音一直都是「拔、拔、拔」。但是當你看向右邊畫面中的「拔」嘴型你聽到「拔」，看向左邊畫面中的「伐」嘴型你就聽到「伐」。隨著你的視線來回，你所聽到的也有所不同。看到「伐」嘴型就聽到「伐」，看到「拔」嘴型就聽到「拔」。看向左邊，看向右邊，又看回左邊，這個變化永遠不變，雖然你實際上聽到的聲音沒有改變，一直都是「拔」。在大腦中視覺凌駕於聽覺之上。

大腦有一半以上都在處理與視覺有關的工作，大腦處理視覺資訊比任何一種感官都還要快。嗅覺以每秒一百位元的速率處理，味覺是每秒一千位元，聽覺是每秒十萬位元，觸覺是每秒一百萬位元，至於視覺呢？每秒一千萬位元。[13]

我們沒有超人一般的視力，我們看不到X光，也看不到無線電波，我們看得到的其實在光譜上是很狹窄的區段，我們沒有發展出看到更多東西的能力，因為沒有必要。而且看到太多東西反而有害。尼安德塔人的大腦比我們更大，因為他們的視覺更敏銳。（尼安德塔人主要生活在日短夜長的歐洲，敏銳的視力有利於生活。）[14]但是這也有代價，尼安德塔人的大腦多半用於處理視覺，所以他們沒有餘裕處理我們人類擁有的所有社會能力。你會想要哪一個？更強的視覺腦還是更大的社會腦？演化的答案是社會腦。

但是視覺對人類很重要，因此演化讓視覺圖像佔了優勢。神經科學家說一個物體越容易看得到也就更容易辨識與記憶。華盛頓大學神經科學家約翰・梅迪納（John Medina）說，視覺機能的重要性讓神經科學家給了它一個名字：圖優效果（Pictorial Superiority Effect，簡稱為PSE）。《大腦當家》（*Brain Rules*）一書總結了研究視覺的神經科學家的發現，在書中梅迪納指出：「即使受試者每張圖片只看了約十秒，在看過圖片幾天後受試者仍記得超過二千五百張圖片，且準確率至少有百分之九十。一年過後準確率仍有約百分之六十三。」幾年過後，許多人依然能夠記得看過的圖片，且數量可觀。[15]

圖片優先是因為圖片比文字或口語更容易被記得，大腦記得圖片則是因為演化教導大腦：圖片對生存至關重要。

萊斯利・斯塔爾（Lesley Stahl）是美國電視節目《六十分鐘》的記者，她在回憶錄中說過一個令她感到害怕的故事，故事發生在一九八四年某天晚上。[16]那一天她在CBS的晚間新聞有很長的一段報導，這段報導指出隆納・雷根利用精心設計的活動來傳遞錯誤的印象，她在報導中說：「雷根總統想要藉由精心挑選的活動當成背景來讓人民遺忘某個不受歡迎的議題，這些事件其實跟總統的政策相牴觸。最後雷根團隊以殘障奧運、老人之家的開幕典禮為背景。但從這些活動看不出來雷根總統想要刪減殘障相關經費或是降低由聯邦政府資助老人之家的預算。」新聞播出後，她原本預期白宮當局將會面色鐵青，也做好心理準備將會接到怒氣沖沖的電話。然而，她卻發現自己接到了祝賀，「我們很喜歡這則報導。」總統助理理查德・達爾曼（Richard Darman）說，斯塔爾疑惑地說：

「你說什麼？」他重複：「我們很喜歡。」「但是怎麼可能？這對你們是棘手的新聞，你們不這麼覺得嗎？」達爾曼回答：「我們現在正在打選戰，你給了我們四分半鐘的報導，展示了隆納．雷根很棒的相片，而這就是美國人看到的一切……如果你跟好照片唱反調，他們其實聽不見。如果相片和你說的論調不同，他們其實聽不到你在說什麼。」雖然斯塔爾是電視記者，奇怪的是她卻不知道這件達爾曼知道的事：電視是由圖像所構成，而圖像能擄獲人心。

## 6.

讓我們做一個思想實驗，花一點點時間想想約翰．甘迺迪。你會想到什麼？除了暗殺事件，因為很明顯難以忘記，以及我剛剛提過，很容易回想的通姦故事以外，你想到什麼？我猜會是一幅圖像：甘迺迪在帆船上，頭髮在風中飛舞。或是在海恩尼斯港（Hyannis Port），甘迺迪在甘家族莊園裡，在草地上玩著觸身式橄欖球。或是甘迺迪夫婦出外散步，或是沒戴帽子的甘迺迪的就職演說：「別問國家可以為你做什麼……」，又或者是我的最愛，曬成小麥色的甘乃迪戴著雷朋太陽眼鏡，身穿鱷魚牌敞領襯衫。

想到什麼圖像為何重要？我認為圖像幫助我們瞭解一些幾乎無法理解的事物。今天，當美國人被問到誰是美國最偉大的總統，甘迺迪總是排在前三名，[17]這難以理解。任何公允的估計都指出他的貢獻並不算大。他推動通過的唯一一件重大法案是將最高稅率從百分之九十降至百分之七十。他的外交政策包括一次大災難（入侵古巴的豬玀灣事件，最後美國只能放棄古巴），一次接近災難（古巴飛彈危機，這次他成功化解，卻也是因他的不慎而起。這件事部份是因為在飛彈危機的數個月前，他在與蘇聯領導人會面的高峰會表現笨拙，讓蘇聯領導人認為甘迺迪很好欺負），以及未來將會演變成災難的越戰（甘迺迪派遣了一萬六千名所謂「顧問」到越南）。至於經常讓人聯想到甘迺迪的民權法案其實是由林登・詹森（Lyndon Johnson）通過的。

在甘迺迪死後五十年間，他的聲望歷久不衰，這要做何解釋？歷史學家告訴我們因素有很多，於甘迺迪遇刺五十週年——即二〇一三年的許多研究及文章中學者們都有提及。[18]歷史學家說，這些因素包括甘迺迪的個人魅力、他激昂的言論、支持民權法案（正合民主黨的胃口）、提倡減稅（正合共和黨的胃口），他的形象代表了六〇年代的經濟榮景，一九六三年在美利堅大學（American University）的和平演說，他致力於鼓舞人心的國家級計劃，其中包括登月計劃以及成立和平工作團（Peace Corps），最後當然是恐怖的暗殺事件所帶來的悲傷。政治學者拉里・薩巴托（Larry Sabato）是為暗殺事件五十週年出書的作者之一，他所做的調查指出，較年長的美國人中，對於甘迺迪的記憶依然鮮明的人跟記憶已經褪色的人比起來，對甘迺迪的評分高一點。這代表甘迺迪身為總統的印象雖然模糊，但有可能影響這些年長美國人對甘迺迪的想法。[19]然而年輕的美國人的看法卻與年長的美國人相去不遠。在二〇一三年，如果詢問美國人：希望哪一位美國總統住在現在的白宮，回答甘迺迪的人在五十四歲以上的人中占了百分之十六，在五十四歲以下的人當中則占了百分之十一。

但是歷史學家會不會想得太過複雜？對於甘迺迪的成就有深度理解真的會影響我們對他的想法嗎？回想一下剛剛的思想實驗裡浮現心頭的那些想法。那些不是甘迺迪的成就，而是膾炙人口的圖像。這表示甘迺迪在之所以在一般美國人心目中是偉大的總統，是因為在腦海裡有關他的圖像很有說服力、正面而且帶有神話色彩。他的成就其實沒那麼重要，畢竟多數人對他的施政紀錄所知不多，圖像才是關鍵。約翰．甘迺迪看起來就很像領導者，這也是為何好萊塢電影中的總統角色多以他做為典型，雖然歷史學者認為以總統而言德懷特．艾森豪更為傑出，但是電影裡的總統看起來都不像他，反而看起來像甘迺迪。[20]甘迺迪與神話以圖像的形式結合，腦中的圖像很容易就浮上心頭，因為這些圖像可以輕易提取。想像甘迺迪的美好圖像毫不費力，人類大腦讓我們能夠快速召喚這些畫面到心中，因為這些資訊在大腦中已經以圖像的形式處理過了。請記住，大腦裡約有百分之五十用於處理視覺，所以圖像可以立即提取，這也讓我們相信視覺是良好的資訊來源。

以上種種都顯示，甘迺迪不能跟他的圖像分開考慮，圖像是他留給後人重要的一部分。此言不假，要是沒有了這些圖像，很難想像甘迺迪還能夠廣受時下的年輕人歡迎，視覺就是如此重要。

## 7.

為何我們在判讀他人時堅持要仰賴直覺？不只是因為我們相信眼見為憑，我們還相信其他人的雙眼也值得信賴。

一九六〇年，當時甘迺迪正在競選總統，有天，他在紐約街頭一邊搭著敞篷車一邊揮手。在人行道上站了一位年輕的母親，她育有兩個孩子，住在郊區，那天剛好在市區辦事。甘迺迪經過時剛好與她四目相交，他直視著她，臉上帶著微笑。那一瞬間，甘迺迪贏得了這名母親一生的信賴，五十二年以後，臨終之際她回憶起那一瞬間，「他直視著我，」她高興地說，聲音突然變得強而有力，「直視著我，我們四目相交。」這位女士就是我的母親，成長過程中我聽了這個故事不下千次，它成了我最喜歡的故事之一。

歷史學家羅伯特・卡羅（Robert Caro）曾為林登・詹森寫了一本傳記，那可是一套分了好幾冊的權威巨作，他在書中一再提及詹森傳奇般的判讀他人的能力。卡羅指出，詹森擔任參議員期間嘗試將這份技能傳授給年輕的幕僚：

他教他們如何讀出人的弱點時，他曾說：「一個人所能告訴你最重要的事情，就是他不告訴你的事情；他所能說的最重要的事情，就是他儘量不說出來的事情。」因此，要點在於別讓對話結束，要談到你明白了那個人不說出口的是什麼，談到你「把它釣出來」。詹森本人察言觀色的才能極高，那是教不來的，此一天賦如同憑著直覺運作，因此其助理羅伯特・貝克（Robert G. [Bobby] Baker）稱之為一種「感受」。「他好像能感受到每一個人給自己開的價碼，還有那個人喜歡用哪種物品來結賬。」而詹森又有一項天賦，是利用他所讀到的訊息。長年為詹森服務的律師、也是他在德州的代理人愛德華・克拉克（Edward A. Clark）說：「我從來沒見過這種事。他會聽他們說話……過沒五分鐘，那個人會想『我喜歡你，小夥子。我要幫你忙。』」湯瑪斯・柯克蘭（Thomas G. Corcoran）看了林登・詹森如何「耍」老頭子——此君乃是新政的圈內人，他自己也相當擅於耍老頭——解說道：「他是面帶笑容、恭恭敬敬沒錯，可是拜託，很多人都能夠面帶笑容、恭恭敬敬。林登有一招對付老頭子最不可思議的能力。他可以跟上一個人的心，在對方還不知道自己的心要往哪裡去之前，他就知道了。」

關於如何判讀一個人，詹森交給年輕幕僚當中最重要的是什麼？「看他的眼睛，不管一個人跟你說什麼，你從雙眼裡讀到的才是最重要的。」[21]

詩人說眼睛是靈魂之窗。心理學家的看法就沒那麼詩情畫意，眼睛讓我們有能力推測他人的意圖。看著別人的雙眼你就能知道他們現在是百無聊賴、興奮不已或是全神貫注。我們體內的線路配備便是能夠從別人的雙眼取得資訊。

嬰兒到了一歲就能從其他人的視線知道他在看什麼，這能力對人類而言不可或缺，無法這麼做的人就沒辦法判斷其他人的意圖。這就是自閉症患者的關鍵問題。[22]因為缺少這份能力，他們無法掌握到關鍵的社會互動線索。我們怎麼知道別人對我們生氣？因為他們會把視線別開。我們怎麼知道他們準備要和好？因為他們會直視我們。我們怎麼知道誰是團體裡最有權力、地位最高的人？藉由觀察別人都仰視著誰。我們的視線習慣上落在社會金字塔頂端的人，所以嬰兒看著母親，成人看著領導者。比爾．蓋茲走進房間，每一雙眼睛都會轉向他並盯著他看。如果你沒看到他進來也不用擔心，看看其他人，你就會看到他們在看什麼，同時你也會望向他。[23]

我們能夠判讀電視上出現的人物嗎？身體語言是可以判讀，但是判讀他們的眼睛非常困難。要看到別人的眼睛必須近距離靠近那個人，大多數時候，電視播報就是做不到，候選人的臉孔很少被近距離聚焦。在新聞節目《六十分鐘》當中，整齣節目都以近距離拍攝，此時我們就能追蹤候選人的視線，這是《六十分鐘》之所以吸引人的原因之一。雙眼令我們著迷，因為眼神靈活生動。但是既然我們大多沒有機會近距離看到政治人物的眼睛，我們就無法從他們的眼睛得到足夠社會資訊，讓我們做出明智的判斷。

無法近距離看到一個人的雙眼時我們會看不到什麼？首先，你看不到瞳孔，瞳孔很重要，因為瞳孔的大小和注意力有關。感到無聊時瞳孔會縮小，全神貫注時瞳孔會放大。看不到瞳孔的大小就很難知道一個人是否真的有在專心。你不需要有意識地注意其他人的瞳孔大小，大腦會無意識地執行這項工作。最近一份研究指出，瞳孔大小和做出決策的能力相關。試驗中，受試者看到一堆黑點，之後要受試者判斷這些黑點是往某個方向移動與否。哪些人做得最好？跟你猜想的不一樣，並非瞳孔放得很大的受試者，這些人受激發的程度太高，無法下正確判斷。瞳孔放大的最佳程度是中間，這表示受試者受到激發，但激發的程度又不會太過頭。瞳孔會傳遞一些訊息，而我們的大腦在無意識間會接收這些訊息。要是看不到瞳孔，就接收不到這些訊息。[24]

另外我們還看不到眼周產生的細紋，通常是高興微笑時會出現這些細紋，它很細微卻也很明顯。這些細紋意識察覺不到，卻是判別笑容是否真誠的指標。要是大腦沒有看到這些細紋就知道要提高警覺，這可能是虛偽的笑容。但是通常只有在面對面的距離大腦才能察覺到這些細紋，透過電視畫面通常很難看到它。[25]

這又是另外一個人類演化與現代社會「不相匹配」的實例，在現代世界中，我們常常無法活用我們的能力去判讀政治人物的雙眼，即使就像我的母親親眼看到甘迺迪，我們雖然有機會看到他們的眼睛，通常也只是短暫的片刻。這不足以做出可靠的推斷，要有能力像詹森那樣判讀某人，你必須要花時間與人相處，但即使做到這點仍然會犯錯。詹森就犯過錯誤，羅伯特・卡羅花了許多篇幅解釋：「詹森善於判讀人心，他以為能讀透每個人……卻誤判了一個人。」那個人就是甘迺迪，也是全美上下都誤判的人，我母親誤判的人。詹森的錯誤是認為甘迺迪跟花花公子差不了多少，而這是他在參議院近距離觀察甘迺迪後得到的結論，他形容甘迺迪：「體型孱弱，面色蒼白，這個身形削瘦的男人背不太好，是一個軟弱而且優柔寡斷的政治人物。他是好人，個性也溫和，但稱不上是男子漢。」甘迺迪在一九六〇年的總統大選的優勢部份來自於詹森的這項誤判，這是為什麼甘迺迪取得優勢，而詹森居於劣勢的原因之一。詹森小看了甘迺迪，他沒有從甘迺迪的眼睛裡看到他原本應該看到的，他看到的比多數美國人還要多，他已經看出甘迺迪的本性就是個花花公子，卻還有其他沒有看出來的，那就是攀上總統大位所需要的膽識。[26]

卡羅筆下有關詹森與甘迺迪故事的教訓顯而易見：任何人都不該認為自己對他人的判斷無懈可擊。但我們不太可能將這個教訓銘記在心，我們過於相信自己的直覺。更糟的是，我們不會停下來考慮脈絡的重要性；在現代，我們不可能經由電視播報評斷政治人物，因為從電視上認識他其實就等於一無所知。我們又遇到跟圖像所帶來一樣的問題，大腦不會警告我們正在對一個人妄下結論，即使我們根本沒有關鍵的資訊足以評斷，而所謂關鍵資訊指的是他們的眼睛。所以我們沒有意識到我們處處受掣肘，這帶來嚴重的後果，因為我們很依賴讀取心思的能力，多年來的經驗讓我們相信自己有判讀能力。因為我們高估了自己，以為我們有高超的直覺能讀取心智，於是從不覺得我們需要仰賴獨立的資料來源來對政治人物有更多理解。我們以為只要相信直覺就好。再一次，直覺帶來誤導，這又是另外一個「不相匹配」的案例。演化出來的機制應該要引導我們走出「當代政治」這個複雜的迷宮，卻適得其反，它沒有發揮功效，但我們卻沒有意會到這點。像我們這樣「無知是福」的狀態讓我們以為知道很多，其實所知甚少。

## 8. 我們不瞭解什麼？我們不瞭解的是脈絡有多重要，只有在適合的狀態，直覺才能發揮功效。

問題不只在於無法實際看到政治人物的雙眼，問題要更複雜得多。演化讓大腦在與人面對面時運作最佳。察覺到別人在看我們時，心臟會跳得快一些些，腦中的神經傳送訊息也變得更快。請記住，人類的設計乃是打從一出生就能辨識面孔，這點會導致幾個重要的結果，其中之一是面對面互動時我們會更專注。如果某個人沒有直視我們，我們往往會開始分心，而且無法集中精神，所以，看到這些領袖在電視上亮相，我們無法像近在咫尺一樣專心，有一個詞用來形容這種情況：冷感。為何我們沒有聽到現代還存活的狩獵採集者對領袖冷漠無感？因為他們與領袖面對面溝通，而我們沒有。[27]

這對領導人物以及我們影響甚鉅，因為他們在電視廣告出現或在電視辯論理性陳述各種議題時，我們不會花心思聆聽，所以他們必須要動用慷慨激昂的言詞或是噱頭才能獲取注意。這扭曲了我們的政治生態，讓言詞煽動的政客占盡便宜。這些政客與選民連結，其他自我克制的政治領袖反而過得比較辛苦。在政治圈裡這種噪音愈多，就有愈多政治人物備感壓力，要仿效這些政客煽動民眾情緒以突破僵局。

以電視（還有其他不是來自切身經驗的溝通形式）取代面對面互動所帶來一個更微妙的影響是：領導者會藉由重複簡單且膚淺的訊息定義自己。就算有政治人物對這種作法感到反感，最後也發現他們不得不接受。當有人建議歐巴馬使用標語：「可以！辦得到！」（yes, we can），根據傳記記載，他起初覺得這標語頗為廉價。[28]然而，他最終還是接受了，二〇〇八年時這句標語成為了他競選活動的主軸。為何標語的影響如此深遠？影響我們對一個人的反應不只是臉孔，還有其他許多線索。當我們看得到歐巴馬，而且我們喜歡我們所看到的——他笑口常開，我們都知道笑容有多重要——這句標語就決定了我們對他的形象要做何反應。他的樣子與我們自己認定對他的認識一致，這讓我們願意相信他。

只是在電視上看到政治人物就讓我們相信我們瞭解他，而且我們能夠判讀他的為人。雖然這是幻想，卻也令人不忍苛責。即使比想像中能得到的少，你還是能夠從在電視上亮相的某人身上得到很多資訊。那麼單純一張照片的話呢？你可以從照片裡讀出一個人的特質嗎？

CHAPTER
# 5
# 一百六十七毫秒
## 這就是我們對人下結論時那迅雷不及掩耳的速度

# 1.

為何我們沒有至少試試看以理性評斷我們的總統？為何我們似乎仰賴根本關聯甚小的圖像來找尋答案？這是因為演化教我們要迅速思考，在狩獵採集者的世界中，生死存亡常常只在一念之間，「速度」是對人及對情況下判斷的關鍵。我們不能讓任何事物阻擋我們下定心意，即使缺少事實根據也不可以。缺少事實根據是真實世界常見的情況，這種時候我們會找其他基礎來做決定，重點是盡快做出決定，拖拖拉拉的可能會害死你。[29]

這種演化過程所造成的影響是：時至今日，即使沒有必要，我們還是會遽下決定。我們不會等到事實水落石出，而是匆促地下判斷。雖然在現代，我們很少被迫要針對政治人物做出迅雷不及掩耳、攸關生死的判斷，但我們這就是我們下判斷的方法，而且我們無法控制。我們腦中的固定線路是要快速思考，而非深思熟慮。

心理學家丹尼爾·康納曼是認知領域的先驅，他指出：快速思考（也就是〔系統一〕）不費吹灰之力。[30]〔系統一〕的運作不需要考慮，也完全不需要思考，至少就大多數人對「思考」的定義而言是如此。這是因為〔系統一〕大多發生在潛意識的層次，大腦功能其實大多在潛意識運作。如同心理學家麥可．葛詹尼加（Michael Gazzaniga）告訴我們的：「百分之九十八的大腦功能都在意識之外。」[31]籃球巨星麥可．喬登灌籃時，他不假思索就能做出起身跳躍、彎曲手臂、灌入籃框等等步驟，這些動作都是自動執行。要是他在灌籃途中突然思考自己在做什麼，反而可能跌個狗吃屎。平時用潛意識處理的各種任務，會被思考打亂。為什麼呢？思考需要時間，是使用〔系統二〕的緩慢思考歷程。系統二慢到不行，因為大腦在潛意識的運作比在意識層次運作要快了五倍之多。[32]

我們是怎麼快速地做出決定的？我們走捷徑，社會科學家稱之為「捷思」（heuristics）。[33]快回答——以下哪一座非洲的國家首都有最多人口？

1. 自由市（Libreville）
2. 阿斯馬拉（Asmara）
3. 開普敦（Cape Town）

答案是開普敦，你怎麼會知道？因為你有聽過開普敦（人口三百七十四萬人），你可能沒聽過自由市（人口七十萬七千人）或是阿斯馬拉（人口六十四萬九千人）。你的大腦下了結論：既然你沒聽過這兩個城市，它們很有可能都不是大都市。這是再認捷思（recognition heuristic）的其中一例，如果我們可以認得出來某樣東西，大腦就會自動假設這樣東西很重要。為何我們投票給那些在選票上我們認得名字的人，即使我們對他一無所知？這是因為我們認得他的名字，認得名字一定代表他們為了某種理由而出名，如果沒有強烈的負面印象，我們自然會相信一定是出自某種正面的理由。其實，社會科學家發現熟悉感似乎有跟快樂一樣的效果。[34]我們感到熟悉時，腦中主掌酬賞的中樞會被激發。那麼我們何時比較不善於分析事理？答案是當我們以〔系統一〕思考時。[35]

另一條捷徑是把無法回答的問題轉變成能夠回答的問題，這個方法由康納曼及其研究夥伴阿摩司・特沃斯基（Amos Tversky）發現並稱之為「替代」（substitution）。[36]替代的運作方法如下：比如說有人要你預測六個月後的股市表現，很明顯要回答這個問題絕非易事，就連專家都做不到。這個世界太過複雜，對於股市的預測常常都是錯的，有一些因素很容易忽略，卻在事後證明是決定性的因素。所以要是你遇到一個困難的問題，而且沒有顯而易見的答案，你要怎麼辦？你回答可以回答的問題，你在無意識間進行了「替代」。在此例中有一條明顯的捷徑，就是假設股市不會有太多變動，以股市的現況作答。替代捷思是許多人回答「甘迺迪留下的貢獻」這個問題時所使用的策略，他們對此一無所知，這對專家而言也是棘手難題，所以他們轉而把這個問題替代成一個可以回答的簡單問題：他們對甘迺迪的感覺，這個問題很簡單，因為只要一提到甘迺迪的名字，每個人心中都會浮現出種種圖像。

## 2.

這裡有另外一個快問快答的思想實驗。猜猜看，要是我現在要你回答這個問題會發生什麼事：

**甘迺迪是一個偉大的總統嗎？你會怎麼回答？**

因為你讀過我在上一章連珠砲彈的埋怨，幾乎可以確定你會有一些負面的想法。我對於甘迺迪政績的負面評價將瞬間浮上你的心頭，如同心理學家所說，我所列的種種事蹟會先讓你對他有負面想法，但是一個月後或六個月後你會怎麼回答呢？到時候你也許早就忘了我寫過的這些事蹟，因為我的評斷僅僅是以書面呈現，你的內心裡隨時會想到的反而是早已深植在你腦海裡的那些圖像。因為那些正面的圖像，你可能會傾向對甘迺迪總統給予正面的評價。但是奇怪的是，還記得嗎？我不是要你評斷甘迺迪這個人，我要的是他身為總統的評價。但是浮上心頭的往往是有關他這個人的圖像。為何如此？我們的思考方式是我們的祖先經過數百萬年狩獵採集者的生活而演化出的大腦功能，我們喜歡又快又現成的答案，而非深思熟慮過後的答案；之所以如此，是因為這樣感覺才對。我們憑直覺這樣做。在那一瞬間我們心頭浮現的圖像，則會大大影響到快速現成的答案。

尤有甚者，許多社會科學實驗顯示，我們優先採用早已深植腦海的資訊，而非來自外在的資料來源。若我們遇到的資訊跟我們本來相信的相衝突，我們的第一個念頭就是要對這些資訊打點折扣。如果甘迺迪是一名偉大的總統在你大腦裡已經是既定的印象，這項信念與對他有利的圖像完全相符，這些圖像會進一步加強你的信念，那麼你是否只因為讀到一些與其相反的資料，就放棄你的信念？你當然不會，這不是大腦運作的方式，我們遇到新事物時，我們馬上搜尋記憶以理解這些新事物。與回憶不相符的資訊不大可能被認真看待，為什麼呢？因為讓這些與回憶不相符的資訊進入心中，會使大腦的負擔更重。就像丹尼爾．康納曼用了一個朗朗上口的比喻提醒我們：我們的大腦是條懶惰蟲。進入〔系統一〕的思考模式比進入〔系統二〕的思考模式要來的簡單太多，〔系統二〕

的思考模式需要更多能量、需要用到更多的神經、需要更多的氧氣、需要更多的化學性突觸。所以當我們的大腦可以選擇〔系統一〕或〔系統二〕，它會選哪一個？大腦當然選擇〔系統一〕，〔系統一〕也是預設使用的系統，我們並非有意識的選擇使用〔系統一〕，但反正我們就是會用〔系統一〕。[37]

所以你的大腦對於甘迺迪一連串的負面評論會怎麼做？如果我所提的這一大串罪名你是第一次聽見，幾個月後你可能就會遺忘了。到了那時候，細節可能會變得模糊，你**還會**記得什麼？你很可能只會記得已經深植在你腦海裡的美好圖像。

這又是「兩造不相匹配」的另一層次。在狩獵採集者的時代，他們不需仰賴圖像來填滿對領導者的想像。狩獵採集者很清楚瞭解領導者，因為他們真的認識領導者，狩獵採集者會與領導者說話，與領導者一同用餐，也一起工作。科學家說狩獵採集者幾乎不曾遇見陌生人。[38]到了今天，我們完全無法直接認識領導者，但我們似乎也不擔心。因為圖像的力量之強大，我們可以對政治人物一無所知而毫無自覺，不知道自己的無知讓我們能愉快地隨波逐流，我們為了得知真相而挖掘資訊所花的心力之少，還有什麼值得稱奇呢？在狩獵採集者所度過的漫長歷史中，他們從來沒有動機要對領導者有更多認識。他們本來就對領導者很熟悉。我們必須要鼓勵自己才會特地認識領導者。但是我們體內沒有哪一項固定線路會告訴我們要這麼做。除非我們藉由〔系統二〕的思考模式，有意識地努力去更瞭解領導者，否則我們只會用預設的機制。比如說替代捷思之類的〔系統一〕機制會告訴我們：腦海裡的那些圖像就已經足夠了。

這又回到規模的問題，大腦的設計是要處理小團體間的溝通，它不是設計來幫助我們瞭解那些只能從遠距離認識的領導者。

## 3.

我們之前關注過觀察別人眼睛的重要性，但是我們的天性不只會評斷一個人的雙眼，我們也會評斷臉孔。臉孔令我們深深著迷，新生兒看母親時，他們會自動看向母親的臉。如果你讓一個兩個月大的新生兒看一張臉的照片，跟牛的照片比起來，新生兒會盯著人臉的照片看。尤有甚者，如果讓新生兒看一張打了三個孔的紙，這三個孔以臉的形式排列，也就是兩個孔代表眼睛，一個孔代表嘴巴，新生兒會盯著這三個孔看，就好像這三個孔具有意義。把這張紙上下顛倒，變成代表眼睛的孔在下，而代表嘴巴的孔在上的話，新生兒就會突然失去興趣且別開雙眼。[39] 如前所述，一九七五年一項研究得出結論：出生九分鐘的嬰兒就會盯著臉孔看。

這是否代表人類腦中的固定線路有能辨識臉孔的能力？數年以前還有許多科學家對此存疑，一九七五的這個研究在研究方法方面備受質疑，也有人認為這些新生兒盯著臉孔只是因為經驗告訴他們要這麼做，這倒也說得通。他們對臉孔有反應是因為臉孔有熟悉感，畢竟他們總是看到臉孔。[40] 新生兒對母牛的照片沒有相同的反應是因為他們沒有一直看到母牛。但是接著新的研究證明事情沒有那麼簡單。使用如功能性核磁造影（fMRI）這種現代科技去研究運作中的腦部內部，科學家發現人在看著臉孔時，腦中運作的區域跟看著物品時運作的區域不同。[41] 看著臉孔時腦中一個特定的區域開始運作，這個稱之為「梭狀迴」（fusiform gyrus）的部位位於我們雙耳上方。

測試新生兒對臉孔有多敏銳，結果發現他們可以輕易分辨不同的臉孔。就算去除一個人頭上的所有頭髮，只剩下一張沒有頭髮的圓臉，新生兒還是可以分辨出不同的臉孔。在對猴子的研究中科學家發現猴子同樣對臉孔有特殊的親近感。如果這還不夠有說服力，科學家還發現有一群人沒有處理臉孔的能力。這些人跟他們的伴侶結婚一輩子卻從不記得對方的長相。如果照片裡是陪伴他們長大的房子，他們認得出來，但是如果是伴侶的照片，他們認不出來結髮三十年的枕邊人。這也就充份的表示，腦中有一套特殊的模組能幫助臉孔辨識。在某些人的腦中這部分遭到破壞，這種症狀稱之為「臉盲」或是「臉孔失認症」（prosopagnosia），這是一種遺傳疾病，所以臉孔辨識也與基因有關。

另外一個實驗提供更多證據表明臉孔辨識是與生俱來的能力，這跟對嬰兒做的臉孔測試很類似，提醒你一下，臉孔測試的結論是代表臉孔的三個孔上下顛倒的話，嬰兒就會失去興趣。另外這一個實驗讓成年人看臉孔上下顛倒的照片或是物品上下顛倒的照片，研究假設是：跟辨識物品的照片比起來，成年人會更難辨識上下顛倒的臉孔照片，因為我們辨識臉孔的模組是為沒有顛倒的臉孔特別設計的。科學家猜測腦中臉孔辨識的模組不會處理上下顛倒的臉。最後這個研究假設獲得證實，讓一個人看上下顛倒的房屋，他可以記得房屋的樣子，但是如果看的是上下顛倒的臉孔，他就記不得這個臉孔。跟看過上下顛倒的臉孔相比，如果看過一隻狗上下顛倒的照片，我們更容易根據記憶辨識出同一隻狗。[42]

人類不只是能辨識臉孔，還辨識得很快，有時又太快了。有時看了雲朵一眼，你就覺得自己看到了一張臉，這是腦中臉部辨識模組運作的結果。這也是為何我們覺得月亮是一張男人的臉，或是會在咖啡杯裡看到耶穌。[43]

根據經驗，我們能從一個人的臉知道很多事，如果他對我們微笑，我們就能確定他們沒有惡意。如果一個人在生氣，我們就知道應該提高警覺。臉孔是情緒的指標，從狩獵採集者的遠古時代開始，眉開眼笑或是眉頭深鎖就一直是可靠的社會線索，沒有任何「不相匹配」的地方。因為你能在電視上看到政治人物的臉，就能夠利用臉孔辨識的威力。二〇一二年共和黨的總統初選辯論又臭又長，辯論中德州州長瑞克．裴利（Rick Perry）表示他計劃要廢除三個政府部門，但是卻忘了其中一個是哪個，此時他臉上短暫的閃過一絲驚慌與羞愧，所有觀眾都馬上感覺得到。另一位候選人紐特．金瑞契（Newt Gingrich）在鏡頭前往往給人傲慢與憤怒的印象，再一次，觀眾很容易就感受得到。（傲慢的態度是否有助當選值得懷疑，但是憤怒呢？研究指出憤怒能感染選民，讓選民更喜歡他們原本就喜歡的候選人，但這也同時讓他們停止思考，憤怒的選民跟著直覺走。）[44]在二〇〇八年的民主黨初選辯論中，歐巴馬告訴希拉蕊她「夠討人喜愛」，很多人察覺到他臉上一絲絲的高傲，在此之前他們沒發現到這點。

臉孔似乎能告訴我們很多東西，所以許多人認為根本毋須擔心那些無知的選民，因為無知的選民的臉孔判讀能力並沒有不同。我們根本不用擔心無知的選民不懂歐巴馬健保或其他複雜法案的來龍去脈，反正他們能夠判讀政治人物的臉孔。公投或是倡議算是例外，但是我們在投票箱前終究還是投票給人，而不是投票給法案。只要我們能從臉孔判讀一個人，就能做出合理的選擇。但是我們判讀臉孔的能力到底如何？

一般都認為我們很擅長判讀臉孔，畢竟我們打從一出生就研究了許多臉孔，這讓我們變成臉部專家。就像藝評家能分辨馬諦斯跟畢卡索在畫作上的筆觸有何細微的不同，我們可以觀察臉孔並做出細膩的結論。說到臉，我們是最優秀的藝評家，臉上的皺紋能告訴我們一個人是否誠實可信，或是有沒有魅力。要是問我們某個人看起來聰不聰明，通常我們對自己的臉孔判讀能力滿懷信心，自認能夠看出答案。

但是究竟我們衡量政治人物臉孔的能力如何？

## 4.

幾年之前，社會科學家開始嘗試找尋答案，康乃爾大學的丹尼爾・班傑明（Daniel Benjamin）以及芝加哥大學的傑西・夏皮羅（Jesse Shapiro）兩位學者首次嘗試量化臉孔判讀能力。[45]他們倆人找來二百六十四名學生，其中多數是哈佛大學的大學生，給這些受試者收看為時十秒鐘的影片片段，影片來自美國電視頻道C-Span的州長選舉辯論。這些影片來自五十八場選舉，看過每一段影片後，這些學生被要求回答數個問題。其中最重要的問題就是直接問：「你覺得哪一位候選人將贏得這場州長選舉？」

研究結果跌破政治學者的眼鏡，根據這些十秒鐘的影片，百分之五十八的學生正確預測勝選的候選人。這比許多訓練有素的專家還要準，這些專家用上所有複雜精細的工具來預測選舉結果。同樣有趣的是關掉聲音的話這些學生的預測又更加準確，所以聽到候選人的聲音反而會干擾他們的預測能力。整整十秒，完全靜音的影片。選舉說穿了就只是這樣？整整十秒的默片片段？

過去幾十年來，越來越多證據指出人類能夠快速做出評斷，社會科學家稱之為「薄片擷取」（thin slicing）。知名作家麥爾坎・葛拉威爾（Malcolm Gladwell）曾說過心理學家約翰・高特曼（John Gottman）的故事，高特曼任職於華盛頓大學，主要研究伴侶關係。高特曼安排一對已婚夫婦在一間房間裡一個小時，並錄下影片，接著他分析影片，為二十多種行為評分。噁心反感？打勾、勃然大怒？打勾、冷言冷語？打勾，其他特質也一一仔細觀察。最後僅僅靠這支一小時的影片，高特曼就能預測這對夫婦的婚姻是否走得下去，根據針對三千對伴侶的分析，他指出準確率達百分之九十五。[46]

這令人印象深刻，但是比不上班傑明與夏皮羅的研究來得那麼發人深省。高特曼需要長達一小時的影片才能預測，他還要花上數小時來分析影片並為其評分。班傑明與夏皮羅的實驗中，受試者只要花十秒鐘看影片，而且還完全不需要分析。不過當然這樣的比較有失公允，兩者所測量的並不相同。預測兩個人是不是會一直在一起跟預測兩個人誰會勝選並不一樣，這很明顯就是將風馬牛不相及的事物放在一起比較。再加上高特曼是根據多年經驗做出實際分析，這些經驗能告訴他要注意什麼。他善於找出能顯示婚姻間衝突的跡象，甚至他到餐廳用餐時，都會注意到哪幾對伴侶正面臨危機。（婚姻瀕臨破裂的跡象是什麼？答案是他們會極盡所能的嘲諷對方。）選民所做的不一樣，他們並非以嚴謹態度來研究政治人物，他們不像高特曼用試算表來記錄能夠找到的各種情緒反應的跡象。

但是選民們到底做了什麼？這點尚不明朗。

在班傑明與夏皮羅做實驗的時候，普林斯頓的亞歷山大．托多洛夫（Alexander Todorov）正在進行一個類似的研究。[47]但是他的實驗是想知道，如果我們只憑一張照片（一張大頭照）來對候選人進行快速的判斷，判斷的結果是否跟選舉的結果呈現相關？

如果我給你看一張候選人的大頭照，只看這張照片，我們能否根據以下七種特質給他評分？

- 值得信任
- 討人喜歡的程度
- 領袖氣質
- 誠實
- 個人魅力
- 能力
- 聰明

我猜無論你對你的臉孔判讀能力多有信心，你的答案可能是「沒有辦法」。僅僅一張照片不足以下判斷，判讀一個人時，我們使用精細的分析技巧。我們判讀身體語言以及他們的雙眼，我們觀察他們如何對他人反應。我們聆聽他們的聲音，並研究聲音的音色，聽起來是否真誠？看起來是否值得信任？他們聰不聰明？不管怎樣，這些判斷都是我們以為自己正在做的。但真的嗎？

這個實驗中受試者是普林斯頓的學生，托多洛夫要他們根據上述七種特質給予候選人評分。照片則來自美國二〇〇〇年、二〇〇二年及二〇〇四年的參議員及眾議員選舉的候選人。

受試者毫無畏懼的接受挑戰。他們的評分如何呢？在告訴你答案以前，我希望你先想想這份任務有多艱鉅，其實根本就不可能，社會科學家認為從靜態的照片中看出各種特質根本不可能。我們可以從影片中讀出身體語言，並從中推論一個人性格中的某些部分，這就是高特曼所做的，他觀看影片並衡量他人，如此一來薄片擷取能夠發揮作用。只要你夠細心又夠仔細分析，你也可以做出重要且有力的觀察。如果選民跟高特曼分析已婚伴侶的影片一樣，花時間仔細分析在電視上看到的候選人，他們就可以做出準確的推論，即使他們看不到候選人的眼睛或是無法進行面對面的互動。但是僅僅藉由一張照片就能推論出一個人的樣子，並沒有科學證據為這種想法背書。即使像高特曼這種專家，能夠察覺一對情侶哪裡出了問題，也無法從照片看出他們的婚姻狀況。[48]

所以，托多洛夫的研究中，受試者表現如何？結果他們無法給予候選人全部七種特質的評分，單憑一張照片，他們無法真正區分出不同的特質。他們所知的不夠多，所以他們會模糊不同特質間的界線。如果他們認為一名候選人具有領袖氣質，他們也會認為他很聰明，能力也很強，於是除了領袖氣質，在這兩個特質上也給予類似的評分。他們會在候選人的個人魅力和討人喜歡的程度給出相似的分數。這表示受試者在某種程度上也知道這份試驗有多瘋狂，根據一張照片就是無法為全部七種特質一一評分。不過結果顯示，他們認為從一張照片可以看出的資訊有三個大類：能力、值得信任的程度、討人喜愛的程度。

但就算是這三大類其實也是不可能的。如同前述，社會科學家說單憑一張照片不可能對一個人的性格或特質做出任何理智的判斷。但如果真是這樣，我們現在可就遇到了大謎團。因為托多洛夫的發現如下：他發現候選人在「能力」這一大類的分數跟選舉的結果呈高度相關。在真正的選舉中，在「能力」這一項得到高分的候選人勝出。托多洛夫指出：整體而言，「被認為是有能力的候選人約有百分之七十一點六選上參議員，百分之六十六點八選上眾議員。」[49]

這結果令人震驚，托多洛夫等於是發現能夠以學生們對一張靜態照片的反應來準確預測選舉的結果。這表示選民在投票時所做的跟他的學生所做的其實沒有什麼不同，他們用同樣的方法衡量候選人的能力。他們以為他們的選擇一部分是基於候選人的經歷、政黨取向以及名聲，有一部分則是來自電視以及Youtube影片。但是許多人，也許是絕大多數的人，都只是受到他們對於靜態且無意義的臉部特徵產生直覺反應，並受到這種反應的強烈影響。其他研究就顯示出：看到寬下巴會讓人覺得一個人很強壯，或是娃娃臉讓人覺得很軟弱。[50]這不只適用於政治，也在生活中各層面獲得印證。有一些針對刑事案件的研究指出，有娃娃臉的被告所獲判的刑度更輕。如此說來，我們並非評斷政治人物的行為，而是他們臉部的輪廓。我們賦予臉上的突起、隆起以及曲線各種意義，就像十九世紀時的骨相學家賦予人頭上的突起、隆起以及曲線各種意義。根據情況不同，我們在不同的時代會喜歡不同的臉孔。研究指出，戰爭期間我們喜歡方方正正的臉孔（可能是因為這種臉讓我們想到堅定與強韌），承平時代我們比較喜歡圓臉（圓臉似乎較溫暖且友善）。[51]

另外還有一點很值得注意。在班傑明與沙皮羅的研究中，受試者還有十秒鐘的影片可供判斷，托多洛夫的研究中，受試者只有一秒鐘的時間審視一張靜態的照片，僅僅一秒鐘。這還不是社會科學家最令人震驚的發現。科學家想要找出：到底人類基於一張照片對政治人物的判斷，也就是判斷他的性格以及特質，需要花多長時間，他們發現連一秒鐘都不用。在另一個實驗中，托多洛夫發現，只需要十分之一秒，一個人就能對另一個人的特質進行推斷。就算給受試者更長時間，這段時間也只會讓他們對自己推斷的準確度感到更有自信。以這樣的速度，人類並不會做出深思熟慮的判斷，人類不過就是做出反應而已，而他們反應的速度令人吃驚。托多洛夫發現我們在三十三毫秒後就會開始形成自己的觀點。每一毫秒是千分之一秒，三十三毫秒是十分之一秒的三分之一。他指出我們的觀點在一百六十七毫秒時就形成完畢，這有多快呢？這比眨眼還要快（眨眼需三百到四百毫秒）。這項心智活動就像麥可．喬登的灌籃發生在意識之外。二〇一四年，有一份研究支持托多洛夫的發現，神經科學家藉由觀察大腦中杏仁核的活動，發現受試者只花三十三毫秒就決定一張臉是否值得信任。[52]而我們處理視覺資訊的速度也許還更快。最近有一項研究發現我們只需十三毫秒就可以理解一幅圖像。[53]

到底選民選擇候選人時做了什麼，我們現在有了答案。他們在一瞬間就做出了決定。這解釋了為何哈佛大學的學生看了十秒鐘的靜音片段就能以不尋常的準確度預測選舉輸贏，也能解釋為何普林斯頓的學生快速看過照片以後，對候選人能力的評斷和能否勝選有高度相關。這是因為許多選民做了相同的計算。[54]

最後有一個研究值得一提，在這個研究中，社會科學家要受試者根據照片給候選人評分。受試者不知道的是，在實驗中某些候選人的照片其實融入了他們自己的樣子。實驗結果現在大概很難嚇到你了，受試者喜歡跟他們長相相似的候選人，雖然受試者不知道為何他們似乎比較喜歡某一位候選人。當然，有許多因素會影響投票行為，例如政黨認同、基因傾向、經濟狀況等等，但是這些研究不足以讓我們有信心相信在決策過程中理性分析扮演的是重要角色。[55]

## 5.

試想，這可是對在現代社會中所實施的民主最激烈的控訴。我們用極快的速度處理其實需要時間的工作，這又是另一個「不相匹配」的案例。

還有另外一個問題是：當我們看著一個人的臉時，會從他的種族以及族群來做出不相關的推斷。一看到一張臉孔，我們就不由自主地猜測這個人的出身，不管是有意識或無意識，而且我們還會做出各種推斷。[56]就這方面而言，我們的立足點與祖先相同，要判斷一個人的背景，在電視上看到跟親眼看到沒什麼不同。但是在更新世時，知道某個人的出身有所助益，在當時幾乎可以確定出身不同的人會帶來危害。但是到了我們生活的現代呢？在這個由不同種族、不同族群所構成的社會，知道候選人所屬的種族或族群並沒有幫助，而且反而有害。這讓我們對領導者做出沒有根據的推論，埋下許多爭端的種子。

政治人物學到：光是藉由賣弄這種來自相同祖先的連結，他們就可以擄獲許多選民。他們知道單純靠著建立這一層關係就能控制我們交出手中的選票。當一個政治人物及其幕僚決定要利用這種連結，那就會帶來爭端，他們把種族議題煽動成我族中心的狂熱運動，並妖魔化不同族群的對手，這些舉動嚴重的話會演變成對其他族群的暴力事件，最輕微也會造成其他族群在社會上飽受歧視。

二〇〇八年，歐巴馬競選總統時常被取笑是不懂白人勞工階層的大學教授。這其實代表了美國南部還有其他地方的種族歧視，藉著這種說法可以暗中讓人們注意到歐巴馬的族裔，而不需明確指出他的非裔身分，而這種作法被認為是可接受的。這種指控等於指出歐巴馬是「非我族類」，有志一同的人開始說要把美國「奪回來」，但是是誰奪走了美國呢？雖然沒有明說，但矛頭十分明顯。這種「部落主義」（tribalism）將造成社會對立，讓團體間彼此敵對，在多元的民主社會這會帶來嚴重後果，原本聰明的選民也會因為屈服於這種天性而淪為愚昧的選民。

現在，讓我們先比較一下我們和祖先是怎麼樣選出領導者的？我們藉由照片與影片，祖先藉由與領導者共事，他們不是看過大頭照之後決定某人是否足以擔當重任，他們決定誰值得賦予重任的方法值得我們效法。在某人執行各種工作時，他們觀察是否有蛛絲馬跡能指出他的能力多寡。一個人通常不是無所不能，但也不會一竅不通，就像麥可．喬登的個案所指出，一個人善於某些工作，而其他工作並非他的長項。在更新世，我們的祖先有機會找出人們善於哪些工作，並且讓人才適得其所。換言之，相較之下我們的祖先更容易挑出適合的領導者。即使我們所受的教育更多，民主卻更適用於他們。和我們一樣，祖先們也會對一個人的能力快速地下判斷，但跟我們不同的是，他們有豐富的經驗，能即時近距離觀察領導者的行為。很不幸的是這點我們難以企及，所以只好仰賴最不可靠的直覺。最後我們通常還是會從媒體上得知領導者的所作所為以及真實樣貌，就像我們最後發現約翰．愛德華茲的能耐如何，但是這可能已經是幾年之後的事了，而在此之前我們都被直覺所欺騙。即使是領導者的真面目曝露時，就像甘迺迪的例子所顯示，我們也可能依然故我，被圖像所蒙蔽而盲信一個人所營造出的假象。

## 6.

要瞭解一個人相當困難，科學家說，我們對自己都沒那麼深入瞭解。正如我早先所說的，我們是「對自己的陌生人」，因為大腦中大部分發生的事都不會進入到意識層次。把一個你認識的人放在不熟悉的情境中，你不會知道他會如何反應。

當我們選出如總統這樣高階的職位，會發生什麼事？這些政治人物正好就身處於不熟悉的情境。選上總統的人都是怎麼說的？他們都說沒有人知道當總統是什麼感覺，除非自己當過。杜魯門曾將這種當總統的感受比喻為駕馭一頭老虎。在這種壓力下，總統做的事情也許他們沒當總統時根本不會做。這項特徵並非專屬總統一職，儘管影響程度沒有那麼大，所有掌握權力的職位恐怕都是如此。我們能夠假裝瞭解我們選出的人，也就此能夠預測他們應付壓力的方式，但這都只是假象。要知道一個人在領導者的位子上怎樣應付壓力，就只有在他真正處於領導者的位子時。狩獵採集者做得到這點，他們毋須想像他們瞭解一個人會怎麼做一份工作，因為他們認識這個人。但是我們必須依賴這種想像，雖然跟他們相比，我們其實更沒有理由相信我們瞭解領導者。[57]

天性往往讓我們以為能夠只要理解別人的性格，就能預測他對事物的反應。但是社會科學家指出，我們的正確率低達百分之三十。[58]這是因為人類的性格看似穩定，卻不是行為的良好指標。即使一個人的性格在約二十五歲穩定下來以後，行為卻仍受制於數個截然不同的力量。我們的立場搖擺、行為隨意、捉摸不定，如同社會科學家所說，各種動機隨時都處在彼此制衡的緊張狀況，一個小小的刺激就能讓我們的行為完全不同。

在一個知名實驗中，普林斯頓大學的神學院學生被告知要橫跨整個校園去講道，講道的主題是如何才能作個「好撒馬利亞人」。* 他們告訴一些學生他們已經遲到了，必須要加緊腳步，他們又告訴另一些學生時間還很充裕。神學院學生一個接著一個前往講道會場，在路上遇到了一個需要幫助的人，他彎下腰咳嗽，顯得非常痛苦。誰會停下來幫助他？除了幾個例外，那些時間充裕的神學生停下來提供幫助，至於以為已經遲到的神學生則匆匆經過。我們能從中學到什麼？即使是神學院學生在前往講道的路上，就算講道主題正好是「好撒瑪利亞人」，他們也會因時間的壓力而無法成為一個「好撒瑪利亞人」。

情境占有一席之地。我們都以為「人」是關鍵，但是情境往往才是關鍵，或是人與情境以某種耐人尋味的方式共同產生影響。這就是為什麼不同政黨的總統常會延續前任總統的政策，來自制度的壓力讓他們不得不如此。這是研究歷任總統的研究者的發現之一，這些學者將總統一職當成制度來研究。我們大多數人常對特定幾位總統及其風範深深著迷，但他們施政的自由卻常常受到掣肘。
59 這解釋了為何歐巴馬讓很多支持者大失所望。舉個例子，歐巴馬在選舉前表示，對於布希總統擴張國安相關部門感到深惡痛絕，其中包括任由這些部門監視上百萬美國人的一舉一動，這讓許多人認為歐巴馬將會解散這個系統。但是在歐巴馬當上總統後，基本上他承襲了這整套系統，讓許多支持者大受打擊，其中包括中央情報局的外包技術員愛德華．史諾登。史諾登之後承認：他發現在監視議題上歐巴馬比小布希也好不了多少後，他便決定將政府的秘密公諸於世。[60]

倒也不是說就總統一職而言性格全然不重要，性格也有其重要之處。任職於普林斯頓大學的政治學者佛瑞德・格林斯坦（Fred Greenstein）注意到：不同總統都有不同風格。他指出德懷特・艾森豪以及林登・詹森兩位總統都就越南的議題面臨相似的危機。一九五四年，在艾森豪總統任內，法國在奠邊府戰役（Battle of Dien Bien Phu）中損失慘重。一九六五年，詹森總統任內，南越政府瀕臨戰敗。但是艾森豪決定美國將不再出兵，而詹森剛好相反。所以總統是誰也舉足輕重。[61]

但是他們實際的為人以及能力，其實都比看起來的更令人摸不透，比我們所願意承認的更難掌握。雷根是個很好的例子，雷根當選總統時，支持者深信他會跟蘇聯來硬的，畢竟，數年以來他一直譴責對蘇聯的緩和政策，剛當上總統時，他在一場演講中將蘇聯稱為「邪惡帝國」。跟先前的立場一致，他增加國防預算達數千億美金，但是接著他就打開了交涉的大門。這讓許多極右翼的保守派擔心雷根態度軟化，雷根總統想要與蘇聯達成廢止核武的協定更是讓他們憂心忡忡。這一點也不像他們的雷根。演員卻爾登・希斯頓（Charlton Heston）是他的朋友，曾警告他「不要重蹈雅爾達密約的覆轍，跟蘇聯妥協形同與熊跳華爾滋。」保守派大老霍華德・菲利浦斯（Howard Phillips）說雷根已經變成「努力為蘇聯宣傳的白癡」。創辦保守派雜誌《國家評論》（*National Review*）的小威廉・巴克利（William F. Buckley Jr.）不敢置信雷根竟這麼做，他將此舉斥為「讓我們整個立場變成希特勒」的序

＊譯註：這個聖經故事講述一個撒馬利亞人好心幫助路邊一個被強盜洗劫的猶太人。

幕。專欄作家喬治．威爾（George Will）則直稱：「雷根把空想抬高到政治哲學的地位，因此讓西方世界更快在道德上繳械。」[62]

發生了什麼事？雷根改變的原因似乎顯而易見，蘇聯兩位年老體衰的領導人安德羅波夫（Yuri Andropov）和契爾年科（Konstantin Chernenko）相繼過世，所以年輕有為且心胸寬廣的戈巴契夫獲選為領導人，他跟蘇聯曾有過的任何領導人顯然不同。新的蘇聯領導人誕生，美國政策隨之轉向，這是很簡單的道理。但是專家開始過濾雷根時期的報紙後，他們發現一件耐人尋味的事。雷根並非在戈巴契夫上台以後才改變他的立場，在那之前他早就變了。戈巴契夫於一九八五年上台執政，雷根在一九八三年就改變對蘇聯的立場。這好像代表他的性格在這之間經歷了某種改變，但是並非如此，原因是他所處的情況改變了。

經過審慎地檢視相關證據後，政治學者貝絲．費雪（Beth Fischer）找出了四個關鍵事件，四個事件都在一九八三年秋季發生。第一件是蘇聯擊落民航機大韓航空〇〇七號，雷根政府公開表示蘇聯的攻擊是野蠻的行徑。但是幕後官員則認為這是單純誤射，雷根嚇壞了，對於這個事件他私下寫道：「由此可見這個世界已經危在旦夕，也顯示了我們有多需要核武管控。如果……這次蘇聯的飛行員只是把民航機跟軍用機搞混，那麼也不用太多想像力，就能想見要是蘇聯軍官一伸手就能按下發動核武的按鈕，而他又犯下更嚴重的錯誤，後果將不堪設想。」

短短五個禮拜過後，在一九八三年十月十日，雷根看了一部在電視上播放的電影，影片內容更加深了他對核戰開打的恐懼。那部電影是《浩劫後》（*The Day After*），電影中鉅細靡遺地描繪如果美國與蘇聯之間核戰開打，位於堪薩斯州的勞倫斯鎮會發生什麼事。雷根在日記中坦承，這部電影「讓我深陷憂慮之中」。他又寫道：「我們必須盡我們所能……以避免核戰開打。」

十月底，雷根第一次參加核戰對策的簡報會議，會議主題是如果核戰發生，美國將會實施的應變計畫。國防部長解釋，在大規模核子戰爭當中，美國將會瞄準五萬個目標，上百萬人將會死亡。但是五角大廈的官員向他保證美國有能力在核戰中勝利，雷根承認：「我覺得他們瘋了。」

簡報會議過後幾個禮拜，美國跟北大西洋公約組織進行了一次在冷戰期間規模最大的演習，動員人力達三十萬人。這次演習稱為「八三年神射手軍演」（Able Archer 83），驚動了蘇聯當局。一些蘇聯的高官深信美國利用這次軍演掩護一場秘密攻擊（蘇聯自己的計劃中就包括這種對美國的偷襲策略）。在演習進入高潮時，蘇聯讓十餘架配載核武的戰鬥機進入備戰狀態，並對東德及波蘭的軍隊下達準備開打核戰的指示。自從一九六二年古巴飛彈危機以來，美蘇兩國之間的核武衝突從來沒有像這次一樣一觸即發。

保守人士曾經確信他們瞭解雷根，但是雷根在一九八三年秋季經歷過這些事件之後，就改變了他對蘇聯的態度。核戰的威脅原本看起來還非常模糊，卻突然變得近在眼前。到了年底，他決定要盡他所能避免無意間惹毛蘇聯，以阻止戰爭，並且讓蘇聯的恐懼降溫，讓他們相信美國並不想開打。不論是公開或私下，雷根開始表態，再三保證他追求的是和平。在一九七〇年代，他嘲笑對軍武的交涉，如今他卻接受了這種政策。[63]

就像那些「好撒瑪利亞人」實驗中的神學生，其實雷根並沒有改變。他一直都很害怕核戰，這也是為何他堅持要將預算撥給反導彈系統，也就是所謂的「戰略防禦計劃」（Strategic Defense Initiative，簡稱 SDI）。他想要避免美國因核戰化為焦土，正如一九四〇年的電影《空中殺手》（*Murder in the Air*）中他所飾演的角色為保護美國免於其他種類的攻擊，使用先進的死光武器「慣性投射槍」。[64] 可是就連雷根的好友以及支持者都沒有發現他竟然信奉這種烏托邦式的和平。聽到雷根慎重考慮廢除所有核子武器，他們身陷驚嚇之中。他們忘記了有許多複雜的動機會驅使雷根做出不同行為，所以當情況改變，讓雷根的方針隨之改變，他們就以為他變了一個人。

這種事時時刻刻都在發生，這也是為何當我們發現總統的真面目時會感到驚訝。總統不會跟著我們腦中的簡單劇情走，我們則為此大為吃驚。我們認為性格就代表一切，你認為只要知道一個人的為人，這個人就會以特定的模式行動。但實情並非如此。

# PART
# 3
# 真相
# TRUTH

CHAPTER

# 6

## 自欺欺人

### 自我欺騙的高昂代價，以及為何我們就是無法對自己誠實

## 1.

由西雅圖往東邊走兩個小時，就會到喀斯喀特山脈的另外一邊，那裡有一個人口約有一萬八千人的小城鎮名叫埃倫斯堡（Ellensburg）。中央華盛頓大學（Central Washington University，簡稱CWU）就位於埃倫斯堡，埃倫斯堡這地方到了一九八〇年都默默無名，唯一一件為人所知的事就是爭取成為華盛頓州的首府時輸給了奧林匹亞市（Olympia）。埃倫斯堡得到了一所小小的教育學院當作安慰獎，之後這所學院成為了中央華盛頓大學。以大學的標準而言，中央華盛頓大學稱不上鼎鼎有名。這所大學對於華盛頓州的州民而言知名度並不高，對於其他州的人就更不用說了。但是在一九八〇年，這所大學出了一位世界級的名人。她並非傑出教授，也沒有上過大學。但是她天賦異稟，精通美國手語，她叫做華秀（Washoe），是一隻黑猩猩。[1]

華秀是世界上第一隻學會美國手語的黑猩猩，她五歲時可以知道數百種手勢的意思而且可以靈活運用一百三十二種手勢。如果她看到一條狗，她會打出「狗」的手語，如果她想要擁抱，她會打

出「抱」的手語，如果她餓了，她就會打出「餵我」的手語。厲害的是，她能夠將學到的個別詞彙組合成句子表達想法。羅格．福茲（Roger Fouts）是負責訓練她的心理學教授，每天早上她都會和福茲打招呼，她會打出一連串的手語：「羅格快，來，抱抱，餵我，給我衣服，請，開門。」

福茲從奧克拉荷馬大學調職時，他將華秀及其他兩隻猩猩一起帶到中央華盛頓大學，人們都認為他這樣換工作是瘋了。他在奧克拉荷馬大學服務的系所在全美排名第十三名，而根據他的回憶錄記載，中央華盛頓大學在這方面是一個「學術未開之地」。但是在埃倫斯堡這小城他能做一件他在奧克拉荷馬大學不能做的事，這件事就是他將可以自由地用他認為黑猩猩應該被對待的方法對待黑猩猩。在奧克拉荷馬大學，靈長類中心的主任認為黑猩猩是野蠻的動物，他讓黑猩猩戴上附鎖的頸環，就像十八世紀的奴隸被迫戴上頸環一樣，這不是因為頸環能帶來幫助，它沒有任何助益。戴上頸環是要提醒黑猩猩，牠們要服從訓練者的意志。這名主任同時也逼迫福茲將趕牛用的棍棒用在黑猩猩身上。他帶黑猩猩出籠散步的時候，主任也要求必須隨時使用一種鉛製的繩索。這一切都讓他震驚不已，他會與黑猩猩談話，而黑猩猩會告訴他：牠們餓了、牠們想出去、牠們想要擁抱。但是他竟然必須用繩索限制牠們，就像野獸一樣？他深信這是大錯特錯。

十七世紀初時，歐洲人第一眼看到黑猩猩，就對這種生物大感興趣。但卻有一個問題，就是黑猩猩看起來很跟人類很相像。當時英國的首屈一指的解剖學家艾華．泰森（Edward Tyson）解剖了一隻黑猩猩後，他發現這種相似不單只是外貌而已，結構也很相似。黑猩猩的大腦結構跟我們相似，甚至也有中央神經系統。但是如果牠們跟人類如此相像，是否代表人類並沒有那麼特別？

往上追溯到亞里斯多德與柏拉圖的時代，在這大約二千年之間，西方人一直都相信一種「存在鎖鏈」（Great Chain of Being）把上帝、天使、人類、狗、獅子、一直到向日葵和沙子，萬事萬物都連結在一起。萬物皆有所連結，但也有所分別。神是神、人是人、動物是動物。萬物以嚴格的線性階級存在於世，上帝位居頂端，其次為天使，再下去是人類，人類之下則是家畜，在家畜之下則是野獸等等。然而黑猩猩，牠們看起來像另外一種版本的人類，也就是說將人類與動物分別開來的界線也許不如大家所想的那麼壁壘分明。泰森安慰人們：雖然黑猩猩的結構與我們相似，但也並不是真的那麼與我們相像。他說黑猩猩既沒有情緒、也沒有心志，接下來的幾個世紀這個觀點盛行於歐美。到了六〇年代初期，生物學課本上的圖表依然將黑猩猩與人類歸為不同的科。[2]

當科學家開始進行一系列的研究後，就推翻了這個陳舊的傳統思維。人類之所以為人類的理由開始顯得薄弱，人與動物的分際開始模糊。[3]人類學中的一項基本假設是製作工具這項特徵讓人類不同於其他物種。但是英國的靈長類專家珍・古德（Jane Goodall）指出，她觀察到黑猩猩會製作工具。突然間，沒有人能確定是什麼讓人類與黑猩猩有所分別。肯亞的考古學家路易斯・李奇（Louis Leakey）寫道：「我們現在必須重新定義何為人類、或者重新定義何為工具，否則我們就得接受黑猩猩也是人類！」這觀點聽起來相當偏激，但是不久之後就有文森・薩瑞奇（Vincent Sarich）和艾蘭・威爾森（Allan Wilson）這兩名生物學家發現人類與黑猩猩血液中蛋白質的分子組成幾乎沒有差異。十多年之後，又有人發現黑猩猩與人類的DNA組成有百分之九十八點四完全相同（之後又上修至百分之九十八點七）。[4]

到了一九八〇年代，人們達成了共識：黑猩猩與人類並非不同科別，我們是同一科。近至六百萬年之前人類與黑猩猩有一位共同的女性先祖。[5]以演化的角度而言，六百萬年不算是很長的時間，畢竟哺乳類在三億五千萬年以前就出現在地球上了，所以歐美要一直到一九八〇年代才發覺黑猩猩與人類有多親近，反而令人感到驚訝。福茲為人類和黑猩猩如此相近感到震驚，他認為除非被意識形態蒙蔽，否則只要花點時間和黑猩猩相處，不難發現牠們與我們非常相似。他在回憶錄中寫道：與黑猩猩共享棲息地的非洲部落早已發現這件事，在象牙海岸的奧比部落（Oubi）就把黑猩猩稱為「醜人」。

黑猩猩最令人訝異的特質是什麼？福茲發現牠們的行為舉止如同孩童，一有不如意就大發雷霆。若是有求於你，牠們會糾纏你直到得手為止。要是你想要讓牠們聽你的，可以用糖果賄賂。跟黑猩猩一起工作後沒多久，福茲就做了父親，他沒辦法不注意到黑猩猩表現得像他的孩子。狗主人談起他們的狗也許也會有一樣的想法，但是狗可沒辦法用手語表達不悅。

跟黑猩猩一起工作後沒多久，福茲又發現了一件事：黑猩猩知道什麼應該做，什麼不應該做。牠們知道如果有一個總是上鎖的櫃子，就不該打開它。牠們曉得不該用手指戳人，也不該拉人頭髮。

要是做了壞事被逮個正著，牠們又會怎麼做？牠們會試圖掩蓋過錯，在《至親：我與黑猩猩的對話》（*Next of Kin: My Conversations with Chimpanzees*）這本引人入勝的回憶錄中，福茲舉了一個又一個的例子。很明顯，用不著別人教，黑猩猩就懂得怎麼掩蓋過錯，這純粹是本能行為。看過黑猩猩幹過這事多次以後福茲早已免疫，不再感到驚訝。但是瞭解黑猩猩有這種行為相當重要，直到最近人們才瞭解到黑猩猩的這種特性。[6]一般相信只有人類有欺騙的能力，這讓人類有別於包括黑猩猩在內的其他物種，但福茲瞭解這點絕不正確。

但是，某一天就連福茲也大感吃驚，那一天，一隻經過訓練會比手語的黑猩猩露西用手語掩蓋她的所作所為。福茲之前從來沒有看過這種事，史上頭一遭有人觀察到這件事。一隻黑猩猩不僅想要掩蓋過錯，還為此說謊，跟人類一模一樣。福茲說這件事發生的背景是「露西在我沒看到時在客廳排泄。」以下是當時發生的著名對話，全程以手語進行：

福茲：那是，什麼？
露西：那是，什麼？
福茲：你，知道。那是，什麼？
露西：髒髒。
福茲：誰的，髒髒？
露西：蘇。（蘇是一名研究生）
福茲：這，不是，蘇。誰的？
露西：羅格！
福茲：不！不是，我的。誰的？
露西：露西，髒髒。抱歉，露西。

你有發現發生什麼事了嗎？福茲與露西相視而立，面對面交談，露西在福茲面前說謊，這很了不得。在別人背後說謊是一回事，但是能夠當面說謊？這顯示了說謊的能力深植於黑猩猩腦中。另外值得一提的是，在被逼急了以前，露西都不願說出實話，牠的預設立場就是要說謊。

隨著越來越多黑猩猩學習手語，牠們也開始用手語說謊。在由福茲設立的中央華盛頓大學靈長類中心，瑪莉・李・贊斯福德（Mary Lee Jensvold）擔任共同負責人一職，她說黑猩猩常常當著她的面說謊。[7]她說有一件事常常發生，就是會有一隻黑猩猩跑過來戳你，她說：「被戳當然不是一件舒服的事，你就會用手語說：『你會乖一點嗎？』牠們就會用手語回答：『我會的，抱歉。』下一秒鐘，哎呀，一切從頭又發生一次。」贊斯福德還是個新手媽媽時，她會帶六個月大的女兒到中心去。有一天一頭黑猩猩向她女兒「炫示」了一番，吼叫並大吵大鬧，贊斯福德的女兒因此嚇壞了。「從此只要有黑猩猩在旁她就會開始緊張。」黑猩猩知道這點而且會欺負她，這持續了好多年。

在中心裡最受大家歡迎的猩猩名叫塔圖（Tatu），福茲說：「她是大家庭裡最珍貴的天使，也是個好女孩。」在回憶錄裡福茲說：「在塔圖身邊用不著鎖跟鑰匙，她不像華秀，從來不會亂翻碗櫥或是偷吃冰箱裡的東西……她的房間整整齊齊，玩具也擺得井然有序。玩完一個玩具之後她會先把它擺好再玩下一個。」但是贊斯福德在訪問中告訴我，就連塔圖也會欺負她的女兒。

隔著一面玻璃牆，「塔圖會引誘她靠得非常近，然後『蹦』的一聲，用力打玻璃嚇她。又一天塔圖又故技重施，那時候我女兒一定有四、五歲了，塔圖再度得逞，塔圖可得意了，就像是一個壞心的大姊姊，不是嗎？所以我把女兒帶走，隔天塔圖就問到她。」塔圖比了「嬰兒」的手語，她手臂交疊、前後搖晃，就像在懷裡搖晃嬰兒。「我說：『喔，我知道，你昨天把她給弄哭了。』她用手語說：對不起。」並請贊斯福德把她帶回來，此時贊斯福德的女兒早已知道塔圖的詭計，不會再上當了，但是在她回到中心時，塔圖又一次「把手緊緊放在玻璃上，眼睛流露出誠懇的神色——接著『蹦』的一聲。」贊斯福德把這段回憶當成笑談，但是當時她的女兒還是被嚇壞了。

黑猩猩並非人類，兩者壁壘分明。箇中差異包括人類擁有較高的智能、說話的能力、細緻的語言以及一項了不起的能力：我們能組成大型團體並團結一致。我們有一套發展成熟的道德準則，黑猩猩沒有。我們會羞愧臉紅，黑猩猩不會。然而羅傑・福茲與瑪莉・李・贊斯福德花了大把光陰與黑猩猩共處，對於像他們這樣心胸寬闊的人來說，人類與黑猩猩的相似之處可說是明擺在眼前而且處處可見。造訪埃倫斯堡的靈長類中心的訪客將會學到，黑猩猩與人類也有相似的發展歷程。黑猩猩懷孕幾週？三十五週，人類呢？四十週。黑猩猩在幾歲斷奶？四到五歲，人類呢？剛出生到五歲之間。黑猩猩幾歲換牙？五到六歲，人類呢？五到十歲。黑猩猩幾歲進入青春期？十一到十三歲，人類呢？十到十六歲。黑猩猩的平均壽命有多長？三十到六十歲，人類呢？三十到八十歲。還記得靈長類學家法蘭斯・德瓦爾嗎？他在荷蘭的動物園花了許多年研究黑猩猩。他得到了什麼結論？一如人類，黑猩猩會彼此合縱連橫，也會玩權力遊戲。總而言之，與我們極為相似。

但這是為什麼呢？生物學家說有兩種可能原因。[8]第一個是因為人類與黑猩猩源自共同祖先，這種理論稱之為「同源相似」(homologous similarity)。第二個可能性是在過去我們面臨類似的環境壓力，這些壓力促使相似的改變發生，以適應環境，這種理論稱之為「趨同演化」(convergence)。

將人類與黑猩猩之間所有找到的相似之處放在一起看，並且銘記黑猩猩與人類隸屬於同一科，又是最接近的物種，實在很難不下這樣的結論：我們的相似之處是來自同源。也就是說我們在許多方面如此相像是因為都來自一個共同祖先。這點又有何重要之處？因為這代表欺騙非常有可能是一項古老的特質，就算過了數百萬年，欺騙的能力在我們以及人猿祖先身上都找得到。說話能力大約在五十萬年前才開始出現，[9]但欺騙可能可以追溯到腦中較為古老的部分，而且早在智人出現的四十萬年以前就存在了。如果這個理論正確，那麼就代表欺騙也算是人類自動化的特質之一。特質出現的時間早晚與自動化的程度呈正相關，和腦中最早成形的部分有所關連的特質（比如說情緒）運作速度更快而且發生在意識之外。[10]

至於在腦中是哪個部位主掌欺騙能力，許多研究才剛剛著手進行。但是有一份最新研究證實，在我們說謊時，腦中有幾個區塊的血氧濃度會上升，這幾個區塊是：雙側額上迴（bilateral superior frontal gyrus）、雙側頂小葉（bilateral parietal lobule）、雙側楔狀葉（bilateral cuneus）、右側楔前葉（right precuneus）、右側舌狀迴（right lingual gyrus）以及左側中央溝後迴（left postcentral gyrus）。[11]不需要對這些深奧的名詞瞭若指掌，你就能理解動用到這麼多腦區的活動——包括掌管談話、視覺以及觸覺的區域，是需要腦部徹底整合的。

換言之，欺騙是人性。如同黑猩猩，欺騙這種事用不著別人教，我們天生就會說謊。有許多演化而來的心理機制會決定我們對事件的反應，這些機制的運作通常在意識覺知以外，欺騙也是其中之一，而且這是一項影響深遠的直覺反應。

# 2.

以下是二十五位美國總統的名單：

湯瑪斯·傑佛遜（Thomas Jefferson）
詹姆斯·門羅（James Monroe）
威廉·亨利·哈里森（William Henry Harrison）
詹姆士·波爾克（James K. Polk）
富蘭克林·皮爾斯（Franklin Pierce）
詹姆斯·布坎南（James Buchanan）
U·S·格蘭特（Ulysses S. Grant）
拉瑟福德·B·海斯（Rutherford B. Hayes）
詹姆斯·加菲爾德（James Garfield）
切斯特·艾倫·阿瑟（Chester Arthur）
格羅弗·克里夫蘭（Grover Cleveland）
班傑明·哈里森（Benjamin Harrison）
狄奧多·羅斯福（Teddy Roosevelt）
伍德羅·威爾遜（Woodrow Wilson）
沃倫·蓋瑪利爾·哈定（Warren Harding）
富蘭克林·羅斯福（Franklin Roosevelt）
德懷特·艾森豪（Dwight D. Eisenhower）
約翰·甘迺迪（John F. Kennedy）
林登·詹森（Lyndon Johnson）
理察·尼克森（Richard Nixon）
隆納·雷根（Ronald Reagan）
喬治·H·W·布希（George H. W. Bush，老布希）
比爾·柯林頓（Bill Clinton）
喬治·W·布希（George W. Bush，小布希）
巴拉克·歐巴馬（Barack Obama）

這些總統有何相同之處？他們全都撒下瞞天大謊，且有紀錄可循。他們要不是公然向美國人民、朋友或家人說謊，否則就是以某些方式誤導他人。威爾森在中風之後誤導舉國上下對於他健康狀況的看法，小羅斯福則是在珍珠港事件之前急切想讓大眾相信納粹德國有多危險，誣賴納粹未經挑撥即攻擊一艘美國的驅逐艦。艾森豪在U2偵察機擊墜事件發生後扯謊。甘迺迪在美蘇武力差距一事上說謊，族繁不及備載……你可在書末註看到其他總統說的謊話。[12]

美國史上超過半數的總統都在撒下大謊後被抓包，如果還包括採用虛實參半的說法，故意誤導大眾關於他們對於某項議題的看法，那麼除了華盛頓無一倖免。華盛頓從未說謊，因為沒有必要，如果他的敵人（他還是有敵人的）指控他素行不良，他也許還會抱怨連扒手都比他受尊重，然而不論黨派，全美大多數人對他忠心耿耿。採用虛實參半的說法常常對那些擅長玩政治花招的總統有利，但是這反而對華盛頓而言是傷害，因為他被認為是超然於政治之上。說實話對他有利，但是對其他人就是傷害了。[13]

我們才剛剛學到欺騙漫長的演化史，領導者會說謊也令人毫不意外。我們都會說謊，而且領導者說謊的理由比我們更充份。取得權力並維持高位並不容易，而且一代比一代更加困難。華盛頓要贏得總統大位，只要贏得幾千人的支持就勝券在握。經過一個世代，總統候選人就得要擄獲數十萬人芳心才有把握，隨著有選舉權的人越來越多，不久之後又變成需要上百萬人支持。南北戰爭的時代，總統還必須討好新移民，顧全美東到美西，更不能偏袒鄉村或都市，又過了一代，總統還得要迎合工會成員以及民粹主義者。二十世紀時，他們必須贏得一大群剛取得選舉權的選民——女性，他們也要學習在廣播上侃侃而談，接著是要在鏡頭前神色自若，最後是要學會在社群媒體以及網路世界裡搏版面。毫無疑問，今日的政治更加複雜。[14]領導者為了達到這些要求，他們覺得他們必須說更多的謊、更常說謊、並盡其所能地利用各種媒體來說謊。

但是為何這麼多領導者能夠瞞天過海？為什麼總統撒謊多半能不被戳破？

有一個答案會馬上浮上心頭，政治人物之所以能一騙再騙是拜媒體所賜。要是想想看美國的媒體發展史，這聽起來倒也合情合理。直到一九七二年水門事件爆發，記者很少以今天的標準去審視政治人物。跟當權者沆瀣一氣，記者就很少臧否政治人物。想想看，小羅斯福竟然有能力欺騙大眾，讓大家以為他還能行走。自一九二一年羅患小兒麻痺以後，羅斯福就不良於行，在他那個時代，最直接的說法就是「瘸子」。但是選民一直被蒙在鼓裡，他們從來不知道這件事是因為媒體順從羅斯福的要求，對殘障一事始終不露一點口風。有一位傳記作者指出在約四萬張羅斯福的照片中，只有兩張捕捉到羅斯福坐在輪椅上，且這兩張照片在羅斯福有生之年從未公布。[15]羅斯福在全國四處演說時，他所到之處就得要建造特殊的坡道以便他通行無阻。大眾對此一無所知，在這場大規模的欺騙中，媒體算是頭號共犯。

水門事件原本應該大幅改變媒體生態，但是再看看雷根瞞住了什麼，雷根之子小雷根說：雷根在他第一個總統任期要進入第三年時出現了失智的徵兆。[16]在一九八六年，知名記者萊斯利．斯塔爾要退下白宮特派記者一職時，她曾拜訪總統辦公室和總統道別。她說：「雷根似乎根本不知道我是誰。」當時他還有兩年的任期，但是斯塔爾是否有對大眾公布此事？她守口如瓶，對於發生的事保持緘默，直到在回憶錄中批露所有細節，此時雷根早已從白宮安全下莊。[17]而且這還發生在媒體圈開始充斥著一群對醜聞汲汲營營的記者之後，當時人人都想像鮑勃・伍華德以及卡爾・伯恩斯坦一樣再破一樁水門事件。

到頭來，「媒體得負全責」這個解釋還是太過簡單。總統說謊能不被戳破還有另外一個元凶，這跟我們有關。這就不能不提到美國總統格羅弗・克里夫蘭。

時值一八九三年，克里夫蘭贏得連任後六個月，有一天他發現上顎長了一顆腫瘤，大小約有二十五分硬幣那麼大。檢查結果發現是癌症，必須切除。一八九三年六月三十號晚間，在紐約市的東河上，克里夫蘭悄悄搭上一搜停在A碼頭的遊艇。隔天，克里夫蘭在無人知曉的情況下動了手術。當時是下午一點二十四分，他在船上的沙龍裡，坐在一張大椅子上，這張椅子固定在桅杆上避免病人搖晃，因為這艘遊艇已經出航，正迅速地順流而下。克里夫蘭重達一百多公斤，向來有「胖伯」（Uncle Jumbo）的稱號，醫生小心翼翼地對這位肥胖的病人動刀，移除了癌組織以及部分左邊的上顎。兩個禮拜過後，又動了第二次手術，這次移除掉他們上次遺漏的周遭組織。他們用硫化橡膠製作的平板填補因手術而切除的部分，如此一來，克里夫蘭就能夠正常說話。[18]

克里夫蘭從頭到尾都沒有對外界露一點口風，他一生都沒有提過這件事。只有戰爭部長在手術前知悉此事，事後也只有多告訴一名閣員。國會完全一無所知，副總統也被蒙在鼓裡。雖然克里夫蘭的肥胖害他中風的風險極高，甚至有專家專門監控他的血壓。

為了隱瞞病情，克里夫蘭必須說謊。總統整個七月都在鱈魚角（Cape Cod）的別墅養病，主治醫生舉辦記者會解釋為何克里夫蘭從大眾眼前消失，但是他提的理由不太有說服力。醫生說克里夫蘭只是牙齒痛、腳部腫脹以及得了風濕病，這些故事啟人疑竇。一位記者更是直接詢問總統是否罹患癌症，醫生矢口否認，但卻毫無說服力，看來這名醫生並不擅於說謊。但是記者也決定採信白宮的說詞，謊言暫時未被拆穿。

到了八月，克里夫蘭重返白宮並復行視事。他恢復得非常迅速，其中一位醫生甚至覺得沒有必要再繼續編造虛構的故事來解釋總統為何消失。這名醫生接受《費城日報》（*Philadelphia Press*）訪問的內容登上頭版，他透露那天在遊艇上發生了什麼事，他洩漏了所有秘密，包括克里夫蘭罹癌、接受手術以及現在完全康復。

總統大驚失色，他可不希望人民知道真相。他想隱瞞的不只是癌症手術，還有他為了保密而說謊。現在謊言本身變成必須要保密的對象，機密程度與病情不相上下。他必須要用更多的謊來圓他原本為了隱藏真相而說的謊。

於是他那麼做了。他讓幕僚抨擊這份報導，堅持他才是謊言的受害者。

接下來你猜會發生什麼事？這個故事接下來的走向應該改編成電影，並由老牌影星吉米．史都華主演，這個故事原本應該這樣開演：參議員與眾議員應該在國會挺身而出，並要求完整公布克里夫蘭的病歷，發起調查，目擊者起誓並在公聽會作證，如此一來舉國上下才能知道真相。隨著真相慢慢公諸於世，抗議民眾會走上街頭，要求總統承認說謊。

但是實際上發生了什麼事？沒有任何事發生，風平浪靜。這個故事遭到遺忘，這並不是媒體沒有盡責，媒體已經披露了真相，媒體也揭發了克里夫蘭的謊言，但是大眾毫不在乎。

發生了什麼事？我們對真相視若無睹，因為我們不願意相信真相。相信真相令人不悅。然而，人類天性容易相信。在十七世紀，荷蘭哲學家史賓諾莎首次提出這項猜想，但直到最信我們才有證據證明。當人們被問到有關信念的問題時，科學家用功能性核磁造影拍下大腦的運作情形。[19]哈佛大學心理學家丹尼爾．吉伯特說：科學家們發現大腦以兩階段的歷程攝取資訊。第一個階段大腦讓資訊進入腦中並假設它是正確的，只有到第二個階段時，大腦才會讓這些資訊接受測試以決定它的正確與否。很多時候，大腦不會發揮第二個階段的功能。換言之，大腦容易輕信。我們內心深處都不是懷疑主義者，就吉伯特所說：「和懷疑相比，我們更容易相信，也更快相信。」[20]我們生性容易上當，或者如同另外一名心理學家繪聲繪影地用知名電視影集《X檔案》的主角來比喻，我們更像聯邦調查局特殊探員穆德（他把每一件外星人綁架案都當真），而不像史考利探員（她總是公開表示懷疑）。[21]

其實，我們的大腦無意間在政客操控人心時成了共犯。不管會不會有什麼好處，我們很容易相信這些政客想要讓我們相信的。我們之所以如此是因為這麼做對大腦更加輕鬆，保持懷疑的態度需要更多腦力，所謂「腦力」是真的要花費更多力氣，如上段所述的第二階段需要用上更多能量。而且就像丹尼爾．康納曼告訴我們的，我們的大腦很懶惰。如果能不費力它就盡量不費力，想想看要懷疑一件事要花多大的力氣，比如偵探調查一起謀殺，我們必須要將案子如同拼圖一片一片拼回來，每一片拼圖還得彼此吻合。相信我們遇到的都是真的，不是比較容易嘛，證明它是假的則會花費心力，除非必要，我們不想麻煩自己去證明這些信念是錯誤的。這一切就讓政治人物有利可圖。

考量實際面，我們若是天生的懷疑論者，日常生活會變得幾乎無法忍受。天生的懷疑論者會鉅細靡遺地審視日常生活發生的所有事。試想每天早上起床時，在雙腳都還沒著地以前就要問自己：要怎麼確定地板存不存在。這很累人。在確定地板存在、足以支撐你的體重以後，到了浴室你還得擔心蓮蓬頭裡噴出來的到底是水還是其他液體，搞不好還是有毒物質。你可以看出來要是不停質疑一切將會有多累。如果每一天每一分鐘我們都要繃緊神經，很快就會精疲力盡。我們就是無法長時間隨時維持注意力、雙眼聚精會神、心靈心無旁騖。我們生來並非如此。[22]

幸運的是，多數時候這世界依照我們的期待運作，讓我們能專注於異常狀態。地板能夠支撐我們的體重，不會下陷或崩落，蓮蓬頭裡噴出的是水。只有在我們腦裡的世界與外在的世界不相符時，我們才需要提出質疑。

還有另外一個因素會影響我們對政治人物的反應，這和我們易於受騙上當的本性有關，這個因素顯得太過理所當然以致我們很容易疏忽，也就是我們相信領導者，只因為他是「我們的」領導者。[23]就因為這樣，當我們走進投票所，我們常常希望或認為我們喜歡的候選人是下一個喬治·華盛頓或是亞伯拉罕·林肯。這種想法通常都只是空想，喬治·華盛頓如果生在現代就不會是喬治·華盛頓了。這個國家恐怕容不下第二個開國元勳，因為這個頭銜專屬於十八世紀的喬治·華盛頓。更何況，沒有人能達到喬治·華盛頓的高度，他超然於政治之上。現在還有誰能超然於政治並贏得選戰？而且我們也不太可能找到像林肯一樣，平易近人、絕頂聰明又善於溝通的政治人物。然而，似乎在每一場選戰，總有政治人物被比擬為華盛頓或林肯。在二〇〇八年的選戰，自由派記者常常將歐巴馬喻為林肯，歐巴馬的競選團隊善加利用這種比喻，巧妙的利用歐巴馬這種獨特罕見的形象。為了增強這種印象，在歐巴馬宣誓就職的前夕，競選團隊甚至安排了一輛老式火車，追隨林肯在一八六一年的腳步，當年林肯從費城到華盛頓特區就職總統，就是這樣走完最後一趟路程。[24]對於保守派選民來說這趟火車之旅有點不合時宜，[25]但是對於歐巴馬的鐵粉而言倒是意義十足。

我們不只想要對我們的領導者滿懷驕傲，我們更想以國家為榮。我們想要相信美國是世界上最偉大的國家，而且不滿足於此，我們也樂於相信我們是世界上最棒的一群人。這是驅動人類行為的多股力量當中最強而有力的其中一種，小孩在三歲以前就會產生這種意識。[26]這算是一種部落式我族中心主義（tribal ethnocentrism），而且證據處處可見，橫跨國界或是綜觀歷史皆可見到。猶太人認為自己是「選民」，美國人認為自己是世上的例外，摩門教徒認為自己是「還未出世的神」（God in embryo）。[27]演化心理學家指出，研究者發現的每一種社會都相信自己與眾不同。[28]

## 3.

這樣看來，我似乎得出了這樣的結論：我們生來容易受騙上當。但是這個結論又言之過早。我們並非完全那麼好騙，這是大自然的保證。一群人之中不能大多數人都容易受騙上當，因為說謊者會迅速崛起，並占盡那些老實人的便宜。假以時日，老實人會被淘汰，投機分子會成功累積最多資源，這些資源將會幫助他們找到最佳的伴侶並增進他們的演化適合度（也就是他們能夠傳遞「投機」基因的能力）。要不了多久，只會剩下投機分子留在世上，這是在演化心理學中重要的洞見之一。[29]

只有老實人的社會不會長長久久，同樣，只有投機分子的社會也將面臨同樣的命運。要是一個社群中所有人都在說謊並且有所隱瞞，這種社群無以為繼。社群需要合作，要是所有人都在彼此欺騙，合作就無法發生。充滿投機分子是一個社群自我毀滅的途徑，這會演變成所有人互相傷害的局面。[30]

那麼是什麼魔法配方讓我們不致成為充滿欺騙或總是上當的物種？是什麼讓我們不致自食惡果？是什麼讓欺騙不致毀滅我們？演化有兩道良方，兩者都對生存至關重要。

第一道良方是團體成員傾向懲罰那些違反社會準則的人，這對人類而言理所當然，也只有人類如此。我們最親近的親屬黑猩猩就不會逞罰違反者。心理學家強納森．海德特說，這就是為何牠們不能達成合作，但是我們可以。他引用另一位心理學家邁克爾．托馬謝羅（Michael Tomasello）的說法，因此你不會看到「兩隻黑猩猩一起搬一根圓木。」[31]

第二道良方是我們人類具備強力的欺騙偵測能力。在第四及第五章提到過，我們與生俱來就有判讀他人的能力，判讀他人讓我們得以生存，只要能夠精準判讀某人的意圖，就能防止他欺騙你。（另外，一個人說謊時他會臭名遠播，滿口謊言的人會惡名昭彰，這也有助於你不會被騙。）

這個世界並非只是分成騙子以及非騙子。現實生活中我們都算是某種程度的騙子，對於一個人來說，一定程度上說謊有其功效。我們被教導要相信說謊是壞事，但是它其實是日常生活的本質。你不可能沒有說謊就過完一整天。所以究竟說謊的本質又是什麼？說謊就是操控。在社會互動的世界中我們需要什麼作為引導？答案就是操控。

美國獨立後，班傑明．富蘭克林（Benjamin Franklin）說：現在我們都是政治人物了。這是很精關的觀察，但基本上造成了誤導。其實所有人**天生**就都是政治人物，生活讓我們必須成為政治人物。我們不斷找尋同伴，判斷自己在團體中的位置。我們總是想要提升自己的地位，所以我們會怎麼做？我們會操控他人。男性要怎麼獲得女人青睞？答案是藉由炫耀，男性就是孔雀，地球上每一種社會型態中，男性藉由證明他們在某些方面很傑出，好在女性心中留下好印象，認為他們是可以託付的對象。這是為什麼男性在約會時會開好車登場，男性這麼做是為了要得到他們朝思暮想的對象，就好像在大喊著：**我配得上妳**。這就是「操控」的一種形式。那麼女性又如何反應呢？女性會要男性證明他們在生完小孩後不會落跑，那麼女性要怎麼做呢？女性會要求男性證明這段感情對他們而言是長期投資，這也就是鑽戒的意義所在了。橫貫古今所有的社會中，男性都得要付上具體的代價，以便取得婚姻的權利，而這種代價就是聘金，這是女性操控男性的方法。

自然法則會獎勵操控行為，為何園丁鳥的雄鳥會花上好幾個月蓋一個美輪美奐的愛巢？並不是因為牠需要容身之處，而是需要一個巢來吸引伴侶。當雌鳥受叫聲吸引而來的時候，牠會觀察，看看巢蓋得好不好。巢蓋得好表示雄鳥強壯又聰明，可以想見牠的基因能夠產出生存機率較高的後代。如果鳥巢合格了，雌鳥會考慮進入求偶的下一階段。[32]

為何我們需要體積大、功能又強的大腦？記得神經科學家尼古拉斯·漢弗萊所提出的馬基維利智力假說，因為要在社會團體存活需要有很高的要件。為了能夠與人和睦相處並成功生存，我們必須要能夠針對他人進行敏銳的猜想，例如：其他人想要什麼、我們要怎樣贏得他人的青睞、我們表現的好壞等等。與其他人類相處時，是什麼能帶來幫助？答案就是能夠欺騙他人的能力。

人類的欺騙行為在幼年時期就已明顯可見，科學家觀察到人類表現出欺騙能力的年齡越來越早，最新研究顯示，九個月大的嬰孩已經有能力操控父母。在這麼小的年紀，他們就有能力告訴母親他們不在乎某樣東西，但其實與心裡的想法背道而馳。科學家還發現了什麼？演化生物學家羅伯特・泰弗士（Robert Trivers）說：「越是聰明的小孩……就越常說謊。」另外，「一種物種越是聰明，就越會騙人。」泰弗士說得很好：「不誠實常常是一把銼刀，讓察覺真相的智能銼得更加敏銳。」[33]

福茲注意到黑猩猩具備欺騙的能力，人類的欺騙能力更加明顯，因為我們更聰明。因為我們更精於溝通，我們也就更能操控他人。黑猩猩能用的手語有限，詞彙也有限，能夠表達的想法也就有其限制。而且沒有任何證據能證明黑猩猩曾經自力發展出手語，不過一旦他們通曉手語，就能夠傳承下來；福茲發現，會手語的猩猩能夠教其他的猩猩如何打手語。相反地，人類的語言無窮無盡。每年編纂字典的人都會發現幾百個開始流行的新詞彙；我們當然能夠用語言表達複雜的想法。說謊時，我們能說精密的謊言，這是其他靈長類無法企及。跟牠們相比，我們的大腦中確實有更多的網絡參與欺騙行為，所以雖然我們跟黑猩猩都能夠說謊，我們卻更精通。跟黑猩猩的天性相比，說謊在我們的天性中占了更大的地位。

很諷刺的是，這其實是一種典型的良性循環。天資聰穎的人以聰明的方法偏離正道會如何呢？他們能在生活中取得先機，也對他們的後代更加有利。至於那些大腦裡配備強力欺騙偵測能力的人呢？他們也能取得先機，讓他們後代興盛。整個過程不斷重複上百萬次後，騙子與擅於偵測謊言的人之間的競爭讓人類變得聰明絕頂（不過這兩種能力其實常常集中在同一種人身上）。換言之，欺騙並不像我們所預期的，會拖累我們這種成功物種的發展，它是我們發展的動力。乍看之下是負面的事其實是正面的。[34]

是什麼讓我們在大多數時候走在又直又窄的正道上？答案是一股想要遵守規則的動力，還有就是相信他人同樣會遵守規則。這種心理機制稱之為「義務推理」（〔deontic reasoning〕deontic 一詞源自希臘文 deont，意為「做對的事」）。這種推理的過程中牽涉權利及義務，看到綠燈就起步通行是你的「義務腦」運作的結果，你知道可以通行是因為大腦告訴你要留意規則。在三歲時孩童開始表現這種能力，他們能夠決定生活周遭哪些是義務、哪些需要許可、而那些是禁止事項。

義務推理其中一項厲害的特質是對於違法行為有如同警察般的敏銳度，看到某個人違反道德常規，我們直覺是要對其施以處罰。這個直覺強大之處在於幫助社群建立規範並加以維護。偵測騙子至關重要，因此演化對能夠記得騙子長相的人有利。在一項實驗中，給受試者看騙子與非騙子的照片，一個禮拜過後回來辨認誰是騙子，受試者很難回想起誠實守信之人的長相，那麼騙子呢？受試者輕易回想起騙子的臉。另外一個實驗則顯示跟不是騙子的人相比我們更容易記得騙子的名字。[35]

## 4.

既然我們擁有偵測說謊的能力，你會想我們應該能夠看出總統的為人，即使在現代世界中我們會遭遇重重困難，就像在第二部當中所提及的。但是某樣東西害我們不能如願，在接下來的幾頁中，當我們看看總統擁有的共通點的同時，猜猜看這件「東西」是指什麼。這件東西太過尋常以致我們常常忽略。

以下是七位總統的名單，以及他們在人生中第一次嶄露頭角的年齡。

亞伯拉罕．林肯　二十三歲　競選州議會議員
詹姆斯．加菲爾德　二十六歲　當上學院院長
狄奧多．羅斯福　二十三歲　選上州議會議員
沃倫．哈定　十九歲　當上報紙出版商
富蘭克林．羅斯福　二十八歲　選上參議員
林登．詹森　二十九歲　選上眾議員
比爾．柯林頓　三十二歲　選上州長

在這份名單上，有什麼是一目瞭然的？這些總統在非常年輕的時候就嶄露了雄壯的野心。對大多數人而言比爾·柯林頓榜上有名毫不意外。我們都知道他雄心壯志，因為他的政敵長久以來都不斷拿柯林頓夫妻的野心做文章。但是林肯竟也名列其中？他年僅二十三歲時就競選州議會議員？林肯自己也承認，他正式受教育的經驗不滿一年。他沒有錢，沒有關係可以依靠，他一無所有。在宣布競選之前幾個月，他還在父親頹敗的農場裡領微薄的工資過活。但是他竟有膽競選，我想你應該會同意這是極為驚人的野心。

那麼哈定呢？哈定年僅十九歲就憑藉十足野心而躋身報商之列，這也令人驚訝。誰會覺得哈定野心勃勃？如果讀過哈定的傳記就會發現，他的妻子佛羅倫斯一直被描繪為是家庭裡的野心分子，

但是哈定顯然也不遑多讓。

年紀輕輕就野心十足的總統並不限於以上名單，幾乎所有總統都是這樣，甚至包括名列偉人之列的喬治・華盛頓。他在年輕時就力爭上游，努力爭取維吉尼亞政府的軍職。雖然一位為他寫傳記的作者指出：「他沒有穿過軍服、也沒有帶兵出操過，除了去過巴貝多一次之外，從來沒有看過任何要塞。」[36]雖然失敗了，但是不久以後他就獲得任命，成為上校。在擔任上校時他在俄亥俄谷地（Ohio Valley）捲入一場軍事衝突，結果由他坐鎮的一座堡壘遭到攻陷，這場衝突犧牲了華盛頓的三十名部下，並且成為法國和印地安人之間戰爭的導火線，當時他二十二歲。

專業的歷史學家檢視歷任總統的職業生涯時，他們的意見幾乎一致，所有總統都在年輕時就展露出異於常人的雄心壯志。[37]湯瑪斯・傑佛遜、詹姆斯・麥迪遜（James Madison）及詹姆斯・門羅都在二十五歲時贏得維吉尼亞殖民地議會的席次。約翰・昆西・亞當斯（John Quincy Adams）在二十七歲時就當上外交官，安德魯・傑克森（Andrew Jackson）也在一樣的年紀獲選為國會議員，威廉・亨利・哈里森（因為贏得蒂珀卡努之役而有「蒂珀卡努」〔Tippecanoe〕之稱）也在二十七歲時接獲任命當上地區首長。一任接著一任的總統都是這樣，不管是南北戰爭以前、以後，一直到了二十世紀都是如此。即使是小布希也是這樣，雖然一般都認為他在四十歲成功戒酒之前都沒有太多表現，但是他還是在三十一歲時就曾投入競選國會席次。

要是你讀遍眾多總統的傳記，你就會開始發現相似的模式能告訴你一些事。我記得我在寫《總統的野心》（*Presidential Ambition*）這本書時，最令我驚訝的是總統的婚姻對象。我從來沒注意過總統的妻子，直到有一天我研讀詹姆斯・布坎南的資料，布坎南的事蹟是典型的「窮小子大翻身」。他出生於一間木造小屋，但是想方設法進入大學，在大學裡他名列前茅，接著在賓州的蘭卡斯特（Lancaster）學習當一名律師。二十一歲時他取得律師資格，從此他的事業似乎已穩定下來，而且他人面甚廣。但是布坎南似乎有點工於算計，他有兩名好友，其中之一是阿莫斯・埃爾梅克（Amos Ellmaker），他剛好是蘭卡斯特當時唯一一位耶魯畢業生，另外一位則是莫頓・羅傑斯（Molton Rog-ers），正好是賓州州長的公子。這兩段友誼大概不能單純以巧合解釋。[38]

取得律師資格的同一年，布坎南宣布與安・柯爾曼（Ann Coleman）訂婚，這看起來又是下了一步好棋，但是從宣布訂婚的那刻，懷疑的聲浪四起。布坎南對安是真心的嗎？又或者他追求安只是因為安的家世背景？安的父親是鋼鐵業大亨羅伯・柯爾曼（Robert Coleman），當時是美國鉅富之一，財產包括數座莊園。安對流言蜚語視若無睹，但是訂婚消息一宣布，布坎南就突然變得冷漠，拒絕所有與安共處的機會。在許多人眼中這讓布坎南結婚的理由顯得更啟人疑竇，顯然，他壓根兒不想與安共處，他要的只是婚姻。安抱怨的時候，布坎南解釋說他正在忙一件大案子，必須常常往返費城。安的態度軟化，也同意要遵守婚約。但是後來安發現某天下午布坎南到一名朋友的房子，在場的還有一名妙齡美女。安無法接受，一氣之下撕毀婚約，之後深陷憂鬱之中。安的父親警覺到安的狀況，於是送她到費城，與她的姊姊同住。到了費城後，安的情緒極度不穩，這一分鐘她談吐有體、妙語如珠，下一分鐘就馬上變得歇斯底里。到費城六天以後，她被發現身亡，醫生說他第一次知道歇斯底里會置人於死。她更有可能是死於自殺。

到底布坎南是不是為了錢財才追求安的？這已成懸案。[39]這場無疾而終的婚姻最終以悲劇收場，讀完這個故事後我想起羅伯特．卡羅曾在詹森總統的傳記中提及：年輕的詹森總統要找婚姻對象時，他曾追求過三名女子，分別來自他在德州所住的地方上最有錢的三戶人家。接著我開始仔細檢視其他總統的羅曼史，一次又一次同樣的模式一再出現，他們準備要結婚時費盡心思要找到有錢有權的對象。華盛頓追求維吉尼亞最有錢的女人並結為連理。林肯追求的對象來自春田市（Springfield）屈指可數的顯赫人家。加菲爾德在學院任教時，迎娶院長之女為妻。威廉．麥金利（William McKinley）的太太是赫赫有名的報業鉅子之女。塔虎脫的妻子則是鎮上最富有的銀行家之女。小羅斯福娶了老羅斯福的姪女為妻，當時老羅斯福還是總統。甘迺迪的妻子家世顯赫。這個模式不是例外，而是鐵律。

也許總統想方設法攀附權貴並不會讓你驚訝，這是很常見的行為，社會科學家還將此命名為「上升婚姻」(hypergamy，根據韋氏大辭典，上升婚姻是指結婚對象來自相同或是更高的階層或是社會團體）。不過總統「娶」入豪門的這種模式其實並不常見，理由是因為所有總統均為男性。上升婚姻幾乎都以女性居多，原因是女性在擇偶時要更挑剔，正如我剛才提過，因為她們必須負擔撫養小孩的責任，所以他們必須要確保伴侶不會離開並幫助撫育小孩。男性沒有這層考量，所以他們單純追求所有心儀的女性。[40]為何這些總統先生如此挑剔？因為他們得跟女性一樣挑剔才能得到夢寐以求的權力與地位。

將總統們的婚姻與他們在早年在政治的階梯上力爭上游的努力放在一起，就會看到他們無盡的野心。其中一個跡象是他們一旦開始競選公職，他們就不能滿足。許多總統花畢生精力競選各種公職：國會議員、參議員、州長等等，要到他們登上總統大位才善罷甘休。即使當上總統，他們也不會停止競選，幾乎所有總統都尋求連任，即使他們已經討厭總統一職。不管是成功的總統，或是一敗塗地的總統，他們都會參與競選連任。身為總統的成敗似乎對他們而言不是那麼重要，有一些總統就是喜歡一直選、選、選。馬丁・范布倫（Martin Van Buren）在一八四〇年尋求連任失敗，一八四四年再度競選再度失敗，一八四八年捲土重來也以落選收場。米勒德・菲爾莫爾（Millard Fillmore）名列歷史上最糟總統之一，他在薩克利・泰勒（Zachary Taylor）死後替補剩下的總統任期，卻在下一次的總統大選中連同黨人士的支持也無法爭取到，接著四年後，他代表討人厭的「一無所知黨」（Know-Nothing Party）競選總統。詹姆斯・布坎南曾在一八四四年到一八五六年四次的總統大選中都出馬競選，克里夫蘭共競選三次，老羅斯福接替去世的威廉・麥金利剩下的總統任期，接著競選連任，四年後又再度競選，這次他的對手是他欽定的接班人，他也違反了他曾許下不再競選的承諾，而且之後說這個承諾這是他政治生涯的嚴重錯誤。威爾森競選過兩次，連任一次後發生了一次嚴重的中風，讓他三度競選的可能性大大降低。病逝之前他還在想著要重回權力中心，甚至還寫好勝選之後的就職演說。小羅斯福曾競選過一次副總統、四次總統。艾森豪在心臟病發後一年競選連任。詹森在接替甘迺迪成為總統後，自己也參與競選並獲得連任，在一九六八年轟轟烈烈地宣布退出政壇，不再競選。但是政治學者研究了他的書信後，發現他在幕後偷偷策劃要在芝加哥舉行的大會上獲得民主黨提名參選。這一次預料之外的現身原本應該要引發民眾熱烈的反應，讓人群蜂擁而至。但是芝加哥發生了反越戰團體的暴動，讓詹森無法進入芝加哥，也讓他的計劃告終。[41]

就像林肯頗具自知之明地承認道：「一個人若是中了當總統的蟲，他要是想要知道自己中的蟲有多深就只能再去競選了。」[42]

但是就連這些都不能反映這些總統為了獲得並把持權力所付出的代價有多大，許多時候他們顯得極為自大、視野狹小，即使所愛之人反對依然決心參選。有九名候選人在妻子的反對下執意參選，其中之一便是富蘭克林·皮爾斯，他知道妻子珍對於競選總統的感受如何，所以競選總統的所有計劃都瞞著她進行，假裝當機會來臨時一切都只是偶然。在將就任總統之前，他們在一趟火車之旅中卻突然遭逢出軌意外，他們的幼子本尼因事故喪命，皮爾斯夫妻傷心不已。但是要到就職典禮前夕，珍才終於知道真相，她的先生並非接受總統一職，而是處心積慮追求總統大位。這件事讓她崩潰，也讓婚姻瀕臨破碎。她拒絕出席皮爾斯的宣誓就職，也遲遲不願搬入白宮。她將愛子的死歸咎於她的丈夫，她認為上帝帶走他們的孩子，以作為對皮爾斯說謊的處罰。這可憐的婦人甚至在白宮舉行降靈會，只為了重溫與本尼相處的時光。那麼皮爾斯呢？雖然施政成績不甚光彩，愛子身亡讓婚姻瀕臨破碎，任期屆滿之際他依然表態追求連任。

像皮爾斯這樣的人，他們之所以野心勃勃並非不可預測。因為演化獎勵雄心壯志，同一種物種的成員（conspecifics），一直都處在彼此競爭資源的狀態。誰會贏？贏家常常都是最積極的個體，把兩隻龍蝦放在同一個水缸中，牠們會競爭主導地位，戰到其中一方放棄（或死亡）為止。總統就像贏得競爭的龍蝦，他們渴望主導地位，就人類來說這是受到睪固酮（testosterone）的影響，內分泌系統的睪固酮越多，他們就越渴望勝利，每次勝利後睪固酮也會上升，讓他們更能享受勝利的甜美果實。許多環境因素能夠影響一個人的動機，包括渴望獲得社會地位，以及長不大的成人希望達成父母的期待。但是影響一個人的野心最重要的生物性因素就是睪固酮。睪固酮越多，就越是野心勃勃。

獎勵雄心壯志的可不只是社會，還有大腦。龍蝦贏得勝利時，腦中的酬賞中樞會分泌血清素（serotonin），人類因睪固酮分泌而贏得勝利時，也會分泌多巴胺（dopamine）。有意識的大腦會注意到多巴胺，大腦會大喊著：**嘿！不管你剛剛做了什麼，再做一次，我會給你獎賞讓你感到愉快**。所以總統們一再出馬競選。[43]

但是總統為何在敗選之後依然對勝利鍥而不捨？一眼看過去似乎是謎團一片，在人生的硬仗中吃下敗仗通常會讓睪固酮的分泌量下降，演化用這種方式幫助落敗者避免再度上戰場，以免他們面臨喪命的風險。[44]所以總統為何失敗後依然故我？龍蝦的行為能提供解答的線索，要是一隻從來沒有贏得主導地位的魯蛇龍蝦落敗，牠就會放棄競爭，最終接受自己的劣勢。但是一隻勝利組龍蝦突然遭遇失敗，牠會怎麼做？牠會一再重返戰場，努力要取回牠之前的優勢地位。[45]那些連任無望後依然無法停止競選的總統就像那些勝利組龍蝦，他們無法自拔。

心理學家丹尼爾．康納曼找到另外一個可能帶來影響的因素，他發現人類討厭失敗。其實，我們對損失的感受比對獲得的感受要來的強烈。[46]總統一旦嚐過權力的滋味，之後失去權力時，這份失去會帶來創傷，所以總統才會願意冒著自取其辱的風險以取回他們一度擁有的權力。再一次，這也許並非人類獨有的現象，它也許適用於所有靈長類。第三章提過的黑猩猩耶羅恩在被魯伊特打敗之後做了什麼？在消沉了一陣子之後，他重振旗鼓，跟其他黑猩猩聯合，奪回王位。

演化心理學漸漸累積了不少證據指出：就連在擇偶方面，雄心壯志都極為有利，想要結婚的女性表現出的行為就是一例。傳統社會中，妙齡女子要怎麼評斷她的追求者？她看的常常是這個男人的野心。演化心理學家戴維・巴斯（David Buss）觀察到：年輕的追求者常常缺乏資源，因為在他人生的這一個階段，通常還沒有機會累積許多資源。很多人都一貧如洗，不過也無所謂，只要他們抱持著想要成功的動機，就能算是好對象。追求者滿懷雄心壯志就等於承諾年輕女子能在未來累積資源並照顧他們的孩子，這是最重要的。[47]起碼這是婚姻過去的運作模式，今日的女性跟過去相比，機會又多了更多。現在也許是女性負責提供小孩資源，男性負責理家教子。不管怎樣，至少其中一方要在外頭力爭上游。

這種雄心壯志倒不是總統需要展現的，要登上美國政治的最高峰，除了野心還得冷酷無情。你必須要能出賣朋友、放棄原則、利用家庭、隱藏不法行為、打擊對手、厚著臉要政治獻金、縱容種族歧視、支吾其詞，甚至還有更糟的惡行。你還得在國安問題上大玩政治遊戲，就算許多人命實際上掌握在你手中。前任美國國防部長羅伯特・蓋茲在回憶綠《責任》（*Duty*）一書中曾提及希拉蕊・柯林頓以及巴拉克・歐巴馬，他說這兩人都私下跟他當面表示他們之所以反對小布希總統在伊拉克增兵是出自政治考量，這就是美國的政治現實。

睪固酮能解釋冷酷無情的模式，睪固酮抑制腦中催產素（oxytocin）的多寡，催產素有「愛的荷爾蒙」之稱，與同情心有關。難怪野心十足的人多半也冷酷無情，睪固酮讓人更加冷血，一個人要是贏得越多，睪固酮就會分泌得越多。在國家美式足球聯盟常規賽中達陣固然讓你感到暢快，但是在超級盃中取得致勝的一次達陣則會讓你直飛雲霄。贏得越多就越可能變得冷血，男女皆然，雖然男性的睪固酮天生比女性多。（這解釋了在信賴遊戲中常常會發現到，女性比男性更慷慨，因為較少的睪固酮不易影響她們天生的催產素分泌量。）[48]

看過總統冷血的行為模式後，很難不下這樣的結論：我們選民竟然笨到相信總統是道德典範。看過這些證據，了解在最高層級政治都是怎麼玩的以後，我們很容易就能得到一個結論：總統都在欺騙我們。他們一直告訴我們決意競選是出自愛國情操，然而真相是他們決定參選與其說是對國家有大愛，不如說是他們對權力與地位有著激烈的渴望。

結論就是他們最大的罪名就是成為十足的偽君子，但是似乎又不是這樣。你可以遍覽總統及其親友的回憶錄與文件，找找看有沒有證據指出總統故意要說謊騙人，但是這樣的證據並不存在。總統不認為自己是在詐欺或是在理智上不誠實，剛好相反，他們相信自己是正人君子，放棄原則或是犧牲朋友是因為他們不得不如此。這就是政治，不管如何，他們的所作所為是為了黨、為了國家、或是為了某個偉大的目標，絕對不是為了自己。這是自己的野心嗎？他們堅持：絕對不是。野心跟他們是八竿子打不著。

一九九二年，柯林頓正在爭取民主黨的總統提名，他說：「我現在還是一個公眾人物是為了我的承諾，這是為何我繼續堅守崗位，為何我還站在這裡。我對不了解我的人已經厭煩了，他們不了解我的人生、我打過的仗、我過的生活，他們只是發表一些苛刻的言論，說我一事無成，說我是為了自己的野心。狗屁不通，真是夠了。」[49]

柯林頓跟歷代有意角逐總統大位的人都一樣野心十足。但是他很氣憤竟然有人會覺得他有野心。野心？怎麼可能是我？

這是人類的標準行為，當我們做了什麼道德上有瑕疵的行為，我們通常覺得這是為了回應我們所面對的狀況。我們不會覺得這些行為反映一個人的性格特徵。因此，我們會放自己一馬。這就是總統們的行為。

一九六四年，老布希宣佈要參選德州的參議員震撼了政治圈，老布希出身於康乃狄克州，必須證明他骨子裡是一名德州保守分子。最後，他偷偷攀附於右翼團體約翰博奇協會（John Birch Society），並批評對手——民主黨的拉爾夫．亞伯洛（Ralph Yarborough）曾投票支持民權法案。然而老布希敗下陣來，之後他向美國聖公會的神職人員坦白道：「約翰，你也知道，我為了選舉曾經走過極端的右翼路線，我希望我不會再犯一樣的錯誤，後悔莫及啊。」但是老布希不覺得自己是壞人，他單純覺得當時這麼做是為了勝選。[50]

## 5.

是什麼讓我們無法準確判讀總統的為人？是什麼讓我們的說謊偵測雷達失效？答案是總統的一片真誠，這可以解答我在前幾章曾提過的問題，也就是我們為何無法仔細判讀總統的為人，因為總統能夠表現出真心誠意，而我們都被唬得一愣一愣的。

為了瞭解為何如此，讓我們先看看當有人刻意當著你的面說謊會發生什麼事？說謊的人往往會

開始焦慮，常常就成了不打自招，不是嗎？研究說謊的科學家說：說謊者不打自招的方式至少有以下五種：[51]

1. 說話速度放慢，因為他們在說話的同時也在編故事。
2. 不由自主的抽搐。
3. 聲音變高。
4. 避免使用第一人稱，如：「我」。
5. 避免使用修飾語，說的句子更短、更扼要。沒說謊的人會說：我到店裡的時候正在下雨，那時候我走第十二街來的。說謊的人會說：我走第十二街到店裡。

這好像是在說如果有人說謊，我們應該能夠拆穿他們，因為我們有精妙的說謊偵測天線。我們可以感覺到一個人因說謊而焦慮，雖然我們不是有意識地注意到說謊者的抽搐或聲音變高，但是我們感受得到。

然而，騙子騙得過我們。社會科學家說：未經訓練的話，我們偵測謊言的能力其實很差，只比亂猜好一點而已（如果不認識的人說謊更是如此）。[52]為何我們會被騙？答案是如果有需要的話，想要說謊的人有能力相信自己並不是在說謊。

想想看這其中的意涵。如果你相信自己所言，你不會感到焦慮，也就不會不打自招。這不只是政治人物的伎倆，這是我們都會用的技巧。我們對自己說謊、言行不一致，並在謊言說出口的同時相信自己的說詞，這麼做是因為要是我們自己也不相信謊言，我們就瞞不過別人。哪一種人是最佳銷售員？就是相信自己商品功效的銷售員。詹森為何是高明的騙子？羅伯特・卡羅在詹森的傳記中說這是因為詹森說謊時堅信自己說的是事實：

> 詹森能夠讓自己相信一段論點，即使這個論點與事實相悖，就算它很明顯跟現實背道而馳。他的幕僚約瑟夫・加利法諾（Joseph Califano）寫道：他「很快就會相信自己的說法，就算這段說法很明顯是假的。」白宮新聞秘書喬治・里迪（George Reedy）說：「這不是在演戲」，「他有這份能力異於常人，他能夠說服自己，對當下最有利的『真相』就真的是真相，與其相悖的說法不過是政敵的中傷。他能夠憑著意志讓他心中所想變成現實。」他拒絕聽取任何與「現實」不符的說法，也不願聽不同意他的人說話。他在德州的老友們，例如愛德華・克拉克，稱這整個過程為「動起來」或是「弄出來」，他解釋：「他可以開始侃侃而談，說服自己他所說的是對的。」而且是真的——即使並不是。[53]

或是以雷根為例，他以自欺而聞名。他不輕易透露自我，讓他的傳記作者埃德蒙・莫利斯（Edmund Morris）抓狂。莫利斯發現雷根的心防難以突破之後，他終於放棄要寫一本典型的傳記。他下了結論：反正用傳統的方法你不可能得知這個男人背後的真相。所以他把傳記當小說一樣寫，把自己變成虛擬的角色穿插在書中。大多數評論家都猛烈抨擊這本傳記，但是你能瞭解莫利斯所經歷的挫折有多大。這本傳記花了他很多年，他花了大把時間跟雷根私下會面，跟歷史上任何一位獨立為總統寫傳記的作者比起來，他能從雷根身上取得題材的機會之多無人能比，但是他依然無法測透雷根的為人。

當然，雷根似乎比多數人更容易自我欺騙。比如說，他宣稱在一九四五年四月時在德國曾親眼見證過集中營的解放，雖然戰爭期間他從來沒有離開過南加州。他顯然是混淆了看過集中營的影片跟親眼看過集中營的經驗。這是了不得的自我欺騙，也代表莫利斯之所以難以跟雷根達成共識，是因為雷根容易和自己達成共識。可是和大多數的總統相比，雷根自欺的行為真的有比較不明顯嗎？

再舉一個例子，想想看柯林頓對於莫妮卡．陸文斯基相關事件上所說的謊。根據《斯塔爾報告》（*Starr Report*），他們兩人初次重大會面的情形是這樣的：「根據陸文斯基小姐的說詞，她跟總統親吻，並解開自己的外套，接著要不是她自己脫掉胸罩就是總統解開她的胸罩，接著他用手及口部碰觸她的胸部。陸文斯基證實道：『我記得他接了一通電話……所以我們從大廳移動到後面的辦公室……他的手放在我的褲子上，以手刺激生殖器。』這時總統依然在講電話（陸文斯基女士知道那是參議員或眾議員打的），她開始口交，然後他打完電話，不久之後他要陸文斯基女士停止。陸文斯基回憶道：『我告訴他……我要做完全程。他說……他得要更信任我才能這麼做。接著我想他開了個玩笑……玩笑是說他很久沒這麼做了。』」

這是性行為嗎？當然是。但是柯林頓似乎說服了自己這不算性行為，因為他跟陸文斯基並沒有性交。這不是在醜聞曝光後他為了從進退維谷的局勢中脫身所用的伎倆。他似乎是真的相信這種說法，這是唯一合理的解釋。否則的話，為何他當時不要繼續下去、發生性交？他曾抵達某一條界線卻沒有逾越這條線，但是他的妻子才不管，對他妻子來說，只要口交發生他就已經跨越界線，這才是他的妻子會在乎的。所以為何他要設下一條界線，然後說自己沒有越線？畢竟在他的妻子眼中這條線根本沒有意義。答案是，對他而言這條線並非沒有意義，他必須要相信自己沒有越線，如此一來若是有人問起他是否忠於婚姻，他才能讓別人相信，包括讓他的太太相信他忠貞不移。為了要說一個說服力十足的謊他得要對自己說謊，這是自欺欺人，而且最後奏效了。柯林頓成功堅稱自己沒有從事性行為，而且他的妻子與閣員都相信他，直到後來那件沾到精液的藍色洋裝出現，這起醜聞有了罪證確鑿的證物。

只要我們能夠相信自己的真誠，欺騙就能夠奏效。如果說謊是一艘船，真誠就是我們下錨的直布羅陀巨巖（Gibraltar Rock）。真誠至關重要，因為這是我們對欺騙的防衛。其他人要怎麼確定我們是否值得信任？他們會依照我們是否看起來真誠來決定，謊言偵測機制的設計是由偵測真誠與否來偵測謊言，只要看起來沒有不真誠，謊言偵測的警報就不會運作。

請記住，演化同時有利於說謊的人跟能偵測到謊言的人。這兩種人都能靈活運用有用的工具，說謊者的工具是能讓人相信他的謊言。

我們的天性並不會讓我們在對話中說謊，而是傾向於說真話。這是為何我們一說謊，科學家就能測到我們的焦慮程度升高，這裡的謊是指真的說謊而非善意的謊言，我們的大腦知道箇中差異。[54]然而，要是偶而有必要說謊，我們還是能說謊，我們能夠越說越熟練。[55]對於某件事一再說謊之後，我們對於這個謊言會熟悉到連自己都相信。如果我們的設計是要說真話，我們就永遠不會習慣說謊。我們會說謊是進一步證明，說謊是演化的適應。也就是說，有能力說謊的人比不說謊的人或是不善於說謊的人更有利。

過去的看法認為自欺的主要目的是要瞞過自己，如果發現自己的處境已是四面楚歌，你就會對自己說謊以自我激勵，這是社會科學家所說的「自欺欺人的潛能」。[56]最近幾年，如羅伯特・崔弗士等科學家發現這並非自欺的主要目的，我們其實是藉由瞞過自己以瞞過他人，崔弗士指出：自然界不會設計出一種自欺的生物，除非自欺只發生在罕見、也許是生死存亡的關頭。[57]基本上，生物體需要理解身處的環境，當他們能夠正確判斷可能的風險與酬賞，就能提升生存機會。如果機師欺騙自己壞天氣沒有風險，飛機就會失事。但是要是自欺能夠誤導其他人對我們動機的想法（很明顯這常常發生）那麼自欺就特別適用於這些情況。

然而，這麼做有其代價，要騙過他人，政治人物得騙過自己。對更新世的領導者來說，這麼做也許稱不上特別危險，或者就算危險也稱不上禁忌。小規模社群的領導者每天都受到社群成員的監督，他不可能任其演變為大災難，因為有太多眼睛都在觀看。但是現代的世界呢？在這個複雜的世界，總統若不能看清現實則相當危險，而且鑒於總統常常活在同溫層裡，這種情況特別有可能。而誰又要為此付出代價？在更新世，領導者犯錯可能要以性命賠償。但是在現代，當事情出錯，決策者往往不需負擔代價，其他人成了代罪羔羊，領導者通常繼續過著安穩舒適的好日子。

要是領導者說謊並且讓事情出了差池，他唯一負擔需要付出的重大代價，就是將會破壞他以往關於誠實與能力的名聲。這非同小可，說太多謊就會招來「騙子」的稱號，但更糟的是領導者在其他領導者眼中變成一個騙子。政治人物能夠接受必要時偶爾對選民說點謊，但是政治人物彼此說謊呢？這種事不被接受，當領導者對另外一個領導者說謊，政治交易將不可能發生，政府的齒輪也會慢慢停止運轉，造成災難。

不過，總統通常也能找到一個夠簡單的方法，能夠避免因對選民說謊而遺臭萬年。格羅弗・克里夫蘭說過謊，但沒人在乎，因為他也並非常常說謊，他以誠實著稱而能讓他全身而退。

身為選民，我們的挑戰來自於：必須謹記我們生來傾向相信，我們要比我們所想像的更容易受騙。要判斷政治人物是否說謊，仰賴直覺還不夠。大多數時候，我們並不是真的知道政治人物的真面目或是盤算。就像在紐澤西的一處海濱小鎮，鎮上的居民聽信自己錯誤的直覺，把鯊魚攻擊引發的災難不公平地算在時任總統威爾遜頭上。以行為舉止衡量政治人物時，我們不該相信自己的直覺，雖然他們在電視上亮相時我們總是這麼做。這很容易讓我們身陷陰謀與謊言之中。這也是電視辯論造成問題的原因之一。在觀看電視辯論時，我們正在做什麼？我們就是藉由其行為舉止來衡量他，因為我們就是如此衡量身邊的人，所以對我們來說有其道理。但是這絕非我們衡量政治人物應該用的方式，雖然電視的確帶給我們某種錯覺，好像政治人物近在眼前，但是我們並不是真的與他們有近距離接觸。回到前幾章，大腦是設計給小規模社群的社會生活用的，而非用於幫助我們在上百萬人的社會中求生活。因此，我們其實弄錯了脈絡。

雖然我們非常想相信自己的雙眼或雙耳，但我們也不應該這麼做，視覺及聽覺無法提供足夠的深度資訊，也就無法讓我們對於候選人的特質或性格做出周到而公正的評斷，而對於候選人的特質或性格做出評斷是我們在投票時應列入考量的關鍵因素。以上是科學正在讓我們瞭解的重要教訓。

CHAPTER

# 7

# 我們真的想知道真相嗎？

## 為何我們常常宣稱想要真相，卻其實並非如此

## 1.

試想我們是怎樣記得水門案的，這個故事的楔子是一樁發生在水門大樓的闖空門案，水門大樓俯瞰波多馬克河，民主黨全國委員會即位於樓上。華盛頓郵報的兩名王牌記者鮑勃·伍華德以及卡爾·伯恩斯坦調查此案之後，爆發了一連串登上頭版的醜聞。參議院水門委員會狠狠逼問政府官員，委員會主席山姆·艾文（Sam Ervin）是一位慈祥和藹、語調柔和、滿頭白髮的參議員，選區在北加州，說話帶有美國南方人的溫吞口吻。白宮顧問約翰·迪恩（John Dean）證實政府試圖掩蓋此事。接著一名基層官員透漏尼克森曾安裝一套錄音系統，能夠一字不漏錄下任何與他進行的談話。尼克森起初以豁免權為由拒絕提供錄音，但特別檢察官要求尼克森交出錄音，最高法院法官則一致同意命令尼克森交出錄音。十六天後，稱為「鐵證」的錄音曝光，這卷錄音顯示尼克森以國家安全為由指示中央情報局阻撓聯邦調查局對水門案的調查，尼克森因此辭職下台。總統生涯第兩千零二十六天，他走上停在白宮草坪上的直升機，轉身比出招牌的「V字勝利」手勢，從此隨直升機升空飛入歷史

的洪流中。當天正午，副總統傑拉德．福特接替上台，宣布「這場侵擾國家的長久噩夢到此為止」。

一九七四年八月九號，尼克森下台那天，百分之八十的美國人民相信他的確應該辭職。[1]百分之八十是很驚人的數字，美國人民對於「美國的國民運動是什麼」莫衷一是，達成的共識遠遠不及這個數字（百分之三十四的美國人說是美式足球，百分之十六說是棒球）。所以，有百分之八十的人意見一致，況且還是爭議十足的水門案，這個數字著實驚人。

聽到這樣的統計結果，你會覺得大眾的意見想必出於理性。隨著證據水落石出，選民會風行草偃，雖然過程難免痛苦，還是能做出適當的決斷。這似乎是水門帶來最明白的教訓：你能夠信任大眾的觀點，因此你也能相信美國民主。

然而隨著水門案爆發，選民到底是怎麼反應的？[2]

整起事件爆發於一九七二年六月十七號，到了六月底，媒體披露詹姆斯．麥克科德（James McCord）以及E．霍華德．亨特（E. Howard Hunt）涉入水門大樓闖空門案，前者為總統連任競選委員會安全主管，後者是前任中情局間諜，一直到該年三月都還在白宮工作，此時尼克森民調支持率為百分之五十六。七月，尼克森的司法部長約翰．米謝爾（John Mitchell）辭去競選委員會主席一職，《紐約時報》隨即報導出：竊賊所購買的竊聽設備，其來源乃是捐給競選活動的獻金，中間透過墨西哥洗錢。尼克森的民調維持在百分之五十六。八月，《華盛頓郵報》報導指出：「發生於七月十七號的民主黨全國總部竊盜案中共有五人遭逮捕，於四月有一張二萬五千美元的銀行本票存入其中一人戶頭，這筆錢顯然來自尼克森的總統競選經費。」美國政府審計辦公室指出尼克森競選團隊明顯違反了《選舉競選法》。此時尼克森的支持率有多少？百分之五十九，而且接下來還會緩慢上升。九月，聯邦大陪審團其中一名成員起訴亨特以及其他五位同謀，他們的主謀為哥頓・利迪（G. Gordon Liddy），他是機密調查單位成員，此單位素有「白宮水管工」（White House Plumbers）之稱。快到九月底時，華盛頓郵報投下一顆震撼彈：「根據水門案調查中的資訊來源，約翰・米謝爾在擔任美國司法部長期間，私下控制一筆來自共和黨的經費，並用來蒐集民主黨人的情報。」[3]九月的民調顯示尼克森的支持率自八月以來依然成長當中。[4]

報紙頭條噩耗連連。十月，華盛頓郵報再度投下一顆震撼彈：「聯邦調查局發現尼克森幕僚陷害民主黨人」。此報導指出這一連串陷害包括：「跟蹤民主黨參選人的家人，以及蒐集他們私人生活的文件；偽造參選人的信件，以他們的名義散佈；製造假新聞洩漏給媒體；打亂競選行程；蒐集機密參選文件；以及調查許多民主黨助選人員的私人生活。」[5]尼克森的支持率如何呢？支持率上升來到百分之六十二。

大選那天，報紙上滿是這樁醜聞的報導。雖然這則報導還沒造成後來的政治雪崩，但當時報導已經遍及各種媒體：包括報紙、廣播、電視。即使《華盛頓郵報》對水門案的獨家報導一枝獨秀，但是包括《紐約時報》以及《洛杉磯時報》等其他報紙也各自搶到轟動的獨家新聞。正是《洛杉磯時報》登出一名前聯邦調查局官員的訪問，他在水門案中負責把風，報紙標題說：「Bugging Witness驚爆水門案內幕」。[6]報章媒體滿是嚴苛的社論，例如《紐約時報》其中一篇社論標題為：「肅清的時刻已到」。就連毫不避諱自己親共和黨立場的《芝加哥論壇報》都在競選期間以頭版篇幅報導水門案達十三次。

多數美國人藉由電視接收新聞，電視媒體也花上許多時間報導醜聞。國家廣播公司（NBC）對競選的報導中有百分之二十都在報導水門案，其他電視聯播網亦相去不遠。CBS 新聞網在選前兩週做了兩集水門案特別節目，第一集就占了晚間新聞播報一半的時間。哈里斯民意調查公司調查了一個問題：「你是否聽過有關一群男性被逮到在華盛頓的民主黨全國總部安裝監聽器的消息？」民調顯示有百分之七十六的人聽過，這比能夠說出自己選區的國會議員，或是知道三權分立是哪三權的人還多。選民一般不太關心政治，但是他們關心水門案，[7]但尼克森的民調數字卻並沒有因此下跌。

尼克森可說是強勢問鼎連任，他以對中國開放以及對蘇聯的緩和政策在歷史上留名，任內經濟也欣欣向榮。他還有個稱不上秘密武器的一招：他的對手是參議員喬治．麥戈文，他是一位頂上無毛、而且無趣的前歷史教授，他很容易（錯誤地）被妖魔化成一個支持特赦、墮胎以及迷幻藥的極端左翼分子。在獲得提名幾週後他的選情便凍結，當時報導指出麥戈文的搭檔，也就是參議員湯瑪斯．伊格頓（Thomas Eagleton）曾做過治療精神疾病的電療法。麥戈文說他會「百分之千」支持伊格頓，卻在五天後背棄了他。

十一月七號，選舉當天，尼克森在普選取得百分之六十一的得票率，創下總統選舉歷來最高紀錄之一。在五十個州之中，他拿到了四十九州的選舉人票，是詹姆斯．門羅在一八二〇年獲得壓倒性勝利之後，一百五十二年以來的最佳紀錄（門羅當時贏得每一個州的選舉人票）。除了小羅斯福之外，從來沒有總統在大眾民主建立以來以這般差距贏得選戰。但是水門案呢？歷史學者凱思．奧森（Keith Olson）在經過鉅細靡遺的研究後，做出結論指出：「這樁醜聞在一九七二年這場選舉過程中無足輕重。」[8]

選舉過後，隨著麥戈文淘汰出局，選民現在可以把注意力都放在尼克森身上。但是他的民調數字整體而言沒有變化，就連在一九七三年一月，水門案開始開庭審理，新聞媒體開始不間斷報導之後也沒有改變。同年二月，水門案再度躍上頭版，當時聯邦調查局局長胡佛去世，尼克森提名派崔克・格雷（L. Patrick Gray）接任。格雷證實調查局找到證據證明總統連任競選委員會運用陰謀對付民主黨人。他也說約翰・迪恩對調查員說謊，也就是說白宮的確有掩蓋事實的嫌疑，但尼克森的民調依然持平。三月，水門案其中一名嫌犯向法官坦白，他之前為了白宮而作了偽證。外洩的證詞中，他表示約翰・米謝爾事前就知道水門竊盜案，之後，雖然尼克森的民調掉了十個百分點，他的支持率依然比歷來許多總統高。四月三十日，迪恩被開除，兩位白宮幕僚鮑伯・霍爾德曼（H. R. Haldeman）及約翰・埃立希曼（John Ehrlichman）辭職，到此時才重創尼克森的民調，到了五月終於下降到五成以下。以下是民調數字的變化：

| | |
|---|---|
| 十二月 | 59% |
| 一月 | 67% |
| 二月 | 67% |
| 三月 | 57% |
| 四月 | 54% |
| 五月 | 48% |

這好像在說一個舉國上下都睡著了的恐怖故事。水門案爆發於一九七二年六月十七日，但是尼克森的民調在隔年五月之後才開始下跌，整整事隔了十一個月，為何如此？

儘管顯而易見，我們卻選擇不去問這個問題。其中一個理由是如果問「為什麼選民的反應這麼慢」這個問題，就會減損水門案背後的道德意義，這個故事的弦外之音跟人類文明一樣古老：壞心的領導者被一群好人驅逐，因為這群好人厭惡他的罪行。這種故事很有說服力，讓我們可以忽略尼克森獲得大眾支持，贏得兩次選戰這件事。忽視這件事，我們就能夠只看結局：最終我們趕走了壞國王。這種故事給了水門案一個快樂結局。

但是還有一個解釋能說明，為什麼水門案發生時我們不能停下來想想民眾的反應為何這麼慢。這遲來的反應最後還是來了，只要選民最終認為水門案的政治陰謀是不道德的行為，一切就夠了，你就很難回溯選民其實一開始的想法並不是如此，我們無法想像選民對於新聞頭條報導司法部長的不法經費或是間諜行動一點都不在乎。

人們應該要能夠在讀過有關政治腐敗的故事後，得到正確的教訓。事實的重要性應該不容忽視，負責任的媒體應該要能觸及數量可觀的觀眾，選民應該關心政治，也應尋求真相。整個政治系統建立在這些假設上，要是這些假設不成立，系統也就毫無功效，我們是在自欺欺人。

## 2.

那麼我們在自欺欺人嗎？

一九四〇年，哥倫比亞大學的社會科學家首次對美國史上的投票選舉進行科學性的分析。[9]他們想要知道投票選擇的原因。問題固然簡單，但是還沒有一個符合科學標準的答案。當時民調已經很常見，但是民調並沒能提供解答問題需要的資訊。傳統的民調在特定時間點詢問一群隨機選民的看法，得到的結果就是民調人員口中的「選民快照」，但是這只是表面。使用這種方法並不能知道一起事件如何影響選民的想法，因為下一次的民調選到的是不同批的選民。如果你想要知道選民的投票行為，你必須一次又一次持續調查同一批人，就能追蹤到他們想法的改變。但這種作法從未實行過。

社會科學家決定試試看，一開始他們必須挑選個具代表性的群體，他們選擇俄亥俄州的艾里郡。雖然社會科學家謹慎地指出：「所謂『美國典型郡』並不存在」，但艾里郡已經很接近了，四十年來它都「跟全美的投票趨勢差異甚小。」它的另外一個優點是規模並不大，而且只有一個主要城市：桑達斯基市（Sandusky）。只有一個主要城市很重要是因為計劃是讓訪查員詢問一大群選民的看法，艾里郡「夠小，所以有辦法仔細控管訪查員」，先以每四戶人家選出一名的比例選出三千名選民後，再與這三千名選民接觸，再把名單過濾到二千四百人。他們把這群選民分成四組，每組六百人。其中三組是控制組，只做調查一次。第四組在一九四〇年的總統選舉期間不斷反覆接受調查，一次又一次調查第四組成員後，就能知道選民為何如此投票。

社會科學家發現了什麼？研究結果完全超出意料之外，根據他們之前的研究，他們認為選民會受到媒體很大的影響。這有其道理，因為競選活動大多著重於媒體，競選活動的主要目標之一就是要能得到充份的報導。背後的假設是政治人物在競選時所說的話至關重要，行為也很重要。會有這種假設是因為接收媒體的人應該會留心候選人說的話跟他的行為。參選人製造新聞，選民追蹤這些新聞，所有人都這樣相信。

然而這並不是真的，競選活動能夠引起許多風波，卻不會一直吸引注意力。結果只有政治狂人會關注競選活動所有的曲曲折折。此言不假，雖然在艾里郡投票率非常高，有投票資格的選民中高達百分之八十一去投票。以現代的標準而言這種投票率前所未聞，不過即使是這群認真的選民都不會仔細關注競選活動。研究者做出了一個驚人的結論：即使是在競選活動的高潮——十月的後半月時，「一半的人不管報紙頭條報導，或是參選人的政治演說。百分之七十五的人不在乎雜誌上關於選舉的報導。簡言之，當時的政治報導儘管多如洪水，卻連這些人的腳都沒弄濕，遑論淹沒他們。」[10]

當時是一九四〇年，還沒有電視，沒有臉書，也沒有電玩。當時，現代社會中被認為造成不論老少都對公共事務冷漠無感的罪魁禍首都不存在。而且在當年舉行選舉的同時，戰爭還是新聞媒體的焦點，小羅斯福則是總統參選人。小羅斯福是美國政治史上最極端的人物，許多共和黨人都恨他，他們會低吼罵他：「那個傢伙！」，小羅斯福則會回敬他們的憎恨。一九三六年，他對新政的反對者發表了著名的言論：「這幾股勢力從來沒有像現在一樣站在同一陣線對付一個總統候選人。他們如此一致地恨我——我很歡迎他們的恨意。」但是就連小羅斯福都無法激起艾里郡的人對政治的熱情，也無法讓大多數的人長時間關注選情。

所以媒體真的對任何人有影響嗎？社會科學家假設如果媒體有所影響，將會影響那些對政治一無所知的人，以及那些還沒有決定要投給誰的人。理論上，他們會收集新聞，蒐集他們還沒有考慮到的資訊，根據充足資訊做出決定。如果媒體對這些人有巨大的影響力，可以說媒體確實在選舉中扮演要角。但是研究的結果很令人疑惑：「一般說來競選幹事最想觸及到那些還沒決定的選民，但是這些人也最不可能去讀，也最不可能去聽選舉的宣傳。」這些人說不出最高法院首席大法官是誰，也不知道三權分立是哪三權。我們認為民主社會中媒體是教育的利器，但是能從中獲利最多的人也最漠不關心。

所以到底誰最關心媒體？換言之，是誰成為了選戰的主要觀眾？答案也許是這份研究的主要發現，是死忠的黨派支持者，那些已經決定要投誰的人。主要的觀眾並非那些心胸開闊的人，而是那些心胸褊狹的人。他們收看新聞並不是為了教育，而是因為覺得新聞饒富趣味。媒體對他們的觀點毫無影響，聽到他們想聽的就歡欣鼓舞，聽到不想聽的就當作沒聽到。多數時候，民主黨人無視共和黨人說的話，共和黨人也忽視民主黨人說什麼。這些支持者就連邀請對方辯論的意願都非常低。

雖然雙方成員都很願意辯論經濟議題，雙方都覺得自己能在經濟議題上佔上風，但是如果他們覺得另外一方可以提出有道理的見地就會拒絕辯論。例如說，對共和黨人最有利的主張是小羅斯福打破了總統只能連任一次的慣例，打算三度競選。他們一再強調這點，但是民主黨人理都不想理。對民主黨人投給小羅斯福最有利的觀點則是他的經驗豐富，這次輪到共和黨人不理不睬。訪查員要這群選民回應小羅斯福經驗豐富這一點，他們就會轉移話題到反對三度競選的主張，也就是他們的「好」主張。

一個人是怎麼變成死忠的支持者的？民主黨人是怎麼變成民主黨人？共和黨人又是怎麼變成共

和黨人的？這是個複雜的議題，跟本書要探討的議題只有些微相關。但是值得一提的是，所有解釋這些黨派偏見的主要理論，都建立在一個共通的假設：我們固有的觀點很少反映影響我們的複雜因素。社會科學家告訴我們，我們的社會圈在塑造觀點上扮演決定性的角色。基本上並非媒體影響我們投給誰，而是最接近我們的人。如果你的父母投給民主黨，你大概也會這麼做。但這種解釋沒有觸及到實際的複雜因素。

最近，研究者發現政治受到基因一定程度的影響。沒有自由派基因或是保守派基因這種東西，但是我們的某些行為和不同基因有關。最能預測一個人投給保守派的因素是什麼？答案是上教堂的頻率。越常上教堂的人就越有可能是保守派，那麼我們要怎麼知道一個人上教堂的習慣？有一定的程度由遺傳決定，也就是說，宗教狂熱部份是遺傳性的。因此，政治的意識形態也是如此。社會科學家現在認為意識形態有百分之五十可以由基因解釋。[11]一個研究發現從體味也能看出端倪，研究人員發現：要是有人跟我們意見相同，我們會受到他的體味吸引。[12]有一些研究指出自由派與保守派最不同的一點，就是能夠接受改變的程度。自由派一般都對新事物抱持正面看法，保守派則抱持負面看法，他們認為新的情況可能帶來威脅。我們對新事物的態度多半由基因決定。[13]我們先前的假設是：我們對於政治形成的信念是根據有意識的推理，但是現在這個發現與先前的假設背道而馳。[14]

而且，就像本書先前提過，比如鯊魚攻擊事件以及籃球比賽這些完全無關的因素都能影響投票行為。我們總是很擔心煽動的言論，但是煽動言論通常很明顯，像是體育賽事會暗中帶來框架效果，雖不明顯卻也能左右全局。最近的研究也指出：我們的態度非常有彈性，社會科學家甚至能用「臭屁噴霧」改變我們的想法。聞一下臭屁噴霧就能讓人的想法變得更負面——社會科學家大衛・皮薩羅（David Pizarro）還特別提醒我真的有公司在製作臭屁噴霧這種產品。把手部消菌液掛在牆上，突然之間附近的人都變得更有道德感。[15]

這並沒有讓競選活動變得不重要，競選活動讓選民開始對選舉產生興趣。艾里郡研究中，有百分之二十八的選民在五月說對選舉沒有興趣，最後卻認為自己有興趣，因此去投票。所以選舉活動有其重要之處，媒體亦然。不過很少有選民換邊站，一九四〇年艾里郡郡民只有百分之八的選民這麼做。

一九四〇年在哥倫比亞大學所做的這個研究給我們上了一課：我們的本性並非公正的裁判，而是粉絲。我們想看到己方贏得勝利，當我們的意見獲得贊同，我們歡呼雷動，要是相左的意見得分，我們則會喝倒采。如同哈佛大學的心理學家史迪芬・平克的觀察：我們想要發揚光大的不是真相，而是「我們版本的」真相。[16]因為我們生來就想贏，我們就會想出所有想得到的論述幫助我們取得勝利。最終，我們對勝利比對真相更在乎。

法國認知科學家丹尼爾・斯佩貝（Daniel Sperber）說，證據證明我們產生對自己的觀點有利的偏見，這也稱之為驗證性偏誤（Confirmation Bias），這種偏誤的存在不應讓我們驚訝。[17]而它的反面：失驗性偏誤（Disconfirmation Bias）也應該同樣在意料之內，失驗性偏誤是指傾向於忽略會破壞我們觀點的事實。[18]那麼靠什麼能贏得辯論？並不是抱持正確觀點，雖然這可能有幫助。研究指出，冥頑不靈能讓你勝出。[19]在辯論中面對挑戰時就緊咬自己的觀點，就很有機會說服其他人接受你的觀點，對對手窮追猛打也很有效。

社會科學家丹．卡漢（Dan Kahan）在耶魯大學做的研究顯示：我們通常不會根據優點評斷議題，也不會認為真相比較重要。我們反而是仰賴直覺，那麼直覺是怎麼運作的？直覺通常是朝自己有利的方向。例如，卡漢的研究顯示：要是告知企業執行長地球正在暖化，那麼執行長不太可能關心暖化這項事實，而會關注背後的涵義。一聽到「全球暖化」，他就會想到這是一個需要政府介入的問題。政府干預是一個警訊，一想到這裡，他的想法就會轉為負面。在這一連串有如跳房子般一格接著一格的思考過程後，在他還沒開始考慮這個論調的優點之前，他就已經下了結論。一瞬間他開始否認氣候變遷的存在，不是因為他不相信科學，而是因為他的大腦將問題及可能的解決方式連結，而這個連結將對他的政治傾向不利。一個商人對氣候變遷嗤之以鼻，他所想的倒不大可能是氣候變遷，反而可能是政府管制。[20]這也是為何討論氣候變遷會讓人喪志，環境學家與商人之間的對話沒有交集，環境學家進行的是有關科學的對話，商人卻在討論政府管制。

讓自己的利益影響政治觀點的可不只有商人，每個人都是。社會科學家傑森．維登（Jason Weeden）以及羅伯特．庫茲班（Robert Kurzban）最近發表一本書，書中表示幾乎所有的政治觀點都反映了我們的一己利益。移民通常贊成寬鬆的移民政策。非裔美國人通常贊成積極平權措施*的相關計劃。猶太人及無神論者幾乎一致反對在公立學校祈禱。書中表示，這絕非意外。移民不論是合法移民或是非法移入，國家要是接納移民，他們都能獲利。黑人通常能從積極平權措施得到好處，猶太人及無神論者則樂見政府限制宗教活動。為何自由派支持墮胎權利？維登與庫茲班大膽斷言，這是因為自由派分子在婚前有多重性伴侶，因此擁護生育控制與避孕政策，也包含墮胎。所謂的「隨意晃蕩者」（freewheeler）投給民主黨以保護他們逍遙自在的生活模式。年紀輕輕就結婚且兒女成群的人稱之為「戴戒指的」（ring-bearer），這類人投票限制墮胎及其他避孕方式，阻撓他們不喜歡的生活型態。到底其他人有多重性伴侶與他們有何相關？一部分是因為這可會讓處女的供給下降。[21]

## 3.

黨派偏見只是眾多形塑政治樣貌的偏見之一，這些偏見也包括驗證性偏誤以及失驗性偏誤，我們應該如何看待這些偏見？

演化心理學中所說的錯誤管理理論（Error Management Theory，簡稱EMT）能指點迷津，我們也可能稱此為「火災警鈴偏誤」。工作時火災警鈴大響，我們該怎麼做？我們馬上準備離開建築物。面對潛在的危險時，我們假設警鈴大響必然事出有因，並根據這個假設行動。當然，大多數時候火災警鈴都只是假警報，但是警鈴一響我們還是當成真的有火警一樣。這是因為這個反應能確保安全，基於同樣的理由我們希望煙霧偵測器非常敏銳。要是最後只是假警報，我們就只是回到桌前，繼續工作。對假警報做出反應不會害死你，不過如果你沒有反應呢？那就可能會害死你，漏掉的警報可能致人於死。所以演化對誰可能有利？就是那些有備無患的人，所以我們都會對錯失警報感到恐

* 譯註：affirmative action，又稱為優惠性差別待遇。

懼，我們情願反應過度也不要毫無反應。[22]這種偏見在各方面都影響我們對事情的反應。例如：這就是為何我們對陌生人具有生來的偏見。誰更有可能占我們便宜？陌生人或是認識的人？當然是陌生人。所以當我們遇到說不同語言、穿不同衣服、膚色不同的人，我們的直覺反應就是提高警覺，這是防患於未然。

或者再舉一個例子，現在來看看麥卡錫主義。當喬・麥卡錫警告美國人民，數以百計的共產黨人已經滲透國家政府高層，選民的直覺是感到恐懼。他們的推論過程反映了「安全就好偏誤」(play-it-safe bias)。麥卡錫可能是錯的，但是如果他是錯的，那會怎樣？也許有幾百個人因莫須有的罪名而遭到傷害，但是之後生活大部份還是一如往昔。但是要是他是對的，而我們忽略他的警告呢？這是置國家的存亡於風險之中，錯失警報會帶來危險，假警報則安全無虞。以麥卡錫的歷史經驗來說，這種推論就會造成許多失誤。最終人們會發現，麥卡錫主義帶來沉重的代價。為無辜的人安上罪名破壞了人們對社會公義的信心，而這份信心是使社會團結的黏著劑。但是在麥卡錫開始提高指控的音量不久之後，選民依照什麼而行動？答案是恐懼。沒有人想錯失警報，我們有一套直覺性的錯誤管理策略確保我們不會錯失警報。

這兩個例子指出：演化會對能「讓我們安全並確保我們生存」的偏見有利。以這個角度而言，偏見並非是對我們不利的錯誤。這些偏見讓我們得以生存，所以有其益處。或是就像科學家所言：「在我們演化過程中，對於決策方面最具有適應性的解決方法就是今天的偏見。」[23]這些偏見不認為真實是最重要的。

以下是社會科學家所找到、最常見的認知偏誤：[24]

可得性偏誤（Availability Bias）
固著偏誤（Perseverance Bias）
來源混淆（Source Confusion）
投射偏誤（Projection Bias）
自我偏好偏誤（Self-Serving Bias）
優越偏誤（Superiority Bias）
計劃謬誤（Planning Fallacy）
樂觀偏誤（Optimism Bias）

這些偏誤有任何一個講求實事求是嗎？答案是：沒有，一個都沒有。這些偏誤講求的是能夠生存。

讓我們個別來看這些偏誤，從「可得性偏誤」開始。這種偏誤是指我們傾向於以第一個想到的答案來回答問題。快問快答，誰是最偉大的美國總統？二〇一一年的蓋洛普民調顯示，美國人最有可能回答雷根。只要稍加思考，就知道這個答案很明顯並非正解。沒有歷史學家會認為雷根能跟華盛頓或林肯並列。但是雷根是比其他總統更常見的答案，因為這位總統常常獲得頌揚讚美。他的名字很容易就會浮上心頭，而且還記得社會科學家說什麼嗎？社會科學家說，我們假設快速想起的資訊就應該是正確的。所以當調查人員問：誰是最偉大的總統，人們不假思索的回答雷根，而且信心滿滿。（這個偏見也是造成一項迷思的原因，這項迷思是說：在做選擇題的時候你應該選第一個想到的答案。其實，研究顯示第一次的答案通常是錯的。但是學生學不會教訓，他們還是相信直覺，選擇第一次的答案。）[25]

為何我們會選第一個想到的答案？因為在更新世，就像我們剛剛談察言觀色時講到的，速度是關鍵。通常快速的答案比深思熟慮的答案更加重要，快速且已經夠好的答案通常比需要花時間、思考過的答案更佳。對我們那些還在狩獵採集的祖先而言，真相並非不重要，只是「已經夠好」的答案通常就已經足夠，可得性偏誤能夠滿足他們的需求。[26]

可得性偏誤無法滿足現代人的需求，總之就政治而言是如此。就政治而言，我們很少需要快速的答案，而是思考過後的答案。身為選民很少需要立刻決定你支持誰或是贊成哪個政策，你有時間思考。就算民調人員詢問意見，而你尚未決定，你也不必胡謅，大可直接說你不知道。但是直覺上我們會怎麼做？我們會立刻想出一個答案，說服自己這就是正確解答。社會科學家說，不論對事情的瞭解程度多寡，我們都會這麼做。一個實驗是這樣的，受試者只能靠一張照片跟一個名字來預測一個人在各種不同情況下的行為。他們會不會每三個月打電話回家一次？他們會不會在拍照以前梳頭髮？受試者的反應都一樣，他們不僅願意預測，還非常確定自己預測得很精準。相較於另外一組能夠實地訪問那些人並獲得很多資訊的受試者，他們對於自己預測的信心只弱了一點點。這代表二件事：首先，我們的本性會堅信己見；第二，一旦形成了一個觀點，我們可能就此覺得這是正確的想法，不管這是基於淵博的知識或是基於直覺。真是可怕。

拜所謂的「固著偏誤」所賜，更可怕的還在後頭。這項偏誤是說只要我們清楚闡釋過一個觀點，我們就傾向於堅持這個觀點。研究顯示，一旦我們形成一個觀點，就不會輕易放棄，就算危及立場的證據開始出現也一樣。再一次，演化能輕易解釋這個偏誤的成因，狩獵採集者不需要重新思考自己的信念，因為這些信念可能是來自實在的經驗。他們基本上根據自身經驗以及親朋好友的經驗形成這些觀點。經過實在的經驗後形成的觀點很可能足以確保他們能生存，因為這些觀點是基於他們已經知道的事實。不要反覆思考這些信念有其好處，因為能省下時間跟能量。但是我們呢？我們的政治觀點通常不是來自實在經驗，而是透過報紙或電視得知發生在別人身上的故事。對我們大多人來說，從個人經驗提取的知識可能難以就選舉時會遇到的政治問題形成觀點。

更糟的是，我們形成政治觀點的根據比報紙頭條也多不到哪裡去，我們聽聞一件事情就能馬上形成觀點，即使我們連基本的認識都沒有。還有更糟的，社會科學家說，我們不大可能記得自己從哪裡得到這些資訊，這也就是「來源混淆」。當你在看電視廣告抨擊某名政治人物，那時候你知道這個資訊來源帶有偏誤，但是過了一兩個禮拜之後呢？你很有可能記得廣告的說詞，但是忘了在哪裡聽到的。沒有萬全的方法能夠讓我們免於這種事情發生，除非一開始就不要看廣告。如果你想要讓你的頭腦沒有任何垃圾，那你就不要讓自己接觸到這些垃圾。把糟糕的資訊當成疾病，避免接觸到感染源。[27]

大多數糟糕的外交政策造成災難多是源自於「投射偏誤」，伊拉克戰爭也肇因於此。決定政策的官員相信如果參戰，我們會被當成解放者一樣受歡迎，因為我們覺得如果有人幫我們推翻暴政，我們會有的反應——感到感激。然而這不是多數伊拉克人的反應，他們將美國的干預當成復仇的籌碼。為何我們錯得如此離譜？我們根本不知道伊拉克人的想法，而且也沒有問他們，而是將自己的想法投射到他們身上。中情局說這是「覺得大家想法都跟我一樣的心態」。換言之，我們看別人時就像看著鏡子裡的自己。中情局相關組織出版的《情報分析心理學》（*Psychology of Intelligence Analysis*）一書中針對這個偏見提出明確的警告（參考此書第四章，第三十三頁）。此一警告穿插於全書之中，讀完這本書，你會覺得：**太棒了！中情局開竅了！**讀到前言的時候更是備感安慰，前言由包括中情局前副局長在內的高級官員執筆，當中提到中情局有多重視此書作者李察．休爾（Richards J. Heuer），他是一位在中情局工作約三十年的官員。你會想：**中情局注意到這個問題了，美國將不會再度犯下投射偏誤這樣的錯誤**。但是這個好消息是真的嗎？《情報分析心理學》出版於一九九九年，這是伊拉克戰爭發生的四年之前。

看來我們只能得到一個絕望的結論：中情局終究還是沒搞懂。但是這個結論也稱不上準確或是公平，瞭解一種偏見不代表就可以改得過來。這就是偏見，偏見就像在背景運作，潛行於意識之外。就像我之前所提到的，丹尼爾．康納曼承認自己也無法免於產生偏見，而他還是最早發現這些偏見的人。

演化為何有利於投射偏誤發生？可能性最高的解釋是：雖然這是一個錯誤，但在更新世時不會造成不良後果。瞭解敵人一向有用，覺得敵人的想法跟你一樣只有在敵人想法不同時才會造成危險。在更新世，以狩獵採集維生的祖先又有多常遇到想法不同的其他狩獵採集者？大概機率不大。所有他們可能遇到的人中，大多數都有一樣生活方式，也遇到相似的困難。特別是在語言出現以前，文化還沒有那麼大的影響。所以大多數時候，也許投射自己的想法就能發揮功效。

也許所有偏誤當中最常見的一種就是「自我偏好偏誤」。有好事發生，我們歸功於自己，那壞事發生的話呢？就是別人的錯了。這個偏誤很容易解釋，演化所建立的系統有利於那些喜歡自己的人。任何人最不想被提醒的事實就是自己常常犯錯，而且更糟的是其他人往往是對的。[28]誰會想聽這個？

跟這個偏誤相關的還有另外一個偏誤：「優越偏誤」。幾乎每個人都認為自己優於平均。一九七○年有一份調查指出這種偏見有多可笑。這份調查發現有百分之八十五的美國人認為自己跟他人相處的能力比一般人要好，一位社會科學家指出這不符合數學常理。不可能有百分之八十五的人都認為自己的能力算得上是前百分之五十，不過要是你調查公眾的意見，你會一直得到這個結果。所有的技能都是如此，包括領導能力、駕駛技術等等。研究者問人們他們評估自己的排名，得到的百分比扭曲到可笑的程度，我們多數人之中，幾乎所有人都認為自己的領導能力高於平均，駕駛技術也優於平均，在所有方面都比平均好。要大學教授把自己跟其他教授比較，超過百分之八十說自己是在前百分之五十。跟自我偏好偏誤一樣，演化似乎有利於那些自我感覺極佳的人。

從蓋房子的屋主到策劃大型公共計劃的官員都飽受「計畫謬誤」之苦。這個謬誤也沒多複雜，就是說在計劃階段，人們傾向於低估時間與成本。這是很常見的現象，所以好萊塢也注意到了，一九四八年有一部由卡萊・葛倫（Cary Grant）主演的喜劇《燕雀香巢》（*Mr. Blandings Builds His Dream House*），電影內容一開始充滿希望，但結局卻是災難一場，因為電影中那對夫妻想蓋的房子所需的成本比原先投入的多了太多。至於公共計劃也鮮少有能夠一路順利進行的，還記得「大開掘計劃」（Big Dig）嗎？這是波士頓的高速公路網及隧道的建設計劃。一九八二年，計劃剛開工時預估成本需二十八億美元，並預計於一九九八年完工。但是實際投入的成本經過通貨膨脹調整後高達八十億美元，這是原本預估金額的三倍。這個計劃直到二〇〇七年才完工，比原定計劃晚了九年。為何在計劃時我們幾乎都會低估成本？為何演化有利於有這種偏誤的人？倒也沒有什麼神秘之處，生活中我們都需要冒點風險。低估成本幫助我們應付這些風險，如果我們實事求是，我們大概永遠不可能蓋出夢想中的房子，或是將大型且複雜的公路建設計劃付諸實行。如果我能準確評估寫這本書所要花費的心血，我永遠不可能下筆。

自我偏好偏誤、優越偏誤、計劃偏誤三者之間有何共通之處？這些偏誤都建立在一種近乎愚笨的樂觀主義上。自我偏好偏誤的精神就是壞事發生就都是其他人的錯。[29]這根本是瘋了。跟大多數其他人相比我們比較好？這在數學上就不可能。執行計劃的時候會準時完成而且毫無赤字？你說的是哪個星球的事？

這些偏誤指出：我們被設計成樂觀主義者，而我們也真的是。神經科學家塔莉・沙羅特（Tali Sharot）指出：百分之八十的人生性樂觀，這不只適用於美國人，而是舉世皆然，從中國人、德國人到巴西人，無一例外。她對受試者進行功能性核磁造影，結果發現，要是問起他們未來會如何，腦中有兩個地方會亮起來。當一個人感到樂觀，左額下迴（left inferior frontal gyrus）會顯示活動，對未來感到悲觀時，右額下迴（right inferior frontal gyrus）會有活動。也就是說，左半腦處理好消息，右半腦處理壞消息。但是哪一個半腦常常顯示出正在活動？哪一個半腦更常亮起來，而且活動強度也更強？答案是左半腦。跟壞消息相比，我們對好消息的反應更強。而且我們懷抱的希望越大，睪固酮也分泌越多。我們知道睪固酮高的時候會怎麼樣，我們會有更多的驅力，驅力越大我們也就越可能成功。[30]

這解釋了不少事情。這些帶有樂觀主義色彩的偏誤不僅影響普通人，也影響政治領袖，畢竟政治領袖需要許多睪固酮存量才能成功。這也能釐清一個歷史謎團，為何在希特勒將違反德蘇兩國在一九三九簽訂的互不侵犯條約，計畫進攻蘇聯時，約瑟夫．史達林對於旁人的警告充耳不聞？沙羅特在她那本研究樂觀的好書中說了這段故事，其實希特勒很明顯打算動手，在自傳《我的奮鬥》中，希特勒公開表明想要入侵蘇聯。十五年過後，在德國入侵蘇聯幾個月前，蘇聯的間諜一再警告史達林已經有證據指出希勒勒正在策劃攻擊行動。利奧波德．特雷伯（Leopold Trepper）是直屬於史達林的間諜，他在歐洲假扮為商人，並發現希特勒已經簽署了入侵蘇聯的命令。[31]特雷伯以急件向史達林報告這個消息，他精確指出希特勒正從法國及比利時撤回幾個師團，而這些師團將派遣到後來的東方戰線。特雷伯之後回憶道：「我寄出這些提議的攻擊計劃，我指出計劃原訂在五月十五日發動，之後是修改過的日期，還有最後的日期。」在這些情報之中，他指出攻擊將在一九四一年六月二十二日付諸實行。另外一名蘇聯的間諜告訴史達林，希特勒正在蘇聯邊界集結大批軍隊，小羅斯福總統也透過美國大使向史達林提出警告。最後攻擊在哪一天發生？一九四一年六月二十二日，正好就是特雷伯預測的日期。但是史達林不相信所聽到的，雖然他一直都相信希特勒總有一天會計劃攻擊蘇聯。

這完全是瘋了。這件事讓史達林以及俄羅斯人民付出慘痛代價。史達林沒有與希特勒開戰的準備，必須急就章草草應戰。在接下來的殊死戰當中，蘇聯失去數以千萬計的人民，但是史達林認為希特勒不會發動攻擊的這份樂觀，並不比蒙蔽我們所有人的樂觀更難以理解。我們都想要相信事情會好轉，想想看得到癌症的機率。絕大多數美國人都相信自己或是親近的家人不會「遭診斷罹患如癌症等重症」。事實上，百分之五十的人都會得到癌症。或者是想想看你離婚的機率，新婚夫婦很少會認為自己的婚姻以離婚收場，雖然離婚率超過百分之四十。沙羅特指出，就連專打離婚訴訟的律師都低估了自己離婚的機率，即使他們知道離婚率有多高。

這似乎令人驚訝，其實不然。我們腦中的預配線路認為壞事都發生在別人身上，輪不到自己。就算研究中的受試者聽說罹癌風險有多高，他們還是認為自己得到的風險很低。沙羅特提醒我們，幾乎沒有人在知道這些事實後改變心意，這又證明了事實並不如我們所想得那麼重要。這似乎跟你是哪一種人無關，不管你認真與否，友善與否，都不會有太大的不同，除了一個例外。一份研究中，學生被問到他們的健康是否會因酒駕、抽菸、性行為而蒙受風險，他們的人格類型並不會影響答案，除了「神經質」這項人格特質。神經質的人表現得更悲觀。這份研究證明了一項共識：我們認為其他人會因為高風險行為而危害健康，但是自己則能倖免於難。[32]

另一份研究發現，如果醫生告訴病人一場手術有百分之八十的存活率，多數病人會同意挨這一刀，但是如果醫生用相反的方式來描述，告訴病人致死率為百分之二十的話呢？如此一來，多數病人就拒絕接受手術。當然，這兩種說法其實是同一件事的一體兩面，但是我們對於以樂觀的觀點來框架的問題，會給予肯定的答案。百分之八十的存活率比百分之二十的致死率聽起來更有希望。[33]

前副總統華特．孟岱爾（Walter Mondale）在回憶錄中提到，在一九八四年民主黨總統候選人的競選演說上，他決定告訴美國人民他計劃要加稅，他為這個決定自我辯護。「讓我們開誠佈公」，他在舊金山的莫斯康展覽中心滿腔熱血地說道，「雷根先生將會加稅而我也會，但他不會告訴你，而我剛剛已經說了。」孟岱爾堅持這不僅是正確的決定，而且也頗具政治意義，因為選民尊重說出真話的政治人物。[34]這是歷史上最糟的政治決策之一，誠如我們看到的，選民並不想要獲知真相。我們要的是希望，如果真相會奪走希望，我們就不會想聽真相為何。美國人中有多少人是天生的樂觀主義者？答案是百分之八十，他們也是最大群的選民。與樂觀主義者的選票數量比起來，天主教徒、女性、非裔選民這些族群的選票都黯然失色。孟岱爾居然還看不出來？這是典型的固著偏誤。

要是在一板一眼的真相跟毫無根據的樂觀中做選擇，我們會選哪個？答案是樂觀主義，這並不難解釋。在更新世，生活通常很艱難，環境也很嚴苛，唯一能支持狩獵採集者走下去的方法就是逃避現實。存活與否常常就端賴於狩獵採集者有沒有能力咬牙苦撐，想要迎接春天來臨，就要絞盡腦汁想方法過冬。要是你想不出來，那你只能靠希望度日。哪些人能在狩獵採集者所面臨的困境下存活？答案是樂觀主義者，大自然獨厚他們。所以，心懷希望在更新世時是可靠的策略。但是在現代，這個世界有數億人透過各種複雜的管道互動，又有各種機構訂下種種規範，懷抱希望已非正確的策略，甚至根本稱不上策略，而應該說是放牛吃草的作為。不切實際的希望常常釀成災難，就像二〇一三年秋，歐巴馬政府發現不應該不經充足的事前測試，就將歐巴馬健保的網站上線。在現代，我們需要的不是樂觀主義者，而是現實主義者。

丹尼爾・康納曼畢生的心理學研究證明了人類的推理能力不佳，他說：這些偏見阻礙我們清楚的思考。但是這點不盡然正確。另外一位優秀的社會科學家格爾德・吉仁澤（Gerd Gigerenzer）是康納曼研究的主要批評者，他發現許多偏誤依然有其實用性，例如本書提到過的再認知偏誤。[35]你知道開普敦比自由市或是阿斯馬拉大，這可得歸功於再認知偏誤，你聽過開普敦，所以你就假設開普敦比較大。演化心理學家認為，我們會有偏誤並非「設計上的瑕疵」而是「設計上的特徵」。這些偏誤幫助人科動物（人科包含我們人類及所有人猿祖先）存活了數百萬年。雖然現代已經與更新世大不相同，卻依然有共通之處。[36]我們常常面臨相同的挑戰。陌生人不管是出現在洞穴門口，或是你家門口，都會讓人提高警覺。

這些偏誤留給我們什麼樣的影響？你能不能相信你對於政治的直覺？當然，我一直想要說服你：你大多數時候都不能相信直覺。身為公民，有太多我們應盡的責任都會受直覺誤導。想想看再認知偏誤如何影響政治判斷，選民在圈選選票時如果受到再認知偏誤影響會如何？選民會投給那些他們認得名字的候選人。這是正確的選擇嗎？那名候選人可能只是募到不少資金，所以可以把競選海報貼得到處都是，或是讓電視瘋狂放送競選廣告。但是這就代表你應該投他嗎？你是否應該懷疑這些宣傳經費的來源？這些投注經費的金主也許是為了自己的利益，根本不在乎你的利益。

鑒於美國政治生態的現實，如果我們的直覺包括一種反再認知偏誤，那或許會更好。如此一來，整個系統就會更加平衡，阻擋那些不惜犧牲原則以交換權貴捐款的候選人當選。也有可能你認得候選人的原因只不過他就是現任官員、競選連任而已，但這構成支持他的理由嗎？如果你認為現狀讓人滿意而你也想要維持現狀當然就可以繼續投給他，但這也可能讓你支持一個並不值得支持的候選人。盲目支持現任官員一定是糟糕的選擇。更糟的是，社會科學家指出熟悉感會帶來正面的感受，跟我們快樂時的感受一樣。我們快樂時會發生什麼事？快樂時我們不會理性分析。[37]認得名字讓我們放鬆戒備，繼而讓我們遭到操控。

驗證性偏誤就像剛剛我們所看過的其他偏誤，會阻止我們追求真相。雖然困難的答案更可能是正解，偏誤卻把我們導向簡單的答案。更何況一九四〇年針對艾里郡的研究顯示：選民需要的可不只是資訊。認知到這點很重要，因為這點可以證明社運分子的天真假設不盡然正確。他們會說，只要選民知道事實，他們自然會得到對的結論。不過，我們都知道選民往往不是如此。在一九七二年的秋天，美國人民已經握有所有需要的資訊，足以導出尼克森濫用職權的結論，然而這些資訊仍不足以動搖他們對尼克森的觀點。接下來的十一個月，選民對他的意見依然不變，在水門案發生之前大多數選民對尼克森的想法已經固定下來，一旦既定的想法形成，選民就不想要讓「與他們見解相左」的事實改變他們。事實怎樣無所謂，重要的是已經成形的見解，這就是典型的固著偏誤。

## 4.

雖然看似奇怪，其實不然。如果你覺得窮人很懶惰，而你又讀到一份研究說：窮人不是懶惰，只是缺少機會，你會放棄你所預設對於貧窮成因的假設嗎？大概不會，你更有可能找方法否認這份研究，或是直接無視。之所以會這樣，其中一個原因是我們的觀點反映我們對於世界運作的普遍瞭解。誰又願意質疑自己所瞭解的事？誰會想要改變我們認識世界的基本假設？沒有人。重新建立假設絕非易事，我們從丹尼爾．康納曼的研究知道大腦會儘可能的循最簡單的途徑思考，因為誠如康納曼之言：大腦是條懶蟲。我們通常不願思考，思考消耗認知資源。所以要是獲知一項與我們對世界的理解不同的事，我們會馬上否認到底，而不會思考其中的意義。**什麼？這份研究竟然宣稱窮人的問題是缺少機會？**

一旦學到世界是如何運作，我們就不想重新再學一遍。大腦的設計並不會讓我們重新思考已經想通的問題。幾年之前，一份針對猴子進行的實驗中，只要猴子朝某個方向看，有百分之六十的機會科學家會獎勵這群猴子喝果汁。[38]那麼猴子會怎麼做？一旦經過訓練，他們就不會朝另外一個方向看，他們忘不掉之前的訓練經驗：他們學到的是看向某一邊，而不是另外一邊。科學家探測猴子的腦部活動，有了全新的發現。猴子只要學到看向一個方向會有好處可拿之後，當看向那個方向時，牠們的大腦活動就停止運作。對牠們的大腦而言並不需要做什麼決定，經驗證明應該這樣做，而不應該那樣做。這是我們不願改變觀點的主因，何必浪費時間呢？我們認知上也傾向不改變，這個決定不是有意識的，大腦為我們做出這個無意識的決定。一旦我們下了決定就不會改變，還會正當化自己的決定。根據幾份研究，在投票之後問選民他們對於自己選擇的候選人的想法，跟幾分鐘還沒投票前相比，他們通常更確定自己的選擇就是最佳人選。[39]

選民決定尼克森應該連任後，就不想思考他不值得連任的可能性。他們不想重新思考已經做出的決定。每隔四年，選民就要做出最重要的政治選擇，也就是決定總統人選。**然而我們竟然是錯的？**

大多數人不會接受這樣的結論。在一九七二年的秋季放棄尼克森等於是放棄生命的意義。如果選擇尼克森是錯誤的選擇，那麼其他的選擇就也有可能是錯誤的。也許尼克森的「越南戰爭越南化」的政策是錯的，那麼他對中國及蘇聯態度軟化也可能是錯的，也許支持鎮壓抗議遊行的警察也會是錯的。誰會想要再一個個提起這些問題？

報紙上對水門案的報導盡是尼克森如何濫用職權，但實際上水門案牽涉的層面更廣。證據就是當人們終於放棄尼克森後接踵而至的事，許多人放棄了與尼克森有牽連的政治立場，之後很多放棄尼克森的選民在跟水門案沒有關係的議題，比如墮胎和種族議題上，轉向左派。再舉一個例子，在一九七二年支持尼克森的男性民主黨人當中，因為水門案放棄尼克森之後，超過一半從反對墮胎轉而支持墮胎。[40]這合理嗎？當然不合理，因為水門案與墮胎無關。

這些選民為何改變立場？心理機制讓我們傾向一致，特別是我們的信念與行為衝突時。雖然我們常常抱持著衝突的想法，但明顯的自我矛盾還是會讓我們不適。我們的本性不如華特．惠特曼在他的詩中所言，在〈自我之歌〉（Song of Myself）一詩中，他說：「我矛盾了？很好，那就矛盾吧。開闊如我，無所不容」。不過這並不是大腦的運作模式，人類大腦不喜歡「認知失調」（cognitive dissonance），社會心理學家利昂．費斯廷格（Leon Festinger）在一九五〇年為此現象命名。我們不會與自我矛盾和平共存，而是想方設法減輕矛盾，為了減輕矛盾我們會做到怎樣的程度？非常誇張的程度。

在費斯廷格對於認知失調最膾炙人口的研究《預言失效時》（*When Prophecy Fails*）一書中，費斯廷格說了一個很有名的故事：芝加哥有一名家庭主婦變得信奉神祕主義，而且相信世界即將滅亡。

她預測將有大洪水淹沒全球，讓人類滅亡。她宣稱這個訊息來自另外一個星球。除了她及她的信徒以外，其他人都會滅亡。會有一艘從外星球來的飛碟把他們送到另外一個星球克拉利恩（Clarion），她的信徒因為感受到世界末日即將來臨，所以變賣包括房屋跟家具所有財產。接著預言所定的日期到來，在一九五四年十二月二十一日，她跟她的信徒聚在一起等待飛碟把他們拯救出來。他們預期此事將會發生在午夜鐘響時，但時辰到了卻什麼也沒有。也許上帝在不同時區，所以他們繼續等。幾分鐘過去了，之後又是幾小時過去了，依舊毫無動靜。但是這依然沒有動搖他們對於預言的信心，他們一發現沒有飛碟會來接他們，也沒有大洪水即將來臨，他們就下了結論說：他們拯救了世界，他們的信念感動了上帝，所以祂決定赦免人類。他們拯救了我們。[41]

以我們的見解，很容易就會把這些人當成是相信荒謬空想的信徒，但是害了他們的這種思考模式，我們都有可能深受其害。我們都想要相信自己所相信的不是假的。這就是固著偏誤生效的實例，我們對於世界的觀點一旦固定下來，就會抗拒改變。要是我們被迫面對這令人難堪的事實，就像芝加哥的這群信徒必須面對地球上的芸芸眾生並沒有要滅亡，我們都能找到許多理由解釋這些事，這是因為我們痛恨認知失調。

尼克森自己因為這種心理機制受益過兩次。一九七一年，他出訪中國，震驚了全世界跟他的支持者，因為他們都以為尼克森反共的意志堅定，所以當他發布了令人震驚的宣言——跟中國有關的政策改變，這些支持者做何反應？這些支持者有大半都追隨尼克森的改變，改變自己對於中國的看法。他們藉由大幅改變態度減輕認知失調，當選民所信賴的領導者改變，這就是這些選民常做的應變。這是領導者之所以能領導選民的原因，在多數的議題上，選民對領導者的忠誠比他們對於某個特定議題的立場還要堅定。在這樣的例子當中，對於身為整個政治民主制度下的我們，直覺其實有利於我們。

擁有這些直覺其實對我們而言是幸運的事，想像一下如果我們不再想要追求這種認知的一致性的話會發生什麼事？每一次領導者為了因應新的局勢而決定要把國家帶往新的方向時，民眾就會拒絕追隨他們的領導，並堅持自己原先的觀點。真是惡夢一場，如此一來領導者無法帶領國家，政治會陷入僵局，民主將會崩潰。我們將無法逃離過去的陰影，我們就會跟法國政治家塔列朗（Talleyrand）對於波旁王朝的嘲笑如出一轍：我們從過去學不到教訓，也忘不了過去。

但是認知失調也不都是有利民主。看看在一九七二年發生的事，水門案爆發時，支持尼克森的選民再次面臨了矛盾，這次，他們相信尼克森基本上遵守倫理道德這個想法，以及媒體上報導的事實之間產生了矛盾，因為報導中的尼克森並不是這樣的人。為了解決這樣的矛盾，他們做了什麼？他們忽視水門案，只要忽視水門案認知失調的問題就迎刃而解，這個例子當中認知失調這種心理機制就不利於民主運作，反而破壞了民主，這是有害而無利。領導者必須承擔責任，民主才能運作，選民卻任由尼克森恣意妄為。

## 5.

人類心理另外還有一種欲望，可以解釋為何選民不願放棄尼克森，這跟我們對改變的態度有關。一般來說，我們不喜歡改變。因為改變顛覆了我們的期待，我們原本期待世界是可以預測的。我們的心理健康是依靠什麼呢？就是這個世界的運作方式跟我們的想像相符，我們也希望這個世界能證明我們的假設是對的。[42]

就像我們剛剛所得知，我們無法無時無刻都保持高度警戒，要是這樣我們會把自己逼瘋。幸運的是大多數時間我們也沒有必要如此，還記得我們之前討論過人類擁有容易相信的本性，這種特質之所以有用是因為這個世界大多數時候都在能夠預測的範圍之內。打開電燈開關，燈會亮；按下電梯按鈕，電梯一般都能運作。或者是舉個那些以狩獵採集維生的祖先會很熟悉的例子，聽到附近樹叢裡的沙沙聲可能代表有動物躲藏其中。我們毋須質疑所有事情，大多數時候各種事物都會朝我們預期的方向發展。但是還不只如此，實情是，我們需要世界以這種方法運作。我們需要可以預測的世界，才能把注意力放在不平常的事物上。

水門案爆發後，對於支持尼克森的選民，相信哪一個比較有吸引力？應該放棄尼克森，或者應該支持尼克森？最明顯的答案應該是支持尼克森，如果改變令人害怕，支持尼克森就應該是預設的立場。尼克森與麥戈文相比，麥戈文才是標榜改變的候選人。即使麥戈文這個「草原上的民粹主義者」（Prairie Populist）提出他那狂熱的訴求：「美國，回家吧！」選民卻決定了自己從未離家，而是一直跟尼克森在同一個屋簷下。尼克森代表現狀，麥戈文則與六〇年代的亂局劃上等號——不管這種說法公允與否。尼克森就像守護者，帶領美國對抗六〇年代的種種亂象。如果一切照常運轉，我們對於現狀會帶有預設的偏好，這就是為何通常現任總統容易得到青睞。這不只是再認知偏誤帶來的利益而已，我們滿足於現任的總統，因為新上任者可能帶來危害。

可預測性讓我們安心，更新世時，「預期事物總是可以預測」成為了人類心理的一部份，更新世是人類最深層的心理機制演化成形最關鍵的時期。數百萬年以來，生命日復一日遵守相似的模式，就如同社會科學家喬治・馬庫斯（George Marcus）在他的書中所強調，萬物都有其循環。[43]早晨日昇，夜晚日落，這是每天都發生的事。冬去春來，這是每年都發生的事。曆法、天氣、季節、生死，萬事萬物都有循環，生命從不改變，事物也都可以預測。

在現代卻不是如此，太陽每天昇起落下，我們的生活卻瞬息萬變。現在改變來得如此迅速，我們卻沒有集體神經衰弱，已經稱得上是傑出成就。人類之所以還撐得下去可能是因為我們有數百年的時間來習慣迅速的變化。雖然大腦尚未演化到能適應在現代生活所經驗的瞬息萬變，我們的文化卻提早適應——至少就大腦而言還沒有跡象指出大腦能夠適應。不過我們卻發現自己難以適應，只要想想美國獨立之後美國社會的改變就能理解。獨立之後，美國社會成了酒精氾濫的社會，根據歷史學者威廉・蘿拉博（William Rorabaugh）的研究，美國憲法通過後三十年間，美國人的飲酒量是愛爾蘭人的兩倍，他指出在整個西方世界美國只輸給瑞典而已。[44]

這是預料之內的事，美國獨立對美國人做了什麼？他們的日常生活天翻地覆。美國獨立之前是誰在社會中身居高位？歷史學者大衛・哈克特・費歇爾（David Hackett Fischer）說是老年人。[45]這有道理，因為在一個歷史循環不息的世界中，是誰有能耐幫助社群安全渡過危險重重的未來呢？答案是那些生命中曾經歷過相同循環的老年人。美國獨立之後，又是哪些人突然引起注意呢？答案是年輕人。老年人的智慧結晶似乎不再那麼理所當然，或適用於現況。歷史不再循環，老年人的經驗就沒那麼重要。就連服裝都順勢而變。哈克特發現美國獨立前，時尚風潮偏向老年人所穿的服裝，革命之後，人們開始想要看起來年輕。革命前，貴老賤少；革命後，年輕當道。[46]

但是我們的基本直覺並沒有經歷改變，我們還是不喜歡改變，改變讓我們感覺事物正失去控制。而改變帶來不良後果之後，我們往往如何應變？我們轉而支持陰謀論，減輕自己感受到的焦慮與困惑。這也是為何《錫安長老會紀要》（*The Protocols of the Elders of Zion*）這本旨在責怪猶太人造成了世界上許多災難的小冊子，能夠在出版二十多年後，在第一次世界大戰跟俄國革命發生之後突然流行起來。[47]針對顛覆世界秩序的種種事件，這本書提供了簡單易懂的解釋。直覺促使我們被陰謀論所吸引，不需要有人來教如何以陰謀論的觀點思考，我們就是會這樣思考。我們不願接受壞事就是發生了，因為這跟我們所想要的可預測性背道而馳。一九六三年，甘迺迪在達拉斯遇刺之後，千千萬萬的一般平民說了什麼？他們說像李・哈維・奧斯華（Lee Harvey Oswald）這種小角色絕不可能獨自計劃在某一天以郵購買槍，並決定暗殺美國總統，結果還行刺成功。重大事件就要有重大原因，所以一定有某些陰謀暗中進行，其中牽涉到黑手黨、或是古巴總理斐代爾・卡斯楚、或是副總統林登・詹森、或是某個重要的重量級人物，反正就是比李・哈維・奧斯華更大咖的人物。

回想一下在上個世代令人難受的重大事件：九一一恐怖攻擊事件、伊拉克戰爭、卡崔娜風災。每次有重大事件，就有上百萬的人投向陰謀論的懷抱，相信陰謀論這個決定通常不是出於理性，但是一旦相信陰謀論，一切疑惑就能解除了。原因是這些陰謀論建立在我們已知的知識或世界觀之上，而非憑空捏造。所以，習慣尋求宗教慰藉的人在災難中看到了上帝之手。傑瑞．法威爾（Jerry Falwell）是右派的基督教領袖，二〇〇一年九月十一日，在恐怖分子摧毀世界貿易中心之後他說：「支持墮胎的人必須要負部份責任，因為上帝是輕慢不得的，我們殺死四千萬條無辜的小生命，上帝為此震怒。」法威爾相信上帝對我們下手了。上帝就是答案，難道還有更明瞭的解答嗎？招惹上帝就會換來祂的處罰。[48]

並不是壞消息本身，而是因為壞消息擾亂了宇宙秩序，才逼得我們要去支持這些天花亂墜的理論。我們討厭秩序混亂以及不確定性。[49]試想在九一一事件後幾個月我們對於小布希的支持，他提供了什麼？答案就是穩定。千千萬萬的美國人民支持小布希，在最糟糕、最悲痛欲絕、最令人震驚的幾個月中，由以下支持率可知小布希成為了歷史上評價首屈一指的總統：[50]

| | |
|---|---|
| 二〇〇一年 | |
| 九月 | 90% |
| 十月 | 89% |
| 十一月 | 87% |
| 十二月 | 86% |
| 二〇〇二年 | |
| 一月 | 84% |
| 二月 | 82% |
| 三月 | 80% |

之後，事實證明布希是有重大瑕疵的領導者，但是在這幾個月，他給了人民他們想要也需要的，這是時勢造成的英雄。[51]

我們的生理構造增強了我們對秩序的信念，試想我們的視覺系統如何運作？我們都以為視覺是客觀的，但視覺其實是主觀的。我們所看到的其實和我們認為所看到的不同，大腦不像在拍紀錄片或是寫實主義電影，而是像希區考克一樣拍虛構的電影，大腦將數以千計的視覺資訊封包彙整成一部電影，神經科學家約翰．梅迪納說這些資訊封包「專一到近乎荒謬」。[52]與垂直線夾四十度角的線由一種資訊封包負責，四十三度的線就由另外一種負責。我們以為我們看的是天衣無縫的電影，但其實是經過一名粗獷的導演剪接過的版本，最終合理呈現我們所看到的世界，但是這是錯覺。這並不是真實世界，如果大腦以照片般如實把這個世界呈現給我們看，我們只會看到斷斷續續的電影畫面，猶如在看畢卡索的畫作。我們將看到電影的景框而非畫面的流動，而且不管去哪裡都會看到兩個黑點，這兩個黑點是在眼球後方視神經與視網膜連接之處，雙眼各有一個，稱之為盲點。不過我們不會注意到盲點，大腦這位導演不會讓電影畫面被黑點破壞，所以他填補了畫面。當這部電影上映，我們看到的世界能讓我們在其中不會迷失。

大腦不會讓我們看到導演的剪輯，因為這麼做沒有好處，也只會讓人心煩。大腦不會想讓我們心煩，而是想讓我們感到事物都在掌控中。遇到我們覺得失去控制的事物，大腦會盡其所能不讓我們注意到這些事物，大腦故意蒙蔽我們。

稍微想一下就會發現這是一件驚人的事，演化給了我們許多有效的工具，幫助我們呈現真實世界。我們的立體視覺每秒能呈現二十四個畫面；聽覺對於聲音強弱能夠分辨出一百二十個不同等級，從蝸牛在花園裡默默爬行那微弱的聲音，到震耳欲聾的搖滾演唱會；嗅覺能夠分辨達一萬種不同的氣味分子。[53]我們的認知功能發展完善，所以我們能夠找出分解原子的方法，還能把人送上月球。但是要是真相是一片混亂我們就會拒絕真相？我們喜歡錯誤的陰謀更勝於真相？這似乎就是實情。在電影《凡夫俗子》（*Ordinary People*）中瑪麗・泰勒・摩爾（Mary Tyler Moore）飾演總是把所有餐具擺得井然有序的母親，我們就像這個角色，我們要湯匙排列得整整齊齊，我們討厭混亂。

我們走進商店並走到放穀片的走道，我們面臨上百種選擇。為何我們常常選擇有名的牌子，即使其他品牌更便宜，味道可能沒有差別？社會科學家說，因我們只喜歡三個以下的選擇。[54]只要超過三個，我們就會開始焦慮。這就是為何我們大多都選擇家樂氏玉米片（Frosted Flakes）或是契瑞歐麥片（Cheerios）。選擇這幾種穀片能降低我們的焦慮，讓購物這件事變得更有秩序。

我們對於秩序有極為明顯的偏好，所以我們常常會選擇已經習慣的有名品牌，即使盲測的結果顯示我們其實比較喜歡別的品牌。盲測的結果通常會指出：更多人其實更偏好百事可樂，或至少覺得跟可口可樂差不多。但是可口可樂的銷量遠遠超越百事可樂，而且若在實驗中告訴受試者他們喝的是可口可樂，四個人當中有三個人會表示比較喜歡可口可樂。[55]

經濟學家傾向於認為我們是理性的生物，而且依照自己的利益而行動。經濟學家宣稱人類的本性是理性的，以及追求利益最大化，甚至還有一個專有名詞來反映這種本性：「經濟人」（homo economicus）。但是這種想法其實誇大了人類的理性能力，而且在政治上這種誇大特別明顯。這是個混亂的世界，但是因為我們想要秩序，我們就從中看出秩序。

所以大眾遲至十一個月以後才終於對水門案有所反應。你現在應該很清楚這並非異常現象，這在預料之內，選民的直覺不會讓他們想要真相，他們其實想要儘可能的忽視真相。就像水門案，只要真相讓我們感到不適，我們就會忽視真相，特別是真相會讓世界變得無法預測的時候。真相越是無法理解，我們就逃得越遠。

美國人看到在中東千千萬萬的民眾瘋狂慶祝九一一事件時，還記得他們的反應是什麼嗎？美國人無法釋懷，這跟恐怖攻擊本身一樣令人震驚。這也就是說這些中東人民其實討厭美國人？美國人民無法置信。他們沒有面對這項事實，而是認為問題在於中東人民並不瞭解美國人。這種說法很合美國人胃口，卻絕非真相。抗議的中東人民是真的對美國心懷不滿，他們痛恨美國人，因為美國又強大又有權力，而且有時候根本不在乎其他國家的人民。雖然他們許多人也真的不瞭解美國的動機與價值觀，不過就算他們瞭解美國，怒火也不會平息，他們怒不可遏。但是我們無法忍受有人不喜歡我們。所以我們誤解他們的怒火，這又是偏誤的一個典型例子，這次我們依照驗證性偏誤做出結論，認為他們根本沒有理由發怒。

## 6.

在水門案發生之後不久，共和黨在邁阿密舉辦全國大會，提名尼克森競選連任。在尼克森發表競選演說之後，場內的代表和支持者得到與總統見面的許可。總統站在台上，聽眾一個接一個與他握手。隊伍一下就排得很長，當中有一名年輕男子，他十七歲，來自紐澤西。他沒有大會的入場券，但當天下午還是設法進入會場。「總統先生，我支持民主黨，」在輪到他時，他說，「但是我支持你。」尼克森看來有點困惑。雖然他也爭取民主黨人的支持，但顯然沒想到會在共和黨大會上跟一名民主黨人握手。

那年秋天，這個年輕小夥子進入瓦薩學院（Vassar College），那裡是自由派的大本營。在瓦薩學院他遇到許多鄙視尼克森的學生，隨著水門案這個災難展開，當時事實已經很明確顯示尼克森的謊言和行為掩飾，學生就根據這些事實展開一次又一次的激辯。猜得到之後發生什麼事嗎？到了這個時候，應該也嚇不著你了，這位年輕人堅定地支持尼克森。無視於學校的主流意見，他從一九七二年到一九七三年都一直支持尼克森。他在紐澤西的地方政治圈很活躍，還加入了「總統後援委員會」（Committee to Save the Presidency）的分部，這是一個支持尼克森的團體。這名年輕人很快地獲選為分部的副會長。在水門案聽證會期間，從「週六夜屠殺」發生（〔Saturday Night Massacre〕指尼克森濫用職權開除特別檢察官阿奇博・考克斯〔Archibald Cox〕的事件）還有其他時候，他都支持尼克森。要到一九七四年六月，在尼克森辭職的兩個多月以前，他才終於醒悟：尼克森一直在說謊。

接下來的幾年，這名年輕人納悶為何他這麼慢才面對真相，這讓他無法釋懷，他會想：「我該早點知道的。」這個十七歲的學生就是作者本人，媒體已經盡了他們的責任，我一直在關注新聞，也認真聽了水門案的聽證案。我怎麼還會對尼克森執迷不悟？

事實與人們的觀點相悖時，他們會不想面對這些事實，我們不應該對此感到驚訝。這事就在由美國開國元勳所寫，備受尊榮的《聯邦人文集》中廣受尊崇的名篇〈聯邦人十號〉，文章作者詹姆斯・麥迪遜觀察到：「只要一個人的理性跟自利有連結，他的觀點跟情感會互相影響，情感會支持自己的觀點。」換言之，我們喜愛自己的觀點，因為我們喜歡自己。要是這些觀點與事實相悖的話呢？

我們會選擇自己的觀點。

但是麥迪遜並不清楚這件事背後的機制是什麼。就像哈佛大學的丹尼爾・吉伯特所指出，我們覺得自己是對的，其他人是錯的，這不是因為我們喜歡自己的觀點，是因為我們喜歡自己是對的。研究指出，覺得自己總是對的人，會有更佳的生活。這些人感受到的壓力較少，也更健康。在吉伯特所說的「心理免疫系統」（psychological immune system）當中，這是很重要的一項因素。[56]

另外，我們也不是對每個觀點都有一樣的權重，區別依然存在，我們會獨厚某些觀點。心理學家埃利奧特・阿朗森（Elliot Aronson）以一個知名研究支持這個觀點。阿朗森找來一群女性學生參加一個據稱熱烈討論的團體，將會探討性的神祕之處。但是在參加之前，她們必須要接受入會儀式，儀式是無害的。她們要大聲唸出一連串含有性暗示的詞語，比如：妓女、處子、愛撫。其他人進行的儀式則更困難，她們必須要在公開場合大聲唸出一些猥褻的詞語，包括：幹、屌、操。當時是一九五〇年代，你可以想像這有多羞恥，在入會儀式之後，所有女性都獲准參與討論，這時討論已經進行到一半了。但是，加入後，她們會發現這不是她們本來所預期，有趣而且有點標新立異的團體。討論主題不是人類的性，而是低等動物的性行為。其他參與者（均為研究者的同謀）都很愚笨，說話斷斷續續、吞吞吐吐，導致這場談話幾乎難以理解，原本所承諾的有趣經驗變成了一場無聊到死的酷刑。之後，這群學生被問到她們喜不喜歡這個團體？你猜哪一群人會表示喜歡？不是那些入會儀式比較輕鬆的女性，而是那些被逼著要大聲唸出髒話，必須要經歷羞辱經驗的女性。[57]

你本來以為那些經歷艱難入會儀式的女性會感到生氣，因此更可能貶低這個團體的價值。她們有理由感到不悅，因為她們被騙來參加一個團體，而且這個團體還跟原本承諾的不一樣。剛好相反，她們為團體辯護。對此，解釋很簡單，不像其他年輕女性通過簡單的入會儀式，她們經歷的可稱是試煉。她們可不能說聲：「管他的」，就把這個經驗一筆勾銷。在公共場合大聲說髒話會帶來心靈創傷，在實驗的最後一刻，她們所面對的就是經典的認知失調，一方面，她們相信自己很聰明，另外一方面，她們也知道參與這個團體是愚笨之舉。這讓她們身處一個艱難的困境，要不是承認自己沒有原本以為的那麼聰明，要不然就是承認這個團體有達到原本的承諾。你會怎麼回答？

埃利奧特．阿朗森的研究證明了，認知失調並不是機會相等的現象。跟詹姆斯．麥迪遜的想法不同，在面對事實時，我們不可能為所有的觀點辯護。我們只可能堅持那些跟自我價值有關的觀點。如果我們要做的決定是要判斷自己是否善良、聰明，我們會傾向為自己辯護（這種分析方式稱為「合理化理論」〔Justification Theory〕）。哪種情況下會如此呢？維持觀點需要付出成本時，就像我在自由派的瓦薩學院為尼克森辯護一樣。誠如心理學家卡洛．塔弗里斯（Carol Tavris）所說：「對於最後根本沒有用、有傷害、或是很無聊的事物投入越多心血，」我們就越需要減低自己的失調感，我們相信自己的才智，但現實狀況卻是我們「對根本不值得的事物投入時間、金錢、心血」。[58]我們會下更大的決心，盡心盡力為自己原本的決定辯護，這就是我在瓦薩學院的所作所為。經過了一段時間以後，我為尼克森所打的仗已經跟尼克森無關了，我是為自己而戰。

那麼選民之所以在水門案之後儘其所能蒙蔽自己的雙眼也就不足為奇，他們必須要承認自己的錯誤才能拋棄尼克森。總統大選表面上當然是對尼克森的投票，但是一旦人們決定要支持他，選舉也會變成是對自己的投票。對他們來說，水門案已經不是跟尼克森有關了，而是與他們有關。他們越是為尼克森辯護，他們在尼克森身上下的賭注就越大。[59]

政治無非就是跟選民有關，由選民的感覺決定。這實在太過明顯，以致我都不想一說再說。但是這點又很容易忘記。當政治人物即將在鏡頭前亮相，他會怎麼做？他會整理領帶、梳理頭髮。他的假設跟我們常常做的假設都一樣，認為這位侯選人上鏡頭一事是跟他自己有關。事實上並非如此，鏡頭上的樣子跟他怎麼表現、看起來怎樣以及說話的方法無關，跟是否口條清晰也無關，而是由鏡頭另一端的觀眾對他的感覺決定。他是否讓觀眾覺得他很愚笨或是很聰明？他是否讓他們覺得他是樂觀或是悲觀？至於他頭上的每一根頭髮到不到位，或是他說話的語法其實都無關緊要。

選舉活動從來就不應該只跟候選人有關，應該要跟選民有關。據說歐巴馬就相信是他的故事讓他得以當選，這是滑坡謬誤，因為雖然故事的確對於領導者能否成功與否相當重要，如同我們將看到，歐巴馬卻過度強調自己而非選民。雖然他的故事確實有其魅力，但故事之所以成功是因為它讓白人選民對自己感覺良好。就像胡佛研究所的研究員謝爾比・斯蒂爾（Shelby Steele）敏銳的推論：歐巴馬讓白人因為投給黑人而感覺良好，投給歐巴馬更像是為數個世紀以來的種族歧視贖罪。自從在阿拉巴馬州的伯明罕公安總監布爾・康納（Bull Connor）放出警犬對付黑人小孩的那一天以來，種族問題已經大有進展，而白人也有一份功勞。[60]這是歐巴馬勝選的其中一個原因。

政治終究還是跟選民有關。十一個月以來，這點都幫助尼克森維持總統大位。之後，隨著頭條上大舉披露貪汙以及醜聞，本來選民心目中相信他是清白的，現在也放棄了尼克森。最終，真相依然是關鍵，那麼轉捩點是什麼？一個大學教授跟他的划船隊的故事能夠告訴我們答案。

## 7.

四十多歲的政治學家喬治．馬庫斯著手從事其他政治學家在同年齡時會做的事情——撰寫學術論文的時候，他突然決定要來做點不一樣的事。當時在威廉士學院（Williams College）任教的他和一位同事，決定要創立一隻划船隊。像馬庫斯這樣正在全國打響傳奇名號的學者，通常不會有這樣的計畫，而且老實說這看起來像是瘋狂之舉，結果這可能是對馬庫斯的政治學學術生涯貢獻最多的成就。[61]

一開始擔任划船教練的時候，馬庫斯承認他並不拿手。幾十年前他就讀哥倫比亞大學的時候，他划過船，也喜歡划船。幾乎每天他都會到曼哈頓北端的哈萊姆河（Harlem River）狠狠地划船划好幾個小時。假以時日他就成了划船好手，雖然因為不夠高而沒有機會參加奧運選拔，然而，知道要怎麼划船不代表就能教人怎麼划船。要當一個好教練得要洞悉人心也要能領導他人，接下教練一職時，他發現這是一大挑戰，這份工作「不只是要溝通有關運動的資訊、有關技巧、有關正在運用的方法，」他最近回想時說，「而是要教導剛接觸這項運動的年輕運動員，培養他們，才能讓他們在必要的時候衝勁十足，也在必要的時刻能優雅靈活，這些全都需要對人類心智的洞見。」

一週練習六天，每天從四點到七點，一共三小時。馬庫斯跟著學生到水邊進行訓練。一開始只有男性，接著有女性加入，他又多花一小時在排定行程、擬定戰略以及鼓勵運動員上面。一年持續十到十一個月，一年過來，一年過去，一共持續了十三年。他承認這會讓人上癮。

其他政治學者認為他們沒有時間從事課外活動，馬庫斯則發現必須要撥一點時間給課外活動。他從這項水上運動學習到的人性，與在圖書館以及實驗室所學到的同樣寶貴。他說這讓他免於其他社會科學家的命運，他們總是認為對人類瞭若指掌，因為他們以宏觀的角度研究過人類。他說，其實如果你想瞭解驅使人類行為的因素，必須要親身與人接觸。乍聽之下沒有多大學問，與人類親自接觸豈非理所當然？馬庫斯這番話葫蘆裡到底賣什麼藥，我也不知道。

接著他說了一個故事，有關兩名他曾訓練的划船手：蘇及安都在為爭取奧運資格做準備，蘇是大一新生，安則是大四生。他們倆人表現都很傑出，但是他對比較年長的安嚴加訓練，對她的訓練嚴格到有一天安到他的辦公室宣布她要退出。馬庫斯嚇了一跳，「這是為什麼？」他問安，「妳表現得很好啊。」安回答：「但是你總是針對我，從來不管蘇。」馬庫斯解釋，道理很簡單，蘇還年輕，她還有好幾年能爭取奧運資格。但是「我必須要現在就讓妳發揮到最好，如果妳有任何想參加奧運的念頭，妳就要拚了命去做。」而且只剩下這一年的機會。奧運每四年舉辦一次，這就是安的唯一一次機會。

聽到這裡，我還是不知道這跟政治學的關聯何在。馬庫斯解釋這跟政治學密不可分。他跟其他政治學者都沒走對方向，自從十九世紀政治學成為一門專業以來，一直都沒把「情緒」納入考量。政治學者將可以量化與測量的因素奉為圭臬，例如投票率、民意等等。但是馬庫斯從訓練划船的過程中瞭解到，情緒是關鍵。如果他要讓學生成為奧運等級的運動員，「就要解釋你的計劃以及原因，他們要接受你要做的事，如果他們不接受，那他們就會做得心不甘情不願或不會全心投入，要不然就是掉頭離開，並告訴你說：『我是不知道你的要求是什麼，但是這不是我想要的。』」

馬庫斯說他開始感到奇怪，政治學家竟然忽略了情緒。他們是瞎了眼不成？就讀哥倫比亞大學的時候，他參加過著名的「經典閱讀課程」，經典包括《伊里亞德》等巨著，這些書籍都跟情緒有關。針對猴子所做的研究顯示，情緒在發展過程中很重要。一九五〇年代，心理學家哈里．哈洛（Harry Harlow）做了一個著名的實驗，他讓小猴子有兩種媽媽玩偶可以選擇，用鐵絲網做的或是用毛巾布做的，雖然小猴子可以在鐵絲網媽媽上找到食物，牠們卻天生受到柔軟好抱的毛巾布媽媽所吸引。馬庫斯說：「而我們跟猴子相去不遠。」

所以到了一九八〇年代中葉，馬庫斯開始研究情緒，但是卻發現計劃得不到資金挹注。更糟的是論文無法發表，「沒有人想出版跟情緒有關的論文。」你可以看出來這不好受，馬庫斯可是一路從哥倫比亞大學、西北大學等名校讀上來，在耶魯大學做過博士後研究的大學教授，但是他那些有關情緒的論文卻不能發表。一九八〇年代後期才終於有一名期刊編輯突然決定接受其中一篇論文，馬庫斯有點驚訝並問了原因，回覆是：「因為很有趣。」

這件事成了契機，馬庫斯慢慢發現更多志同道合的學者，針對這些科學發現做出回應，並得到跟馬庫斯相同的結論：情緒確實有其重要性，至於這些科學發現是什麼，接下來會提到。到了現在，時隔二十年，情緒毫無疑問是政治學者關注的重點。部分要歸功於那些划船手，其中要特別感謝安以及蘇。[62]

順帶一提，安最後沒有半途而廢，她成為了美國奧運划船代表隊的一員。不幸的是到了最後關頭，她因為運動而發生嚴重的氣喘，最後只能退出。來日方長的蘇則利用這些時間來增進技巧，最後成了威廉士學院的划船隊隊長。一九八〇年，她也成為奧運划船代表隊的一員。

在蘇練習划船的同時，馬庫斯跟幾位研究夥伴建構了一個有關情緒的理論，能解釋為何經過十一個月後才放棄尼克森的美國選民，終於放棄他。

## 8.

對於選民最常見的批評就是他們太過情緒化。公民運動改革者喜歡說我們需要理性選民，此言不假，也很難反駁。畢竟，這個說法可謂源遠流長，早在古希臘就有人希望人們保持理性。笛卡兒希望我們理性，只要保持理性就不會需要等到十一個月後才終於恍然大悟，瞭解到那些針對尼克森的指控有多嚴重，也就能提早理解水門案的重要了，不是嗎？

一般常識會認為情緒應該與理性分開，而且也可以分開。科學研究卻發現事情不是這樣的，這種常識是錯誤的。神經科學家告訴我們，大腦的運作方式是情緒與理性一起運作。[63]兩者無法分開，選民之所以遲至十一個月後才終於承認尼克森濫用職權並背叛了他們的信任，他們的問題不是太過情緒化，而是不夠情緒化。他們把對於尼克森的反應交由自動化的機制處理。伍華德與伯恩斯坦的報導應該能讓選民勃然大怒，選民卻幾乎沒放在心上。

遺失的環節是什麼？答案是重要的情緒當中的一種：焦慮。選民不夠焦慮。科學已經發見人類接收這個世界的資訊有兩種方法：「系統一」及「系統二」。正如剛剛所提及，因為世界中發生的事情絕大多數都可以預測，大腦幾乎都是在面對熟悉的挑戰。對於這些挑戰，﹝系統一﹞綽綽有餘。﹝系統一﹞的運作很簡單，就是把遇到的所有事物都都配合到一個熟悉的模式中。事實上，大腦面對的挑戰很像一九六〇年代的一個益智節目：《專注》（*Concentration*），節目中挑戰者必須將整體畫面的一部分與腦海中既有的知識連結，以猜出謎底。大腦就像這些參賽者，必須要確定看到的到底是狗、貓、樹還是其他的東西，把這些東西當成大腦記憶資料庫的參照點，連結形成就成功了。但連結不需要完美對應，我們不需要剛好記得遇到一隻「雜色貴賓犬」，才知道這是一種貴賓狗，即使我們從來沒有看過這種貴賓狗（這是稀有品種），我們還是能夠知道這是貴賓狗。大腦執行這項功能的時候是無縫接軌，所以我們不會察覺大腦在做什麼，反正大腦就是會這麼做。

在執行動作功能的時候，大腦用的是相似的系統。你在喝咖啡時，不用去想喝咖啡這件事，你不需要有意識地去想伸手去拿杯子、抓住把手、拿到嘴前這一連串的步驟。腦海中的無意識使用稱為「習慣執行系統」（habit execution system）的程序，藉由把想做的動作與之前已經做過的行為模式相連結，大腦就能天衣無縫地執行這些動作。這是經由﹝系統一﹞的運作，麥可．喬登也是用相同的機制來灌籃，他不是有意識命令雙手去接球，並同時告訴雙腿加速橫越球場。這都是無意識間完成的，運動員皆如此，他們瘋狂練習，當球飛向他們，他們就能自動知道要怎麼做。這就是熟能生巧的精神所在，練習越多我們就越不需要有意識地思考正在做的事。我們可以讓我們無意識的大腦主掌﹝系統一﹞，因為無意識的大腦比有意識的大腦快了許多，我們執行功能的速度有如超人一般，這是利用﹝系統一﹞思考所締造的奇蹟。

但是這個世界並非總是可以預測，這是為什麼人類的大腦設計總是能找出新的事物。大腦中的監測系統不間斷在環境中搜尋任何與經驗迥異的事物。就是你的監測系統的作用讓你在看到不敢相信的事物時，雙眼圓睜好看得更清楚；或是你聞到有點奇怪的味道，鼻孔張大好讓你能聞得更仔細。威脅會獲得特別的注意，而且當監測系統無法找到與遇到的事物相符的記憶，這個系統就會從杏仁核發送信號到意識的大腦，讓大腦提高警覺，動用〈系統二〉以理解這個事物，這個過程發生時你所感受到的情緒是焦慮。[64]

這些支持尼克森的選民要花這麼久才終於想通，瞭解到尼克森很明顯就是在掩蓋大量的不法情事，是因為十一個月以來，他們沒有感到足夠的焦慮讓他們重新檢視那些他們一開始投給尼克森時所做的假設。警報已經響起，他們卻忽視了。直到一九七三年的春天，隨著霍爾德曼與埃立希曼辭職，水門案牽連的範圍越來越大，這一連串的負面新聞才終於讓杏仁核開始反應，並讓選民做了一件人類討厭做的事：下定決心改變心意。這件事發生的確切時間點為何？喬治．馬庫斯發現，當維持信念的負擔變得比改變這項信念的負擔還要重的時候，這項改變就會發生。這是之後稱之為「情感智能理論」（Theory of Affective Intelligence）的重要發現之一，馬庫斯及他的同事在開始研究情緒之後發展出這項理論。其中焦慮特別重要，因為它就像酸，能把在我們的預設想法上所生的鏽清除掉。[65]

一九七三年春，是什麼讓我們停止對尼克森的投入？是什麼拯救了民主？答案是焦慮這種情緒。

CHAPTER

# 8

## 事出必有因
## 不是只有小孩愛聽童話故事

## 1.

我說我們渴望「政治是可預測的」，而且這股渴望超越了對其他事物的渴望，甚至超越了真實。如果我是對的話，那麼這應該是人人皆知的事，不是嗎？任何像這股渴望一樣強大的驅力應該隨時都在運作，我們卻似乎沒有瞭解到它的重要性，怎麼會這樣？

答案很簡單，我們其實早已了解，但是有另外一個名字稱呼它：故事。政治人物不停地說故事，這些故事有什麼用？就是讓我們感到心安。在所有事恆常變動的世界，這些故事讓事物變得可以理解。稍微想一下隆納．雷根，他最為人津津樂道的是什麼？就是他的故事。吉米．卡特擔任總統期間有過通貨膨脹的紀錄，而且無法救回在伊朗的美國人質顯示他缺乏軍事長才，他讓美國人相信美國已經風光不再，風光一時的強權現在正在凋零。雷根上任後，人民漸漸有了不同的感受，也找回了自信。雷根成功的秘訣是什麼？是他控制了通膨或是重獲軍心？也許不是。毫無疑問，關鍵的因素是雷根成功地編出了深入人心的故事，讓美國人自我感覺良好。能夠把故事說得動聽讓他成了稱職的啦啦隊隊長。

雷根剛當上美國總統沒幾分鐘，他就說了第一個故事。一九八一年一月二十日，到了就職演說的尾聲，雷根說了馬丁・特雷普托（Martin Treptow）的故事討好美國人民，演講地點的對面就是國家廣場，國家廣場上散布著「對英雄致敬的偉大紀念碑」，而離這些紀念碑不遠則是阿靈頓國家墓園（Arlington National Cemetery），雷根說特雷普托就在此長眠，特普雷托是愛荷華小鎮上的理髮師，一九一七年自願從軍，到法國成為第四十二步兵師——著名的「彩虹之師」的一員。「在那裡，在西線，他在軍團之間傳遞訊息時死於隆隆戰火。」雷根娓娓道來，他注意到特雷普托是因為一本在屍體上發現的日記，「在扉頁上，在標題下，他寫道：『這是我的誓言：美國必要得勝。因此我要工作、我要救人、我要犧牲、我要忍受，我會上戰場，盡我所能，就像所有奮鬥的結果取決於我一人。』」

特普雷托的故事有什麼重點？它安慰了美國人，讓他們相信他們有能力面對當時的巨大挑戰。雷根說：「面對現在的危機，雖然我們不需要做出像馬丁・特普雷托及其他千千萬萬人一樣的犧牲，我們卻須要盡最大努力、全心全意相信自己，也相信我們有能力做出偉大的功業，也相信有了上帝的幫助，我們能夠解決現在所面對的問題。」

很多人在想特普雷托是誰，沒有什麼人聽過他的名號。結果就連雷根對他也所知甚少。比如說，雷根也不知道特普雷托的下葬之處，雷根說特普雷托葬在阿靈頓墓園其中一個墓碑之下，當研究者開始研究，他們發現這是錯的。隔天《紐約時報》指出，威斯康辛州的布魯默（Bloomer）才是特普雷托的長眠之處。[1]所以雷根的第一次全國演說弄錯了一項史實，這種事在他擔任總統期間還會不斷發生。白宮官員匆忙辯解，承認雷根的確弄錯了。然而，不管是這一次弄錯，或是任何一次他搞錯了故事的情節，都沒有跡象顯示雷根有感到疑慮。只要故事烙印在他腦海中，幕僚常常發現很難阻止他一次又一次把故事弄錯。邁克爾・迪弗（Michael Deaver）負責總統的媒體相關事務，他說雷根會這樣是因為他無法相信任何人會對他說謊。不管雷根這麼做的原因為何，幕僚深陷恐懼，深怕雷根又聽了一個不真實的故事。[2]他們發現，雷根的固著偏誤特別強烈，一旦他相信了某件事，就很難改變他。不過你知道嗎？美國人比雷根更不在乎他有沒有弄錯故事的情節。所以就算《紐約時報》發現他又搞錯了，那又如何？重要的是故事。作家佩吉・努南（Peggy Noonan）曾為雷根撰寫演講稿，她在回憶錄中指出：我們看重的不是真實，而是故事。[3]

為何我們這麼喜歡故事？因為這些故事滿足了我們所想要的：合理的因果關係。在「一加一等於二」這個故事裡，一切都說得通，生命變得可以理解。故事常常都是善惡對決，這種公式特別吸引人，畢竟，還有什麼比光明對抗黑暗的戰爭還要容易理解？發展心理學家說孩童在五歲之前就能理解這種概念。

多年以前，哈佛大學傑出的社會科學家哈沃德・加德納（Howard Gardner）想要找出頂尖成功領導者的共通特質。[4]在檢視過瑪格莉特・柴契爾到馬丁・路德・金恩等十一名傑出人士的一生後，加德納總結道：他們的成功關鍵在於他們能夠說動聽的故事。「故事幫助人們思考跟感覺自己是誰、從哪裡來又要到哪裡去。」他發現這些故事「是領導者的『文字彈藥庫』當中最有效的主力。」這些故事又有什麼相似之處？它們都有五歲小孩對世界的二元觀點：一個光明與黑暗的世界。這為何重要？加德納指出是因為「成人從來不會失去對這種基本故事的敏感度。」

加德納指出，雷根的飛彈防禦系統——戰略防禦計劃——立刻被稱之為「星際大戰計劃」絕非巧合。雖然批評者希望藉由把該計劃跟善惡對決的簡單電影公式畫上等號，能夠有效攻擊到戰略防禦計劃，但是這種善惡對決的意象卻大大幫助了戰略防禦計劃，雷根就像天行者路克，正在打光榮的一仗。

故事對領導者特別有魅力的原因是因為故事很容易瞭解，政治的重點在於找到能引起公眾討論的議題，這些議題不需要大學學歷，許多選民沒有上過大學。藉由故事，特別是那種有好人壞人的兒童故事，政治人物可以得到所有觀眾的注意。政治人物藉由故事表達他的訴求，選民對此有何感受？他們會認為這名政治人物很聰明，因為每個人都聽得懂故事，而且就像前幾章所提到的，政治的重點不在於政治人物看起來或聽起來怎麼樣，而是他們給選民怎樣的感受。

故事的重要性還有另外一個值得注意的原因。就像神話（接下來會有更多篇幅討論），故事能幫助我們適應與改變。歷史學家烏瓦爾．諾亞．哈拉瑞（Yuval Noah Harari）要我們想像一個一九〇〇年生在德國的女人活到一百歲會是怎樣的情形。在她的一生，她會經歷德意志第二帝國、威瑪共和、納粹第三帝國、分裂的東西德以及德國統一。雖然她經歷過「迥異的五個社會政治系統」，她的基因「沒有絲毫改變」，每次改變的不是她的也不是任何人的基因，而是在這些系統底下生活的公民對於自己的信念。改變故事，行為就會改變。在希特勒統治下，德國人的行為跟今日不同。

我們勝過動物的其中一項長處在於我們能說故事（也能相信故事）。動物大體上不會改變行為，就算改變也無法快速的改變。牠們需要千年或萬年的時間演化，我們不需要，因為故事的緣故。我們不需要仰賴演化來改變，想改變的話只要對自己說新的故事。[5]

政治人物藉由改變他們的故事來迎合我們的需求，利用我們對故事的敏感度來吸引注意。如果某一年選舉，選民似乎想要一個局外人上台，政治人物就會強調人生裡能顯示他們就是局外人的重大事件。如果四年過後，表現得像經驗豐富的局內人更有利，他們就會藉由改變他們的故事來改頭換面。

誰會勝選？好吧，這又是另外一個複雜的問題。但是其中一個通常很重要的因素是政治人物是否能說一個有說服力的故事，這是因為故事能讓我們團結一致，候選人如果有動聽的故事，就能讓支持他的人團結一致。

為什麼故事能發揮功效？人類與故事有何關聯？

## 2.

想像一下四種常見的幾何圖形：兩個三角形（一大一小）、一個小圓圈以及一個大的長方形，有一邊就像門一樣可以打開。沒什麼好興奮的，不是嗎？若對大腦做掃描會發現當我們看著這樣的靜止圖形，大腦會進入不活動的狀態。但是如果你加入一點動作的話會怎麼樣，如果你讓兩個三角形橫衝直撞、進進出出長方形，並且互相碰撞的話會怎麼樣？一九四〇年，心理學家弗里茨．海德（Fritz Heider）以及瑪麗安娜．齊美爾（Marianne Simmel）做了著名的實驗，決定要找出答案。[6]他們讓幾組學生看一支兩分半鐘的影片，影片中有三角形、圓形以及長方形（YouTube上也看得到，搜尋「Triangle Experiment 1944」）。要求第一組的三十四位大學生描述看到了什麼，結果是最有趣的，因為他們跟之後的其他組別不一樣，他們沒有受過訓練。在兩位教授的研究中，可以讀到學生的反應。一名學生比較實事求是：「一個大的三角形進到長方形裡面，之後進進出出，每一次進出，長方形的一邊就會有一半打開……」之後的敘述都是這樣子以她那種無聊的方式進行，真是催眠。但是她是唯一一名使用中立的語言描述的學生。

其他的學生是如何詮釋他們所看到的？他們解釋三角形跟圓形的動作，就好比它們是人類，回應之中最典型的一種是學生覺得兩個三角形跟圓形是兩名男性為了一名女性而爭風吃醋。「一個男人計劃要跟一個女人見面，那個女人帶了另外一個男人來。第一個男人要另外那一個男人離開，第二個男人也要第一個男人離開，他搖頭拒絕。之後兩個男人開始打架，那個女孩想要進到房裡避開衝突，想了一會兒後終於進到房間裡。」這名學生繼續像這樣說故事，用相似的語詞描述每個連續的動作。兩個男人互相追逐，其中一個男人「被憤怒與沮喪所蒙蔽」，女人決定離開之後，他重擊房子的牆壁（長方形）直到牆壁崩塌。

這聽起來像什麼？不就正好具備故事的要素嗎？對於影片中一堆幾何圖形的動作，學生的自然反應是把它變成一齣日間肥皂劇——這一切都來自一支只有三角形跟圓形的短片。這不是有點奇怪嗎？沒錯。

我們要瞭解，這個三角形實驗雖然暗示了一些事，卻沒有證明任何事。特別是沒有證明我們生來就會創造與吸收故事，但是許多證據漸漸浮現……

一九六二年，一位被稱之為「WJ」的病患動了一場很少對人類進行的手術。WJ曾在二戰期間從軍，一九四四年在荷蘭一場不甚成功的轟炸行動中，他的降落傘沒有成功打開，讓他跌落地面。他跌斷了腿，並失去了意識。敵軍發現他後，他被送到戰俘營，在那裡他被步槍的槍托重擊頭部。之後幾個月，他的體重減輕了一百磅，而且幾乎餓死。戰後他重回平民生活，並且從事店員的工作。他的體重恢復，但他從來沒有變回從前的樣子。當時，在戰後六年左右，他開始受失去記憶所苦，他開車開了五十英里，到達目的地後卻不知道是怎麼到那裡的。在失去記憶的期間，他會大喊：「跳傘！傑瑞！」，他也開始有癲癇的症狀。

隨著時間流逝，他的症狀越來越嚴重。到了一九五〇年末期，一天痙攣會發作兩到三次，痙攣的情形太過嚴重，他常常跌倒並傷到自己。他無法維持一份工作，生活陷入愁雲慘霧之中，當他終於無法忍受，便決定要接受一種實驗性的手術，醫生希望藉由這次手術能控制痙攣。手術計劃是這樣的：藉由把連結左右半腦的大塊神經纖維組織——胼胝體切開，讓左右腦分離，把他的大腦分成兩半。

這種作法相當極端。在一九四〇及五〇年代，這種手術在數十位病患身上試驗過，此前一名胼胝體長了腫瘤的癲癇病患因為這種手術而症狀減輕，[7]醫生據此推斷：是不是能夠藉由分開左右腦，讓其中一個半腦過度刺激的神經不會引發另外一半腦的神經過度刺激，進而減緩嚴重的癲癇發作，但是這種手術依然被認為具實驗性及危險性。一名醫生指出他的病患沒有副作用，但是另一位醫生不再進行這種手術，其他醫生說這位醫生後悔對病患所做的事。這種手術太具侵略性，他的顧慮是可以瞭解的，整個過程需要切開兩億束神經纖維。而且，科學家用猴子做實驗之後指出：手術後動物在協調方面出了問題。因此，其實沒有人知道WJ接受這種之後稱為「裂腦手術」（split-brain surgery）的手術會發生什麼事，手術的名字已經暗示了這種手術有多極端。在加州，他以及其他九名同樣絕望的病患同意接受手術。他們都不是普通的患者，而是白老鼠，絕望的白老鼠。

一九六二年二月四日，在洛杉磯的懷特紀念醫院（White Memorial Hospital），手術開始進行。手術進行得很順利，WJ癲癇不再發作，數年以來他第一次不再跌倒，對於任何遇到他的人，他看起來再正常不過了，他能說話，能走路，能夠專注。但是就像接受過裂腦手術的猴子，他的協調出了問題，他不能夠讓左右手同時運作，他必須要坐在左手上，才能讓它不會干擾右手的動作。這是因為雙手（跟雙眼一樣）由單獨一邊的半腦控制，胼胝體一被切開，左右半腦就不再協調互動。事實上，WJ現在遇到的問題也許可以說是大腦的組織問題：他的左手不知道右手在做什麼。

經測試後發現另一個有趣的異常現象。[8]當科學家只讓他的右眼看一支湯匙，他看得到，代表控制右眼的半腦功能正常。但是讓他的左眼看湯匙時（左眼由另外一邊的半腦控制），他說他看不到。就連湯匙擺在正前方，他還是說看不到。這是否代表控制他左眼的半腦已經損毀？他真的看不到湯匙嗎？

為了找出答案，科學家進行了另外一項測試。他們給WJ一個摩斯密碼器，告訴他左眼上被打上閃光時就用左手打出訊號（左手跟左眼由同一邊半腦控制）。之後他們開始打出閃光，如果他按下按鈕表示右半腦正常運作。隨著閃光出現，WJ按下了按鈕。右半腦確實正常運作，但是之後他們問WJ看到了什麼，他卻說他什麼也沒有看到。什麼也沒有嗎？我們知道他一定看到了閃光，因為他看到閃光時按下了摩斯密碼器上的按鈕，但是要是問他，他卻說沒有看到。原因是這樣的：他看到了閃光，卻不能說出他看到了，因為他是用右腦看到了，但是語言中樞是在左腦。科學家學到：即使左右半腦功能正常，卻彼此無法溝通。其實可以說病患有兩顆大腦。

幾年之後，科學家做了更多試驗，這項發現也變得越來越重要。這次在東岸的一名接受過裂腦手術的病患身上發現了另一種異常現象。這次的發現奇怪到了極點。使用特殊裝置限制裂腦病人PS每隻眼睛能看到的視野之後，科學家讓他的左腦看到雞爪的影像，讓他的右腦看到雪景。接下來科學家讓PS用雙眼看一些有圖案的卡片，就像平常一樣。他們要PS選出能跟爪子跟鏟子搭配的圖片。這就像小孩子的問答，要說出哪些物品彼此匹配。他的雙手伸向了不同的卡片，他的左腦看到雞爪，左腦控制的手伸向了雞的圖片。這說得通，雞跟雞爪可以配對。右腦則看到了雪景，右腦控制的那隻手伸向了雪鏟的圖案。這也說得通，雪應該要配雪鏟。到目前為止都還很合理，兩個半腦分開運作（就像WJ），也正常運作。

但是之後科學家問PS為什麼他要選雞跟雪鏟，事情開始變有趣了。神經心理學家麥可・葛詹尼加設計了這個實驗，他描述接下來問PS為何做出這樣的選擇，「他左腦裡的語言中樞回答：『喔，這還不簡單，雞爪跟雞很配。』這個答案簡單地解釋了語言中樞所知道的，他看到了雞爪。」

但是看了看在他另外一隻手中的雪鏟圖案，「沒有一絲猶豫，他接著說：『你需要一支鏟子來打掃雞舍。』」[9]

什麼？這其實不是他選擇鏟子的原因。他選擇鏟子是因為鏟子跟雪景相匹配，他的右腦剛剛看到雪景。但是他的語言中樞不知道右腦發生的事，它位於左腦。所以當左腦把鏟子跟雞連在一起，讓PS說：「你需要一支鏟子來打掃雞舍。」的時候，左腦做了什麼？左腦不知道右腦知道什麼，所以把所知的事實放進能解釋得通的脈絡中。葛詹尼加又說：「左腦將反應放進與所知一致的脈絡中解釋，左腦知道的就是：雞爪。它對於雪景一無所知，但卻要解釋為何選擇鏟子……我想想，雞會弄髒環境，你也需要打掃，啊哈！就是這樣！這就說得通了，有趣的是左腦不會說：『我不知道』，雖然這才是正確的答案，而是編造出一個事後諸葛的答案，以符合情境。」

在接下來的一個實驗，葛詹尼加在電腦螢幕上閃過裸女的圖案給另外一名裂腦病患看。這名病患是女性，她咯咯地笑了出來。問她為什麼笑，她說：「不知道……沒什麼……喔——那部機器真好笑。」這就怪了，圖片呈現給病患的右腦，她的左腦不知道她為什麼要笑，但是聽起來合理的答案很快就出現了。[10]

這些腦裂病患的大腦做了什麼？這些大腦用了葛詹尼加稱之為「解釋者」（Interpreter）的機制，開始胡謅。也就是說，它開始編故事。大腦整理得到的資訊，並藉由這些資訊說了一個小故事。

在某些人身上，編故事是韋尼克氏腦病的臨床症狀，這種疾病與因為維他命B1不足而造成腦部傷害有關，通常是嚴重酗酒的結果。有一些人則是因為腹內側前額葉皮質（ventromedial prefrontal cortex）受損。[11]不管確切的病因為何，在極端的病例中，受疾病所害的病患說出毫無根據的話。一份最近的研究中，科學家指出，一名退休的精神科醫生因「前交通動脈瘤破裂（rupture of aneurysm of the anterior communicating artery）而接受治療，她深信自己是在就診診所工作的精神科醫師，不斷離開治療程序，因為她堅信自己必須要去看診。另外一名得了邊緣系統腦炎的年輕律師則拚命地找尋卷宗，因為她深信自己就要出庭。」[12]這些病患的失常之處在於腦中將幻想與現實分開來的機制無法正常運作，因此這兩者就混淆了。[13]然而，不需要腦傷，你其實很容易就會編故事，葛詹尼加的裂腦實驗顯示：編故事並不是腦部設計的瑕疵，而是另外一種特徵。[14]我們說故事讓這個世界變得合情合理，而且這麼做是因為我們腦中的固定線路使然。

因為這些「解釋者」機制，我們都是天生的說故事高手，難怪這些看了幾何圖形短片的學生卻說出肥皂劇的情節，這就是大腦的緣故。雖然我們有能力找尋事物的真相，大腦卻對真相沒有絲毫偏好，而是偏好能讓世界變得可以理解的故事。葛詹尼加說：其實，我們都渴望找到模式，實驗顯示我們都會根據可預測的模式預測某件事會發生，雖然其實根本沒有任何模式。因為預測模式是人類高度發展的功能，我們會犯這種錯，而動物不會。[15]

這聽起來像是設計的瑕疵，卻不是這樣。我們不斷看到模式，因為演化過程中，看出模式大體上確實是有幫助的。就像科學作家麥克・薛莫（Michael Shermer）的觀察：「我們是那些最會找尋模式之人的後代，這個過程稱為**聯想學習**（association learning），是所有動物行為的基礎，從隱桿線蟲到智人都是如此。」能夠找出難以發現的模式不僅讓人類有別於動物，也能分辨人類創造力的高下。

找到模式幫助有創意的人擁有特殊的創造力，凡庸之徒只看到雜訊，天才就能看出雜訊透露的訊息。

凡庸之徒和天才的大腦有何不同？嗯，這又是另外一個複雜的問題了。但是天才其中一項突出的特徵是多巴胺傳導物質特別多，腦中有越多多巴胺，我們就越有可能找出模式。多巴胺太少，你就看不到你應該要看到的模式；多巴胺太多，你會看到並不存在的模式。你知道任何這樣的人嗎？我知道。而這似乎正是他們腦中的多巴胺造成的。

看到並不存在的模式會發生什麼事？也就是說，如果我們得到偽陽性的結果，也就是統計學上的「第一型錯誤」（Type 1 error）的話會怎麼樣？在現代，後果可能不堪設想。你去看醫生並做了愛滋病篩檢，你很怕中標。幾天之後你接到通知說結果是陽性，你嚇壞了。不過，還好，結果是測試出錯了，你沒有得病。這太糟了，不是嗎？但是對於狩獵採集者而言，偽陽性的結果通常沒有關係。偽陽性也不過就代表岩石後面沒有蛇，或是樹叢後面沒有躲了一隻獅子。沒有蛇或獅子？那又怎樣，你會繼續走你的路。薛莫說，這種錯誤沒有嚴重的後果，所以我們「並沒有演化出能偵測胡謅的大腦網路，來讓我們分辨模式是真實的或是錯誤的。我們沒有能偵測錯誤的主控中心來調控我們辨認模式的引擎。」[16]

這也就能解釋為何我們對於政治人物說故事有如此正面的反應，大腦並不會馬上分辨故事真實與否，它聽到故事就馬上覺得：**故事耶！我愛聽故事**。這讓善於說故事的政治人物贏過不擅說故事的政治人物，也贏得我們的青睞。我們渴望故事，一聽到故事我們就全神貫注。

其實，大腦中對於故事有化學反應發生。最近的實驗顯示：我們看到在腦中視為是故事的事物時，大腦的活動增加。[17]故事越豐富，就有越多化學反應。然而，並非所有故事都可一概而論，大腦會分辨正面的跟負面的故事，正面的故事就比如政治人物推銷自己的故事。引發同理反應的故事會造成催產素分泌，催產素就是之前提到過的愛的賀爾蒙。讓我們煩惱與憂慮的故事則造成可體松（cortisol）的分泌，可體松是壓力賀爾蒙。換言之，故事改變了大腦。大腦獲知像是牙膏上的指示這種一般性的訊息時，不會製造催產素或是可體松，大腦對這種資訊沒有興趣。事實上，大腦處理故事的方式有別於處理資訊。它並非以中性眼光看待故事，而是特別喜歡故事。[18]

這世界顯得越是複雜，我們就越想要故事來幫助我們釐清事物。這個世界似乎越來越複雜，比如Google或是其他搜尋引擎這些我們認為能夠幫助生活的工具，也讓我們覺得生活變得毫無頭緒。Google不只是為我們效勞，而是直接影響我們。一方面，它讓我們能一瞬間得到全世界的知識。不用出門，坐在桌前就可以接觸到千種不同價值觀的文化。另一方面，它也讓我們獲知過去被蒙在鼓裡的知識。在任何時刻，只要點擊一兩下就能看到不久之前還會被稱之為是色情或煽動言論的內容。這對我們的影響尚不明朗，但是藉著給我們機會去探索從前被隔絕在外的世界，Google迫使我們要做出更多選擇。任何一個選擇都會影響自我認同，不管是決定瀏覽關於古代希臘男色文化的網站，或是有關仇恨團體3K黨的資訊。在滿足好奇心的過程中，我們不只說出了自己的偏執以及興趣，也說出了自己是怎樣的人。這有點令人不安。

事物越是複雜，我們就越被能幫助我們自我認同的故事吸引，就像在雜貨店面臨太多選擇讓我們無所適從時，我們選擇知名品牌。這是我們變成黨派分子的原因之一。當道德不再那麼非黑即白，過去的真理也崩塌了，我們在黨派認同裡避難，在黨派認同裡我們找到有用的、現成的故事來解釋是什麼讓世界運轉。二〇〇八年，經濟開始蕭條，民主黨人想都不用想就知道誰是罪魁禍首。民主黨回收利用了最近一次經濟衰退時的故事，馬上找到了答案：貪婪的銀行家。共和黨人有共和黨版本的現成答案：國會干擾自由市場，逼迫政府資助的融資企業，比如房地美（Freddie Mac）與房利美（Fannie Mae）放寬借貸標準讓窮人去購買無法負擔的房產。這種說法是一舉兩得，不僅讓共和黨人繼續深信政府不好，也強調窮人得到的是他們不應得的利益。

幾年以前，歷史學家瑞克．佩爾斯坦（Rick Perlstein）匯編了尼克森所有的書面作品。[19]在編者按中，他觀察到：「尼克森的回憶錄中開頭的段落就把他的特質表露無遺。」不過其中一項特質「最不受重視」，佩爾斯坦說。這項特質解釋了尼克森為何「能夠不斷與一般選民連結，雖然他常常被說是笨拙的人。」這是什麼特質？就是說故事的能力，「尼克森故事說得精采極了。」這對總統是很有用的天賦，總統有很多頭銜：全民的指揮官、全民的道德領袖、全民的教師，這些頭銜當中很少有比「全民的說書人」還要重要。

一九七二年投入大選時，尼克森有一個對美國人民意義十足的故事：他復興了美國。藉著造訪中國與蘇聯，他讓冷戰的局勢緩和下來，讓美國在越南走向和平之路，並嚴加控管反戰的抗議分子與都市裡的暴動分子。水門案被摒除在這個故事之外，美國人民也視而不見。他們為所有不符合腦中故事的事實找藉口，這比想一個新的故事還要容易。不像PS，他們還沒有被逼著要把水門案的證據拿在手裡，就像PS被逼著要面對手中的鏟子圖片。

結果選民不重視水門案還有另外一個理由，這跟神話的威力有關。

## 3.

一九六四年春，美國參謀長聯席會議（Joint Chiefs of Staff）在決定要把越戰變成「我們的戰爭」之前，他們為一場兵棋推演作了安排，這次推習是要測試美國正在考慮使用的戰略。[20]這場兵棋推演稱為「SIGMA I-64」。五十六名負責決策的官員參與這次推演，他們都是中央情報局、白宮以及國防部的高級官員。他們分成四組，藍隊代表美國及南越，紅隊代表北越、越共以及寮國的共產武裝分子：巴特寮（Pathet Lao），黃隊代表中共。另外一隊——管制隊則代表世界上的其他所有人：歐洲盟友、蘇聯、聯合國以及美國人民，要是這個隊伍真的存在，它將會是真正的文化大雜燴。演習的執行過程有經過特別的安排，就連藍隊必須用藍色紙張，紅隊要用粉紅紙張，以及黃隊要用黃色紙張這種小細節也不放過。包括一名海軍少將以及幾名上校等二十名軍官被分配到各隊支援。

兵棋推演的目標是要找出：如果美國開始激烈地實施逐漸擴張武力的漸進戰略，藉此削弱越共，各隊的反應會是怎麼樣？漸進戰略被認為是穩健的做法，跟其他戰略不同，漸進戰略不會引發全面戰爭，也就是不會讓中國直接參戰。但是漸進戰略有用嗎？北越會因此減少對越共的支持嗎？越共會就此潰散嗎？戰爭中你永遠無法準確預測敵人的反應為何，但是至少就人類所能做的最大的努力，可以藉由兵棋推演預測敵人的反應。戰略家藉此設想對手的想法，事實上，軍事演習能夠防止投射偏誤，避免人們把自己的觀點強加在其他人頭上，這點本書之前提過。要免於這些偏誤，你要把自己放在敵人的立場。

SIGMA I-64獲得兵棋局的贊助，在一九六四年四月六日十三時開始，在五角大廈的1D965A室進行。三天後，在四月九日十八時結束。結果如何？推演一開始，藍軍（美國）藉由邊境地上的突擊隊持續對北越施壓。紅隊（北越及越共）為了回擊，提高攻擊的強度，射下美軍的飛機，對美軍及其盟友發動攻擊。藍隊因此也提升了對北越的攻擊，空軍接獲轟炸北越的命令，海軍則接獲命令要在越南北部的大小港口部屬地雷。

攻擊行動一來一往，一方的攻擊引發另一方的反擊，戰況漸漸白熱化，美國堅守以牙還牙的戰略。戰事拖得越久，美軍的狀況就越慘。北越不僅沒有退縮，還加強對越共的補給，讓他們的攻擊更猛烈。結果世界各國的輿論開始轉向反對美國，認為美國是侵略者。至於美國國內，大眾輿論分歧，總統害怕情況失去控制，他到國會請求參眾議院的共同決議，授權他使用美國武力對付東南亞共產國家的猛烈攻擊。

這個發展是否聽起來很熟悉？就像一名歷史學家指出，這跟實際發生的史實相似到了詭異的地步。[21] SIGMA I-64就像一部糟糕恐怖電影的預告片。在最終報告當中，兵棋局甚至提出警告：「如果美國參戰掩飾得不夠好，以致於表現出憤世嫉俗的侵略性」，海內外的公眾意見將會果決地朝反對美國的方向發展。三個月以後發生了什麼事呢？總統林登．詹森到國會要求共同決議，讓他能夠採取軍事行動對抗東南亞的共產勢力，因為一艘美國驅逐艦在越南北部灣（Tonkin Gulf）執行任務時遭到北越兩次開火攻擊。這正是SIGMA I-64報告當中警告不要做的：對參戰一事掩飾得不夠好。

很快，真相大白，其實根本沒有第二次攻擊。偵測到船隻及砲火信號的雷達因為天候不佳而失靈，詹森之後對幕僚坦承：「就我所知，海軍在那邊是對鯨魚開火。」

雖然在兵棋演練的最終報告中，官員對於漸進戰略能成功的希望不減，報告文件當中的證據卻極有說服力地指出這是不可能的。除非一些渺茫的好運讓戰況有所突破，漸進戰略不會生效。北越會一直提供越共幫助，越共也會一直作戰下去，世界輿論會反對美國，美國國內也不樂觀。總之，美國會輸掉越戰。

SIGMA I-64計劃設計得很仔細，執行過程也無懈可擊。巨量的資源投入這個計劃，投入的工時長達九百小時，其中不乏政府高官的參與。計劃的最後，兵棋演練局寫了一份令人印象深刻的報告，報告中仔細地記錄了隨著戰事發展，每一隊的每一項行動，提供了極為準確的預報，預示了採用漸進戰略後會發生的事態發展。五十六位參與者都拿到了報告，報告附上一封信，信中讚揚了他們的努力，信末簽名的是參謀長聯席會議主席——馬克斯維爾·D·泰勒（Maxwell D. Taylor）。

之後這份報告就被打入冷宮，時任總統詹森從來不知道兵棋演練的結果。數個月之後，負責決策的官員決定採用漸進戰略作為美國在越南的正式策略。

沃爾特·羅斯托（Walt Rostow）是當時總統最主要的戰爭顧問，一九六四年九月兵棋演練局接獲他的命令，決定再進行一次演練。羅斯托相信第一次演練之所以對美國不利，是因為藍隊（美國隊）做了錯誤的假設。新的兵棋演練對藍隊有全新的指示，這次演練稱為「SIGMA II-64」。再一次，政府的高層官員放下日常的事務，被要求全力參與。參與的官員包括：國家安全顧問麥喬爾基·邦迪

（McGeorge Bundy）、他的哥哥，副國務卿威廉・邦迪（William Bundy）、中央情報局局長約翰・麥科恩（John McCone）、國防部助理部長約翰・麥克納頓（John McNaughton）以及國防部副部長塞勒斯・萬斯（Cyrus Vance）。這次演練在九月八日開始，這次歷時了九天而非三天，表示政府對這次演練更加投入。

再一次，代表美國的藍隊使用漸進戰略，正是美國當時正在使用的戰略。這個戰略還是無法讓北越停止資助越共的行動，越共也再一次對於藍隊的行動予以更強的反擊。在最終報告中，證實了轟炸北越沒有太大功效，因為北越是農業社會。轟炸稻田沒有太大用處，雖然戰略家對轟炸行動寄予厚望，北越值得轟炸的目標就是沒有多到可以讓他們的願望實現。參謀長聯席會議列出了九十四個目標，包括通信線路、軍事設施、工廠等等設施，但是就算把這些目標都轟炸完了，還是無法阻止北越提供越共軍火與人力。

美國政府的第二次演練是要測試漸進戰略的假設，證據再一次指出美國如果使用漸進戰略，將無法阻止北越當局繼續資助越共。事實上，這個戰略會讓美國輸掉越戰。然而，再一次，結果依然乏人問津。

這開始讓人感到沮喪，而且還會變得更糟。一九六五年，五角大廈又進行了一次兵棋演練。官員們又一次得到了跟之前一樣的結論，採取漸進戰略會輸掉戰爭。已經有三次結果都指出會輸掉越戰，**整整三次**。但美國人不承認事實。雖然沒有一次演練明白指出真相，但是所有的暗示都很清楚明白，漸進戰略就是沒有用。就算轟炸河內上百次也沒辦法阻止北越政府資助越共，事實也是即使從兵棋演練得知了這點，美國政府依然採取了這個有重大錯誤的政策。

這聽起來很荒唐，卻是實際上演的真實戲碼。而且這點在報告中也表達得清清楚楚，因為時任美國國防部長勞勃・麥納馬拉（Robert McNamara）在回憶錄中也如此承認。[22]他引用了SIGMA II-65計劃的最終報告，這段話明確表明了轟炸河內不會有效。麥納馬拉所引用的這段話是這樣的：「有人強烈地認為……北越政府當局可以也將會挺過這些懲罰性的攻擊……因為這個國家的經濟基本上由自給自足的村莊所構成……工業活動在經濟上所扮演的角色並不重要，就算工業瓦解也是可以承擔的代價。」這段話有任何一絲模糊之處嗎？去吧，去轟炸，可是不會成功。

一九六四及一九六五年的兵棋演練是設計來讓決策者能洞察敵方的心理。這些演練不僅達成目標還做得很好，越戰並非讓決策者措不及防的戰爭。參戰之際，他們就已經知道，而且是**明明白白地知道轟炸北越不會停止越共在南越的作戰，但他們依然故我。**

在回憶錄中，麥納馬拉也直接地說：「SIGMA II-65計劃報告中的結論讓我非常憂慮。」然而，之後他也承認發生的事跟紀錄一致，他說這份報告「似乎沒有對五角大廈或其他政府部門造成太大的影響。」麥納馬拉說這是因為一九六五年八月從越南傳來的消息都是捷報，在第一次與越共的大規模作戰中，美國痛宰越共。但是這依然無法解釋，為何當事情不久之後就開始出了岔子，五角大廈依然對自己實施的兵棋演練所帶來的教訓視而不見。

這也沒有解釋為何在前一年對SIGMA兵棋計劃的反應為何一樣冷淡，一九六四年時戰事似乎已經跌跌撞撞、不受控制。那時候，決策的官員依然忽視這場演練，威廉・邦迪是當時的副國務卿，在他沒有出版的回憶錄中，他承認對於這些演練如此受冷落他也感到迷惑。「幾年過後回頭一看，才發現事件經過很令人訝異。」他承認道，「我希望我能夠回憶或精準地說出那時候兵棋演練對我的影響。對我來說影響微乎其微，我感覺其他人也是如此。」[23]

那麼是什麼造成了這種漠不關心？顯然，決策的官員展現了老掉牙的偏見，他們自己執行的兵棋演練已經產出證據表明，他們支持的政策沒有用，所以他們忽略這些證據，即使這些證據是他們自己發現的。顯而易見，這是「失驗性偏誤」的例子，這些官員也犯了「投射偏誤」，他們堅持相信面對大規模轟炸，北越終究會改變行為，因為這是他們想像在面臨相同的情況下我們會有的反應。美軍中將安德魯・古巴斯特（Andrew Goodpaster）在一九六四年對麥納馬拉猛烈抗議，他警告：「長官，您正在臆測敵人，這件事我們永遠都不應該做，我們不可能代替敵人思考。」但是就算承認「失驗性偏誤」以及「投射偏誤」的影響，還有其他的因素影響了決策者。他們相信：美國挾著先進科技與武力，最終絕不可能戰敗，失敗難以想像。不管自己的報告怎麼說，一旦美國決心取勝，他們就是無法接受美國會輸掉越戰。

這反映了不只一、兩項認知偏誤，而是全然的盲目。這要做何解釋？答案是「神話」。在這個案例當中，神話是相信無所不能的強權不僅在二戰中獲得勝利，歷史上也戰無不勝，怎麼可能在越南吃下敗仗？戰敗根本不可思議。從這個角度來看，越戰演變成災難是由一則神話所起。

雖然這聽起來是誇大之詞，但是想想神話的重要性，神話形塑了我們對事件的瞭解，讓我們看不出本應是理所當然的事，這種說法真的有誇大嗎？畢竟，神話的本質也不過就是一套美化過的模式，我們在其上附加上特殊的想法。我們已經知道大腦有多喜歡模式，聰明人也無法抵擋神話的魅力，只要是人類都難免受到神話影響。確實，越是聰明的人就可能帶有能夠在腦中產生更多多巴胺的基因，加強找到模式的能力。（因為就像我先前提過，多巴胺與創造力有關。）接下來很明顯是我的推測，這可能代表聰明的人特別容易受神話思維所害。他們可能看出其他人沒看出來的模式，並枉下不應該下的結論。果若如此，就能解釋為何這麼多在政府身居高位的聰明人看不出對越戰的愚蠢決定。不管事實明擺在眼前，他們在高死亡人數、大量的轟炸跟其他他們覺得非常重要的「具體」數據當中找到模式，認為這些都是即將勝利的跡象，並在其過程中還完成了美國的使命，但是，真相卻是美國連保持現狀都辛苦萬分。總之，多巴胺分泌過多可能使得最優秀、最聰明的人材把我們帶到史上最糟糕的外交政策災難。是否真是如此已不可考，但是我們可以確定一件事：不管傑出的人是否特別容易受到它的危害，「美國全能」的神話會造成危險的後果。

## 4.

想想我們的生活及文化如何受神話影響，聖靈感孕？神話一則。英國人生性冷靜沉著？也是神話。威廉．泰爾？還是神話。神話無所不在，俯拾皆是，遍及生活各個層面。美國總統提出自由的時候，他是要利用一則神話。一提到喬治．華盛頓，我們想到什麼？不是想到他這個人，而是想到華盛頓紀念碑。清教徒登陸普列茅斯岩石？貝特西．羅斯（Betsy Ross）是縫製第一面美國國旗的裁縫師？自由鐘（Liberty Bell）敲響了美國的獨立自主？以上這些都是神話。世界上所有社會都有這些所謂的「創世神話」（〔Foundation Myths〕它與民族起源有關），以及其他神話。無所不在的神話顯示了神話是人類演化的心理機制中最重要的，這也進一步解釋了為何歷史學家發現神話令人困擾的特點：歷久不衰。神話頂多進入冬眠，等到環境有利就再度甦醒。以約瑟夫．史達林為例。一九五三年逝世後不久，蘇聯就正式與他劃清界線。當時史達林的恐怖之處完全被揭發，但是在他逝世六十週年，民調顯示俄羅斯人心目中史上最偉大的領導人是誰？答案就是約瑟夫．史達林。[24]俄羅斯人瞻仰的不是史達林這個人，而是偉大的領導者神話。神話中，史實與寓言混和，史實甚至只居附屬地位，重要的是神話帶給信徒的意義。

美國人也不例外，也容易受到神話影響。原因是神話對我們起的作用跟對其他人的作用相同，正如心理學家強納森．海德特所指出，神話讓我們連結在一起，就像蜂窩一樣。神話讓我們更緊密。[25]在美國這樣的異質社會我們對神話的需求更勝於同質社會。不像世界上的多數人，美國歷史相對較短，短到我們沒有時間建立有共通文化的單一族群。美國人來自世界各地，跟其他地方不同，比如說，不像德國或法國，美國人並不是幾千年都住在同一個地方。我們也沒有共享共通的部落認同。雖然美國國徽上說：「E pluribus unum」，意思就是「合眾唯一」，我們樂於相信這種說法，但它卻不是真的。讓美國團結一致的不是共通的認同，而是一組鬆散的信念。這就是為何神話受到美國人歡迎，神話能解答緊迫的問題，這裡引用十八世紀從法國移民到美國的作家J．赫克托．聖約翰．克雷夫柯爾（J. Hector St. John de Crèvecoeur）的話：「那麼，這種新人類——美國人為何物？」兩個世紀過去了，美國人自己也不確定，但是卻能從神話中看出一點端倪。我們的神話造就了我們——美國。因此我們緊緊抓住神話，不願放手。神話定義了我們是誰，神話對我們極其重要，作家與知識分子在美國獨立後有意地走上了創造神話的道路，這就創造出了真正的美國認同。他們可不希望美國小孩從小聽的是羅賓漢在舍伍德森林裡闖蕩的故事，而是希望他們學習美國的故事。保羅．里維爾（Paul Revere）*變成美國文化的一部分並不是意外，美國詩人朗費羅（Henry Wadsworth Longfellow）寫了一首詩讚揚他。普列茅斯岩石變得出名，因為丹尼爾．韋伯斯特（Daniel Webster）†在一場著名演說中提及它。為何我們會有神話？因為神話告訴我們自己是誰，我們所重視的價值是什麼。

這是為何我們會看到，像哥倫布這樣的人物或聖誕節這樣的節日，引發激烈的戰火。這些都是美國神話的一部分，美國人以神話定義自己。普列茅斯岩石、貝特西．羅斯、自由鐘，這些都是美國文化的基石。這些事物對我們非常重要。所以當有批評者挑戰哥倫布的人品或是質疑是否所有人都要慶祝聖誕節，許多美國人自然感到反感。他們所捍衛的不是神話，而是自己。神話就是我們。

那麼，當決策者面對在越南將損失慘重的證據，他們不只是不相信，甚至完全無視，事後也完全不記得對兵棋演練作何感想，這真的令人訝異嗎？威廉．邦迪說了什麼？「我希望我能夠回憶或精準地說出那時候兵棋演練對我的影響。對我來說影響微乎其微，我感覺其他人也是如此。」威廉．邦迪是公認的聰明人，他是一名經過訓練的歷史學者，擔任政府公職之後在普林斯頓大學任教。但是他承認沒有辦法記得對於兵棋演練的反應，雖然他連續參與了好幾天。就像他的同事，他也屈服

* 譯注：美國民族英雄，據稱他在獨立戰爭爆發前夕，將英軍正在前來的消息通報給附近居民。

† 譯注：一八五〇年至五二年，以及一八四一年至四三年任美國國務卿。

於美國的全能神話。官員們忽視了自己所執行的兵棋演練有多重要也就不足為奇，鑒於影響他們運作的神話無所不在，如果他們選擇按照眼前的證據行動，反而才令人吃驚。

水門案後，許多華盛頓記者才慢慢承認這樁醜聞的重要，他們原先毫無顧慮地把整樁事件都交給伍華德跟伯恩斯坦報導，現在則自問：為何自己後知後覺？他們很多人得到同一個答案：缺乏想像力。他們無法想像會有總統做出尼克森被指控做出的事，「連我這樣資深又犬儒的記者，也覺得總統會與這樣的犯罪有所牽連讓我瞠目結舌。」傑克．尼爾森說，他是《洛杉磯時報》駐華盛頓的主編。「很多記者也有同樣的感覺。」[26]為什麼？因為他們相信的神話干擾了他們的判斷力，這則神話就是美國總統的神話，尼克森的所作所為看起來跟這則神話背道而馳。

深受總統神話所蠱惑的不只是華盛頓的記者，大部分的選民也是，他們深深著迷於這則神話。這也是為何他們花了十一個月才終於肯承認證明尼克森說謊與從事遮掩的證據屬實。沒有放棄總統神話之前他們無法放棄尼克森，直覺阻止了他們。

CHAPTER

# 9

# 活在一九七四年

## 為何人們會說出不堪一擊的說詞，讓其他人瞠目結舌

## 1.

提摩西．納夫塔利（Timothy Naftali）剛當上尼克森圖書館館長沒有多久，他就發現某個地方出了錯。納夫塔利是歷史學家，於二〇〇七年獲得美國國家檔案和記錄管理館任命，在尼克森基金會將尼克森圖書館交由聯邦政府管理之後，擔任首位館長。他有少年禿，雖然待過加州幾年，看起來卻沒有曬過太多太陽，而且說話條理分明。要是你心裡面有對於歷史學家的想像的話，他大概就符合那個形象。跟多數歷史學家一樣，不管看到什麼，他都能跟歷史事件相互對照。聽到總統的演說，他能想出半打其他總統就同一主題講過的演講。國會通過重大法案，他馬上就發現自己正在跟過去歷屆國會的法案做比較。當上尼克森圖書館館長不久，他就發現尼克森基金會人員的某個特點。他們不只是像他一樣比較過去，他們根本活在過去。都已經是二〇〇七年，他們還活在一九七四年——尼克森辭職的那一年。[1]

看似奇怪，但卻令人無法否認。證據一個接一個浮現，只要看看關於水門案的展覽就好。

一九九〇年圖書館開幕以來，水門事件展覽就開始展出，展覽開頭的敘述是真的：它說尼克森對於入侵民主黨全國委員會的計劃事先一無所知。[2]不過接下來的內容就都是假的，而且既沒有證據又會造成誤導。納夫塔利說：展覽很「糟糕」。他說：「聯邦機構不可能展出這種東西，它充滿偏見，是尼克森掩飾不法行為的遺緒，是美化過後的產品。」為何會下令進行這場偷竊行動？因為前任司法部長約翰．米謝爾擔任競選委員會主席時，因為他那「多采多姿的妻子」而未行視事——這種對自己有利的說法忽視了闖入行動在當時獲得尼克森數次的支持，目的是為了要抓到自由派跟基進左派的把柄。那時候是丹尼爾．艾爾斯伯格（Daniel Ellsberg）洩漏了五角大廈的機密文件，「白宮水管工」闖進艾爾斯伯格的精神醫師的辦公室，想要找到他的把柄。至於尼克森到底知不知道這件事無法證實，雖然主謀說尼克森知情。但是展覽絲毫沒有提到艾爾斯伯格。為何尼克森命令中央情報局阻止聯邦調查局調查？全都是白宮顧問約翰．迪恩的錯。迪恩跟白宮幕僚長鮑伯．霍爾德曼建議，霍爾德曼再向尼克森建議，之後「尼克森同意了」，聽起來該負責的是迪恩與霍爾德曼，尼克森一點錯都沒有。

這聽起來不像是尼克森要展開什麼掩飾行動，也不像是犯了阻礙審判罪，總統觸犯這種聯邦罪會因此而遭彈劾。其實根本就沒什麼大不了的，因為兩個星期過後，聯邦調查局代理局長派崔克．格雷拜訪白宮，抱怨中央調查局插手，尼克森告訴他展開全面調查。看出來了嗎？尼克森心思純潔，希望所有事情攤在陽光之下。當迪恩告訴他：總統一職已經遭到汙染，尼克森的回應是他要放棄所有行政特權，好讓調查人員能夠徹底清查事實真相。這聽起來很公正，但是尼克森繼續阻撓案件中的關鍵證據——白宮錄音帶公開，最後為了不讓這項證據公布甚至上訴到最高法院。當最高法院終於命令尼克森吐出錄音帶，根據展覽，尼克森「立刻同意」。其實，他當時很認真地考慮要違抗最高法院的命令。

水門案為何能夠讓尼克森賠上總統大位？水門事件展覽說都是因為他的政敵，雖然媒體封這些人為英雄，他們的人品其實有重大瑕疵。參議員山姆·艾文是水門案調查委員會的主席，他是媒體口中的「憲政英雄」，展覽中則暗示他是年老的種族主義者。因為水門案事發不過九年之前，他對民權法案投下了反對票。至於兩位記者：卡爾·伯恩斯坦跟鮑勃·伍華德呢？他們有嚴重的道德瑕疵，他們「賄賂、違法取得電話號碼、跟陪審團成員私下接觸」。那麼阿奇博·考克斯呢？那個被尼克森開除的特別檢察官？他在白宮就職是甘迺迪家族的陰謀。其他還有很多類似的指控。

展覽裡類似這樣的避重就輕非常明顯，對於尼克森的「政敵名單」一字未提，對於尼克森計畫要命令美國國稅局對這些政敵查稅也毫無著墨，也沒有提及尼克森的反猶太言論，或是他針對美國勞動統計局的猶太人進行特別調查一事。尼克森曾經支持過，後來取消的休士頓計劃（Huston Plan）呢？休士頓計劃以國家安全為由，允許使用違法竊聽、入室行竊跟其他不法手段。「現在你想起休士頓計劃了嗎？給我做。」總統在錄音上這樣說。[3]「我要你用偷的，給我執行這個計劃。」但是在展覽裡彷彿完全沒有休士頓計劃這回事。

最令人吃驚的莫過於展覽的結論：一九七四年初夏，「沒有證據」能夠證明尼克森掩蓋不法行為。要到八月證據才終於浮現，在「所謂的鐵證錄音帶」上短短的六分鐘錄音當中，尼克森提到利用中央情報局阻止聯邦調查局。這當然是不法情事，但是如果錄音提早一年曝光，尼克森將可以逃過一劫。這段錄音之所以造成他辭職下台，是因為發生的其他事件。

在聯邦政府接管圖書館以前，基金會成員曾同意要讓展覽的內容更平衡，但他們從來沒有更改。這令人不解。如果他們想要確保新展覽展出他們想要的內容，他們就要自己策劃展覽，但是他們讓舊展覽保持原樣。「美國政府堅持，這些尼克森的死忠支持者要更改水門事件的展覽內容，而且要在國家檔案館接手之前就改。」納夫塔利說。「國家檔案館不想要自行更改，我來了之後尼克森基金會的約翰・泰勒牧師（Reverend John Taylor）告訴我：『做不到，我們無法修改自己的展覽，我們無法達成共識。』尼克森的支持者連水門事件的展覽都無法更改，就我所知這就是他們還活在一九七四年的最佳證據，想想看這有多荒謬。」

納夫塔利回想這些事時表達了他的不可置信。水門案已是幾乎四十年前的往事，直到現在都還有一群人似乎無法接受這件事。他們對尼克森掏心掏肺，他們只能接受「尼克森版本」的水門案，他們的看法也沒有隨著時間改變。

## 2.

我們人類常常看不出事物的真相，這並非秘密。但是一般相信在政治場域，黨派偏見或多或少都是部分原因。民主黨人對民主黨籍的總統評價較高，那是當然，因為他們支持民主黨。共和黨人樂於支持共和黨的候選人，因為他們支持共和黨。早在一九四〇年代，哥倫比亞大學的研究就發現了這點，這也是神經科學家最近公布的發現成果，他們把受試者送進功能性核磁造影，之後問他們一些會引起黨派分子不安的問題。心理學家德魯・韋斯汀（Drew Westen）在二〇〇四年總統普選期間做了實驗，實驗中讓黨派分子看一些證據，該證據明確指出約翰・凱瑞跟小布希的言論是無恥的違心之論。[4]受試者做何反應？他們忽視這些會不利於他們的候選人的證據。更糟的是，他們的大腦甚至獎勵他們這麼做：忽視這些證據讓他們愉悅。韋斯汀解釋，對我們覺得不利的資訊視而不見時，此時腦中的機制如下：「面對可能造成反感的政治資訊時，造成憂鬱的神經網絡開始活動……大腦感受到資料與慾望之間的衝突，開始找方法要關上負面情緒的水龍頭。」注意一下我們不會做的事是什麼，我們不會動用認知能量去消化這些資訊，我們反而馬上想要改變資訊，讓它與我們的政黨偏好相符。

但是「我們都有偏見」這種說法難以解釋這些黨派分子的行為。他們不只是忽略證據，根本是捏造證據。他們一旦認真起來，就會說出讓你頭暈眼花的論述。說出對自己的團體有利的論述是一回事，說出不堪一擊的論述，讓其他人目瞪口呆又是另外一回事，就像尼克森支持者對水門案的辯護讓納夫塔利感到吃驚。這種辯護甚至無法宣揚團體的價值，反而是種傷害。然而，這個過程一再出現。加入一個團體一開始通常是出於合理的原因，或至少看似合理的原因。接下來，隨著團體成員漸漸對某些議題感到憤怒，他們也漸漸走向極端。

例如，試想茶黨運動的經過，一開始，它源自像凱莉・卡倫德（Keli Carender）這樣的人及他們所抱持的憂慮，他們對於歐巴馬政府高達七千八百七十億美元的經濟刺激法案感到不滿。卡倫德在二○○九年二月十六日組織了一次抗議活動，被視為是茶黨的第一次抗爭，她告訴《紐約時報》：

對我來說，花這些我們根本沒有的錢毫無意義。

我認為打造適合私人企業的經濟環境，讓經濟再度成長，並製造工作機會似乎更合邏輯。

有時候我很像蘭德（指自由主義作者暨哲學家安・蘭德），我覺得像是「聯邦醫療保險」（Medicare）或是「醫療補助計劃」（Medicaid）這種計劃不應該存在，這應該是慈善組織的事。有時候我覺得，也許只要讓州來做就好了，根本不需要有聯邦政府涉入。我對於問題的解決方法有很多不同想法。[5]

凱莉・卡倫德的背景是絕對的保守派，不過沒有走上極端的跡象。她在西華盛頓大學（Western Washington University）讀數學，之後在牛津大學取得教育學位，茶黨給人的刻板印象常常是又老又蠢，她卻不是這樣，她三十歲，穿鼻環，住在氣氛自由的西雅圖。

她發動的抗議吸引了一百二十人參與，三天後美國商業新聞台CNBC的編輯瑞克・桑特利（Rick Santelli）在節目上譴責歐巴馬政府計劃要解救那些貸款比房屋價值更高的屋主。維基百科是這樣描述事件經過：

桑特利在二〇〇九年二月十九日的言論引發關注，言論中提到二月十八日所發布的「屋主可負擔與穩定計畫」（Homeowners Affordability and Stability Plan）。在芝加哥交易所（Chicago Mercantile Exchange）錄製的節目中，桑特利指控政府「鼓勵不良行為」，並提出組織「芝加哥茶黨」的可能性，他表示那些明知風險依然執意貸款（因此房屋遭到法拍）的人是「輸家」。[6]

要是看過桑特利的言論，就會知道他當時情緒高昂。多數報導都認為這是「詆毀謾罵」。但是他的言論並非個案，這些言論的確打動了上百萬美國人的心，讓他們決定參與茶黨運動，這場運動幫助共和黨在二〇一〇年奪回了眾議院。[7]

時間快轉到二〇一三年，這場原先由憤怒卻不太瞭解經濟的納稅人發起的運動（例如很多人以為歐巴馬增稅，但其實歐巴馬減了百分之九十五美國人的稅）演變成一場極端的運動，參與其中的人深信自身的價值與智慧，如果不能如其所願，就會發起運動關閉聯邦政府。他們喊：撤銷歐巴馬健保，否則就要關閉美國政府。尤有甚者，他們說，要是不能按照他們的想法施政，他們將在幾週後的投票中，反對提升舉債上限。他們堅稱美國經濟不會因此受損，雖然世界上幾乎所有的經濟學家都不同意這點。

社會科學家已經發現團體中的集體思維常常促成不負責任的行為與奇思異想。[8]人在只有一個人時，會克制不要對一個議題走向極端。但是把他放在跟他臭氣相投的團體中，而且團體裡幾乎沒有異議分子，很快，他跟其他成員就會萬劫不復走向了極端。要是驅逐掉異議分子，就又會變得更加極端。社會科學家發現如果一名成員起了頭，團體成員甚至會違反社會常規。[9] 一個實驗中，卡內基梅隆大學（Carnegie Mellon University）的一群學生考了一場數學考試，其中一個學生跟執行這場實驗的教授串通，這名同謀者公然作弊。然後呢？其他學生馬上群起效尤，接下來的另外一個實驗中，同一名同謀者穿了一件匹茲堡大學（University of Pittsburgh）的上衣，匹茲堡大學正好是卡內基梅隆大學的死對頭。之後呢？幾乎沒有學生跟著作弊，這件上衣讓他成了圈外人，團體成員不會跟著圈外人起舞。

團體有什麼特別的？

## 3.

以下是公布在尼克森基金會網站上董事會成員的名單（擷取日期：二〇一三年九月十二日）：

主席：隆納・H・沃克（Ronald H. Walker）
會計：約翰・H・巴爾（John H. Barr, Treasurer）
埃弗雷特・阿爾瓦萊斯二世（Everett Alvarez Jr.）
喬治・L・阿爾吉魯斯（George L. Argyrols）
羅伯・J・布朗（Robert J. Brown）
詹姆士・H・卡瓦諾（James H. Cavanaugh）
翠莎・尼克森・考克斯（Tricia Nixon Cox）
朱莉・尼克森・艾森豪（Julie Nixon Eisenhower）
芭芭拉・哈克曼・富蘭克林（Barbara Hackman Franklin）
約翰・W・漢米爾頓（John W. Hamilton）
嘉文・G・赫伯特一世（Gavin S. Herbert Sr）
勞倫斯・M・黑格比（Lawrence M. Higby）
陶德・R・胡林（Tod R. Hullin）

肯尼斯．L．哈契金（Kenneth L. Khachigian）　瑪琳．壯恩．努（Maureen Drown Nunn）

佛瑞德．V．馬萊克（Frederic V. Malek）　彼特．威爾森（Pete Wilson）

艾德華．尼克森（Edward Nixon）　J．彼得．賽門（J. Peter Simon）

這份名單告訴我們什麼？整份名單都是有頭有臉的人物。勞倫斯．黑格比是商人，也是霍爾德曼的左右手。肯尼斯．L．哈契金是律師，也是雷根總統的演講撰稿人。佛瑞德．馬萊克是萬豪酒店（Marriott Hotels）跟西北航空（Northwest Airlines）的前總裁。彼特．威爾森曾任加州州長。

遇到像這樣極受敬重的人，我們會假設他們對人生有著理性的看法。可是一遇到水門案，這群人卻不能保持理性（雖然有一些人可能私下偏離這個團體的正統想法）。我們能從中學到什麼？有一件事顯而易見：雖然我們常常假設只有無知之徒會囿於偏離現實的看法，但其實所有人都會這樣。我們誤以為荒唐的看法源自於無知，就像在自由派人士筆下，茶黨常常呈現無知的形象，但卻可能完全不是無知的關係。

那麼什麼才是罪魁禍首？團體有什麼特點？要找出答案，讓我們看看納夫塔利當上尼克森圖書館館長之後所做的決定引起怎樣的波瀾。他說每次他想要容納不同的觀點，都遭到激烈的反對。他邀請自由派記者伊莉莎白．德魯（Elizabeth Drew）在圖書館的活動上演講，基金會卻突然切斷對圖書館展覽的贊助。兩年後，他邀請約翰．迪恩演講，引來一場風暴。「他們辦起了宣傳，寫信給每一位尚在世的前總統，指名道姓攻擊我，說我破壞了整個總統圖書館的體制。信裡面說你不會希望這種事發生在你的總統圖書館，那麼我們怎麼能讓國家檔案館做這種事。我從來沒有讀過那些信，但是我知道他們有針對我，因為柯林頓總統圖書館的館長壓根兒不知道提姆．納夫塔利是誰，這傢伙是什麼來歷，又為何會造成威脅。」

雖然納夫塔利備感壓力，他覺得不能屈服。他說，他要「帶著約翰．迪恩上刀山下油鍋。」接下來真的發生了這樣的事。「對我來說，這個問題攸關是不是要辭職。因為華盛頓當局如果否決，那就沒戲唱了，完蛋了，永遠不會有人相信我們了。」約翰．迪恩依約出現，但是後果接踵而至。基金會的代理會長因為支持迪恩的演講與其他成員關係破裂，遭到基金會開鍘。接著基金會就切斷了對圖書館的資金援助。尼克森圖書館成為聯邦體系的總統圖書館中，唯一一間沒有總統名下的基金會贊助的。不久，歐巴馬總統的檔案保管人（Archivist of the United States）提名案在參議院遭到原因不明的擱置，檔案保管人是負責監管所有總統圖書館的職位。[10] 尼克森基金會的新會長接著表示他就是幕後操手，他向《洛杉磯時報》承認：「這是要讓檔案館知道，提姆不改邪歸正、不改過向善的話，後果自負。」

兩方全面開戰，卻沒什麼道理，提摩西．納夫塔利不是他們的敵人。事實上，聯邦政府選他為館長的原因之一是尼克森基金會認為他是適任人選。不像其他許多歷史學者親身經歷過水門案，他還年輕，來不及經歷水門案帶來的傷害。「我是同性戀，是加拿大人，理察．尼克森辭職時我十二歲。」他獲選為館長時這樣告訴《紐約時報》，「我跟他們沒有利害關係。」[11] 他說他盡其所能地想與基金會和平共處，他向艾森豪總統之女——朱莉．尼克森．艾森豪遞出橄欖枝，提議要與尼克森支持者一起策劃展覽。他舉辦的活動請來了尼克森通。然而，他發現他與基金會成員一直沒有交集。納夫塔利有一個特色，他越激動抬頭紋就越明顯。當他重述擔任尼克森圖書館館長五年間發生的事，他的眉頭越發深鎖，抬頭紋多得像是新生兒的臉，很明顯這個談話主題讓他想到一生中最動盪的時期。他跟尼克森支持者解釋他必須要平衡觀點才能建立起圖書館的威信，但每次嘗試都遭百般阻撓。

這還不是最糟的，二〇一〇年夏，納夫塔利改變水門事件展覽的計劃大功告成，成果驚人，這個展覽囊括水門事件的各種面向。舊的展覽只包含一九七二年水門大廈的闖空門案，新展覽不只於此，還包含了一九七〇到七一年間闖空門案的導火線，尼克森決定隱瞞的事件：休士頓計畫、設立白宮水管工、偷竊艾爾斯伯格的精神科病例等等。這些內容以前的展覽都沒有，展覽採取的眼界寬廣，讓人印象強烈。沒有經歷過水門事件的人會覺得它很複雜，展覽卻讓水門事件變得清晰易懂。而且新展覽補足了舊展覽的不足之處，也就是讓全國最後決定放棄尼克森這件事變得可以理解。舊展覽中，尼克森辭職看起來幾乎像是預料之外而且難以理解，政敵及媒體的仇恨才是逼他下台的主因。新展覽證明政敵沒有陷害尼克森，尼克森是咎由自取。

展覽中許多部分有許多新素材，填補了水門案為人熟知的版本中的空白之處。比如說，霍爾德曼一直堅稱，他沒有出席雇用水門案主謀哥頓．利迪的會議。但是他有，納夫塔利手上握有鐵證：霍爾德曼的幕僚在會議上所做的筆記草稿，而且內容詳實。霍爾德曼對幕僚下令在案發後隨即銷毀能證明他跟其他人曾身處白宮的證據，不過這份草稿是漏網之魚。展覽中也有史料未曾紀載的故事，一卷未公開的錄音顯示，尼克森曾考慮每特赦一名佛羅里達的根茲維（Gainesville）所逮捕的反戰分子就特赦一名水門案竊賊，但是計畫有一個問題：遭逮捕的抗議分子人數不夠多，配對無法平衡。霍爾德曼因此建議以莫須有的罪名逮捕更多反戰分子。除此之外還有更多內容在新展覽中，這可能是史上最誠實的總統圖書館展覽，通常總統圖書館會淡化對總統不利的證據，但是這個展覽的內容都有資料佐證。

基於禮貌，納夫塔利將展覽內文寄給尼克森基金會，這又掀起一陣波瀾。尼克森的支持者再次憤怒，對華盛頓的國家檔案館總部發出連珠砲彈的抱怨。是什麼讓他們發火？納夫塔利的水門事件展覽如實交代事發經過，這自然對尼克森不利。支持者認為總統圖書館的展覽應該對總統「有利」。[12]如果水門事件牽涉到尼克森身為總統所犯的罪，這些罪名最後讓他辭職下台，那麼展覽又怎麼可能對尼克森有利？他們堅持，只要讓事件有脈絡可循就可以。脈絡聽起來固然很好，可是支持者表達的很清楚，實際上這代表要接受尼克森在水門案時為了保住總統職位所公開發佈的辯護。這種論點的關鍵在於，如同當時某書的書名《水門案並非始作俑者》，[13]理察．尼克森也許犯了一些罪，卻不是第一個這麼做的人。小羅斯福、甘迺迪以及詹森都曾秘密錄下總統辦公室內發生的對話。甘迺迪在職期間，聯邦調查局利用非法錄音來抓馬丁．路德．金恩的小辮子。許多總統為了防止機密外洩做了許多努力，這些總統幾乎都贊成使用骯髒手段，尼克森不過是其中之一。他是正常的總統，而不應該被當成怪胎對待。

讀過尼克森支持者對展覽的反對——整份訴狀長達一百五十八頁，會讓你不敢置信。尼克森跟霍爾德曼付給竊賊的封口費？支持者認為，完全沒有證據可以證明這筆錢除了要幫助這幫竊賊的家屬度過難關以外有其他用途。對記者的竊聽呢？直到最高法院審理水門案時宣判錄音違法以前，沒有理由相信它是違法的。事實上，錄音在法院宣判違法之前是合法的。休士頓計劃又做何解釋？在水門事件展覽中沒有它的份，休士頓計劃與水門事件無關。陰謀跟間諜呢？在水門事件展覽中也沒有立足之地。尼克森的支持者如是說：「我們反對整個展覽中將水門事件展覽無限上綱，水門事件展覽只能包括水門事件核心中的醜聞。」

那麼讓約翰・米謝爾、鮑伯・霍爾德曼及約翰・埃立希曼遭判刑的掩飾行動呢？尼克森的支持者反對那些對他們不利的判決：「雖然米謝爾、霍爾德曼、埃立希曼在掩飾水門事件一案的審判中所有罪名都成立，不代表國家檔案館可以漠視他們對自身清白的聲明。簡單來說，陪審團並沒有就事實有具體的發現。」至於憲政危機呢？國會與總統爭執不下，總統訴請最高法院停止下級法院發出的傳票。尼克森支持者的回應是：「正確來說，『憲政危機』不存在——總統沒有違抗法院命令跟國會法案。」展覽中指出如果尼克森沒有辭職，就必然要在參議院面臨彈劾，支持者們對此也有意見：「展覽忽略了，在當時彈劾案一年之後才有可能成立，而且如果尼克森的辯護夠有力，他就可能可以指出許多指控不管有多嚴重，也不足以構成彈劾成立的法律根據。短期來說彈劾似乎近在眼前，長期而言就仍是未知數。」他們甚至對於展覽聚焦於濫權一事不滿，雖然法律不僅明定圖書館由聯邦接管，也明定圖書館應該致力於研究尼克森濫權一事。對他們來說研究是一回事，展覽完全是另外一回事：

我們應該要注意到，法律中關於將尼克森的文件交給尼克森圖書館的規定，是特別針對國家檔案館應負起的責任，藉由讓公民與學者能輕易取得這些資料，讓圖書館保護、保存、發布尼克森濫權的相關文件及錄音，國家檔案館多年來都符合這些規定；誠然，上述過程正在進行，在加州約巴林達（Yorba Linda）開幕的新館終於能統一蒐藏所有尼克森擔任總統的資料。對於「濫權」在法律上的推定所衍生的館藏標準，也就是主導尼克森圖書館的水門事件展覽的標準，這項標準似乎是納夫塔利博士對於法令意圖過於廣泛的解讀。

現在讓我們來瞭解一下為何尼克森的支持者無法自行策劃新的展覽取代舊的展覽。他們無法以觀點更平衡的展覽取代舊有展覽，因為他們對水門案的觀點本身就不平衡。時值二〇一〇年，他們還活在一九七四年。雖然他們當時準備做出一些以前沒做過的妥協，比如說他們現在坦率地承認發生過掩飾行動，「掩飾」也是他們的用詞，這些他們的舊展覽中都沒有，但是他們的觀點從未真正改變。他們不只相信尼克森可能逃得過彈劾與判刑，有些人甚至相信他也應該如此，支持者似乎都相信尼克森遭受到不公的待遇。

這倒是解開了一項謎團，現在我們能瞭解為何尼克森支持者明明有機會，卻沒有替換掉舊展覽。不過這又帶來另一項謎團，而且難上加難：為何這些支持者無法拋開過去？這些尼克森支持者組成緊密的小圈圈，為何他們還在抗拒任何一個圈外人都看得一清二楚的真相？是水裡摻了什麼嗎？遇到一些人對於現實有扭曲的看法，我們會這樣開玩笑。不過這種說法可能還有另外一種詮釋，人們要是共享同一個「資訊之泉」，他們一定會有相同的看法。這似乎是團體成員身上發生的事，他們接受增強觀點的資訊。

但還有其他的因素。我們參與團體時，常常將對團體的歸屬感擺在真相之上。心理學家強納森·海德特對人類行為的指標性研究集結成《好人總是自以為是：政治與宗教如何將我們四分五裂》一書，他在書中闡明了：當我們要在真相與在團體中的位置擇一，我們常常選擇團體。[14]更新世時，人類賴以生存的並非瞭解真相，而是保全團體。海德特說，這就是為何我們沒有演化出腦中科學家或腦中法官來幫助我們評估真相，而是演化出腦中律師。就像任何律師，一個議題我們可以從任何角度辯論。真相，可能是我們自稱所珍惜的——確實我們也常常為此犧牲許多，但是確保我們生存的，並不是深信真相，而是我們能夠凝聚社會。我們的道德觀是社會性的。[15]

讓尼克森支持者觀點偏狹的另外一個因素，是保守的意識型態。根據海德特的研究，保守派通常比自由派對團體表現得更忠誠，「忠於團體」是定義保守派的六項關鍵價值中的一項。所有人類都有合群性，但與自由派相比，保守派對於團體忠誠的訴求更強，也更傾向於海德特口中的「一統感」(universalism)。[16]這表示幽默作家威爾·羅傑斯（Will Rogers）所說的笑話其實有點道理，他說：「我不隸屬於任何有組織的政黨——我是民主黨人。」

但是演化心理學指出，可能有其他原因讓尼克森支持者因循守舊，這個原因影響所有人，保守派、自由派，不管什麼派。

我們先回頭看一下尼克森基金會的董事會成員名單：

主席：隆納·H·沃克（Ronald H. Walker）
會計：約翰·H·巴爾（John H. Barr, Treasurer）
埃弗雷特·阿爾瓦萊斯二世（Everett Alvarez Jr.）
喬治·L·阿爾吉魯斯（George L. Argyrols）
羅伯·J·布朗（Robert J. Brown）
詹姆士·H·卡瓦諾（James H. Cavanaugh）
翠莎·尼克森·考克斯（Tricia Nixon Cox）
朱莉·尼克森·艾森豪（Julie Nixon Eisenhower）
芭芭拉·哈克曼·富蘭克林（Barbara Hackman Franklin）
約翰·W·漢米爾頓（John W. Hamilton）
嘉文·G·赫伯特一世（Gavin S. Herbert Sr.）
勞倫斯·M·黑格比（Lawrence M. Higby）
陶德·R·胡林（Tod R. Hullin）
肯尼斯·L·哈契金（Kenneth L. Khachigian）
佛瑞德·V·馬萊克（Frederic V. Malek）
艾德華·尼克森（Edward Nixon）
瑪琳·壯恩·努（Maureen Drown Nunn）
彼特·威爾森（Pete Wilson）
J·彼得·賽門（J. Peter Simon）

除了這些人都大有來頭以外，還有什麼值得注意的？找找看有什麼遺失的環節。除了尼克森的兩個女兒茱莉與翠西亞，以及尼克森唯一還在世的兄弟愛德華以外，這些人都沒有血緣關係。那麼遺失的環節就是大部分董事會成員都不具有基因的連結，這不是一份家庭名冊，這是社會性的單位，一個團體，由有志一同的人所組成，一群活在「理察·尼克森世界」的人。這很重要，因為這是所有團體都有的一項特質。不過在我們能夠瞭解這項特質是什麼之前，必須先看看家庭共有的特質，理解家庭才能真正理解團體。

## 4.

有一個故事很適合當成起頭，那就是唐納大隊（Donner Party）的故事，這個令人傷心的故事中，飽受苦難的拓荒者聽信了糟糕的建議，在一八四六年的嚴冬，他們選擇一條沒人走過的近路前往加州，最後賠上性命。唐納大隊帶給我們的教訓是什麼？歷史學家的版本是：在極端環境中，人類什麼事情都做得出來，甚至是人類相食。不過，最近社會科學家發現了一則新的教訓，他們會發現是因為他們問了一個新問題。

歷史學家寫這個悲劇故事的時候，關心的總是發生了什麼事，[17]以及大隊的成員如何反應，都是為了記錄這場發生在他們身上的災難，八十一人中共有三十六人罹難。所以歷史學家寫的故事都是關於這場旅程，以及迷人的喬治·唐納（George Donner）。唐納一手促成這場旅程，是一名話既多，又喜歡社交的南方佬，他深受愛戴，大家都把他當成自己的喬治伯伯。在危急關頭，卻必須要把他的弟弟雅各挖出來，好讓他飢餓的兒女吃他的肉，目睹此景，喬治的淚水決堤。又或者是蘭斯福德·瓦倫·黑斯廷斯（Lansford Warren Hastings），他二十多歲、野心勃勃，用幻想故事欺騙唐納大隊，騙他們有一條往西部的近路，之後又斷然地拋棄他們。又或者是詹姆斯·里德（James Reed），他是固執的愛爾蘭人，在一場打鬥中殺掉隊友後被驅逐，讓大隊中少數的優秀領導者又少了一位。換言之，歷史學家的焦點擺在個人，歷史學家的故事隨著破碎的心跳動，而心碎的原因是個人所蒙受的損失。

社會科學家從演化心理學的角度寫下這個故事，他們的方法沒有感情、冷若鋼鐵，以數據為重。[18]他們對個人的故事沒有興趣，而把焦點擺在團體。所以他們累積了許多統計資料，並進行了非常多的統計測驗。女性這個群體跟男性相比過得是好是壞？老年人的群體跟年輕人相比過得是好是壞？以及其他很多比較。他們有驚人的發現，旅途上過得最慘的人是誰？不是老女人或小孩這些我們認為在需要體能的嚴苛環境當中最脆弱的族群，而是強壯、未婚的年輕男子，你心目中的他們最能夠抵抗嚴峻寒冬。年輕男子在各個族群中有最高的死亡率，這群人沒有家累，除了自己以外不需要照顧任何人，如果想要，他們完全可以只顧自己就好，不需要為任何人犧牲。但是事實如此，不管社會科學家怎麼檢驗資料，結果都一樣。數據結果發人深省，在這場地獄之旅中，十五名單身男性只有三名存活，僅僅三名。那麼哪些人活了下來？家庭成員。

唐納大隊的真正的教訓是什麼？並不是那些心碎的歷史學家發現的慘忍教訓：人類什麼事情都做得出來，包括人類相食。而是人類困在難以想像的艱困環境時，只要能夠依賴家庭的援助就能存活，這是冷血的社會科學家發現的教訓。為何家庭如此重要？因為在緊要關頭，你幾乎可以百分之百確定家庭一定是你的依靠。家庭占第一順位，家庭成員彼此照顧。家庭越大，就有越多人會照料你，你就越安全。確實，跟小家庭相比，在唐納大隊的西進之旅中，大家庭死亡率較低。

這是演化心理學家最吸引人的發現之一。他們還發現了另外一件事：研究過五月花號的紀錄後，他們得到同樣的結果。[19]五月花號的開拓者也面臨險峻的情況，登陸美洲大陸這個新世界後的第一個冬天就死了一半的人，哪一群人過得最好？答案是家庭的成員。

亙古通今，數百萬年以來事實證明家庭是最可靠的社會單位，家庭能夠活下來。不管家庭單位建立在什麼樣的婚姻上都一樣，不管是一夫一妻制、一夫多妻制、一妻多夫制（一妻多夫制的婚姻中，女性有數名丈夫，而且他們可能是兄弟）。大自然對於家庭的形式不會下任何道德判斷，重要的是家庭能在身處的環境中生存。有些時候一妻多夫比一夫多妻更有機會存活，現代社會則是一夫一妻所組成的家庭當道。

家庭的優勢從何而來？答案很簡單，家庭成員以利他行為彼此對待。[20]即使要付上代價，他們還是互相幫助。父母為了子女赴湯蹈火，男性會為他的姊妹犧牲，這種現象每天都在我們眼前發生。

然而在一九六四年一份研究問世之前，沒有人知道為什麼。一名英國演化生物學家發現了答案，他有一張粗獷的臉，留著像嬉皮的長髮，年輕的時候長得像電視主播大衛．古格列（David Gregory）。他的名字叫做威廉．D．漢彌爾頓（William D. Hamilton），小名比爾，是二十世紀最偉大的生物學家，他發現了：

$$rB > C$$

翻譯一下，這則公式建立了利他行為與基因的關係，正常狀況下，人會為了有限資源展開無情的競爭以求生存，漢彌爾頓以數學證明，一個人會幫助與他有基因連結（也就是$r$）的人，只要對這個人產生的效益（$B$）高於他自己要付出的成本（$C$）。（如果效益低於成本，他就只會救他自己。）這是科學上的突破，漢彌爾頓所推導出來的是：人們對於血親有利他行為時，他們其實是為了自私的理由，這符合演化論觀點，也就是個體要為了有限資源競爭。因為以生物學來說，我們就是我們的基因。所以當我們幫助血親，我們就是在幫助自己，因為血親與我們共享部份相同的基因。越多套基因成功傳遞到下一代、到下下一代對我們就越有利。生物學家把這稱之為：「演化適合度」，本書也提及過。基因就是一切，生物學家理察．道金斯（Richard Dawkins）解釋，基因利用人類做為載體，確保基因能傳遞到下一個世代。[21]他說：「我們是生存機器，是毫無自覺地被設計出來的機械化載體，目的就是要保存這些自私的分子，也就是基因。」

為何母親照顧家庭？因為基因。基因的設計讓她們會這麼做。就算母親不管出於什麼理由不願保護血親，大自然還是會驅使母親這麼做。比如說，一名懷孕的母親決定她想要剝奪胎兒的食物及資源，這麼做就一定會有傷害自己的風險。因為大自然不喜歡任由事情隨機發展，母親的基因不能決定子宮內的胎兒如何成長，這是由Igf2基因決定，Igf2基因是父系遺傳。但演化選出會讓子宮內胎兒順利成長的母親，以確保母親重視胎兒的健康更勝於自己。這一點上，母親完全沒有基因的決定權。

胎兒一出生，母親就會認出她的嬰孩，由味道就知道這是她的嬰孩而不是別人的。母親甚至沒有意識到這件事，這是自動化的歷程。不只有母親是設計來保護後代。父親、兄弟、姊妹、堂表親、姑姨、叔伯，這些親戚都是在基因上設計來幫助血親。所以家庭的忠誠並非魔法，而是我們的一部分，就像我們的雙臂、雙腿，還有我們的心。這是我們的固定線路，也就是說，它內建於我們的系統。

直覺告訴我們這種忠誠的表現是人性使然，但其實不是。大自然對所有動物的利他行為都有利，就連一些沒有跡象顯示具有意識的動物都是如此，例如鳥類。研究證實鳥類最有可能會幫助其他有親緣關係的鳥哺育後代。我們恰好擁有意識，所以我們很自然地會認為我們幫助血親是經過意識所做的決定，但是我們其實是在執行基因的命令。所有哺乳類的基因的預配線路都是要彼此依附。[22]這不代表我們對於這件事沒有決定權。大腦讓我們能夠戰勝衝動，行為是一種預配線路，而非固定線路。不過除非下定決心要跟血親對抗，我們出於本性就是會提供血親幫助。自然，選擇了那些幫助血親的人，和孤軍奮戰的人相比，利他的家庭成員生存率更高，這是唐納大隊帶給我們的教訓。[23]

我們也不是無條件的支持血親，按照所謂漢彌爾頓規則，我們幫助他人的程度照比例增減，而且還有精準的公式作為依據。我們與其他人的關係歸結成一條數學公式，公式裡的「$r$」是關鍵，指的是生物學家所稱的親屬係數，這個係數測量的是兩個人之間的基因相似度。一對親生兄妹或姊弟有百分之五十的基因相同，「親屬度」（degree of relatedness）就是〇．五。母子也有百分之五十的基因相同，父子也是，所以以上這些關係的親屬度也是〇．五。人有越多基因相同，這個數值就越高；越多基因不相同，數值就越低。異父或異母的兄弟只有百分之二十五的基因相同，所以$r$等於〇．二五。這表示一名母親更有可能為親生子女犧牲，異父或異母的兄弟則較不會為彼此犧牲。

漢彌爾頓規則開始廣為人知後，研究者就開始測試它。研究者開始驗證現實世界的情況，觀察利他行為發生的時機。如果漢彌爾頓規則是精確的，我們應該就能看出人類對彼此的行為會依照親疏遠近而不同，事實也的確如此。最廣受研究的親屬關係是繼親關係，漢彌爾頓規則指出：跟繼子女相比，父母會對自己的親生子女表現更多利他行為，例如說，一個加拿大的研究顯示，繼子女因為身體虐待而死亡的機率比與親生父母生活的孩童高了六十倍。[24]

在研究者眼中，處處都可以見到漢彌爾頓規則的驗證。有時候結果毫不意外，例如繼親的研究就反映了古老傳說中每每出現邪惡後母其實有其洞見。不過研究也常常讓人吃驚，每個在電視上看過警匪片的人都知道，警探偵查謀殺案的過程中，受害者的親屬常常是頭號嫌疑犯。犯罪發生後，警探介入辦案，然後問一些問題，這些問題暗示親屬嫌疑重大。如果氣氛開始變得有點緊張，警探就會安撫他們，說這只是例行程序，他會無辜地說自己也是被逼著要問這些尷尬的問題。但是觀眾心知肚明，某名家屬很可能就是兇手。底特律的犯罪統計數據似乎支持這種電視劇的俗套，研究者研究了底特律的犯罪紀錄，發現百分之二十五的受害者是被家屬謀殺。但是這群專家有更多發現，大體來說，血親並不會自相殘殺，而是配偶——沒有相同基因的兩人。只有百分之六的謀殺案兇手是血親，也就是發生在有相同基因的人之間。警匪片誤導了我們，你不需要害怕血親，而是要提防你的伴侶。[25]

幾乎每個領域的科學家都開始驗證漢彌爾頓規則，由此可見它的重要性。[26]人類學家想要知道親屬的區分是否具普遍性，如果漢彌爾頓規則是對的，那麼每個社會都應該有分類親屬關係的方式，以反映出人與人的親疏遠近。每個社會都應該有對手足、姑姨、叔伯、祖父母等等的稱呼，也確實每個社會都如此（雖然某些文化的親屬階層區分得更仔細）。心理學家想要找出嬰孩對於不是家人的人是怎麼反應的，如果漢彌爾頓規則是對的，研究結果應該是陌生人接近時嬰孩會感到不安，也確實如此。[27]如果漢彌爾頓規則是對的，嬰兒應該有準確的方法來分辨陌生人或是家人，確實如此。其中一個方法是藉由嗅覺。嬰孩能認出母親的味道，就像母親能認出嬰孩的味道。另外一個方法是藉由臉部特徵。本書先前提過，人類有精細的臉部辨識軟體，讓他們分出誰在基因上是有連結的。這套軟體功效驚人，嬰孩剛出生九分鐘就能認出臉孔與物品的不同，這點在本書中也有提到。這些發現讓漢彌爾頓規則顯得更有說服力。

演化心理學家的發現是最重要的。

我在本書中已經提過很多次，演化心理學家相信更新世時的人類留下來的影響延續至今，當時我們都是狩獵採集者。如果演化心理學家的說法屬實，我們應該看得到一些跡象顯示家庭間的利他行為遍及所有人類社會，毫無例外。如果這是我們根深蒂固的一部份，應該有證據指出家庭內的利他行為遍布各地，不管生活在什麼樣的情況，不管是在現代美國愛荷華州的務農家庭，或是紐約的證券交易員，抑或是亞馬遜叢林中今日還以狩獵採集維生的人們。而我們也確實如此。但是家庭也很複雜，家庭並非總是相處融洽，艱難的情況下衝突會發生。有時候資源短缺，造成家庭內部矛盾。有時候忌妒與怒火壓過了利他行為，就像《聖經》中的該隱與亞伯。畢竟，該隱殺了亞伯，他並沒有手下留情。聖經故事也許是虛構的，卻透著一絲真實感，報紙上報導中常常可見像該隱這種卑劣之徒。

有時候是強烈的野心占了上風，英格蘭歷史裡充滿這種故事，王室成員彼此爭奪王位，使用謀殺手段，為了登上王位殺出一條血路。這不正是漢彌爾頓規則有誤的證據嗎？理查三世殺了他的姪子，伊莉莎白女王一世命令處死她的表親瑪麗一世，當時的蘇格蘭女王，這些都不是利他行為。但是漢彌爾頓規則沒有說家庭成員總是和樂融融，它說家庭成員會對其他成員做出利他的行動，只要成本比利益少。當我們談的是英國王位，很難爭論說讓你的堂表親登上王位的利益會比你放棄王位帶來的成本高。然而，即使英國的貴族歷史都顯示出家庭內的確有利他行為。自從一〇六六年，覬覦王位的王室成員為了奪位而起的謀殺達十一起，但是沒有一次是弒父或是兄弟間骨肉相殘，謀殺總是發生在叔姪、舅甥以及堂表親之間，這些人彼此的基因關聯度較低。[28]

「*r*」越低，衝突發生的機會越高；「*r*」越高，衝突發生的機會越低。這是漢彌爾頓規則的鐵律，對我們有深遠的涵義。它幫助我們解釋尼克森支持者活在過去的這種神祕行為，但是在我們回到尼克森支持者以前，讓我們先考慮一下另外一個例子：家庭對壓力的反應。這個例子能夠幫助我們了解家庭跟團體之間決定性的差異之處。[29]

## 5.

二〇一三年四月的某個星期一，晴空萬里，一對分別是十九及二十六歲的兄弟在早上起床，穿上衣服，穿上連帽風衣，調整了一下背包肩帶，戴上鴨舌帽，帽子一黑一白。[30]弟弟把帽子反戴。兩個貌不驚人的年輕男子走出門外，向市區前進。波士頓馬拉松在這一天舉行。他們的背包中有兩個用壓力鍋製成的致命炸彈，炸彈由鐵釘、滾珠軸承跟黑色火藥組成。下午兩點四十二分，哥哥把炸彈放在傑夫．包曼（Jeff Bauman）旁邊，這個年輕男子正在等女朋友穿越終點線。那位哥哥看向包曼的眼睛，接著冷靜地走開。弟弟則把炸彈放在附近的地方，影片中顯示他看起來也很鎮定。炸彈一下就爆炸了，兩個之間差十二秒。隔天弟弟上健身房鍛鍊身體，他在推特推文：「我超沒壓力的。」

波士頓馬拉松爆炸案中死了三個人，包括西恩·康納利（Sean Collier），他是麻省理工學院的駐警，得年二十六歲。兩百六十四人受傷，傑夫·包曼身受重傷，雙腿被炸飛，看起來驚魂未定，因為滿臉都是火藥的灰燼。這是我們腦海裡，波士頓爆炸案的景象。

波士頓爆炸案這場浩劫最後在哥哥死亡，弟弟被逮捕後告終，整起事件持續一百〇二小時，大部分時間，波士頓市民都活在懾人的恐懼之中。整座城市都停止運轉。

這到底是為了什麼？

很快就出現了兩條故事線，第一條是：這是恐怖攻擊事件，據報導，存活的弟弟告訴警察他跟哥哥是自發的伊斯蘭聖戰士，是為阿富汗跟伊拉克的戰爭復仇。從阿拉伯半島的蓋達組織發行的伊斯蘭聖戰雜誌《激發》（*Inspire*）中，他們學到怎麼用壓力鍋製作炸彈。

第二條故事線是：這個兄弟之情扭曲的例子。每個人似乎都馬上認為：弟弟是個好孩子，被哥哥帶壞了，畢竟他才十九歲。所有人開始譴責哥哥。哥哥剛開始走在正途上，卻因為拳擊事業停滯不前而走上了歪路，最後成了一無是處的廢柴。

但是第二條故事線弄反了，波士頓爆炸案顯示的並非扭曲的手足之情，而是證明了手足之情的存在。手足之情是弟弟的犯案動機，只因為眾人注意哥哥對他的不良影響所以沒有抓到重點。這兩個炸彈客的故事是兩兄弟合作的故事。弟弟似乎不會因為攻擊事件而為他個人帶來任何利益。他的事業沒有停擺，在大學念書，也有良好的社交生活。把他對哥哥的支持看成是利他行為看似奇怪，卻是不爭的事實。換句話說，這是漢彌爾頓規則在現實中的經典例子（除了恐怖攻擊不可能增進演化適合度），以這個例子來說，它強而有力地證明了家庭的力量之大。很難想像在沒有這層家庭的連結下，弟弟還會犯下波士頓馬拉松炸彈案。家庭的連結是他的驅動力，也造成他鑄下可怕的行為：設計並引爆用來殺死無數無辜民眾的裝置。家庭的連結是很強的動機。

不只是兄弟演示了漢彌爾頓規則在現實中如何運作，這對兄弟的雙親也是。聽到爆炸案的新聞後他們做何反應？[31]父親一聽到兒子是嫌疑犯，他嚴正否認。後來，他的大兒子死於激烈的槍戰，警察拿出無可爭論的證據當面對質，他仍然無法承認事實。但是他還是要發表一點意見，所以他異想天開地說他的兒子是受到警察陷害。他的說詞前後兜不攏：「警察應該負責，他們是膽小鬼，把我的兒子射死了。有一些警察就是這樣子。」這對兄弟的母親一樣信誓旦旦說她的兒子是天使。「我百分百確定這是陰謀，」她這樣告訴今日俄羅斯電視台，「他們不可能做這種事。」她堅稱她的兒子並非伊斯蘭聖戰士。她怎麼能夠這麼確定？因為他們從來沒跟母親提到這件事，「我的兒子沒有祕密。」她說。這對父母的兒子犯了駭人的重罪，外人都看得出來，他們卻無法接受。

但有一名家庭成員對這對兄弟的行為表達不齒——他們的叔叔。這位叔叔因為在電視訪問上嚴厲斥責這對兄弟而出名。他稱他們為野蠻人，並說哥哥是「輸家」。叔叔的批評很尖銳：「他們不值得活在世上……我還能說什麼？他們殺了人耶。」但是他是叔叔，不是他們的父母，他跟這對兄弟相同的基因更少。這對雙親跟這對兄弟的親屬係數是〇．五，他則是〇．二五。不久之後，他從攻擊事件的驚嚇中平復後，他表達了他對這對兄弟的愛，儘管他們鑄下大錯，這就是他那〇・二五的親屬係數的表現。

在臉書上有紀念罹難者的專頁設立，那對父母為他們那罪無可逭的兒子辯解引來訕笑。以下是一些網友留下的留言（原文重現）：

- 「很抱歉這麼說，但是如果我的小孩的暴力行徑殺了無辜的人，我寧可不要小孩。怎麼會有人為殺掉無辜的孩童、父母、祖父母的人辯解？不可原諒，這兩個男的應該在地獄裡爛掉。」
- 「我自己也有兩個小孩，如果他們做了這種程度的事，我會把他們扔到公車下，讓他們為自己的所做所為付出代價！」
- 「如果是我的小孩撒點小謊，我可以為他辯解。但是當他殺了人，又害上百人受重傷，他就不再是我一手養大的孩子了。」

這些留言的人忽視了一點，當家人做了可恥的行為，你將會無法理性思考。事實不重要，重要的是炮口一致對外。只要家庭成員受到攻擊，家庭就會這麼做。鑒於我們所經歷的演化過程，這種反應基本上無法避免。演化不會教我們對錯，就算是對的也不能幫助基因永久流傳下去。演化教給我們的是如何生存。[32]那麼我們是怎麼生存的？答案是跟家庭休戚與共。我們就是這樣讓基因流傳，這是唐納大隊的遭遇背後的涵義。

現在，讓我們回顧一下尼克森基金會，它的成員有何可觀之處？只有三個人有血緣關係，這個基金會並不是家庭。但是會員們對於新的水門事件展覽的反應，似乎跟家庭非常相像。他們知道新展覽的內容後，馬上團結一致、拿起武器、開始作戰。只要是能為尼克森在水門案中的所作所為辯護，似乎沒有任何辯護是不公正的。除非有絕對的必要，他們不會退讓一步。這些成員甚至否認尼克森同意付給水門案竊犯封口費，以上種種似乎都是家庭會有的反應。波士頓爆炸案主謀的雙親面對作案的證據時，他們的反應一模一樣。他們極力否認，另外一個相似之處也很驚人，跟波士頓爆炸案主謀的家人一樣，尼克森的支持者天花亂墜地說出一套巨大的陰謀論。這些支持者的陰謀論不是關於警方，而是關於媒體跟尼克森的政敵。尼克森不是咎由自取，而是遭到政敵陷害。但是這種老調重彈的陰謀論，無非就是想要偷渡成一套辯解的說詞。

我們該怎麼思考這件事？我們會馬上想到：遭到圍攻的團體跟遭到圍攻的家庭兩者的行為相似得令人吃驚。團體成員表現得跟家庭成員一樣，縱使他們沒有相似的基因或親屬關係。這在意料之內，家庭跟團體許多地方都很相似，這兩者都是藉由集體行動幫助其中的成員，都是要幫助我們抵擋心理疾病（比如憂鬱）。[33]以上兩種特點能換來成員高度的忠誠，也常常備受尊崇，團體成員甚至會說整個團體是一家人。但是這是假象，他們不是一家人，他們的親屬係數為零。如此一來，家庭跟團體分別就很大了。受到攻擊的家庭團結一致，就像波士頓爆炸案主謀的家庭一樣。但是團體遭受攻擊的話呢？他們常常四分五裂。

「總統的人馬」是理察·尼克森的權力支柱，成員都對他展現高度的忠誠，考慮一下這個團體後來的遭遇。尼克森對水門案的掩飾行動開始浮出檯面後，許多成員開始分道揚鑣。約翰·迪恩成了叛徒，在公開的證詞中洩漏團體機密，此舉幾乎把尼克森從總統大位上拉下來。傑布·斯圖爾特·

馬格魯德（Jeb Stuart Magruder）是競選副總幹事，他承認參與陰謀，之後又寫了一本書說他當時失去了判斷是非的能力。休伊・W・斯隆二世（Hugh W. Sloan Jr.）主掌競選活動的財務，他是伍華德與伯恩斯坦的秘密情報來源，他發現「白宮水管工」的所作所為後就辭職求去。阿爾弗雷德・鮑溫（Alfred Baldwin）曾當過聯邦調查局探員，他在水門案負責把風，在與《洛杉磯時報》的訪談中，他洩漏了這個秘密，當時一九七二年的競選活動還在進行。E・霍華德・亨特是水門案主謀之一，他威脅要抖出真相，除非拿到封口費。詹姆斯・W・麥克科德是競選團隊中的安全主管，也參與水門案的竊盜行動，他寫了一封信給法官約翰・西瑞卡（John Sirica），讓水門案的陰謀攤在陽光底下。

他們都是「總統的人馬」，但是波士頓炸彈客的家人支持他們，而這些人並不支持尼克森。迫於壓力，總統的人馬考量自己的利益而鳥獸散。家庭的連結是永恆的，社會的連結不是。社會的連結倏忽即逝，極為脆弱。缺少親屬關係會帶來一些後果，其中之一是團體常常嚴加限制成員的自由，這點跟家庭不同。因為團體無法像家庭一樣，能夠確實掌握成員的忠誠，團體盡力藉由人為方式確保忠誠。要做到這點，最容易的方法之一是對入會資格採取嚴格限制，只有那些成功通過好幾道關卡的人才有資格入會。這幫助團體篩除或排除掉那些對團體的精神認同不夠的人。出自同樣的原因，猶太男性戴圓頂小帽，神父不婚，摩門教男性穿著特製的內衣，這些都不只是出於宗教因素。

有些時候，想要加入團體的人要付費。想要加入舉辦大師賽的奧古斯塔高爾夫球俱樂部（Augusta National Golf Club），你得繳交上萬美元，另外再加上幾千美元的年費。一九九〇年以前黑人不能加入，二〇一二年以前女性不能加入。毫無疑問，這些限制反映了階級歧視，但也是為了幫助這個團體的存續。這讓加入的成員感覺自己很特別，不是每個人都能加入奧古斯塔，能加入的限於少數人，團體需要排除一些人，總是要有些人無法加入。否則的話，團體又有什麼意義？就連不重要的團體都會限制成員資格，想加入臉書上的「冰淇淋同好會」？首先映入眼簾的是這段妙語：「本團體僅限冰淇淋愛好者加入！：）酸民請左轉：）」。

團體還做了什麼保持它的團結？團體可能會要求成員對某些核心議題相信特定的觀點。共和黨的固定思維是什麼？政府就是問題、墮胎很邪惡、雷根是神。民主黨呢？政府能解決問題、不應鼓勵墮胎，但應該是合法的、小羅斯福是神。實務上，通常政黨對入黨資格沒有太多限制，畢竟政黨都是想贏得選戰，所以他們並沒有把偏離政黨精神的人驅逐出黨，兼容並蓄讓政黨免於走入極端。但是即使想要贏得選戰，許多選民還是深深相信有一條底線不應該跨越。這就是何以每次選舉，你都會聽到共和黨人或民主黨人說：他們情願敗選，也不要支持某位宣稱理念一致，卻根本不是這樣的候選人。

在我寫作本章時，共和黨內部有一場內鬥開打，兩大陣營分別是篤信派跟務實派。篤信派想要把務實派驅逐出黨，對於務實派他們取了一個難聽的綽號：「RINO」，名存實亡的共和黨（Republicans in Name Only）。在華盛頓，有一些黨高層也是屬於務實派。務實派包括過去幾年以來黨內核心的幾個重量級人物：卡爾・羅夫（Karl Rove）、麥可・斯蒂爾（Michael Steele）、艾德・格里斯佩（Ed Gillespie）。對於他們來說，這場鬥爭攸關共和黨的未來，共和黨要不是接受對移民等熱門議題有不同看法的溫和派共和黨人，不然就會淪落在美國東北跟西部不再能贏得選戰，也就不再是全國性的政黨。若是這樣就只剩下美國南部算是共和黨的地盤了。在共和黨的大會上，紐澤西州州長克里斯·克里斯蒂（Chris Christie）身為務實派的一員，直接挑戰篤信派。他說：「共和黨並不是辯論社，我們是以贏得選舉為目的的政治組織。」[34]

這場內鬥告訴我們：和所有政治組織一樣，共和黨在接合處也承受著極為巨大的壓力，因為成員間的連結不過是建立在意識型態以及共通的歷史，還有一些社會認同參雜其中而已。當事情出了差錯，上述種種並不足以保持成員團結一致，這就是為何在敗選後政黨總是顯得脆弱，因為他們的確很脆弱，因為成員間的連結很脆弱。這項弱點在昌盛的時期會被隱藏起來，因為勝利之際，人們傾向於對彼此間的不一致絕口不提。換言之，勝利粉飾了政黨真正的本質。但是失敗時，真相會浮出。面對危機，家庭很堅韌，因為家庭就是很堅韌。家庭以外的團體面對危機很脆弱，因為他們本質上就是脆弱的。

就像其他的團體，家庭也有錯誤行為以及非理性思考。所有人都知道，家庭常常將舊恨傳給下一代，所以家庭並不能免於我們在其他團體會看到的這些行為，因此你可能會想，團體並不強韌其實是件好事。我們真的想要強韌的團體嗎？當成員開始堅持瘋狂的觀點，越是強韌的團體難道不會造成更多傷害嗎？答案毫無疑問：會。作為思考的練習，值得深思一下因為團體脆弱所造成的傷害，能夠讓我們對團體的本質有更深入的瞭解。因為脆弱的團體會做什麼？出於脆弱，他們覺得有必要不斷重覆與強化充滿激情的訴求。

看看政黨怎麼達成這點，他們告訴黨員他們是真正的美國人。他們宣稱他們的價值觀比對手更忠於美國精神。在他們的全國大會上，裝飾也真的以「愛國色」為基調，當提名哪位總統候選人終於確定後，紅色、白色、藍色的氣球從天花板降落下來，只要能夠讓黨員團結，任何方法都不顯得極端。在十九世紀，政黨分子甚至把活的老鷹綁在桿子上，走在遊行隊伍的前端，以剝削民眾的愛國情操。他們盡可能地把自己的使命定調成幾近帶有宗教意涵，讓成員感受到歸屬於神聖組織。（強納森·海德特說保守派特別吃這一套。）[35]政黨會宣稱除非他們掌權，否則國家必會衰弱，也即將滅亡。政黨的勢力越小，言論就越極端。訴諸於沙文主義也是脆弱的展現，這是為了團體的脆弱而付出的代價。如果你很討厭政黨只會對基本盤端出牛肉，用廉價的愛國論調譁眾取寵，至少現在你知道原因了，他們是出於絕望。就像所有家庭之外的團體，政黨的核心很脆弱。（我所說的「脆弱」意思不是「沒用」，要是你熟知二十世紀歷史，你就會知道：團體能夠大好也可以大壞。）

團體因為脆弱的本質還會帶來另一項代價：團體會逐出成員。家庭夠強韌，能夠忍受固執的成員，團體則沒有辦法。約翰·迪恩在參議院的水門事件調查委員作證後，尼克森身邊的核心集團有何反應？他們醜化迪恩，他們不能忍受迪恩變節。背叛對於團體的存在來說是致命的威脅，所以尼克森的支持者盡其所能詆毀迪恩。四十年之後，他們還沒停止。尼克森圖書館館長提摩西·納夫塔利決定為了圖書館的信譽，必須邀請迪恩演講，尼克森基金會的董事會為此氣得面紅耳赤。當時基金會的代理會長有膽量支持納夫塔利，卻遭到了董事會開除。他們之後想方設法開除納夫塔利。威廉·薩菲爾（William Safire）是《紐約時報》的專欄作家，曾當過尼克森的講稿撰稿人，對於尼克森一直忠心耿耿，他對邀請迪恩演講一事感到極為憤怒，甚至發誓從此不再去圖書館。[36]

波士頓炸彈客的家庭與尼克森支持者兩者的反應之不同，不啻天壤之別。即使波士頓炸彈客殺了人，他們的父母不會驅逐他們的兒子。尼克森支持者積極地想要驅逐迪恩，並摧毀他，這不是出於他犯下的罪——參與掩飾行動，而是為了非罪之「罪」：將不法行動和盤托出，導致掩飾行動無法繼續。

現在，我們終於可以回答本章開頭的問題：為何尼克森支持者無法接受現實，為何對他們而言永遠都是一九七四年。答案是接受現實會威脅到團體的存在。不管怎樣，只要成員還活著，家庭都會一直存在。在很罕見的情況中，就算父母想要跟素行不良的小孩斷絕關係（「我沒有這個兒子」是電影裡常聽到的台詞），小孩的家庭認同依然是絕對的。就算上法院變更官方紀錄也無法改變事實，親子之間的基因連結沒有一間法院能夠撤銷。

團體就不一樣了，家庭以外的團體成員沒有相同的基因，他們共享的主要是信念。要是他們突然放棄了信念，就沒有什麼能夠把團體結合在一起。畢竟要是你不信仰尼克森，當他的支持者又有什麼意義呢？這是尼克森支持者所面對的問題，要能一直信仰尼克森的唯一方法就是對他擔任總統時的辯護全盤接受。他們願意容忍的非常有限。事實？事實這種東西太過困難，無法吸收。你不能讓事實奠基於歷史上出現的證據，同時還狂熱地支持尼克森。事實太過赤裸裸，所以尼克森支持者否認事實。要繼續支持尼克森，他們沒有太多選擇。他們想要繼續支持的理由很多：共同的歷史經驗、相似的社會地位，以及一致的認同。

美國人時不時就會被提醒有權有勢的家族對政治的影響，因為理由很充份：他們造成的危害不證自明。有權勢的家族能夠支配一整個州的政治，就像加州的錢德勒家族（Chandlers）、伊利諾州的麥克柯米克家族（McCormicks）、麻薩諸塞州的甘迺迪家族（Kennedys）。雖然這些家族帶來不少益處，但壞處也很多。龐大而有權的家族置自身利益於其他人的利益之上，例如夏帕魁迪克事件（Chappaquiddick）之後，甘迺迪家族阻斷了任何獨立調查的機會，事件中一名年輕女子死在車上，司機是參議員泰德·甘迺迪，他在事發之後游泳離開現場。有權的大家族能阻止改變，僵化政治，人們以家庭的關係彼此連結，當原則與家庭相衝突，他們覺得必須要對家庭忠誠，而非選擇忠於原則，也就讓需要的改革胎死腹中。

基於這些理由，我們有時對有權的家族感到懼怕。我們通常不會對非家庭的團體有這種懼怕。我們認為一般團體的成員不會有那麼大的壓力迫其犧牲原則。你無法離開家庭，但是團體總是可以離開的。團體的成員從來不是固定的，但是離開團體絕非易事，我們珍惜我們的社會連結。當身為團體的一員成為我們自我認同的一部分，而社會地位因我們的關係也提升時，離開團體就不是那麼容易了。這是尼克森支持者帶給我們的另一個教訓，這些團體的負面之處在於：應該離開的時候，我們還是待在團體中。

這樣的團體不像家庭，它們沒有足夠的能力在所有情況下保護我們，但是我們卻渴望得到團體的保護，就像我們已經看到的，演化告訴我們：待在團體中就能保持安全，為了一直待在團體中，如果團體要我們放棄自己的清廉正直，我們就會這麼做。家庭不會要求我們放棄清廉正直，即使我們會不擇手段確保家庭的存續。我們可以保有個人信念，同時是家庭的一份子。但是，非家庭的團體就不是如此了，它們講求順從，所有團體奠基於一個基本假設：順從或離去。尼克森支持者抗拒修改水門事件展覽，不管他們自己知不知道，他們把團體置於真相之上，結果就是改變遭到停宕，最後是聯邦政府出手強迫他們改變。

二〇〇二年冬，《波士頓環球報》報導了一則獨家新聞，把麻薩諸塞州的政治圈搖得天翻地覆。比利・巴爾傑（Billy Bulger）過去二十年來都擔任麻州參議員，當時則是麻薩諸塞大學（University of Massachusetts）的校長，《波士頓環球報》取得聯邦陪審團的秘密證詞，證詞指出比利・巴爾傑保護他的弟弟免於遭到起訴。他的弟弟就是「白毛」・巴爾傑（Whitey Bulger），他是「冬山幫」（Winter Hill Gang）惡名昭彰的老大，與十九樁謀殺案有所牽連。多年來，「白毛」・巴爾傑都是聯邦調查局的頭號通緝要犯，他惡事做盡，包括毒品、敲詐、不法勾當、洗錢，他慘忍不仁。他麾下一個惡棍描述為他工作的經歷：「我的工作很簡單：一九八五年到一九九〇年，我為白毛在街上混過，我當過打手，當過小弟，也運過毒。我幫老大販毒，打斷那些不尊敬他的人的狗腿，我常做的那些工作讓我覺得在推開死亡的冰冷肩膀。」另外一名同夥說巴爾傑「能教魔鬼變把戲」。[37]

他的哥哥比利・巴爾傑當過參議院議長，在麻州歷史上沒有人比他做得更久，報紙報導比利・巴爾傑在秘密的證詞中說：他從來沒有要他的弟弟自首。「我不認為他這麼做對他自己是好的，」他作證道，「我的確懷抱著一份不渝的兄弟之情，而且……我不覺得有義務要幫助那些想逮捕他的人。」有一次他故意幫助他的弟弟逃過追捕，在擔任參議院議長期間，他懷疑聯邦當局監聽家中電話，所以到朋友家接白毛打來的電話。他告訴陪審團：「我希望我永遠不要幫助那些與他為敵的人。」《環球報》的報導變得舉國皆知，全國的專欄作家都開始注意到這起事件。

一位《紐約時報》的專欄作家預測比利．巴爾傑會丟掉麻薩諸塞大學校長的職務（這個預測後來成真）《但是他也對這個遭到圍剿的政治人物表達同情。他承認比利．巴爾傑在兄弟之情跟對國家的忠誠之間拉扯，這是一個艱困的選擇。那位專欄作家叫做威廉．薩菲爾。[38] 他完全可以瞭解兄弟之情的羈絆可以有多深，就算兄弟犯下謀殺也堅定不移。但威廉．薩菲爾卻無法同情約翰．迪恩，他認為迪恩連上流社會的邊都沾不上，光是迪恩出席圖書館的一個活動都讓他一生都不想再去圖書館。為何他對兩件事的觀點有天壤之別？因為迪恩不是家庭的一員。他曾經跟薩菲爾屬於同一個非家庭團體——「總統的人馬」。但家庭跟團體不可相提並論，我們把家庭放在不同的類別。

團體不像家庭一樣讓成員的忠心堅定不移，其實是一件好事。如果團體如此，民主就無法存續。民主需要彈性跟改變才能昌盛，尼克森的支持者是一個經典的例子，顯示當人們把對團體的一片赤誠置於其他事物之上，他們會變得有多愚笨。

但是我們總是這麼做，為何尼克森的總統之路快走到終點時，還有百分之二十三的美國人支持他？我們不確定答案為何。但是對他們而言，對尼克森死忠的支持者這個身分恐怕比真相為何來得重要。這是他們的團體，就像利昂．費斯廷格所證明的，我們被逼著要在真相與團體擇一時，我們會選擇團體。那位芝加哥的神祕主義者相信世界就要滅亡，就算世界根本沒有滅亡，這就是支持者依然追隨她的理由：我們把團體認同放在首位。

這就是為什麼會有團體迷思（groupthink）這種現象。[39]我們任由自己受團體影響。社會科學家所羅門・艾許（Solomon Asch）做的經典實驗中，他們讓在團體中的受試者看不同長度的紙條。幾位團體成員其實是艾許的實驗同謀，當他們說紙條一樣長，在幾次的實驗中，四分之三的人順從這個說法，即使這樣說是背叛了自己的雙眼。這就是團體從眾效應的威力。[40]大腦會酬賞從眾行為，我們服從其他人的意見時，大腦會釋放多巴胺，讓我們感到愉悅。[41]

問題是在民主體制下，真相很重要。真相攸關民主的存續與否，我們必須看出事物的原貌而非只看到自己希望的樣子，事實不站在我們這一邊的時候，我們要先想辦法先放下對團體的忠誠。我們要盡力抗拒跟著團體隨波逐流的念頭，我們要當自己的超級英雄。就像電影《十二怒漢》中的亨利・方達（Henry Fonda），我們必須要抵抗團體的引力，這股引力會把我們拉進他們的軌道，讓我們無從遁逃。我的團體究竟是對是錯？在更新世，人類所居住的社群成員多半是家人或是一輩子都認識的熟人。在當時，我們最根深蒂固的直覺是：盲信常常是一種美德。但是在現代民主中，盲信是毒藥。

我們已經看過很多次了，我們不可能控制情感，我們的感覺會一直和現在一樣。但是我們可以控制加入哪個團體，藉由高等的認知功能深思熟慮，也就是丹尼爾・康納曼所定義的〔系統二〕，我們可以自己決定要加入哪個團體。這之所以重要，是因為我們跟誰在一塊，或是我們認同的團體，會決定我們感覺到的感受。一旦你成了某團體的一員，這些感受將受該團體影響，所以在加入團體以前，我們必須要百分之百確定這個團體反映我們的價值觀。如果團體有紀錄可循就更容易知道這點，新的團體就比較困難。所以要對新的團體提高警覺，這些團體有可能變成任何你沒有預期到的樣子，而且還會把我們一起拖下水。

# PART 4

# 同理心

# EMPATHY

CHAPTER 10

# 當事情發生在你身上時

## 同理心的限度

## 1.

一九五〇年六月二十五日，北韓在三十八度線集結多達八萬九千名兵力，無預警地侵略南韓。幾天內，北韓便占了上風，即將攻破南韓的堅強防線，情勢迫在眉睫。這時，美國空軍「飛」速趕來救援。戰事發生的四天後，美軍就掌握了制空權，讓地面部隊重新組織，繼續作戰。某網站吹牛說，韓戰第一個月末，地面部隊「得到的空中支援比二戰時在歐洲作戰的奧馬爾．布雷德利（Omar Bradley）將軍的陸軍第十二軍團還多。」[1]南韓安全了。

一般人讀完這段歷史的心得都是空軍有用，派空軍就對了。軍方也確實這麼做了。翻開國防部的統計資料，我們會發現不可思議的數據。[2]韓戰第一個月，美國空軍每天出擊兩百次（同時間的北韓空軍每天只出擊十六次）。這個數字很快就增加為每天數百次。當你想像美國空軍的一天時（肯定是飛行員奔向戰機、引擎轟隆作響、機組員擠在鋁製機殼內、在跑道上等待起飛，一天進行個上百次），不妨再進一步想像這種日子不斷重複，長達三年。這會讓你對美國空軍在韓戰中的作戰規模有點概念。平均而言，空軍出擊數是每天超過九百次，一個恐怖的數字。若乘上戰爭天數，也就是一千一百二十八天，我們會得到超過一百萬次的出擊；精確地說，是一〇四萬七〇八次。

統計資料也包括美國投了多少炸彈，這同樣難以置信。韓戰爆發時，美國的戰機每天投下約六百噸的炸彈。這個數量穩定成長；夏天結束時，投彈量來到八百噸。這還只是開始。戰爭末期的某幾天，美國投了上千噸的炸彈。整場戰事下來，一共用了三萬兩千噸的燒夷彈與三十八萬六千噸的炸彈。歷史學家瑪莉蓮・B・楊格（Marilyn B. Young）在她震撼世人的著作中提到，如果把火箭和機關槍彈也算進去，彈藥總用量將會是六十九萬八千噸。這樣有多重？我查了網路，大約等於兩座帝國大廈的重量。

韓戰後，空軍的巨大成功變成某種傳奇。楊格注意到一九五七年出版的《空軍：韓戰中的決定性力量》（*Airpower: The Decisive Force in Korea*），此書名便點出了軍方對空軍的崇拜。將領們敬畏空軍，因為空軍能像陸軍那樣攻掠領土。「只要軍事狀況許可」，單靠空軍，美國「就能獲取和控制任何〔敵方的〕領土區塊」。有項行動似乎特別能彰顯這點。一九五三年一月，空軍大肆轟炸了敵方領土一百哩內的某個八平方哩大小的目標。轟炸持續了五天，每天轟炸二十四小時。這消滅了所有生命跡象，只留下「扭曲的鋼筋與焦土」。某位空軍官員自豪地表示，這清楚展現了「戰爭的新概念：空中包圍（air envelopment）」。

然而，我們也可以從另一群人的角度看待這段歷史，那就是活在轟炸路徑上的地面平民。對他們而言，空軍的成功是一場慘劇。某種程度上，正因為空軍如此強大，韓戰造成了六十萬名北韓平民的死亡，在南韓則超過一百萬名；這比美國內戰的死亡人數還多。韓戰後，聯合國重建機構的領導把朝鮮半島稱作是「現代戰爭史上被破壞得最慘重，有著最窮困人民的土地」。

## 2.

瑪莉蓮・楊格在她討論轟炸史的著作中引用了芙列達・柯奇韋（Freda Kirchwey）的文章，這位五〇年代的著名自由派記者對韓戰的破壞規模感到震驚；令她不解的是，美國人似乎對此無感。[3]柯奇韋推測，或許是「大屠殺事件的手法讓我們變得冷酷，一開始是德國與日本，接著是西方盟國，尤其美國，為自我防衛採取了相同作法，最清楚的就是他們對廣島長崎的行動，將殺戮發揮到極致。我們逐漸習慣『區域』轟炸、『飽和』轟炸，這些駭人的空襲戰術不只用來夷平軍事與工業設施，還要消滅整個族群」。

柯奇韋在韓戰期間向《國家》（*Nation*）雜誌投書，他認為蘇聯、中國與北韓也助長了這場戰爭的恐怖規模。然而，無可否認，「美軍在朝鮮半島製造了嚴重的動盪，他們派出戰機，下雨似地投擲燒夷彈與火焰彈，強行登陸，並發動軍艦砲擊。」就算有正當理由，也不能合理化這些行動。「一段時間以後，即使是美軍的支持者，他們認定的正當性也會被單純的恐懼取代，使美軍出兵的理由變得可惡。這在朝鮮半島已經發生了。瞭解這一點的美國人很快也就會反對美軍的行動。」

芙列達・柯奇韋的想法大錯特錯，事實證明，美國人根本不在乎。他們從未表現出任何嫌惡美軍作戰方式的跡象，他們主要不滿的是這場仗打太久了。這場仗似乎打個不停。一九五三年，也就是柯奇韋的文章發表的兩年後，民調顯示有三分之二的美國人傾向投入更多兵力，而不是減少。[4]多數人可能還支持使用核武。國防部的結論是，如果核武確定能縮短戰爭，不使用它才會嚇壞美國人。不過，無論是杜魯門和艾森豪，他們都沒有批准使用核武。他們不是害怕引發眾怒，而是因為盟友反對；此外，國防部高層也擔心蘇聯會轟炸日本作為報復。美國官方還有另一層顧慮，那就是核武可能不會終止戰爭；這麼一來，它的震懾力將受打擊。

當戰況激烈時，美國人不太可能突然產生柯奇韋預期的那種敏感性。可是戰後呢？他們也沒有。事實上，共和黨堅信艾森豪之所以能終結韓戰，是因為他揚言要使用最危險的武器：核武。[5]這是什麼意思？共和黨員得意的是，艾森豪揚言要把韓國變人間煉獄。這種言論不就代表共和黨員對戰爭中的平民死傷無感，或至少沒有認真考慮？然而，不只共和黨員對海外平民的性命如此冷酷。歐巴馬上任後，他立刻擴大使用裝載地獄火飛彈的無人機。這顯然會造成更多的平民死亡。民主黨員有大聲抗議嗎？沒有。

轟炸一定會讓平民陷入生命危險。不過，即使是四處投彈的韓戰飛行員，他們也不大在意自己所到之處屍橫遍野。一個世代後的越戰飛行員也是如此。某位越戰飛行員便回憶，「燒夷彈的好處是，當你用它擊中一座村落，看見火燄熊熊升起時，你知道自己完成了某件事。飛行員最不喜歡轟炸一塊區域卻看不見任何成果。」[6]

最不喜歡？這讓我們聽起來像納粹。

韓戰的產物是我們對空軍的信心。韓戰後，國防部在每一場戰役都派出空軍。空軍轟炸獲得了廣泛的接納；當某國爆發危機，可能要展開軍事行動時，一貫的建議都是轟炸。二〇一一年，當利比亞人反抗格達費、敘利亞人反抗阿薩德，以及二〇一四年ISIS組織對巴格達進軍時，我們聽到的都是「炸了他們」，連自由主義者也支持轟炸格達費。如同瑪莉蓮．楊格所說，空軍聽起來充滿魅力。她敏銳地注意到我們把陸軍稱作步兵（grunts），而飛行員卻是王牌（aces）。飛機讓我們熱血沸騰，它象徵這一代的高超科技。戰爭或許骯髒，但空軍？它閃閃發光。

## 3.

然而，轟炸有用嗎？我們很少聽到這種問法。怎麼可能沒用？投下炸彈，立刻見效。不過，確實有強烈的證據證明懷疑者是對的，空軍並不是萬靈丹。還記得韓戰中那場引以為傲的空襲，將敵方的八平方哩領土夷為平地？展示了「戰爭的新概念：空中包圍」？瑪莉蓮．楊格發現，這份空軍戰力報告點出了另一件事：空軍只淨空這片區域十一天，包括五天轟炸，以及後面六天。接著發生了什麼？逃離的共產黨員回來了，開始復原損毀的基礎建設。第一天，他們就修好了一條中央道路。接著是鐵路。經過五天不分晝夜的轟炸，在報告所說的「一大群紅軍與工人」能著手重建以前，我們只得到十一天的休止期。

一九六四年的夏天，詹森向喬治亞州參議員理查．羅素（Richard Russell）分享了他想對越南派出空軍的計畫。羅素是他親近的朋友。詹森說，越南正在崩解，他必須做點什麼，而他不想投入更多的地面部隊。幸好，他無需這麼做。空軍可以轟炸北越，扭轉局勢。羅素不相信這一點，他說：「轟炸北越，然後殺死老人、女人和小孩嗎？」詹森說，不，空軍轟炸的不是人民，而是高速公路與建築物。羅素不接受。他說：「我們已經在韓戰中試過了。我們甚至派出許多老舊的B－29轟炸機來提升裝彈量，要他們飛到韓半島，日以繼夜投擲上百萬顆炸彈。」羅素是有些誇大，並沒有上百萬顆；不過他的論點表達得很清楚。「他們會在夜裡擊毀道路，但到了早上，可惡的傢伙又會四處流竄……儘管我們完全控制海洋與天空，我們永遠無法真正封鎖他們的通信網，也從未成功阻止他們的行動。你也阻止不了這些人。」[7]

那麼，詹森做了什麼？他決定使用地面部隊加空軍。一九六五年三月，國防部長勞勃．麥納馬拉展開落雷行動（Operation Rolling Thunder），目標是將北越炸到投降。第一年，空軍就出擊了五萬五千次。在最猛烈的轟炸中，美軍戰機會在一週內投下一千六百噸的炸藥。

一九六六年，一個受僱於國防部的智庫借重國內最知名的思想家的才能，對落雷行動宣稱的效果進行深度批判分析。他們想知道空襲能否阻止北越當局對越共的援助。答案是毫無疑問的「不」。智庫發現，「落雷行動一空襲北越，從北越往南越流動的人員物資就大增；就現有證據而言，轟炸北越造成的破壞沒有對這種流動產生任何顯著的影響。」

所以說，國防部自然就中止落雷行動了，對吧？錯了，他們繼續轟炸。落雷行動一直持續到一九六八年十月三十一日，也就是總統選舉前的最後一週，詹森才下令停止。

保守派常責怪詹森沒有讓美軍在越戰中發揮全力。確實，他在批准對北越的某些轟炸行動時曾猶豫不決，因為目標區住著大量平民。他也拒絕對寮國與柬埔寨進行大規模轟炸，這兩個國家是共產黨向南越輸送武器與士兵的管道。不過，詹森絕不是輿論所說的懦夫。落雷行動期間，美國空軍共出擊超過三十萬次，投下近六十五萬噸的炸彈。依據歷史學家馬克・科洛菲爾德（Mark Clodfelter）的說法，這是「史上持續時間最長的戰術性空中轟炸」。[8]

整場越戰下來，我們對中南半島投擲了八百萬噸的炸彈。這是我們在第二次世界大戰對歐洲與太平洋戰場的投彈量的四倍。我們對越南、寮國與柬埔寨等小國投擲的炸彈，比我們對二戰期間的歐洲與亞洲敵人投的還多。即使有強烈的理由告訴我們轟炸無效，我們還是繼續炸。想起什麼了嗎？是的，SIGMA兵棋推演症候群又來了。轟炸沒什麼用，不過管他的，炸吧。沒用也無所謂。

## 4.

從瑪莉蓮・楊格討論轟炸史的著作中，你不難發現她同樣震驚於空襲造成的無辜傷亡，就和芙列達・柯奇韋一樣。美國人沒有像柯奇韋預測的對空襲產生憎惡，這顯然也讓楊格相當意外。閱讀楊格提供的平民死傷紀錄，你很容易感到驚駭。不過，這是人類該有的反應嗎？

我們相信人類天生具有同理心。同理心讓我們自豪，這是我們身而為人的特質。不過，我們的同理心是有限的。同理心多半只在下列四種情境起作用：

當故事打動了我們。

當我們和受苦難的人面對面。

當某人正經歷我們經歷過的事。

當我們對承受痛苦的那個人有認同感，無論那是因為我們認識他、他的群體，或者我們也是該群體的一分子。

當人簡化成數字時（無可避免地，轟炸中的受難平民便是如此），我們便感覺不到他們的痛苦。我們不會自動地感同身受；按照定義，這就是同理心。我們面對了轟炸機飛行員困境（bomber pilot's problem）。我們對受難者無感。我們必須和人面對面，才能讓情緒系統完全啟動。社會科學家在實驗中發現，當人們玩獨裁者博弈（Dictator Game），也就是一個人決定要分多少錢給另一位玩家的遊戲時，如果他們能看見對方，他們就會慷慨許多。[9]

芙列達．柯奇韋認為，美國人知道事實之後一定會產生同情心。她相信政治的理性模式，事實會說話。不過，就像我現在想說服你的，事實本身常常不重要。人們多半不會認真思考公共政策問題，而是憑直覺反應。因此，人們也不太可能對空襲中的受難平民產生同理心。

我們以為同理心會提供我們必要的溫暖與人性，幫我們應付民主政治中的公民議題。然而事實不是如此。我們的缺陷讓公共辯論產生偏斜。這有利於某些人達到他們的目的，也就是驚擾、傷害或殺死我們不認識的人。一旦我們定好目標，認為這是正當的，堅信會收到成果，我們就不會因為任何事停下腳步，思考這麼做對看不見的受害者的影響。

許多公共政策的辯論都出現了這種模式。二〇一三年，當共和黨決定大砍糧食劵時，他們的重點便是支出。共和黨認為這就是錢的事。他們說，聯邦政府快破產了，我們要刪些預算，而從糧食劵開始似乎是個好主意。刪糧食劵救美國！有些人甚至私下表示，削減糧食劵對受助者而言是好的，這讓他們更有骨氣。不過，受助者從來沒有被當成活生生的人來看待。他們只是抽象的概念，用來挑起選民的仇恨，讓選民抱怨受助者都是騙吃騙喝的懶蟲，從而支持削減糧食券。保守派的廣播主持人把受助者罵得狗血淋頭，說他們拿糧食券去買有機肉品與野生鮭魚等好貨。某位德州州參議員在《每日秀》（*Daily Show*）上冷漠地說，糧食券只能拿來買必要的東西，例如普通肉品和麵粉。[10]在這類辯論中，最受我們的決定影響的人不被承認為人，我們還能說公平的辯論有發生過嗎？不大可能。你怎麼能在辯論公共政策的時候，不把最受衝擊的人給考慮進來？然而，我們多數的辯論都是如此。

即使事實證明我們失敗，我們也不會因此停止。我們的反毒戰爭打了幾十年，它顯然並不成功。我們停了嗎？沒有。反毒戰爭使監獄爆滿。美國的囚犯人數在短短幾年內倍增為兩百萬人，比全世界任何國家都多。然而人們還是在吸毒。希望修法以及用同理心看待吸毒犯的請願毫無進展。幾乎能肯定的是，如果選民自己或認識的人曾因吸毒被關，他們對反毒戰爭會有不同的感受，那會讓政策制定變成了與個人相干的事務。不過，我們多常和直接受政策影響的族群有私人來往？肯定很少。

如果我們能這麼做，我們就會用不同的方式看待事物。

## 5.

二〇一一年，俄亥俄州共和黨籍聯邦參議員羅伯・波特曼（Rob Portman）與太太珍妮一起和他們的兒子威爾對談。這種對話是他們從來沒有進行過的。剛錄取耶魯大學的威爾對他們坦承他是同性戀。這位參議員後來回憶，「他說，他知道自己是同志有段時間了，他的性向不是他能選擇的，這就是他的一部分。珍妮和我為他的誠實與勇氣感到驕傲。他是同志讓我們驚訝，不過，我們知道他還是同樣那個威爾，一直以來都是。唯一的差別是，我們深愛的兒子在我們眼前變得更完整了。」[11]

在此之前，參議員波特曼一直是強硬的反同婚人士。二〇一一年，也就是他兒子向他出櫃的那一年，上百位學生向密西根大學抗議，不該邀請他在畢業典禮上演講；根據波特曼發言人的說法，他堅稱婚姻是「男女間的神聖締結」。不過，在仔細思考他兒子的出櫃之後，波特曼於二〇一三年宣布他轉為支持同婚。[12]什麼事情發生了？突然之間，同志政策變成自己的事了。

前副總統錢尼知道他的女兒瑪麗是同志之後，他也發生了同樣的蛻變。當小布希政府傾向以聯邦法定義婚姻是男女間的契約時，錢尼在電視上表示，他個人認為這應該留給各州決定。如果政治不再是新聞裡某些抽象人物的事，情況就會改變。如同六〇年代女性主義者的口號，個人即政治（the personal is political）。

我們對長相、言談與穿著近似我們的人更有同理心也是同樣的道理。我們天生偏好自己所屬的群體。如果壞事發生在自己人身上，我們會敏感許多，我們會當成自己的事來處理，人類大腦就是這麼預配的。

演化偏好的是同理心的發展。同理心是定義我們這類物種的重要屬性，以及群體合作的基礎。越有同理心，就越能信任他人，而信任是人類這個物種成功的必要條件，信任帶來了繁榮。經濟學家指出，成功社會的關鍵特質是人們天生就願意信任彼此。越多信任，就有越多交易，越多交易，就有越多信任，這（又一次）創造了經典的良性循環。[13]

此外，今天的科學家還告訴我們，信任來自於某種腦內物質的作用，那就是催產素。當我們和他人建立連結時，催產素給了我們幸福感。沒有催產素，我們會持續受到睪固酮的影響，整天爭執不休。充滿睪固酮的人通常很難與人和平相處，這就是為什麼男性在爭執中衝去拿槍的速度比女性快上許多，年輕男性也比年長男性更容易使用暴力，他們有更多睪固酮。那麼，男性結婚然後有小孩之後會發生什麼事？他的睪固酮濃度大幅下降。這幫助他成為更好的父親與丈夫。[14]

同理心是人類和黑猩猩之間的重大差異。人類嬰兒能追蹤成人的眼神，這是瞭解別人在想什麼的重要技巧，也是同理心的關鍵；相反地，任何年齡的黑猩猩都做不到。這並不是因為人類嬰兒就是比較聰明。某研究比較了兩歲大的嬰兒和成年黑猩猩，結果顯示，兩者執行重要肢體活動的能力相差無幾，人類嬰兒和黑猩猩都能輕鬆使用工具來拿他們拿不到的食物，雙方的得分都是百分之六十八。不過，如果測驗的是社交技巧呢？人類嬰兒馬上就勝過了黑猩猩。嬰兒能追蹤某人的眼神，發現藏起來的食物，黑猩猩卻做不到。最後，人類嬰兒得到了七十四分，黑猩猩只有三十六分。[15]

造訪今天的狩獵採集聚落，你會發現人們在各種狀況下都能做出同理心反應，同理心就像好奇心、察言觀色與實事求是一樣，是自然而然。然而到了現代社會，當公共辯論牽涉上百萬人時，我們的同理心就短路了。即使看見電視上的某人將因為公眾政策的改變而受害，我們還是不大可能真正地感同身受，除非他的故事非常特別。

思考一下兩者的差別：看見影片中的人遇上麻煩，與親眼目睹。當你看見街上有人被揍得很慘，你的本能反應會是出手干預（如果你能的話）。不僅如此，你懂那幾拳打在身上的感受，當他痛苦地扭曲時，你能瞭解那種痛。如果不能，你應該會覺得自己不大正常，恐怕要看精神科。你會明白你不是功能完備的人類。現在，讓我們把同樣的情境套用到電視節目。事情不一樣了，對吧？首先，我們不用求救。不過，重要得多的是第二點：你不會有親眼目睹的那種感覺。看新聞和身為新聞事件當事者是不一樣的。

當我在寫這本書的時候，每天的夜間新聞都報導著敘利亞的戰事。有些畫面恐怖到了極點。然而，對於電視新聞和親臨現場，我們的處理方式截然不同。我們可以一邊收看城市被轟炸的新聞一邊享用晚餐，連筷子都不必放下。如果身在現場，我們沒辦法這麼做。事實是，電視新聞沒辦法讓我們產生像親眼目睹那樣的心理反應。這就是為什麼從來沒有人會因為對電視上的壞消息無感而跑去精神科掛號。看見嚇人的事卻沒反應？你有病。是在電視上看到的？沒事，把鹽和胡椒遞過來吧。

心理學家告訴我們，無論我們怎麼嘗試，我們都無法真正想像變成別人是什麼感覺。研究顯示，即使我們非常努力，我們還是做不到。舉例來說，你支持墮胎，但你想瞭解反墮胎是怎麼回事。於是，你開始思考你從反墮胎一方聽來的所有論述。結果如何？八九不離十，你會把反墮胎者的主張想得很偏激，比真實狀況還偏激許多。當我們嘗試想像別人的感受時，我們很難不走極端，畢竟那是讓我們最印象深刻的事。支持墮胎與反墮胎的倡議者總是把戰線劃分得非常明顯。因此，當你試圖想像反墮胎者的觀點時，你記得的自然是印象最深的主張，也就是最偏激的那些。說來諷刺，社會學家發現，如果我們越努力想像他人的想法，我們就會越扭曲。當我們花更多時間思考反墮胎者應該會怎麼想時，我們並不會更瞭解他們。剛好相反。[16]

## 6.

同理心並不容易。即使面對的是我們瞭解與所愛的人，還是很困難。當研究者問結婚十五年的伴侶，他們的另一半會怎麼看待各種事情時，即使是家庭負債狀況這種簡單問題，他們也很難答對。他們能回答得比亂猜好一點，但也只有那麼一點。[17]人是很複雜的。我們很難知道一個人的感受，即使是花時間相處、以為自己很瞭解的人。

我們有辦法對全然陌生的人產生同理心嗎？除了觀看將他們的故事拍得活靈活現的電影，或者把自己放進他們的處境，體驗他們的感受之外，我們實際上很難對他們產生同理心。問問行為科學家尼可拉斯．伊普萊（Nicholas Epley），想體會遊民的感覺該怎麼做？在街上住一個月你就懂了。換句話說，如果想要「穿別人的鞋子，體會他們的感受」，那就把腳放進去吧。不過，有多少人會這麼做？伊普萊建議，你也可以直接問他們感覺如何。這行得通。當國防部考慮允許同性戀在服役期間無需隱瞞身分時，高層官員擔心大部份的士兵會抗議，尤其是南方子弟（占不成比例的多數）。根據伊普萊的敘述，國防部長羅伯特．蓋茲決定嘗試一種新作法，那就是真的去問士兵對這樣的提案覺得如何。結果，超過百分之七十的士兵表示這不會帶給他們困擾。[18]

還有一種方法或許能增加我們的同理心：來點催產素吧。記得嗎？那個愛的賀爾蒙，它讓情侶在高潮時感覺親密，並幫助母親和孩子產生連結。有些公司真的為了這個目的販賣催產素噴霧，讓你把催產素噴在身上。這其實沒用。你需要把催產素打進體內，而且它的效果無論如何都不會太長。[19]不過，還有另一個問題。當代研究顯示，催產素主要增加的是對自己所屬的社群成員的同理心，也就是我們本來就比較瞭解的人；它反而會升高我們對陌生人的敵意。[20]

我們又回到了比較平淡的解決方法。想知道人們在想什麼、感覺到什麼？詢問他們。不過，這種作法在多數情況下是不切實際的，連地方事務也無法應付。假設某市議會想立法禁止遊民睡在公園，而你只是找一位遊民問話，這樣能真正瞭解整座城市的遊民面對的處境，以及法令對他們的衝擊嗎？你需要和很多遊民對談才能弄清楚。然而，有多少人做得到？地方事務就已經這麼麻煩了，想像一下，全國性的議題會有多複雜。對於可能被某些法案影響的人，我們完全無法產生同理心，因為我們不可能和夠多的人對談。

我們面對的其實是個老問題：規模。社群越小，我們越能依靠自己的同理心，對他人的不幸產生該有的感受。如果社群很小，比如狩獵採集聚落，我們自動產生的同理心反應就能完美地運作。在狩獵採集聚落，遭遇不幸的人會是整個聚落都認識的人。我們並不是要說狩獵採集者就會像德蕾莎修女那樣悉心照顧受苦者。他們的反應是由他們的文化價值觀所塑造，比如說，他們可能會寬恕殺嬰與原諒棄老。總而言之，他們很容易感受到聚落成員的痛苦。

我們呢？今天，我們的社群幾乎都大到同理心無法發揮作用。看見一個人受傷，你能感受他的痛。看見五百人受傷，你也能感受他們的痛，但不是五百倍的痛。聽見新聞報導颱風奪走一萬人的性命？你會感覺很糟，但比起知道一個人在颱風中喪生，你的感受並不會乘上一萬倍。同理心不會等比放大。請人捐款幫助一位知道姓名的受災戶，會比請他捐款給一大群匿名受災戶來得慷慨許多（可以高到百分之五十）。[21]

即使活過韓戰的美國人努力去瞭解真相（多數人並沒有），他們真的知道韓國人經歷了什麼嗎？你能想像被轟炸是怎麼回事嗎？我辦不到。我連石頭飛過窗戶也沒看過，更別說是炸彈落在街上。只有經歷過轟炸的人，才會本能地產生芙列達・柯奇韋希望美國人具備的那種同理心。柯奇韋能運用她的想像力，又耗費了大量時間研究，她的體會應該很深。而我們呢？在一般情況下，我們沒有時間深究、探查與感受別人的世界。我們怎麼做？憑直覺。這通常不夠。

還有個問題：我們會把自己想像得太有同理心。思考一下前面提過的已婚伴侶測試，他們被問到另一半對某些事情的看法，他們的回答只比亂猜好一點。不過，幾乎所有的受測伴侶都覺得自己表現得非常好。他們相信自己和另一半是如此合拍，瞭解對方的程度就跟瞭解自己一樣透徹。進行這項實驗的尼可拉斯・伊普萊表示，在他身為科學家的職業生涯裡，已婚伴侶研究產生的鮮明結果是前所未見的。[22]他們對同理心的自信簡直高到破表，這也錯得離譜。

CHAPTER 11

# 會計師謬誤
## 依憑直覺的危險

## 1.

一九七六年，記者安東尼·路易斯（Anthony Lewis）在《紐約時報》寫了篇專欄文章，讓我一直記到現在。[1]這篇文章怒氣沖沖，路易斯很少這樣，但他沒辦法克制自己。他在激動什麼？為了我們的福特總統。福特是大家心目中的好好先生。他的前新聞秘書說：「如果福特看見一位學童需要衣服，他真的會脫下襯衫給他」。不過，福特的政策並不理想。路易斯逐條列舉：福特否決了學校的營養午餐計畫、否決了管制露天開採的法案，還使用「強硬的措詞談論犯罪」。福特就任總統前說過的話也受到路易斯的抨擊：「我知道他會在某個小團體中表示，他不相信這個國家有任何人正挨餓。」路易斯質疑，「所謂的好好先生，在政治上能對人道關懷如此麻木嗎？他怎麼能在漫長的政治生涯中一直認同〔這麼〕狹隘又偏頗的目標？怎麼能當美國總統？」

路易斯得出的答案是，福特安全地活在自己的世界，將上百萬美國人面對的艱困現實隔絕在外。福特不知民間疾苦，因為他沒有感同身受。事實上，路易斯說的就是社會科學家尼可拉斯·伊普萊的理論：如果想體會他人的處境，你需要和他們對談，以及經歷他們經歷過的事。福特沒有這麼做。

但是，這都是因為福特的麻木不仁嗎？我們不可能知道福特在想什麼。不過，除了指責福特就是與人民脫節，我們的線索還透露了一件事：這些不被福特看在眼裡的人有某個共通點。礦工、飢餓的學童與罪犯的共通點是什麼？低社會地位的人。社會學家認為這絕非偶然。一般來說，低社會地位的人不會引起同理心反應。當我們走進某個房間，我們的雙眼會自動尋找高社會地位的人。甚至連我們偵測騙子的能力也會跟著對方的社會地位而變動。比起高社會地位的人，低社會地位的人較少受到審查。[2]不管你喜不喜歡，這就是我們的天性。我們連把低社會地位的人當人看都有困難，不是因為在生他們的氣。對於我們想改變的人，我們才會為他們的行為氣惱，然而我們沒有要改變低社會地位的人。我們就是不想和他們扯上任何關係。這不是生氣，而是厭惡。當某件事讓我們厭惡時，我們會怎麼做？避開。當我們看見躺在人行道上的遊民時，我們會閃得遠遠的。我們不是在對他們生氣，我們就是不想和他們正常地互動。[3]

伊普萊說，我們就像字面意義那樣地不在乎他們（pay them no mind），把他們視作沒有心靈的人。我們將察言觀色的能力保留來面對重要的人。瞭解不重要的人只是浪費時間，至少我們的大腦是這麼想的。當我們把受試者送進功能性核磁造影，分別要他們看遊民等低社會地位者的照片，以及高社會地位者的照片時，他們的內側前額葉皮質（medial prefrontal cortex）對前者的活躍度低了許多。[4]他們真的對低社會地位者動了比較「少」的腦筋。對方的社會地位越低，我們的內側前額葉皮質活躍度就越低。

更糟的還在後面。你的社會地位越高，你就越不可能對地位較低的人產生同理心。這不只是富人不在乎窮人死活的刻板印象。研究顯示，富人真的如此，這是財富帶來的後果。詭異的地方來了；你不用真的很有錢，才會像富人那樣漠不在乎，你只要覺得自己有錢就可以了。某實驗讓一群受試者玩大富翁，他們擁有的玩具假鈔數量就大大影響了同理心。一個人手上有越多的玩具假鈔，他對陌生人就越沒有同理心。在實驗中，設計者用某個藉口讓玩家暫停遊戲，移動到另一個房間，他們在路上會遇到一位女士，她剛好打翻了一堆鉛筆。除了沒贏多少錢的玩家，多數玩家都不願意幫忙。而這只不過是大富翁。[5]

然後還有下述情況。一個人越有力量，他就越沒有同理心。另外，一個人越強壯，他也越沒有同理心。這聽起來很奇怪，不過，如果你考慮到現代國家出現以前，身體強度是如何影響一個人的財富，你就會覺得合理了。對狩獵採集者而言，身體強度是重要資產。你越強壯，就越可能獲取並保住別人也想要的資源。你真的能「打」敗別人，因此，演化留下了蠻力。每個男性都想要占上風。他越強壯，就越能達到他的目的，儘管我們在討論領袖型雄性黑猩猩的段落說過，誰當老大不是靠拳頭，而是社交技巧。耶羅恩最後為何能打敗魯伊特？因為耶羅恩有更高明的社交技巧。身體強度不是一切。但它也不是一無是處；強壯的領袖型男性是受到青睞的。[6]

還有更壞的狀況。想像一列狂奔的火車，前方有五個人被綁在鐵軌上。[7] 如果你讓火車轉向另一條軌道，這五個人就能獲救，但那條軌道上有一位旁觀者會被撞死。你會讓火車轉向嗎？這個實驗反覆進行了很多次，大部分人的回答都是「會」。不過，當社會科學家增加一項條件，指定旁觀者的社會地位時，結果就變得讓人意外。如果旁觀者是低社會地位者，有更多人認為把他撞死是合乎道德的。當研究者再補充，獲救的五個人是高社會地位者時，同意轉向的人又變得更多。[8]

近期，由經濟學家出身的神經科學家保羅・扎克（Paul Zak）進行的實驗顯示，社會地位的改變會反映在大腦功能上。位階越高，身體系統便會活化越多睪固酮。就像那些二直參選的總統（譯註：見第六章），你的睪固酮越多，就越不可能對較低階層的人產生同理心。扎克相信，這就是為什麼男性的同理心測驗分數常低於女性，因為他們擁有更多睪固酮。事實上，男性在同理心方面處於雙重劣勢。男性不只睪固酮較多，他們的催產素也較少。扎克建議，如果能自己選擇老闆，你該把性別也列入考慮。女性主管會更容易瞭解你。[9]

這也解釋了天生具有同理心的人類為什麼能做出奴役黑人、強迫印第安人遷徙，以及用毒氣殺害猶太人等行為。你只能對你認同為人的族群有同理心。如果你將他們丟進次等人（subhuman）的分類，你的內側前額葉皮質就不會啟動了。[10]

所以說，有錢、有權與強壯的人就是脫離現實的？並非如此。這代表他們是人類。人類利用演化而來的運作模式，讓自己更有機會把基因傳下去。我們不是在為他們找藉口。若為他們找藉口，就犯了社會科學家所說的自然主義謬誤（naturalistic fallacy）；也就是說，認為出於自然的行為就合乎道德。

芙列達・柯奇韋相信美國人會對轟炸受難者產生同理心。她說，她知道美國人是熱心的。不過，人們的熱心只限於被他們當人看的人。如果我們感覺不到對方的人性，我們就不會產生同理心。當我們蔑視某些人，例如許多人曾這麼對待黑人、印地安人、猶太人、遊民、移民，以及被我們轟炸的外國有色人種，我們就會覺得對他們做出可惡的事也無所謂。

安東尼．路易斯無法瞭解，福特為什麼沒有把那些受公共政策決定影響的族群當人看，這讓路易斯有點抓狂。「這種人怎麼能當美國總統？」不過，福特顯然看不見許多最貧困者的人性，因為他極少接觸他們。當福特和幕僚討論營養午餐計劃時，他沒把因此受益的孩子放在心上。他思考的不是人，而是試算表上的數字。福特是預算方面的天才；他是美國最後一位逐頁逐條詳閱聯邦預算的總統，政治科學家覺得這很讓人佩服。一位讀得懂預算的總統！然而，這不全然是優點。福特面臨了會計師困境，我們就稱之為會計師症候群（Accountant's Syndrome）吧。他確實很常把受政策影響的人民眾看成數字。如果我們這麼做，我們就不會再把他們當人看了。

還有一項因素可能影響福特的思考：他把政策決定當成數字問題，而不是人的問題。近期研究顯示，我們的大腦無法同時計算數學與啟動同情心。如果分析性問題先占用了大腦，我們便很難憑直覺知道別人的感受。我們要不是處於分析狀態，就是具備同情心，無法兩者兼顧。這些功能的運作就像電燈開關，非開即關。按照這個邏輯，工程師給人的刻板印象就多少有道理，他們常被認為很不擅長與人相處。[11]

福特的辯護者或許會反駁，福特之所以在一九七六年採取讓路易斯如此憤怒的立場，是為了削弱共和黨提名競爭者的攻勢，也就是當時的雷根。他們是可以這麼說。不過，福特有意犧牲窮人來滿足自己的政治野心，這仍然是不爭的事實，這表示對他來說，窮人只是抽象的概念。

在狩獵採集者聚落，我們很容易表達與感受同理心。每一個人都認識每一個人。到了現代世界，我們常需要對全然陌生的人產生同理心。政策制定者在決定社會安全網的預算時，他不可能逐個認識從中受益的人。他不是看著人群下決定，而是看著試算表。選民與這個情況的差異更大，連試算表都沒有。政策制定者有數字參考，讓他們知道哪些傷害的幅度太大，要列入考慮。選民連這個也沒有。

## 2.

當一九七六年的總統選舉初選進行到一半，福特與雷根正角逐著共和黨提名時，福特造訪了德州的聖安東尼奧。這趟旅程慘不忍賭。福特會見了某個墨西哥裔美國人團體，他們招待福特墨西哥粽（tamale）。福特拿起墨西哥粽，張嘴一咬，嚼了嚼，然後吞了下去。在場的人都看傻了眼。吃過墨西哥粽的人都知道，墨西哥粽是裹在玉米葉裡的，要先剝掉葉子才能吃。但福特不曉得。隔天的《紐約時報》刊出了這場意外事件的照片，註解如下：「德州競選活動：福特總統於昨日拜訪阿拉莫，享用墨西哥粽。他吃一口後便暫停動作，讓主辦人幫他剝掉外面的玉米葉，那通常不會拿來吃。」[12]福特最後勉強贏過雷根，獲得共和黨提名，然而他在大選中還是輸給了卡特。後來，福特被問到這次參選的感想如何，他不動聲色地說：「永遠記得剝掉墨西哥粽的葉子。」

回顧聖安東尼奧事件，我們很容易覺得福特有點太市儈了。他吃墨西哥粽是為了建立和墨西哥裔美國人之間並不存在的連結。這種營造共鳴的舉動就是政客在做的事。為了讓亞洲人投他們一票，他們去中國城吃炒飯。為了贏得猶太人的好感，他們到紐約市東村的莫依希麵包店（Moishe）嘗一口巴布卡（babka）。為了鎖定愛爾蘭人的支持，他們鑽進波士頓酒吧灌一杯健力士啤酒。很容易我們就小看這些接觸各族裔社區的行為，視之為赤裸裸的操弄，許多記者就這麼想。不過，無論政治人物自己知不知道，研究顯示這裡面大有學問。和選民一起吃墨西哥粽能引發眾所皆知的同理心現象。當兩個人做同樣的動作時，雙方的感覺是團結一致的，他們的體內會瞬間釋放那個暖心的賀爾蒙，也就是催產素。[13]這是我們打破隔閡的方法。看別人吃墨西哥粽？沒意思。一起吃？親密感馬上建立了起來，因為我們喜歡模仿別人，也喜歡別人模仿自己。這就是為什麼一群朋友去喝酒時，不喝酒的人會覺得自己被排擠。我們需要和朋友做一樣的事情來產生連結。福特和地方人士一起吃墨西哥粽不只是看起來有共鳴。隨著他咬下每一口，他都變得更有同理心。[14]

這為什麼有用？因為某種奇妙的演化。我們能藉由複製對方的動作來知道他們的感受。想知道你的朋友看見地毯上的嘔吐物是什麼感覺？不用自己去看，只要觀察你的朋友，像他一樣把臉皺起來，你就會感覺到了。科學家原本不清楚這件事，直到他們研究了莫比斯症候群（Möbius syndrome）。[15]這種先天疾病讓人的臉部肌肉無法動彈。不管開心、難過或惱怒，永遠是一號表情，連眨眼都不行。他們總是睜著雙眼。科學家發現，這些病患通常無法意會別人的感受。他們能看見朋友在笑，但心中不會產生正常的反應，因為他們沒辦法笑。想知道臉部凍結對表現同理心的能力有什麼影響，你不用真的得到莫比斯症候群，你可以做下面這些動作。首先，請一位站在附近的朋友對你扁嘴，然後你自己也扁嘴。感覺如何？現在，抿一支鉛筆，請你的朋友再扁嘴一次。然後換你。你會發現自己做不到，因為臉部肌肉被鉛筆卡住了。此外，你也不再有一分鐘前和朋友做相同表情時的感受。這就是莫比斯症候群患者的處境。

他們的大腦發生了什麼事？直到九〇年代，義大利帕瑪的科學家才揭開了面紗。這些科學家試圖分析獮猴大腦對牠本身所做特定動作的反應。他們將導線接上猴腦的不同區域，讓獮猴做出各種動作，觀察哪些區域會亮起來。某天，怪事發生了。這場事件經典到變成了傳說。雖然流傳下來的內容不完全真實，它還是捕捉了這項科學發現的本質。那麼，讓我們看看這個故事通常是怎麼說的。

某天，一位研究生碰巧拿著冰淇淋走進實驗室。[16]學生才舔了一口，猴子身上連著的監視器就發出提示音，代表他在做某個動作。嗶。嗶。嗶。這很奇怪。猴子沒有舔冰淇淋，他只是看別人舔冰淇淋。但是，猴子的大腦活動顯示他在舔冰淇淋。無論那天的真相是什麼，這個發現都讓人目瞪口呆。猴子的大腦為什麼會顯示他沒有做的動作？答案是大腦中的某種神經元，科學家稱之為鏡像神經元（mirror neurons）。無論他做某個動作，或只是看別人做，這種神經元都會被活化。

現在，你能瞭解這項發現為什麼會引起全世界的興趣了。這是同理心現象的線索。不只獮猴有鏡像神經元，人類也有。平均而言，人腦神經元當中有百分之十五以上是鏡像神經元。這似乎完美解答了同理心的運作模式：我們在腦中模擬對方的動作（不用真的去做），就能感受對方的感受。由此可知，當你在看美式足球比賽，有位球員被防守方狠狠地擒抱時，你也會跟著做出痛苦的表情，甚至身體一震，好像你也被擒抱了。雖然某些科學家堅決否定鏡像神經元讓我們感受到別人的感受，許多科學家還是接受這一點。[17]研究仍在進行。

讓福特受苦的是會計師症候群。不過，我們有解決方法，那就是接觸人群，做他們在做的事。想看見別人的人性？邀他們一起吃墨西哥粽。重要的是親近。你不能只是打電話，你必須和對方處在同一個空間才有效。在福特否決學童營養午餐以及礦工法案之前，他應該花點時間和他們相處，像他們那樣體驗他們的世界。當然，福特在這麼做之後，可能還是會認為保護學童與礦工權益的法案有其缺點，應該要否決。但至少他會公平地下決定。當我們決定別人的命運時，我們最少要做到公平。如果總統沒空探訪這些人，他也該讓幕僚去做。這有助於平衡他看待事情的尺度。

「把人當人看」不能停止冷酷或偏見，但它會讓人下不了手。當戰場上的士兵被迫和敵軍近身搏鬥時，他們常常發覺自己沒辦法殺死對方。如果要士兵（或者轟炸機飛行員）遠遠地殺人，他不大會有道德上的不安感。殺死近在眼前的人？難了。戰爭史上最糟糕的命令出現在美國獨立戰爭的邦克山之役（Battle of Bunker Hill），他們下令，看到人的眼白才開槍。這正是士兵最不想開槍的時刻。

歷史學家檢視了二戰的交戰紀錄，結果顯示，將近百分之八十的士兵沒辦法近距離射殺敵人。幾呎之內的敵人不再是敵人，而是人類。喬治・歐威爾在西班牙內戰中對抗法西斯主義的經歷便清楚說明了這點。某天，他看見一位敵方士兵從戰壕裡跳了出來。「他的衣服只穿了一半，雙手提著褲子就跑。」雖然這位敵方士兵完全在視野範圍之內，歐威爾還是沒辦法扣下板機。他回想這段過去，「我沒有射擊，一部分是因為看見了那條褲子。我是來射殺『法西斯分子』的，然而，一個提著褲子的男人不是『法西斯分子』，他就像我們的同胞。你不會想開槍射他的。」[18]

# 3.

一九六八年到一九八〇年，也就是雷根邁向總統之路的這幾年，雷根發現了一件事：每當他談論起社會福利時，聽眾總是能產生共鳴，所以他一直繞著這個議題打轉。雷根在一九七六年對上福特時，他的競選主軸之一便是社會福利。

住在火星上的人可能會以為，雷根大談社會福利是因為他關心窮人。然而事實並非如此。我們這個國家的人談論社會福利不是因為對窮人的同理心，而是覺得裡面有問題。

雷根把社會福利視為當務之急，聽眾也反應熱烈，這有點莫名其妙。社會福利，或者說是撥款補助窮人，它根本花不了納稅人多少錢。社會福利的支出從未超過聯邦預算的百分之三。回到一九七〇年，當時的失依兒童家庭補助（Aid to Families with Dependent Children，需要經過資產調查的社會福利制度）一年大約讓聯邦政府納稅人付出五十億美元，而國防部光是研發預算就超過七十億美元，總預算則是八百三十億美元。[19]雷根有必要這麼重視社會福利嗎？

然而，雷根不是在製造假議題。以加州為例，他們的社會福利補助人口便呈現爆發式的成長。[20]一九六三年，共有三十七萬五千人領用失依兒童家庭補助。一九六七年，人數增加為七十六萬九千人。一九六九年，人數增加為一百一十五萬六百八十七人。一九七〇年，人數達到了一百五十六萬六千人。雷根批評，他擔任加州州長期間，接受補助的人數每個月增加四萬多人。這不是長久之計。不只加州，同樣的狀況發生在全美各州。[21]一九六七到一九七三年間，許多州的社會福利補助人口都增為三到四倍。這個現象非常詭異。在過去八十四個月內，經濟狀況多半極好，只有十三個月呈現衰退。然而，無論失業率是下降到接近歷史低點（低於百分之三）或上升，各地的補助人口仍不斷成長，這讓自由派人士感到困惑。補助人口暴增推翻了他們天真的假設：社會福利的支出只會隨著失業率上升。他們錯了。

問題出在哪裡？雷根認為，這是因為很多不符合補助資格的人也提出申請，而且還真的過了。濫用社會福利的經典案例是一位住在芝加哥的非裔美籍女性，眾所皆知的琳達・泰勒（Linda Taylor）。[22]雷根讓她變成了名人。這是他對泰勒的描述：「她用了八十個名字、三十個住址與十五個電話號碼來盜領糧食券、社會安全保險、四位不存在的亡夫的退伍軍人補助，以及社會福利。光是免繳稅的現金收入，她一年就進帳十五萬美元。」某位記者指出，當雷根提到她一年搬走多少錢時，人們都倒抽了一口氣。然後，雷根會描述得更仔細，包括她有三台車，一台還是新的凱迪拉克。你可以想像聽眾的反應。琳達・泰勒是名副其實的福利女王（welfare queen）。

自由派批評雷根又搞錯了。然而，這次錯的是他們。一份發表於二〇一三年《頁岩》（*Slate*）雜誌的調查指出，嚴格來說，雷根是低估了泰勒，因爲她還犯下綁架與涉嫌謀殺等罪行。[23]此外，雷根也不是第一個稱呼她為福利女王的人，不用說自由派痛恨這種綽號。最先想出這個名字的是《芝加哥論壇報》，他們以一系列的追蹤報導揭發她的犯罪事業，最後讓她落網、受審，入監服刑。

琳達・泰勒就像是好萊塢電影裡的大壞蛋。這樣看來，她似乎還有點迷人。不過真正有意思的是，她的罪行其實和雷根的指控毫不相干。無論當時或現在，沒有任何證據能證明像她這樣海撈一票的詐騙高手真的在廣大預算層面侵害了社會福利系統。事實上，接受補助的人絕大多數都是有需要的人，例如母親、小孩與老人。[24]和加州一樣，賓夕法尼亞州的社會福利補助人口也呈現劇烈成長，而根據他們的審查結果，只有百分之四的人不符合政府的資格規定。[25]

那麼，社會福利人口為什麼會飛速成長？這不是個謎，只是有幾個關鍵因素讓情況變得複雜。其一是南方的貧困族群移往北方，聚集在都市，改變了人口組成。在紐約市，貧困黑人與波多黎各人移入了社區，也就是中產階級白人遷往郊區後空出來的地帶。都市裡的窮人越多，需要援助的人就越多。七〇年代時，有百分之十的都市人口接受社會福利。其二是社會福利權運動，[26]一個又一個都市的窮人受到民權運動者的激勵（例如馬丁．路德．金恩），開始高呼改善生活水平。在華盛頓特區，社會福利權的抗議人士占領了衛生教育福利部。在紐約市，當有人的補助遭否決，他們要求舉行上千場的聽證會。這些行動促成了更高的福利與更多的補助人口。其三，一項詳細的研究指出，六〇年代的城市動亂讓市長們驚慌失措，他們打算降低日漸升高的社會壓力，而解決方案便是鼓勵窮人領社會福利（其實就是收買他們）。[27]

結論是，社會福利補助人口的上升不是因為人們在騙錢，而是很多人有需要，包括那些被政客合法收買的窮人。無論當時或現在，我們就是有這麼多人撐不下去。這和美國繁榮的神話完全相反，我們不想知道。然而，這是事實。一九六七年到一九七三年間發生的是：真相突然變得顯眼，他們不再是沒有臉孔的人了。

對於快速增加的補助人口，自由派認為問題在經濟，這是錯的。雷根怪罪詐騙分子，這也是錯的。然而，民眾卻非常支持雷根，覺得他對極了。為什麼？

一個常見的解釋是種族歧視。自由派認為這理所當然，根本不用多說；除了種族主義者，還有誰會猛烈抨擊社會福利？當保守派雜誌《國家評論》的發行人小威廉．巴克利在一九六五年參選紐約市長時，他指責社會福利領受人都是懶鬼（他說：「不做工，荷包空」），這不就是擺明在迎合種族主義者？[28]這場選舉最後由自由派共和黨員約翰．林賽（John Lindsey）大獲全勝；然而，作為第三勢力的巴克利在白人社區拿下了百分之三十的選票。他的搭擋是反族群融合組織「父母與納稅人」（Parents and Taxpayers）的會長。阿拉巴馬州州長喬治．華勒斯（George Wallace）在參選總統時，他的競選主軸也包含對社會福利的強烈譴責。華勒斯對外宣稱，社會福利領受人拿糧食券去買紅屋牛排。社會福利領受人都是懶鬼？這種想法當然帶有種族歧視。[29]

不過，常見的解釋就是對的嗎？白人把社會福利領受人和懶惰聯想在一起，是因為他們有種族歧視嗎？我們在第三章提過的社會科學家邁克爾．邦．彼得森，他調查了丹麥人對社會福利的看法，這是個白人占壓倒性多數的同質社會，結果相當驚人；和美國人一樣，丹麥人也馬上做出了社會福利領受人都是懶鬼的結論。[30]一旦丹麥人反射性地認為貧困者等於懶，他們就不會對貧困者產生任何其他看法。嘿，騙錢仔？這樣就夠了。事實上，懷疑社會福利領受人是懶鬼的想法遍及全球。根據世界價值觀調查（World Values Survey），不光是美國人認為窮人的貧困只能怪自己，幾乎全世界的人都是這麼想的。[31]

雖然這些現象在自由派眼中完全就是種族歧視，它們其實還有更深層的意義，那就是人類根深柢固地懷疑受益於社群慷慨解囊的人是懶惰的。即使有著強烈的意識形態，這種心理也很難被動搖。舉例來說，丹麥人非常相信福利國家理論，他們的社會共識是政府應該照顧每個人，無論他敬業與否。然而，彼得森的研究顯示，當丹麥人面對貧困者時，他們的反應就跟美國人沒什麼兩樣。（當然，這不代表美國人對社會福利的敵意背後沒有種族歧視，許多白人的態度顯然來自於社會福利領受者多是黑人的誤解。）[32]

彼得森的研究意味著人類天生就會懷疑有需要的人，這並不意外。雖然演化壓力偏好同理心（在更新世，每個人都能隨時遭逢不幸），但你永遠都要提防那些向你求助的人。他們可能是裝的，或者只是懶。沒有這些懷疑，人類也沒辦法演化出同理心。不是嗎？如果請別人接濟就能維生，演化將會無情地選擇這些寄生族，直到他們的數目超過願意幫助他們的人。同理心的反面必須是天生的懷疑。人類每次伸出援手時，都要確定這是接受者應得的。在你幫忙之前，你得弄清楚對方是不是值得你這麼做。

懷疑並沒有錯。不過，在更新世的小社群有意義的事，到了現代不見得如此。更新世的人想幫助別人，因為自己也會有需要幫助的時候。生活充滿風險，對鄰人的同理心則能緩和風險。比如說，你去打獵卻無功而返，你知道自己可以找鄰人討幾塊肉，因為某天換他們獵食失敗時，他們也可以向你求助，彼此心照不宣。這是經典的投桃報李心理，它支撐著我們許多最強烈的利他衝動，到今天仍是如此。然而，投桃報李沒辦法成為現代世界的社會福利基礎。我們並不是假設這些人會在我們不幸時提供協助，才把他們納入社會福利的。你不能用投桃報李的邏輯來經營一個牽涉上百萬人的大型系統，它會無法運作。

更重要的是，更新世的道德範疇不適用於現代社會。對於更新世的人類，區分懶人與不幸的人是有意義的。到了現代，這還合理嗎？這些人需要社會福利是因為自身的道德缺陷嗎？或許有些人是。不過，對其中的多數人而言，更可能的原因難道不是情勢所逼嗎？例如孩童，他們是很重要的社會福利受益族群，他們沒有道德缺陷。而某些孩子的父母恐怕也是情勢所逼，才需要社會福利。或許是種族歧視或缺乏教育阻礙了他們的發展。

我們的大腦被設計成以道德來衡量社會福利領受者，然而在不景氣時，個人的道德就不再重要。假設經濟現況是一個月裁員數萬人，例如金融危機後的二〇〇九年，那無論你多努力，你都沒辦法找到工作。這時，該負責的不是個人，而是大環境。如果倒過來想，我們就犯了基本歸因謬誤（Fundamental Attribution Error），也就是我們用某種標準評斷自己，卻用另一套標準評斷他人。我們常覺得自己的行為是為了回應周遭的環境。別人呢？那是他們的本性使然。如果壞事發生在我們身上，我們認為那是運氣不好。這或許讓你想起那幾位總統是怎麼替自己的不當行為開脫的。他們對自己說，這麼做都是情非得已。如果壞事發生在別人身上呢？那是個人的缺點造成的。[33]這就是為什麼我們看見好手好腳的人在排隊領救濟品時，腦中會浮現「他們肯定很懶」的想法。我們不會自然而然地認為他們不走運，而是把他們當騙子。

那麼，誰能在現代世界成功？有能力的人。精確地說，是具備充份的技術，能解決複雜問題的人，他們的成功和人品沒什麼關係，許多極度反社會與不道德的人都成功了。想想那些掌握華爾街大企業的巨頭，難道他們都品德高尚？不大可能。金融危機點出了許多負面案例。在那段時期，報紙充斥著生意人占自己同胞便宜的新聞，他們向投資人推銷不動產抵押貸款證券，這些房子是賣給繳不起每月房貸還款的窮人。他們從中賺走數百萬至數十億美元。房貸市場破滅之後，這群華爾街高手當中又有一群人反過來賤價買斷房產，再度得手數百萬至數十億美元。這些商業巨頭不需要社會福利。而需要的人呢？他們很可能是因為欠缺在現代世界生存的關鍵能力，或許連識字都有困難，才會需要幫助。這如果屬實，拒絕提供他們社會福利就太殘忍了。今天，我們還在使用數十萬年前的狩獵採集者聚落的道德範疇，以此評斷有需要的人，這實在很沒道理。

## 4.

雷根在他兩屆總統任內都沒有成功推動社會福利改革。根據歷史學家統計，雷根卸任時，社會福利的支出變得比他就任時還高。一九九六年，柯林頓與當時由共和黨掌控的國會聯手中止了失依兒童家庭補助，改立新的貧困家庭暫時性援助（Temporary Assistance to Needy Families），它多了嚴格的終身五年年限規定與工作要求。這是聯邦政府從經濟大蕭條時期開始關心社會福利、首度設計失依兒童家庭補助之後，對補助計畫做出的最大變革。這產生了立即且戲劇性的結果：補助人口銳減，社會福利總支出下降。雷根終究還是贏了。美國政府採用了他對社會福利的觀點，而且真的有效。不是嗎？

保守派深信雷根是對的，因為補助人口下降了。但是，沒有人能告訴我們離開社會福利系統的人後來怎麼了。他們找到工作了?他們突然變成了保守派口中的「具生產力的社會成員」?沒人知道。二〇一三年,全國公共廣播電台(National Public Radio)公布了一項怵目驚心的調查,揭露出讓人沮喪的結果。[34]它關注的是鮮為人知的事實:雖然社會福利補助人口下降,領取社會安全殘障補助的人數卻上升。點閱這份報告的網路版,我們可以看見兩張長條圖。第一張畫的是接受社會福利補助的家庭數,它看起來像一條向右方(越接近現代)下斜的滑雪道,反映了較少的社會福利補助人口。第二張畫的是領取社會安全殘障補助的低收入人數,它看起來類似第一張,只是走勢相反。無論在哪個時間點,每當一邊下降,另一邊就上升。如果把其中一張圖倒放,它們看起來就不只是相似而已。它們簡直一模一樣。

接受社會福利補助的人後來怎麼了?離開社會福利系統之後,多數人似乎直接轉往殘障補助。全國公共廣播電台的報告指出,在阿拉巴馬州的黑爾郡,「每四位處於工作年齡的成人就有一位領取殘障補助」。我們沒有解決社會福利問題,我們只是把大量的人從一個系統移到另一個,讓他們變得比較不顯眼。從某方面來看,除了開支票的單位名稱換了以外,其他什麼也沒變。根據政府統計,[35]在二〇一四年時,聯邦政府提供的殘障兒童家庭補助首度超過了社會福利。[36]

然而,從另一方面來看,有件重要的事情確實變了:我們使政府的補助不再能貼近人民真正的需求。這很令人遺憾。讓失業而沒有殘障的人去領殘障補助實在荒謬;他們如果沒辦法照顧自己,需要幫助,就應該領社會福利。我們過去使用的系統雖然有缺點,它還是有幾分道理,而我們卻用一個幾乎沒道理的制度來取代它。根據全國公共廣播電台的報告,殘障的認定條件相當武斷。某個人因為高血壓被歸類為殘障，另一個有高血壓的人卻被排除。某些肯定有需要的人再也拿不到補助，某些不需要的人卻拿到了。

為什麼？因為我們沒辦法把接受社會福利的人當人看。我們覺得他們可能是騙子。按照邁克爾．邦．彼得森的觀察，這會淹沒我們所有的心理反應，包括強烈的同理心衝動。

美國花了數十年辯論社會福利政策。這些政策發生了根本性的改變，如政治人物所說，我們所知的社會福利中止了。最後呢？我們可能落入了一個更差的系統。這代表社會福利議題吵了半天不過是做做樣子，還浪費了很多時間。濫用社會福利的經典人物琳達．泰勒從來都不能代表什麼，她自成一類（sui generis）。然而，她的福利女王故事是如此地深植人心，讓我們無法直截了當地思考社會福利議題，最終導致了扭曲的公共政策。

芙列達．柯奇韋認為，平安生活在家中的美國人能瞭解數千哩外被戰火摧殘的韓國人的感受；安東尼．路易斯認為，福特應該能懂得最受政策影響的人的痛苦；柯奇韋和路易斯都覺得同理心是很自然的，但是，當人們憑直覺反應時，同理心通常不會啟動。這不就是我們對大多數新聞事件的反應嗎？沒有人會像博士生在聽教授講課那樣地認真做筆記、仔細思考。這沒辦法讓我們走得更遠。

# 總結：向前邁進
## 別讓答案從指尖溜走

# 1.

某天，伊利諾州惠頓有位獨自在家的十二歲男孩，他大膽地決定要查看父母的信，儘管他不該這麼做。當他一封封地翻找，打開某些有興趣的信時，他無意間發現了一封他顯然不該看的信。他還是開了，讀了起來。那封信告訴他，他的父母正準備離婚。這位男孩就是鮑勃・伍華德。[1]

伍華德的生活再也不一樣了。不過，對傳記作家而言，這位知名記者的經歷吸引人的地方不是父母離異，而是他開了父母的信。這就是我們心目中的伍華德，也符合我們對記者的想像。著迷於秘密的男孩長大成為著迷於秘密的男人，總是能察覺表象與醜惡現實之間的落差，這個故事是多麼順理成章。

但是，伍華德在男孩時期做的事真的和我們不一樣嗎？不見得。每個人都有好奇心，都想追根究底。伍華德的新聞敏銳度確實驚人，這眾所皆知，他在職業生涯中揭露的重大事件可能多過同時代的任何一名記者，然而，和我們相比，他的大腦運作模式有什麼根本上的差異嗎？沒有。腦科學研究證明，我們都對新奇的事物異常敏感，就像第一章討論過的，由艾瑞克・肯德爾進行的海蛞蝓實驗。我們都具備新聞敏銳度，這是身而為人的本能。我們和肯德爾的海蛞蝓一樣渴望新的刺激；也就是說，我們是天生的記者。我們一習慣了某件事，就會馬上忽略它，這樣才能專注在新事物上。我們的大腦不斷地掃描這個世界，尋找最新的頭條速報。就像耶魯大學心理學教授保羅・布倫（Paul Bloom）對學生說的，我們討厭無聊：「你反覆拿同個東西給嬰兒看。嬰兒會覺得不好玩。」然後他就會開始看別的東西了。[2]

不過，這裡有個問題。如果我們基本上都喜歡新聞，為什麼我們沒有變成鮑勃・伍華德？為什麼他能早我們那麼多步披露水門案？

答案是伍華德的幾項重要優勢。其中一項讓他贏過了許多記者，那就是他的年輕與無知。伍華德和卡爾・伯恩斯坦都是第一次跑白宮線，他們用新的眼光檢視政治圈。這是一種好的無知。奈特里德（Knight Ridder）集團駐華盛頓的記者詹姆斯・麥卡尼（James McCartney）曾指出，「水門案真正的秘密是，報導此事的記者不是那些會直呼季辛吉為『亨利』的人。」[3]

伍華德之所以勝過他的讀者，是因為他需要面對面接觸與水門案相關的政治人物、官僚與黨員。他不只是讀他們的書面聲明，而是當面對話。我們在先前的章節討論過，這是截然不同的經驗。閱讀報紙上引述某名黨棍的發言，那是一回事，而跟此人現場交談又是另一回事。前面講過，當我們和他人對話時，我們會提高警覺，集中注意力。對方當著我們的面說謊？我們會介意而生氣。比起閱讀文字，我們更容易在聊天中逮到對方說謊。當然，訓練有素的騙子可以輕鬆脫身，但多數與伍華德談話的人並不是，他們不過是捲入醜聞的普通美國人。對伍華德來說，這些人並不需要說出厚顏無恥的謊言，他就能知道事情不對勁，也許只是他們的臉抽動了一下，當伍華德登門造訪時，他們可能什麼也沒說，但臉上一閃即逝的表情已經透露了一切。

和人們面對面接觸讓伍華德知道誰可以信任，而誰不行。正因為他見到了總統連任委員會的財務主任休伊・斯隆，他認為自己可以相信他。伍華德在《總統的人馬》（*All the President's Men*）中提到，他對「〔斯隆的〕謹慎印象深刻，他不願意說出那些他不覺得有做錯什麼事的人的名字。」[4]

伍華德不只像讀者那樣地閱讀水門案，他還身在其中，這是記者勝過選民的地方，也讓他們幾乎總是比選民更能理解事件的重要性。

記者或許天生就對政治感興趣，這讓他們站在比一般選民更有利的位置來理解世界。不過，他們的主要優勢並不是政治天賦，而是環境。記者的工作環境在許多面向上都更吻合更新世人類的認知機制。他們能面對面地察言觀色、花足夠的時間和消息提供者相處，從而瞭解對方。你知道有句話是這麼說的，**華盛頓是個小鎮**，這對記者極有幫助。華盛頓不像更新世的聚落那麼小，但它小到讓記者有機會和當事人碰面，雖然這不一定是好事（我們已經知道記者會變得和消息來源太親近，例如叫季辛吉「亨利」的記者們），它通常還算是優點。閱讀政治事件，你可能覺得無聊而分心，但是要採訪政治人物，然後寫篇報導？你很可能會全神貫注。為什麼伍華德那麼確定尼克森的人馬在說謊？因為**他們當著他的面說謊**。

記者以我們與生俱來的方式實事求是，那就是親身參與。他們沒有做自己不擅長的事，比如要喬登去打棒球，他們做的是人類本來就拿手的事。但選民呢？他們對政治的瞭解全來自二手資訊。這會出問題，因為我們天生就沒辦法把報紙上的新事件放進心裡，閱讀報紙新聞或親自獲得資訊，這兩者讓我們留下印象的方式並不一樣。

尼克森支持者花了十一個月來改變自己的想法，而當時是大學生的我花了超過兩年。先前的你或許會覺得不可思議，但我相信現在的你不會再這麼想了。

我們的大腦確實被設計來偵測新奇的事物。然而，我們的偏見會讓與生俱來的好奇心發生短路：

- 我們傾向於堅持已知的東西，就像那些喝到果汁的猴子，牠們只會看一個方向，以獲得酬賞（見第七章）
- 我們根深柢固的黨派偏見
- 我們傾向於忽視引起認知失調的事實
- 我們偏好團體認同感，就像替尼克森找藉口的人
- 我們對說故事的癖好
- 我們對迷思的易感性

此外，我們獲得的是水門案的二手資訊，因此美國人需要十一個月來接受現實是完全合理的。說真的，就我們現在已明白的知識，這些倚賴本能的選民其實沒有花更長的時間才讓人驚訝。

一直以來，問題都出在錯誤的脈絡。選民需要尼克森和他的親信當面對他們說謊，就像對伍華

德那樣。選民必須身在其中，十七歲那年的我也是。我的問題並不是資訊不足，我和朋友們都接收了同樣的資訊。我落入的陷阱是把水門案當成了某種公投，投的是我自己的信念與心理需求（在我全部的朋友都反對尼克森之後，我要為自己先前的死忠支持辯護），而不是尼克森。不難想像，即使尼克森是說謊高手，要是他說謊時我可以近身看見他，我天生的測謊能力也會發動。如果夠近，我的焦點就會一直在尼克森身上，而不是我自己。這樣才對。

顯而易見，我們應該盡量把自己放在能直接感受政治的位置。如果你有機會近距離接觸候選人，請好好把握。如果你拿到了政黨大會的門票，不論是區域、州或全國大會，請善用它。當我們參與其中，運用了所有感官，我們就能對政治有最好的理解（當然，前提是我們沒有受現場氣氛影響，不加思索地落入自己的偏見）。

我們大多沒辦法像記者那樣身在其中。不過，這不代表我們就會上狡猾政客的當。科學研究顯示，即使我們在一定的距離之外，又受限於為更新世設計的大腦，我們還是能把政治駕馭得很好。我們可以讓本能幫助我們（而不是起反效果），或抵消本能的影響。就像我在一開始說的，受害於無法控制的本能，不是我們的宿命。然而，我們要先學會認清，我們的行為在什麼狀況下是由本能驅動的。

## 2.

當這本書快寫完的時候，新聞開始播報ＩＳＩＳ組織成員在中東的恐怖斬首行動。報導中有一些影片，裡面是即將被劊子手砍頭的無辜受害者。其中一篇報導特別撼動人心。一位英俊且抱持理想主義的前陸軍遊騎兵隊員彼得．卡西格（Peter Kassig），他在運送醫療補給品給敘利亞人民的任務中遭到ＩＳＩＳ組織俘虜，他被殺害時年僅二十六歲。

ＩＳＩＳ組織的新聞引起了觀眾的憤怒，這是正確的反應。在這時我們顯然可以相信本能。我們不需要親眼看見一個人被斬首才能感受那種恐怖。砍頭這件行為太驚悚了，我們感受的震撼幾乎就跟來到現場一樣。就算我們是間接地體驗新聞事件，我們還是能身在其中（特別因為我們看到的是影片，即使最後的血腥畫面被電視台剪掉了）。對於這一種現代情境，我們的更新世大腦起了應有的作用。

不過，如果事情不是這麼發展，我們該怎麼辦？我們可以從〔系統一〕切換到〔系統二〕。你應該還記得，〔系統一〕是自動的思考，它在意識覺知之外進行，由情緒與本能主導，〔系統二〕則是較高層次的認知思考，它在意識覺知之內運作。當〔系統一〕靠不住的時候，我們就必須換成〔系統二〕。理論上，這應該不成問題，〔系統二〕應付的就是這種狀況。假設〔系統一〕產生的不是我們要的結果，〔系統二〕就會自動介入。著名的心理學家傑弗瑞．艾倫．格雷（Jeffrey Alan Gray）認為，人類這個物種起先會發展出意識，便是為了應付情緒與本能無法解決的狀況。根據他的解釋，意識是一種讓人類能偵錯並修正的適應機制。如果〔系統一〕表現得不夠好，我們的意識系統〔系統二〕就會出面接管，賦予我們靈活解決問題的能力。[5]

麻煩的是，我們的信號網路常常沒辦法在應該切換成〔系統二〕的時候切換過去。我們腦中的監控系統發現政治事件的脈絡是錯時，應該換成︹系統二︺，然而它沒有，這就是為什麼到了現代世界，我們的更新世大腦好像不大管用。

回顧來看，當十七歲的我在為尼克森辯護時，我應該要切換成︹系統二︺。既然反方證據越來越多，我就應該質疑自己的想法，重新評估自己的深信。不過，我的監控系統沒有發出警報。我仍舊反射性地對新聞做出反應，而不是認真思考。如果你問我，我會說我有認真思考水門案。我讀了我能取得的所有資料，追蹤了整件事的曲折發展，但是，我沒有意識到︹系統一︺正操縱著我的反應。這是因為︹系統一︺躲在幕後運作，我們很少想到要檢視它。我在心理學概論的課堂上聽過認知失調，但我沒有注意到自己的認知失調，我忽略了一件事：當我花越多心力捍衛尼克森，我就越可能繼續捍衛他。我很有把握我是在思考，不是憑直覺反應。我使用的是︹系統一︺，然而我自己不知道。

這暗示著我們最迫切的任務是研究自己。這種啟示幾乎不需要科學佐證；早在兩千年前，柏拉圖就告訴我們要檢視自己的人生。不過有一件事情並不明顯，那就是如果我們想理解現代世界，做出好的政治決策，我們就要瞭解，大腦有百分之九十八的區域是意識覺知碰觸不到的。柏拉圖沒有提到這一點，但科學教導我們，當我們向外看的時候，我們也要向內檢視。我們必須質疑自己的直覺，而這麼做是反直覺的。

實際上，我們必須為自己把關，隨時監視︹系統一︺。我們要當自己的糾察隊。當媒體玩起這種遊戲，他們會把舉止不當的政治人物挑出來特別處理，而我們的任務就是，當我們發現自己正在憑直覺反應，特別是面對重大議題時，我們要試著挑出自己這項毛病。這是確保我們的更新世大腦會幫我們做出正確反應的唯一方法。對於某些狀況，比如ＩＳＩＳ組織斬首行動，﹁系統一﹂的反應是正確的。不過，想知道自己對政治事件的反應是否恰當，我們只能仔細檢視，就像把自己放在顯微鏡下做實驗。當然我們不可能總是這麼做，一直自我審查太累人了，況且，我們連哪些反應屬於政治範疇都不清楚。觀看ＩＳＩＳ組織斬首行動？顯然是。經過躺在路邊的遊民呢？儘管我們沒想什麼，只是跨過去，我們還是做出了政治反應。這種看似沒反應的反應，呈現了我們下意識不把遊民當人看的心態。我們能做的確實有限。然而，這並不是不去嘗試的藉口。

如果我有仔細檢查過自己對水門案的反應，我或許就能免去和同學產生摩擦的痛苦。我不是說摩擦是壞事，剛好相反。但是，未經審視的反應引起的摩擦沒什麼用。要怎麼做才對？有意識地辯論彼此對水門案的每一項自然反應。我的朋友或許會承認，他們用最壞的方式看待尼克森是受政黨傾向的影響，這種驗證性偏誤來自我們的更新世大腦。我的朋友從不信任尼克森，他們立刻就接受了他不老實的證據。如果我誠實面對自己，我可能也會懷疑，是我的更新世大腦讓我馬上為尼克森辯護；對於自己本來就深信的想法，我會自然而然加碼投入。我甚至還可能發現，我在心理學課程讀到的認知失調理論其實就印證在自己身上。

我大概還是會感覺到那股為尼克森辯護的衝動。不過，在瞭解﹁系統一﹂思考之後，我應該就能修正自己的想法，不再以為自己是全然理性地對新聞做出反應。簡而言之，這讓我不再那麼堅持自己是對的，朋友是錯的。對民主國家來說，這是極珍貴又恰好有科學背書的教訓。科學研究告訴我們要提防自己，就如我們所見，這不只是因為我們沒有想像中聰明，我們還常常依靠本能來評斷事情，這些本能在錯誤的脈絡下是不管用的。

不過，在什麼狀況下我們該提防自己？當我們立即做出反應的時候。我們知道這是直覺的（系統一）在作用，而不是有意識的（系統二）。

我們需要認識的本能不只書中提到的這些，我們的直覺不是被設計來幫助我們暢行於現代的政治世界的，因此，我們必須盡可能地審視自己的本能，越多越好，它們都有機會在錯誤的政治脈絡下失靈。

想像一下強而有力的情緒：厭惡。臭屁噴霧的實驗顯示，厭惡的影響力大到能改變我們的想法（見第七章）。不過，覺得厭惡不代表我們就該厭惡。希特勒把猶太人和老鼠的畫面成對地放在幻燈捲片上，即使下一幅只有猶太人，觀眾還是會感覺厭惡而退避。他們當然不該如此；猶太人一點也不噁心，噁心的是老鼠，但觀眾分不出差異。隨著時間過去，很多人把猶太人想成了老鼠，這剝奪了猶太人的人性，把他們變成非人（non-person）。殺害非人就簡單多了。

今天，厭惡的強大效果也出現在全美各地的大學校園。反墮胎人士會架設一些畫著流產胎兒的巨型看板，讓學生感覺厭惡而反墮胎。但是，我們該讓可怕圖片引起的情緒決定我們對墮胎的看法嗎？人類演化出厭惡反應是為了遠離疾病，因此，我們看見糞便時會別過臉去，厭惡並不是演化來讓我們反墮胎的。[6]一位被反墮胎宣傳惹惱的教授於近期指出，有許多事情讓她厭惡，包括跑進她頭髮裡的蟲子，以及人類腸子的照片。但是，「這些不同的東西並沒有相同的道德地位，」她恰當地總結，「我們的情緒反應可以誤導我們。」[7]

所以說，當政治人物真的說動了我們，無論他是用華麗的辭藻操弄我們的愛國主義，或喊出某種口號，把複雜的事情瞬間變得簡單時，我們該怎麼辦？在我們被情緒反應指使，決定支持某政策或某政治人物的爭權行為之前，我們要趕緊按下暫停鍵。

我們沒辦法阻止自己的直覺反應，腸子的照片大概永遠都會引起厭惡感，不過，知道自己對特定刺激的反應（例如流產胎兒的照片）能改變我們如何理解這些反應，這會連帶影響我們的想法。瞭解大腦的運作能改變它的運作。教一個人如何辨認偏見，他就會用不同的方式思考。一旦我們意識到自己對特定刺激的慣性反應（無論是看似誠懇的政客給我們的感受，或是想附和同事的慾望），我們就能用不同的方式理解自己的判斷。我們不大能改變自己的即時反應，然而，我們可以換個方式消化它們，最後這麼做會改變我們的大腦。思考能改變神經迴路；每當你經驗一項事物並產生記憶時，你的大腦都會發生改變。大腦是有可塑性的。

我們對大腦的使用會改變我們的大腦，這是近幾十年的重大發現。最有名的例子是幾年前對倫敦計程車司機的研究。要成為有牌司機，你得證明自己精通這座城市複雜的街道網，連鄰里巷弄都摸得一清二楚。你能不看地圖從A點到B點，同時知道飯店、電影院與其他目的地在哪裡。司機需要記住上千條路，這迫使他們的海馬迴（掌管記憶的重要部位）加倍努力運作。當研究者使用功能性核磁造影掃描司機的大腦時，他們有了驚人的發現：典型的倫敦計程車司機的海馬迴比一般人大上許多，[8]我們的大腦不會停留在一出生的狀態，它一直在改變，我們能改變它。

不過，不管我們喜不喜歡，我們的道德基礎都是固定的。心理學家強納森·海德特的研究證明了這件事。有些人就是偏保守派，有些人就是偏自由派。許多道德信念近乎全人類共通的，例如亂倫是罪，這不需要理性辯論。亂倫很嚇人，因為它就是這麼嚇人。海德特用茱莉與馬克兄妹的故事來說明這一點。某天，茱莉與馬克上床了，單純為了好玩，他們都有做避孕措施，也都是成年人。事後他們說，他們感覺愉快，但也同意試過一次就好了。他們錯了嗎？海德特的受訪者全都說「是」。然而為什麼？他們沒有懷孕風險，他們堅稱這不會傷害彼此的兄妹關係，他們都是達到法定性成熟年齡的成年人，那麼，我們為什麼會厭惡茱莉與馬克的性交？海德特認為，這是因為我們的道德基礎深植腦中，而且大部分都在批判思考的範圍之外。道德就是道德。[9] 這代表理性有其極限，我們就是會對某些議題堅持己見，我們自己也說不清楚。不過，那又如何？讓保守派像保守派那樣思考、自由派像自由派那樣思考吧，這不妨礙我們分析自己的偏誤，並判斷自己的政治意見在現代政治的脈絡下是否站得住腳。

## 3.

瞭解自己在什麼狀況下會被本能牽制只是眼前的挑戰之一，我們還要學習抵抗拉力，幸運的是，在強而有力的本能面前，我們也不是那麼無助。科學研究顯示，我們的每種本能都是演化來應付特定狀況的，它們不會全都朝同個方向拉，而是各走各的路。人類沒有被設計成完美一致的生物，這些本能不會天衣無縫地合作，我們的腦中充斥著彼此矛盾的衝動。我們以為自己完整一致，其實不然；掌控大局的微小人（homunculus）並不存在。[10]

想想九一一事件。對於那可怕的一天，你大概不會只有一種反應，而是一系列。憤怒與復仇是最常被提起的，它們是人類最常見的情緒。不過，我們還有其他反應。我們有股衝動，想弄清楚為什麼有人會做出這種事。這讓我們有機會思考，而不只是謾罵。我們真的想知道為什麼，尤其是看見了中東國家人民慶祝恐怖攻擊的影片（前面的章節討論過），他們的反應不符合我們對自己在世界上的角色的認知，或者說自我認同；這就像忽然飄來一陣不祥的烏雲，籠罩了我們發著光的山巔之城。

我們確實想要一個快速又令人滿意的解釋，而小布希給的就是這種答案。九一一事件發生的幾天後，小布希說，那些人痛恨我們是因為不瞭解我們，不過，不同的政治領導人可能會有不同的說法，而這些說法將深植在人民的心中。我們可以不認同小布希，事實上，專家教授們也幾乎口徑一致地反對他；那些慶祝恐怖攻擊的數百萬中東人是真的痛恨美國，而且並不是因為不瞭解我們。雖然他們的行為可能很駭人，但他們知道一件我們自己並不清楚的事：我們常常不在乎其他國家的人的性命。由於我們的本能是以混雜的方式演化而來，我們能隨意決定它們的比重，或乾脆忽略其中一項，偏好另一項。當然，如果一顆巨石朝我們滾過來，只有幾秒鐘反應時，上面說的並不會發生，但我們面對的政治狀況大多沒那麼緊急。

到頭來，讓我們對某種狀況下決定的是基因、性格與環境的混合作用。九一一事件發生後，我們可能會認為復仇勢在必行，不過，這不代表我們心中其他的衝動都是次要的。科學研究指出，我們還是有機會在本能當中做選擇，雖然某些科學家深信基因對行為有著重大影響，限制了我們選擇的自由。[11]

以美國的移民問題為例，它說明了單一爭議能引起多種本能反應。比如說，某些白人會憎恨從南方邊界湧入的墨西哥非法移民，這是經典的排外心理。不過，移民爭議牽涉的本能反應不只如此。我們的國家恰好也是由移民建立的，許多流傳下來的故事都在歌頌移民的成功。前面的章節提過，牽涉國家認同的故事特別吸引人。因此，我們完全可以利用某些故事喚起人們歌頌移民的慾望，藉此抵銷排斥他們的衝動。我們能讓本能為我們做事。當我們發覺某個本能在幫倒忙，例如現代世界的排外心態，我們可以訓練自己啟動別的本能來中和它。如果政治人物呼籲我們發揮更好的（適用於二十一世紀的）本能，例如歐巴馬總統在二〇一四年公布，他將允許數百萬名無證移民獲得工作許可，我們可以獎勵他。為了說服美國民眾支持他的政策，歐巴馬說了一位年輕女性的故事，名為艾斯崔德．席爾瓦（Astrid Silva）。他是這麼告訴電視觀眾的：

> 艾斯崔德在四歲時來到美國。她僅有的財產是一副十字架，她的娃娃，以及身上穿的摺邊洋裝。她入學時完全不會說英文，她靠著讀報與收看公共電視台趕上其他孩子，成了一位好學生。她父親從事造景工作，母親幫別人打掃房子。他們不讓艾斯崔德申請某間主修科技的重點學校，因為他們擔心書面資料會洩漏她是無證移民。艾斯崔德瞞著父母提出申請，最後錄取了。她大部分的時間仍過著隱姓埋名的生活，直到每年從墨西哥來探望她的祖母過世，她想回去參

加葬禮時，她發現自己的身分很可能會曝光而被遣返。從那時候開始，她決定要為自己以及更多像她那樣的無證移民發聲。今天，艾斯崔德．席爾瓦已經是一位大專生，正在攻讀第三份學位。我們是一個會趕走像艾斯崔德這樣努力、充滿希望的移民的國家，還是一個想辦法歡迎他們加入的國家？

請注意歐巴馬沒做的事。他沒有對那些排斥移民的美國白人說，你們不該有那種感覺。這很聰明。我強調了很多次，我們就是會有我們的感受。在演講前段，歐巴馬甚至承認人有權利憎恨。他說，「如果有人享受了在美國生活的好處，卻不用承擔相對應的責任，這會惹惱我們每一個人。」然而，他巧妙地話鋒一轉，把美國的願景闡述為歡迎有需要的人，這召喚了不一樣的本能，它更人道，也更合乎我們的處境。

在現代世界，如果政治人物能召喚我們的人類本能，事情幾乎總是比較順利。人吃人的更新世已經過去了，應付那種環境的本能通常不適用於現代，即使我們遇上了戰爭。雖然我們需要動物本能來打仗（以激勵軍隊），我們還是有機會讓領導者喚醒我們的「善良天性」。林肯在美國內戰期間就做了很多次，尤其是他的第二次就職演說，他懇請美國人記得敵軍也有人性：

我們不對任何人懷抱惡意；我們對所有人寬容；我們堅信上帝賦予我們辨別是非的能力，讓我們繼續奮鬥，完成手上的工作；修復國家的創傷；照顧戰死烈士的遺孀與孤兒；我們將盡一切努力，達成並守護我國與所有國家公正且長久的和平。

雖然美國內戰還是可怕至極。

到頭來，我們對事件的反應不只取決於本能，還加上了領導者以及我們自己對本能的處理。想想二〇一四年，第一位伊波拉病毒感染者入境美國後的那幾個月發生了什麼事。許多美國人最開始的反應單純就是恐懼，他們不希望任何伊波拉病毒感染者靠近美國，這是更新世大腦在發揮作用。某些政治人物利用了選民的不安，例如紐澤西州州長克里斯．克里斯蒂，他揚言要拘禁一位剛從非洲返國的護士，因為他擔心她染病（事實上沒有證據）。所有的衛生官員都在努力降低疑慮，他們向大眾保證，這個國家的人民沒什麼好擔心的。衛生官員指出，我們被閃電擊中或被車撞的機率都比感染伊波拉病毒高出許多。對多數美國人來說，伊波拉病毒真的不是嚴重的威脅，短時間內，民眾的恐懼平息了。為什麼？一方面自然是因為疫情減輕成零星個案，不過，另一個極有幫助的因素是衛生官員的沉著應變，這安撫了民心。我們天生就會尊重醫師護士、仰賴權威人士的指示，這都是我們的本能。

總的來說，我們學到了在什麼狀況下該相信本能，而什麼狀況下則否；當本能符合現代世界的脈絡時，我們可以相信它，如果不是，我們就要想辦法忽略或中和它的影響。

## 4.

我在這本書的開頭說過，科學給了我們希望。你或許會好奇，在知道了這麼多證據，發現自己受（系統一）本能的控制，而這些本能又很可能會誤導我們之後，我們要如何保持希望。瞭解自己擁有多種本能，可以利用它們彼此牽制，這都不是值得跑去街上慶祝的大消息。不過，有個例子或許會讓你眼睛一亮，科學研究最近發現，我們確實可以刺激人們投票；我們需要好好利用這一點，而且要快（在二〇一四的期中選舉，僅有百分之三十六的合格選民去投票[12]）。

我們知道，有數百萬的美國人對投票興趣缺缺。投票程序感覺和日常生活毫不相干。他們的本能告訴自己，忽略公民責任的召喚吧，何必這麼麻煩。

但是，有個辦法能改變人們對選舉的觀感。一項針對二〇一〇年期中選舉的大型科學實驗便證明了這件事。在政治科學家詹姆士・福勒（James Fowler）的合作下，臉書科學家對六千一百萬位臉書用戶寄出了訊息。[13]沒有錯，真的是六千一百萬人，差不多等於法國人口。這些科學家想知道，能不能用簡單的訊息（例如你好，投票很重要，去投票吧）刺激人們投票。現在的你應該猜得到，簡單的訊息沒有用，確實，收到訊息的用戶幾乎都選擇忽視。第二項發現就比較鼓舞人心；研究結果顯示，臉友可能對你產生影響，即使你們不是現實世界的朋友。如果臉友發了一個「我投了」的圖示，你的投票意願會稍微增加。不過，最重要的是第三點，那就是親近的朋友（常見面的現實世界朋友）可以對你的行為產生極大的影響。同儕壓力在緊密的人際網絡中起了作用，每個發佈「我投了」的圖示來誇耀自己已經投票的用戶，都會讓三個親近的朋友（現實世界朋友）有樣學樣，也去投票。

這種跟隨他人的本能通常被社會科學家視為缺點，因為它導致了傳染行為（contagious behavior）。然而，現在我們知道它也有正面的效果，這個時常損害民主制度的本能（不願意提出異議或質疑權威）可以用來改善民主制度。

克服冷感只是臉書研究等大型計劃幫我們解決的問題之一。大型研究能告訴我們，什麼會真正改變人類的行為。我們不再需要猜測，或仰賴直覺、實驗與縱貫性研究（長時間監測個體行為的研究，通常要好幾年），[14] 這些方法都有優點，連直覺也是。畢竟，十八世紀的經濟學家亞當・斯密也是憑直覺得出「看不見的手」理論，而非紮實的數據。[15] 不過，上述方法提供的都不是大數據研究那樣的證據。大數據研究（部分屬於所謂的社會物理學〔social physics〕，一個新興領域）正在轉變商業與政府激勵人群的方式。

社會科學家從大數據研究中發現了一件很重要的事，它和我們討論的議題特別有關。研究顯示，我們可以用一把鑰匙開啓人類的創造力，它靠的不是純粹的腦力，而是人與人之間的實體親近（physical proximity）。道理很簡單：要一個人有創意思考，你不能只是聘請一位像愛因斯坦那樣的天才，把他關在房裡，讓他思考某些大哉問。[16] 無論一個人多聰明，他們都要與人接觸，才能發揮所有的潛能。我們的本質是社會動物，如果切斷了我們和大範圍人類的交流，我們的思考會變得狹隘，和形形色色的人來往，接觸許多人的想法，我們才能茁壯。與人來往是產生創意的妙方，無論你的多巴胺濃度有多高。這解釋了城市為什麼是點子工廠，以及文明發展與城市環境的緊密連結。在城市裡，人們和想法迴異的人擦出火花。

我們的答案很吸引人，而且出乎意料。這代表更新世的優點（每個人都認識每個人的小聚落）不見得就是好的。在小聚落生活的人或許不會受冷漠無感之苦，也比我們更瞭解領導者，但他們容易變得政治遲鈍。即使給你自來水、鋪好的路、能上網的電腦，你也不會想活在更新世的聚落，因為它太小了，我們需要被多樣化的人群圍繞，以刺激我們的思考。

麻省理工學院的艾力克斯・潘特蘭（Alex Pentland）教授是社會物理學領域的先鋒，他發現，大數據證明了社會進步有捷徑。[17]想提高大城市人民的教育水平、降低犯罪率？你可以花很多錢蓋學校，或聘一堆警察。你可能會得到好的效果，也可能不會。但是，如果你把焦點放在改善鄰里，增加更多的咖啡店、餐廳與蝴蝶餅攤，讓人們能聚在一起討論，神奇的事情就會發生。人群密集度會提升創意與降低犯罪率。結合生活與工作區域，你將得到一座繁榮的城市。

反之亦然。如果建造一座城市，人民在一個角落生活，在另一個角落工作，他們生活的地方就會惡化，這是大數據告訴我們的深刻教訓。政治上也是如此。還記得那些為尼克森在水門案中的行為辯護的人嗎？這些支持者沒辦法改變自己的思維模式，他們還困在一九七四年。從社會物理學的角度，他們接受新觀點的意願之所以低落，是因為缺乏和意見不同的人直接且反覆的接觸。怎麼辦？如果你發現自己處在一個緊密的同溫層，那就跳出來，和擁有其他想法的人對話。尼克森支持者該做的是和他人來往，然而他們的本能反應是什麼？把意見不同的人隔絕在外。當總統圖書館館長提摩西．納夫塔利邀請約翰．迪恩來演講時，他們阻止迪恩，懲罰納夫塔利，這和他們該做的事完全相反。

一份針對二〇〇八年總統選舉的大型研究提出了解釋。[18]這項研究試圖探討人類的政治觀點是怎麼形成的；是個人理性的表現，還是社會團體的編排與作用？為了解答，社會科學家追蹤了宿舍學生的互動模式，為期九個月。一部數位監視器會回報學生在哪裡、和誰說話，以及說了多久，這些數據每五分鐘便傳進電腦。最後，社會科學家累積了數百GB的資料，長達五十萬小時。這是前所未有的創舉，他們發現了什麼？結論是，當我們接觸越多觀點相近的人，我們的觀點就會越偏激。

我們對自己的本能莫可奈何，我們喜歡跟想法相近的人混。待在小圈圈裡，我們的思考必定會變得狹隘、更狹隘，然後再更狹隘，這就是天性。當人們花很多時間彼此相處，又隔絕其他人的時候，結果便是如此。不過，我們還是有能動性，我們可以選擇擴展社交圈，或刻意接觸觀點不同的人，這麼做，思路自然會變得寬廣。

本能一旦啟動，腦中的想法就無法改變。假如我們像我母親那樣盯著政治明星的雙眼，被他深深吸引，我們也很難控制自己的反應。該有的感受就是會有。不過，我們可以在行為上做出改變，也就是主動決定和誰待在一起，以此影響我們的感受。舉例來說，當我們運用社交媒體在網路上和他人對話時，我們可以主動地和意見不同的人互動。為了促進社會多樣性，社交媒體可以獎勵向其他圈子伸出雙手的用戶。某些社交媒體程式就有這樣的設計；當人們在星巴克之類的地點打卡時，真正在現實世界碰面的人可以獲得勳章。和意見不同的人待在一起，我們的想法自然會改變，我們可以讓本能幫助自己，而不是造成傷害。

尼克森支持者的社交圈太緊密了。他們抓著彼此不放的原因不難理解：他們覺得自己在抵禦外侮。他們的團體認同建立在為尼克森抱不平的共同理念，但是，這種認同要付出很大的代價，他們的思想會變得封閉，值得嗎？他們可能會說「值得」，這個團體真的對他們意義非凡，畢竟團體能給我們一些安全感與力量。然而，當我們放棄獨立思考，聽從團體指揮時，團體就導致了脆弱。當我們想被團體接納，把效忠看得比事實還重要時，民主便會受到侵害。

當然，和他人來往不保證就會獲得開明的思考，這是我在自由派當家的瓦薩學院得到的教訓。在朋友圈當中，只有我是尼克森支持者，越多朋友逼我為尼克森辯護，我就對尼克森越死忠。如果當時有幾位朋友站在我這邊，也相信尼克森是無辜的，我或許會更願意打開心胸。我找不到任何人分享我的疑惑，一個也沒有，我自然會變得固執己見。

## 5.

我們可以懷抱希望的另一個理由是，科學研究指出，我們具有某種幫助自己接受改變的本能，它從更新世到現在都同樣管用。這個本能是焦慮。我們知道，現實不如預期會讓我們焦慮。根據社會科學家喬治·馬庫斯的解釋，當堅持己見的負擔大到某種程度，超過了改變想法的代價時，我們便願意改變。也就是說，改變其實是我們的本性。這是天大的好消息。

我們或許不怎麼適應現代政治，不過，焦慮終究會幫助我們自救，它給了我們改變的動力，而且在大多數的狀況下都有效。恐怖分子攻擊中東的美軍基地？我們焦慮。華爾街銀行家敲詐客戶？我們焦慮。一旦威脅高到引起注意，我們的杏仁核就會啟動，讓我們重新思考自己的想法。

如果情況很糟糕，我們卻不焦慮，可能性就只有一個：這件事真的糟糕透頂。換句話說，我們遇到立即性的大麻煩了。那麼，我們的反應為何？根據神經科學家的研究，大腦會直接跳過焦慮期。你不想在大難臨頭時焦慮，因為焦慮促使你思考，而思考會花時間。在危機中你想要有所作為。（系統二）太慢了，我們需要（系統一）。九一一事件發生後，我們不想看見小布希坐在橢圓形辦公室，花好幾個月弄清楚該做什麼事，我們要的是立刻行動。小布希做的正是如此，這拉攏了民心；如我們所見，他得到了總統選舉史上最高的得票率。危機爆發時，我們的本能反應是跟隨領導者。危機，或者說當下真正的危急事態（例如珍珠港事件，不是大蕭條那種的）讓我們變得保守。我們會蹲下並尋找可以信賴的同伴；這不是提出質疑的時候，而是遵循古老事實的時候。在這種時候，你真的會很想憑直覺行事。小布希對九一一事件的政治判斷或許失準，但人民出於本能地希望國家團結，這是正確的反應。

不過，我們遇到的麻煩通常都算不上危機，而焦慮便是我們的反應。事情越糟，焦慮越嚴重，焦慮會強迫我們重新思考自己的處境。依照馬庫斯的說法，它甚至可以讓我們遠離偏誤。當我們著手一項大計劃時，我們可能會犯下計劃偏誤，低估了完成它需要的成本與時間。一旦我們發現自己錯了，固著偏誤又會讓我們堅信自己沒錯。不過，隨著期望與現實之間的落差變得明顯，引發我們的焦慮之後，我們通常就會認清現實，最後接受現實。當人民的英雄露出惡棍的真面目時，我們就不會再敬佩他們了（雖然之後可能還是會這麼做，就像俄羅斯人再次崇拜史達林〔見第八章〕）。

因為我們被設計成求生存，務實便是我們的本性，務實甚至能幫助我們產生同理心。當不承認自己對別人造成的傷害對我們自己有利時，我們會非常麻木不仁。但是，如果告訴我們一個扣人心弦的故事，說明那些受苦的人經歷了什麼，引起我們的焦慮，我們就會願意關照他人。前面的章節說過，這在韓戰時沒有發生，讓芙列達・柯奇韋勃然大怒。不過，這大概是因為媒體沒有花時間好好講故事。選民只接收到事實，他們需要有說服力的故事。相反地，當美國人看見美軍在阿布格萊布監獄（現稱巴格達中央監獄）虐待伊拉克戰俘的照片時，效果就發生了，這些照片說出了觸動人心的故事。我們知道，照片和故事對我們有強大的影響力，此時，它讓我們焦慮。美軍虐囚引起的焦慮促使美國人重新思考伊拉克戰爭，不再得意地以為自己的行動都是正義之舉。人腦是可以改變的，這是科學正在告訴我們的大好消息。

馬庫斯與研究夥伴近期對情感智能理論（我們的認知與情緒彼此深深糾纏，而焦慮是啟動改變的關鍵）的實驗顯示，無論我們是自由派或保守派，焦慮對我們的作用幾乎是相同的。[19]雖然科學家找到了越來越有力的證據，證明自由派與保守派真的在神經層次有思考差異（自由派一般比較開明，保守派則傾向堅持傳統，這在某種程度上是由基因決定的），當讓人焦慮的事件出現時，所有政治傾向的人都會有一致的反應。[20]這項發現讓人充滿希望；也就是說，無論我們有什麼差異，我們都能找到化解對立的方法，我們不見得非要疏遠彼此不可。某研究指出，對於通常會產生歧見的議題，焦慮甚至能拉近距離；比如說，當某事件引發了重大的道德爭議時，我們可以容忍彼此的看法，無論我們是自由派或保守派，在焦慮之下，我們都會變得更寬容。[21]

焦慮沒辦法把無知的選民變聰明，它不會帶來智慧。當某位選民終於發現他珍愛的領導者其實讓人失望時，他不會停下手邊的事情然後跑去圖書館，焦慮不會讓普通選民變成哲學家皇帝（philosopher kings）。但是，它確實會告訴選民，該做出改變了。

乍看之下，焦慮造成的結果是非理性的，例如三〇年代的大蕭條。某篇政治科學論文指出，大蕭條促使世界各地的選民做出顯然彼此矛盾的反應。[22]當美國人扳倒信奉自由放任的忠貞共和黨員時，大不列顛與澳洲人卻趕走了致力於公共行動的工黨政府。這代表選民沒有仔細思考大蕭條的背後原因或解決方法，只是不由分說地拉下執政者，無論主張為何、是否盡責。

不過，這代表選民就是非理性的嗎？當選民面對難題時，我們不能期待他們瞭解什麼是正確的路線，儘管某些政客名嘴表現得胸有成竹，事實上，沒有人真的知道該怎麼辦。就連專家也無法預測未來。社會科學家菲利浦·泰洛克（Philip Tetlock）追蹤了上百位專家在二十年內做的預測，總共超過兩萬八千筆。[23]結果如何？勉強比亂猜好一點。

人類不擅長預測，因為未來的定義就是不可知。我們擁有的只有過去，而過去通常不是多好的指引，在大幅變動的時代更不管用。就像歷史學家費盡心力想說明的，歷史很少給我們簡明易懂的教訓，不過，只要我們願意接受證據、嘗試新方法，總有一天能找出答案。羅斯福在大蕭條時期的作法便是如此。他在一九三二年初次競選總統時表示，「我們都知道要選一種方法試試看。失敗了，就老實承認，然後換下一種。最重要的是要去嘗試。」這不只是句偉大的名言，還道出了人類有史以來一直在做的事。嘗試是演化認可的求生法則。事情不對勁？試試新方法，做點改變。也因此，我們的選舉總是歸結到改變與否的問題。如果你滿足於現狀，你會投給執政黨。如果不是，那就換人做做看吧。

此外，人類彼此都不一樣，沒有人會在同一時間產生相同的反應。我們住哪裡、和誰一起混、過去的經驗如何，這都會影響我們的所作所為。即使是國家選舉，同樣的刺激也不會讓我們做出相同的決定。一九一六年，多數美國選民擔心的是第一次世界大戰，然而並非每個人都是如此。例如經歷過地獄般的夏天的紐澤西州選民，他們對威爾遜總統的支持度就降低，因為他們最關心的不是戰爭，而是鯊魚攻擊事件，這件事讓他們暴跳如雷，他們的情緒狀態肯定和多數美國人不一樣。鯊魚攻擊事件改變了他們意識到的現實，觸發了內心深處的反執政黨回應。他們生氣，所以投給改變。這看起來可能不大理性，不過，從我們現在具備的演化知識來看，這完全是合情合理的。我們對壞事的反應就是焦慮。在鯊魚攻擊事件這種特殊狀況下，焦慮確實讓我們做出不理性的行為，然而，這不代表我們不能信任焦慮。焦慮最能催我們認清事實。

當然，焦慮不是萬靈丹。處於高度焦慮狀態的人，可能會怪少數族群搶了他們的工作，抨擊那些說出他們不想聽的真相的政治人物，還容易受陰謀論的影響。[24]當政治人物成功利用選民的焦慮，讓他們懷疑其他國家的意圖，就像國家安全顧問康朵麗莎．萊斯（Condoleezza Rice）於二〇〇三年提出警告，海珊可能持有核武時（「我們不想看見煙硝變成蕈狀雲」），戰爭便發生了。[25]我們見識過提出末日預言的芝加哥家庭主婦的信徒，以及尼克森的支持者，這些有如與世隔絕的緊密團體可以讓成員一直處於幻覺狀態，即使他們有理由焦慮；人類終究是人類。然而，只要焦慮能幫助我們認清事實，媒體也能自由報導一些基本事實，總有一天我們會適應改變。科學證明了適應是生存的關鍵，不適應，就沒命。託焦慮的福，我們大多調適了過來。[26]

不過，看出問題在哪了嗎？花點時間，我們或許能適應，但現代世界的我們常需要立刻適應變動中的情勢。投給尼克森的選民花了十一個月才修正自己對總統的偏袒，這實在太久了。延遲讓我們付出代價。在意見分歧又缺乏領導下，我們面對了國家動盪、越南陷落、通膨失控，然後經濟衰退。當然，這不能完全怪罪於大眾沒有及時接受現實，但水門案確實分散了我們的注意力。

有些問題沒辦法等，例如氣候變遷。如果極圈冰帽融化，我們會感到焦慮而展開行動。但科學家告訴我們，等到那時候，我們就來不及逆轉人類活動引起的氣候模式長期改變了。融化的冰帽無法復原，為了自救，我們需要立即的杏仁核反應，我們不能等到海平面上升、淹沒海岸都市的堤防才有所作為，我們**現在**就要對全球暖化的徵兆做出反應。

麻煩的是，根深柢固的偏見會妨礙我們認真看待氣候變遷。當環保運動人士喬治・馬歇爾（George Marshall）開始寫書，探討為什麼這麼多人對氣候變遷的威脅無感時（就算是經歷過卡崔娜與珊迪颶風、親眼見識氣候變遷危害的人，似乎也興趣缺缺），丹尼爾・康納曼與保羅・斯洛維奇（Paul Slovic）等社會科學家便警告他，多數人對氣候變遷這種威脅是視而不見的。

康納曼說，他對於我們能否來得及行動「深感悲觀」，「我真的看不到成功阻止氣候變遷的可能性」。他有四個理由：（1）氣候變遷沒有突顯性（salience），意思是說，氣候變遷不會引起我們的注意；（2）「現在付出代價，以減輕未來付出的代價」，這聽起來並不誘人；（3）氣候變遷的資訊互相衝突，讓心存懷疑的人有理由無感；（4）為氣候變遷做點什麼需要承擔損失，而我在前面說過，人們總是痛恨損失。不管我們從防止氣候變遷當中能得到什麼，我們對損失總是更有感覺。

斯洛維奇提出了其他解釋：我們感受不到氣候變遷具有威脅性，壞天氣不是新鮮事，而氣候變遷的長期影響又太難想像了。[27]

不過，社會科學家喬治・馬庫斯告訴我們，焦慮能打破偏見，這是情感智能理論的重要啟示。前面討論過的火災警報反應便說明了這一點。理論上，樂觀偏誤會讓我們忽略火災警報（那是假警報，不用擔心），但事實並非如此。正如錯誤管理理論所指出的，當警報聲響起時，我們寧可把它當一回事，而不是承受掉以輕心的後果。焦慮起了作用。

回顧五〇年代，當時的我們對共產黨顛覆分子反應過度，傷害了整個國家。我們害怕那些未發現的潛在威脅會毀了我們。今天，這種焦慮心理可以有正向的作用，我們在各種情境都能發現這種心理偏誤；和康納曼與斯洛維奇擔心的會讓我們不願關注氣候變遷的心理偏誤一樣，這也是我們的天性。

根據蓋洛普民調，焦慮心理已經讓多數（百分之六十五）的美國人相信氣候變遷正在或將在未來幾十年內發生。[28]華盛頓郵報與ABC新聞台的聯合調查顯示，百分之七十的美國人希望限制「發電廠的溫室氣體排放量以減緩全球暖化」，這表示他們在某種程度上同意人類活動該負起責任。[29]只有百分之二十是不折不扣的反對者。然而，焦慮沒有說服美國人的是，氣候變遷是他們現在就該擔心的現實問題。多數人不認為氣候變遷真的會影響他們的生活，這或許解釋了當人們被問到眼前有什麼問題、要怎麼排序時，氣候變遷幾乎都是最後一名。[30]

這有點麻煩，氣候變遷是一種感覺起來不像危機的危機，沒有感覺，我們就不當一回事。根據喬治．馬歇爾的觀察，這是因為氣候變遷「不具有引導我們放棄短期利益的明確標誌，我們會彼此串通、鼓吹偏見，把氣候變遷拋諸腦後。」[31]不過，我們並非束手無策，有些作法能讓我們更容易產生杏仁核反應，進而立刻行動。比如說，我們可以播放三十秒的電視廣告來引發大眾對氣候變遷的焦慮。如果政治宣傳能利用焦慮誘導選民，就像詹森在一九六四年對上貝利．高華德（Barry Goldwater）的競選廣告（「記得在十一月三日投給詹森總統。待在家裡不去投票太危險了」），我們便沒有理由認為這些手法不能用於氣候變遷。根據安納柏格公共政策中心（Annenberg Public Policy Center）主任凱斯琳．霍爾．賈米森（Kathleen Hall Jamieson）的看法，電視廣告是有用的，特別是負面廣告，應該沒有人比賈米森更徹底地研究過電視廣告。她的研究顯示，我們有辦法讓大眾注意到危急狀況。我們不必坐等大難臨頭。我們可以運用負面廣告激起人們的焦慮，讓他們重新考量自己的處境。[32]

我們不用恐嚇大家，只需要強調注意安全的重要。就像喬治．馬歇爾在他的書中提到的，小心謹慎一直是人的本性。這就是為什麼我們會花幾十億買保險，國防支出高達上兆美元。[33]針對這個主題宣傳，就能觸發必要的杏仁核反應。

6.

情感智能理論背後的科學教我們信任焦慮，另一方面，它也告訴我們別相信憤怒。這兩種情緒可能同時存在，但它們對政治的影響各不相同。焦慮是由杏仁核觸發，帶來上述的正向作用，而憤怒是由腦島（insula）產生，帶來負向效果，研究顯示，焦慮能打開我們的心智，憤怒則會關上它。

喬治．馬庫斯與研究夥伴設計了一個實驗，試圖找出焦慮與憤怒的差異。[34]他們讓受試者看一篇假新聞，內容是一間虛構的奧勒岡州大學以積極平權措施招收更多元的學生。新聞有兩種版本，一是從正面的角度討論積極平權措施，另一個則是從負面。結果顯示，被新聞引發焦慮的人會想知道更多。他們點擊連結，閱讀更多關於積極平權措施的資訊，即使這和他們的信念相衝突，讓他們又更焦慮。然而，被新聞激怒的人不是如此。不管是支持積極平權措施、讀了負面版本的自由派，或是反對積極平權措施、讀了正面版本的保守派，他們都不願意繼續看下去。無論是自由派或保守派，沒有人想閱讀和自我觀點相衝突的文章。簡而言之，他們不想進一步瞭解。

從演化的角度來看，如果我們是狩獵採集者，我們會希望擁有憤怒。在需要快速應變的危急時刻，憤怒讓人聚焦於制勝關鍵。就連打架時也有用；憤怒能威嚇對手。

然而現代世界呢？對主流政治而言，憤怒破壞了民主。憤怒的人看不見別人的觀點，他們不妥協。

今天，我們的民主面對著什麼？上百萬名憤怒的美國人。難怪華府政治會陷入僵局，憤怒正發揮著它該有的功能：讓人在困境中變得強硬。不過，憤怒沒辦法幫我們適應眼前牽涉著數百萬公民的多黨政治協作系統，人類演化出憤怒，是為了應付特定的短期威脅，我們通常沒辦法生氣好幾個月或好幾年。但在現代社會的政客作秀與媒體煽動下，人們一直處於憤怒，無法暫停。你還會很難相信人們極少妥協嗎？

當然，每種憤怒都不一樣。就像我常說的，脈絡很重要。社會科學家把讓人生氣的場景分成兩種，一種是九一一事件那樣的危機，一種是日常狀況。九一一事件或許激怒了我們，但我們也變得團結一致，然而生活中的事呢？它會分化我們。想像一下聽保守派電台主持人路什．林博（Rush Limbaugh）的節目是什麼感覺。如果你是自由派，這不就是在處罰你嗎？同樣地，要保守派看自由派電視主持人瑞秋．梅道（Rachel Maddow）的節目也是如此，他們會抓狂。（和刻板印象相反的是，比起看《瑞秋．梅道秀》的保守派，聽《路什．林博秀》的自由派似乎會更生氣。）[35]

道理十分明顯。如果我們想好好相處，我們就要極力阻止有心人士利用人們對日常生活的憤怒。

憤怒是社會運動的燃料。對冷漠的憤怒，驅使八〇年代的同志運動者成立了愛滋病解放力量聯盟（Act Up，譯註：全名為 AIDS Coalition to Unleash Power），而憤怒也推動了今天的茶黨。憤怒是有用的，它把人們拉在一起，賦予他們努力的重點與目標。[36]憤怒是人的天性，我們運用憤怒來強迫別人改變他們的行為，不過，歷史已經給我們太多教訓了。只有少數族群想推動某個不受歡迎的觀點時，憤怒才可能改變現況。如果普通選民對日常政治的預設反應都是憤怒，如果專業的倡議人士都用憤怒來號召跟隨者、吸引捐款，讓憤怒變成慣例，我們的民主制度就會喪失應有的運作模式。在上述情況下，沒有人能得到他想要的東西。現在，我們的處境就是如此，憤怒的人這麼多，妥協的空間便消失了。[37]

科學告訴我們，每當政治激怒我們的時候，我們要為自己把關。這完全可行。我們自動的〔系統一〕心智歷程或許不適合現代的民主制度，但科學也顯示出我們不必花幾萬年等人腦演化，我們就有能力在怒不可遏時認清自己已經臣服於憤怒，而將思考切換為〔系統二〕。我們不用為了整天吹牛的媒體與政客生悶氣，彼此爭吵不，我們可以反抗。

科學的教訓是什麼？少數族群可以利用憤怒來引發改變。但是，一般大眾不能生活在一個把互相叫罵視為理所當然的環境，這只會讓我們陷入僵局。

## 7.

我們一再提到，我們沒辦法改變自己的立即反應，但如果我們願意，我們可以用別的方式理解這些反應，這當然需要自律，不過，多數人是學得會自律的，就像沃爾特．米歇爾（Walter Mischel）的研究結果。米歇爾是社會科學的先鋒，他設計了有史以來最振奮人心又最簡單的實驗：棉花糖實驗。[38]這確實很了不起。米歇爾的實驗找來一群孩子，告訴他們，如果現在想吃桌上的棉花糖，他們可以吃一顆，但如果等一段時間，他們可以吃兩顆。困難的地方在於，孩子們伸手就能拿到棉花糖。等待變成了小小的折磨。米歇爾在他討論棉花糖實驗的書中提到，孩子們想出了各種巧妙的方法抗拒誘惑，他們哼歌、盯著別的東西看，或咬上唇來轉移注意，許多孩子很快就放棄了。

然而，米歇爾的研究最吸引人的地方不只如此，他花了好幾年的時間追蹤這些孩子，結果顯示，那些最高度自律的孩子，長大後的表現也比較好。無論在學業、工作或收入上，他們都比忍不住吃了棉花糖的孩子有更好的發展，連離婚率也低得多。

這似乎意味著自律是另一項可遺傳的特徵，而某些人就是比較幸運，他們在生命的樂透中獲得了自律基因。然而，米歇爾發現事實並非如此：自律是可學習的。這是新興的認知治療（cognitive therapy）帶來的重要啟示，你在四歲時的表現不等於四十歲時的成就，你可以改變。

米歇爾提了兩個特別有用的策略。假設你正思考著該撥多少錢存退休金，如果現在就要決定，你給的數字通常會太低，而調查顯示多數的美國人也是如此。[39]壓倒性的理由是，你眼前的需求看起來比較急迫，而我們重視當下。對我們而言，現在就像是使用特藝彩色技術（Technicolor）的3D電影，而未來則是老RCA電視的黑白畫面，讓人感覺遙遠、冰冷又難以想像。這很麻煩，因為我們總是對生動（而非抽象）的事物有更強的感受。史丹佛大學做了一項實驗，他們將受試者分為兩群，分別決定自己該存多少退休金。其中一群給他們看自己的大頭照，促發他們思考現在，另一群則給他們看自己變老後的模擬照片，促發他們思考未來。結果顯示，看見蒼老版大頭照的受試者會多存百分之三十的退休金。

史丹佛實驗與其他類似的實驗告訴我們，如果想對未來做出好的決定，我們必須讓未來變得具體。不過，這也可以反過來看：當我們對眼前的狀況太感情用事時，我們可以假裝自己在為未來的事情下決定。想像一下，把棉花糖放進一個未來（幾年後）才會打開的虛擬盒子，你抗拒棉花糖的能力便會增強，這種距離能把鮮豔的誘惑變成比較不吸引人的黑白畫面。

史丹佛研究是支持自律並不是由基因決定的證據之一。自律是可傳授、可學習的，只要我們能克制自己順從政治本能的衝動，我們就做得到。我們不一定要被牽著鼻子走，我們可以關注事件、聆聽演說，同時不屈服於本能反應，我們可以想像未來的自己會怎麼做。以米歇爾的話來說，我們能關上熱系統（也就是〔系統一〕），開啟冷系統（也就是〔系統二〕）。

第二種方法是所謂的若／則策略。比如說，許多人成功戒菸的方法是預先想好以後菸癮發作時要如何反應，其中之一是想像出一位肺癌患者，在病房裡等移植。[40]

同樣的策略也可以合理地應用在政治上。如果你知道愛國主義很容易打動你，即使那些懦夫政客是在利用你的愛國心，你還是抗拒不了時，你可以先想出一種制式反應來做好準備。與其被裝飾著紅白藍彩帶的綠野仙蹤氣球以及「星條旗進行曲」（Stars and Stripes Forever）的背景音樂迷得神魂顛倒，你可以回想尼克森辭職演講的畫面，這幾乎肯定能打斷你腦中的愛國歌曲。

如果你很想快速解決一個明知很複雜的問題，而政治人物也正在投你所好時，你要儘快回想起每一個快速解法失敗的例子，比如有教無類（No Child Left Behind）法案。這項在二〇〇一年通過的法案獲得共和與民主兩黨的普遍支持（在眾議院獲得三百八十四票同意與四十五票反對，在參議院獲得九十一票同意與八票反對），它理論上能改善學校的教學品質；按法案規定，如果某間學校的學童考不過標準化學力測試，該校就會被認定為不合格。然而事實並非如此。你應該想像得到老師的對策：他們改成應試導向教學，有時還在測驗上動手腳；儘管該項措施到今天已經耗費數十億美元，學生的進步卻微乎其微。[41]

再者，假設有政治人物大聲疾呼要轟炸某個國家，以幫助那些宣稱會建立自由共和國的反對者，你會怎麼做？馬上想想利比亞。你應該還記得，在二〇一一年阿拉伯之春剛開始時，北約組織前往救援與格達費獨裁政府作戰的反抗分子，最後打敗並殺死了格達費。這造成了災難性的後果。今天的利比亞是個名存實亡的國家，那些過去由格達費掌控的軍火被互相對峙的民兵沒收，使大半個國家陷入戰亂，上千支武器從利比亞走私到鄰近的馬利，落入與蓋達組織有關的叛軍與恐怖分子手裡，造成政局動盪。[42]

我們為什麼會進軍利比亞？因為反抗分子被屠殺的畫面深深地印在我們的更新世大腦裡，讓我們迫切地想阻止這一切。二〇一四年夏天，當我們覺得必須做點什麼來阻止ＩＳＩＳ組織時，我們感受到的衝動也是如此。這兩個案例彰顯了我們對人類苦難的正常反應，也就是同理心。不過，我們也不能讓同理心過度地影響思考，從而迷信快速解法。快速解法是很誘人，但它通常不是長久之計，我們必須抗拒它。

抗拒誘惑一直都是很難的事，這就是為什麼多數人的減肥計劃總是失敗，有著重度煙酒癮的人時常戒了好幾年也戒不掉，不過，還是有些人做到了。他們是怎麼成功的？加入互助團體來度過瓶頸。這通常有用：因為當你覺得自己脆弱時，互助團體的成員會支持你。事實上，互助團體做的就是利用一種本能來壓制另一種本能，讓同儕壓力戰勝邪惡的誘惑，對尼克森支持者不利的合群性也是能幫助我們的。

我並不期待互助團體會突然出現，幫助我們抗拒自己的政治本能，畢竟連北歐人也沒有這麼嘗試過。不過，我們已經有一個恰當的機構能發揮作用，那就是學校。學校教孩子公平競爭、抵抗霸凌與批判思考（至少理論上如此），或許我們可以請教育工作者再進一步，讓孩子認識〔系統二〕思考對政治的反應。

這麼做肯定會引發爭議。有多少保守派分子會希望自己的孩子在學校學到的是「保守派傾向於反對氣候變遷的科學，因為他們會馬上聯想到政府管制」？恐怕很少。但老師也可以告訴孩子，研究指出，當氣候變遷被塑造成道德議題時，保守派會有不同的反應；他們會接納氣候變遷，認為那是對純正道德的人為侵害，就像強納森．海德特與其他社會科學家的發現，保守派對道德呼籲的反應特別激烈。[43]

太有爭議？或許吧。不過，這將是一堂偉大的課，一堂學生們應該會永遠記得的課。

## 8.

科學沒辦法幫我們克服所有這些互相串連、在政治上誤導我們的本能。我們會反覆地對政治人物做出錯誤解讀，這很難改變，因為我們處在一個不容易近距離且長時間研究他們的位置。雖然媒體能仔細檢視政治人物、做出詳盡的判斷，他們也沒有消息靈通到能提供我們毫不掩飾的全面觀點，特別是總統候選人的資訊。

矛盾的是，媒體越想瞭解政治人物，政治人物就越退縮，變成了惡性循環。近幾十年來，國家選舉的候選人獲得越來越有效的保護，連最鍥而不捨的記者也無法突破。今天，沒有任何記者可以像羅斯福時代那樣接近總統，他們不再能每週一次地擠進白宮總統辦公室，和總統私下會面。有了水門案的前車之鑑，總統開始和媒體保持距離；對總統而言，現代媒體的嗜血文化太危險了，只要能挖出一點資訊，記者什麼都幹得出來。我們可以從《紐約時報》政治記者馬特·白（Matt Bai）的近期著作獲得印證，它是關於一九八八年蓋瑞·哈特（Gary Hart）角逐總統候選人，卻因誹聞案斷送政治生涯的事件。*當記者得知哈特與某位年輕女性駕船出遊後，他們前往哈特的住家站哨，在私人車道上攔住他，質問前天晚上和他過夜的女性是誰。[44] 閱讀這些新聞，我們知道哈特出軌了。但是，正因為哈特不讓記者接近他（像羅斯福那樣），大眾並不會獲得全面性的觀點。我們看見政治人物的缺陷，但也就僅此而已。

但即使我們可能還是會誤判公眾人物的品格，特別是那些爭取入主白宮的人（我們最需要瞭解的人），我們也不至於束手無策，仔細檢視媒體通常可以幫我們釐清政治人物的真面目。事實上，有大量的線索告訴我們尼克森不值得信任、柯林頓風流，小布希不英明，到頭來，我們不瞭解政治人物並不是因為缺乏資訊，而是因為我們不瞭解自己，不清楚自己被哪些偏誤蒙蔽了感知。

科學教我們的是，如果我們想選出更誠實的政治人物，我們就要先誠實地面對自己的限度。

* 譯註：即 *All the Truth Is Out: The Week Politics Went Tabloid*，亦翻拍成電影《爆料世代》（*The Front Runner*）。

# 尾聲：寡婦優勢以及她教會我們的事

一九二七年六月六日，貝西與奈特．懷斯有了第四個孩子，這也是他們最小的孩子，他們將她取名為菲莉絲。猶太裔的貝西與奈特在十九世紀後期從奧地利來到美國，那時他們都還小；和許多移民一樣，他們很不習慣美國生活。奈特的應付方法是否認自己的移民身分；每當有人問起他的出身，他總是堅稱自己在美國出生，他的孩子直到他死後才知道真相。

奈特一家住在紐約市下東側的第二大道和第六街交叉口，某棟公寓的二樓。奈特的身高中等，但對某些人來說，他看起來相當高大；他有一雙粗壯的手臂，而且常打架，這在猶太人當中是很少見的。他在二十多歲時以走私酒品為生；當他三十多歲時，禁酒令解除，他便開了間酒館，當地人常來廝混。如果客人大吵大鬧，他會用他凌厲的棕色眼神掃視對方，連最強壯的男人也會因此退避。有一次奈特真的把人丟出門外，那個人（至少家庭故事是這麼說的）是惡名昭彰的黑幫份子班傑明．西格爾（Bugsy Siegel），他大概被猶太人無所顧忌的性格嚇壞了，只是笑了笑。

貝西整天在廚房裡打轉。說是廚房，其實不過是在灰暗的磚牆上開了扇窗的房間。她餵養著她的世界，包括親戚、朋友與落魄的鄰居，這讓她從早到晚都困在廚房裡，只有偶爾去施拉夫特餐廳

（所謂的「女士們的午餐餐廳」）用餐時，她才能暫時從苦差事中解脫，讓別人來伺候她。

貝西與奈特決心要讓菲莉絲過舒服的生活。某次菲莉絲參加夏令營覺得無聊，他們就長途跋涉到山上把她提前接回家。菲莉絲去奈特的酒館時，奈特會跑來抱抱她，將她舉到空中，一邊宣布「這是我最可愛的寶貝」。當她的牙齒長得稍彎了些，他們就帶她去配牙套，當時很少人這麼做。貝西與奈特是苦過來的，菲莉絲可不行。

菲莉絲在二十歲時和一位年輕男子交往，他叫悉尼，是朋友介紹認識的。奈特與貝西都很高興，但是，當開著一間小帽店的悉尼向奈特求親，希望他能將女兒嫁給他時，奈特問他：「你會照顧我的女兒，讓她永遠不用工作嗎？」當奈特問這個問題時，他棕色的雙眼直盯著悉尼，就像在瞪酒吧裡不守規矩的醉漢。直到幾年後，菲莉絲與悉尼搬到郊區，在某個晚上邀請父母與朋友們一起聚餐，貝西與奈特從城裡開車來參加時，菲莉絲才瞭解貝西自己也在掛慮。當時，菲莉絲在廚房準備食物，賓客在飯廳閒聊，她聽見媽媽從她背後走來。貝西怒氣沖沖，因為女兒忙碌的身影讓她想起了沒完沒了地伺候賓客的日子，她大喊：「我的孩子沒有一個會變成像我這樣的家庭主婦。沒有！」

貝西其實不用擔心，菲莉絲不是家庭主婦，她應該說是影集《天才小麻煩》（*Leave It to Beaver*）裡面的角色瓊·克里佛（June Cleaver）。她和希尼已經講好了，她照顧孩子，悉尼負責其他事，例如帳單與保養車子，菲莉絲甚至不用去銀行領錢。在經營他小小的帽店幾年後，悉尼轉換跑道，變成了成功的銀行家。如果菲莉絲需要錢，她只要跟悉尼說一聲，他就會帶錢回家。

一九九〇年三月十二日，悉尼在家中發生了大範圍中風，很快就過世了。經歷四十一年的婚姻後，菲莉絲這輩子第一次靠自己生活，這時她六十二歲。

菲莉絲的父母教養她成為妻子與母親，但她沒有學過怎麼當寡婦，做了一萬五千二百二十五天的妻子，現在她變成寡婦了。

菲莉絲對於如何做寡婦一竅不通，她幾乎沒想過會有這麼一天，她親近的朋友都還未經歷喪夫之痛。悉尼過世時才六十九歲，不像是馬上要面對死亡的年紀；他父親活到了七十五歲，母親仍然健在。悉尼過世時甚至還沒退休，幾乎每週會打一次網球。「天啊」，她對自己說。

現在他離開了，菲莉絲必須弄清楚怎麼當寡婦。她要學習一個人吃晚餐，應付自己失去丈夫的憤怒，還要做出決定，一連串無止盡的決定：該留著他的衣服，還是扔了？要幫他回信嗎？要不要加入支持團體？她還得學習付帳單、計算收支，以及去銀行領錢。

這就是菲莉絲的故事。你應該已經猜到，我之所以這麼瞭解菲莉絲，是因為她就是我母親，那位愛上甘迺迪的女士。[1] 廣義來說，這也是數百萬名美國女性的故事。我們每年有超過八十萬名女性成為寡婦，她們和過去數百萬名寡婦一樣，都必須明白一件事：當寡婦一點也不容易，妳得努力。新手寡婦要學習獨立生活，這在我母親那樣的女性身上特別明顯，她們從沒想過自己會在無預警狀態下變成寡婦。不過，她們終究會領悟這一點。

事實上，選民也處於寡婦困境，他們需要靠自己。從某方面來說，沒有人比行使投票權的公民還無助；在幾乎毫無準備、指引與支持的情況下，選民承擔了這麼多責任，他們能依靠誰？當一名普通美國人滿十八歲、突然有投票資格時，他沒有得到任何指引，或加入某個能教他投票是在投什麼的團體，我們的政府甚至沒有告訴他該去哪裡登記投票，沒有人幫他統整現在要表決的議題，或者他該憑著什麼條件來選哪位候選人，他擁有的只有一本通常沒什麼用的選民手冊。

美國每年有超過四百萬人滿十八歲，也就是說，我們每年多了四百萬名以上的潛在選民，這些人全都沒有得到應有的協助。總體來看，全美國共有兩億一千八百萬名合格選民，他們也沒有得到他們需要的協助。和北歐國家的公民不同，我們通常不會開讀書會來討論複雜的政治議題，也沒有輔導選民參加相關的成人教育課程。我們可以向媒體求助，但媒體常忽略或只是帶過人們真正該知道的事，因為媒體更關心人們想看的新聞，例如車禍起火、駭人的兇殺案與警匪追逐等等，畢竟這些報導精彩刺激又容易理解，你完全不用動腦。

我們必須靠自己投票其實是新鮮事。過去的選民獲得了許多協助，特別是來自教會領袖。在一八四〇年的總統選舉，著名的福音派牧師李曼・比徹（Lyman Beecher，也就是《湯姆叔叔的小屋》的作者哈里特・比徹・史托〔Harriet Beecher Stowe〕的父親）便四處演講，告訴新教信徒該投給「蒂珀卡努英雄」威廉・亨利・哈里森。他們真的投了，這幫助哈里森在激烈的選戰中勝出。

此外，政黨領袖也為選民提供了直接的協助。在公民權普及、政黨主導政治之後（這讓開國元老們感到困惑，他們原以為政黨會導致國家分裂），政黨取得執政的方法便是拉攏所有選民。他們的手段通常不怎麼光彩。許多時候，政黨真的會買票；在一八八八年的印第安納州，你可以用每張二美元的價格買通選民；為「正當貪污」＊辯護的紐約市「老大」特威德†當然不是公民道德的好榜樣。然而，在我們歷史上的一大段時間，政治是由特威德這樣的老大掌握，而他們確實很照顧選民，這是現代政黨做不到的。今天的政府看起來很遙遠，政黨領袖也遙不可及，很少有選民曾經和他們或他們的下屬有過私人接觸。

以前的選舉不是這樣的。我的祖父奈特．懷斯曾經是民主黨選區隊長（precinct captain），他能直接聯繫政黨領袖；如果轄區裡有人需要協助，即使是清運垃圾這種小事，他們只要告訴奈特，奈特就會找到相關人士把事情處理好。政治可以貼近個人。到了選舉時刻，奈特會吹捧自家候選人，激起人們的興趣。不管你對這種體系有何評價，它是以人為單位在運作，不像現代那麼官僚。

這導致了政黨政治全盛時期的特殊現象：非常高的投票率。一七九〇年代，政黨政治尚未穩固，投票率還很低，通常不超過百分之二十五；十年後，投票率變成兩倍；到了十九世紀末，全國選舉的投票率常超過百分之八十（相反地，過去四十年的投票率很少達到百分之六十）。[2] 政黨領袖確保選民會去投票。我祖父那樣的選區隊長會勸誘選民，像在發口香糖似地承諾工作機會，雖然選民通常都不符資格。十九世紀後期的改革者便推動立法，要求聯邦公務員必須通過能力測驗筆試。依據紐約海關局（New York Custom House）的調查，即使考題很簡單，許多申請人還是考不過，比如說，有一題問的是美國政府的三部門分別是什麼（譯註：行政、立法與司法），某應徵者回答陸軍和海軍。即使違反現行程序，他還是錄取了，就跟許多沒考過的人一樣。[3]

* 譯註：honest graft，意指圖私利時也有為公眾謀福利的貪污。
† 譯註：Boss Tweed，著名的貪腐政客。

十九世紀末，大量的選民加入工會，而工會也提供了協助。工會成員不用思考該投給哪位候選人才能保障勞工權益，因為工會會告訴他（通常也要求他的家人投給工會支持的名單）。

到了五〇年代，教會、政黨與工會三巨頭開始分崩離析。隨著工會爆發醜聞、信用掃地、工會領袖入獄，共和黨開始在國會立法限制工會的權力，而各州也通過了所謂的工作權法（right-to-work laws），工會的會員人數因此驟降。同時，舊政黨系統也發生了衰退；不只工會領袖一個個下台，政黨領袖也是如此，這扳倒了操控政黨機器的政治人物，例如密蘇里州的湯姆．彭德葛斯特（Tom Pendergast），他是幫助杜魯門崛起的重要幕後人物。

另一個（可能是最重要的）導致舊政黨系統崩解的因素是電視。電視普及後，候選人發現自己可以繞過政黨領袖來達成目的：能上電視，就有機會打贏選戰。第一個領悟這一點的政治人物是田納西州參議員埃斯蒂斯．凱弗維爾（Estes Kefauver）。凱弗維爾的犯罪聽證會節目在電視剛開始流行的五〇年代初非常風行，舉國上下都知道這號人物。不久後，即使政黨領袖反對，他還是打入了民主黨總統候選人提名初選，並大勝其他十位競爭者。儘管最後沒有獲得提名（政黨領袖仍然有足夠的權力在黨代表大會上把他拉下來），凱弗維爾還是為後來的候選人鋪了路，例如甘迺迪。[4]

正當工會與政黨在改變的時候，國稅局也頒布了一條規定，限制了教會對政治的直接作用力。這條規定很簡單：教會不能支持特定候選人，如果他們這麼做，他們就會失去免稅資格。[5]好幾年來，國稅局對教會的違規之舉都睜一隻眼閉一隻眼，但到了九〇年代，國稅局終於出手了。當某間保守派教會在《今日美國》上刊登全版廣告，警告新教徒不要投柯林頓時（「基督徒當心。不要把經濟放在十誡之上。……柯林頓推動的政策違背上帝的律法」），他們被判定違反稅收法，失去了免稅資格。

即使黑人與福音派教會領袖仍持續為選民釐清政治議題，到了二十世紀末，多數選民都找不到權威人士來提供建議。沒有政黨領袖，沒有工會領袖，沒有任何真正懂政治又可信賴的人能幫助選民瞭解眼前的議題與利益衝突，茫然的選民不知道怎麼尋找真相，就像美國國旗城的吉姆P.，這位退伍空軍軍人不曉得歐巴馬到底是基督徒還是穆斯林（「這簡直是兩個完全不同的人」）。（見第一章）他們遇上了寡婦困境，必須靠自己了。不幸的是，這些選民並沒有寡婦優勢，他們並不清楚自己的處境。

當寡婦發現要靠自己的時候，她馬上會學到什麼？想辦法生存。妳不能忽略自己的責任，否則就得付出代價。沒繳電費，妳會被斷電；忘了保養車子，車子會出狀況；不繳稅，國稅局就會找上門來，這不是什麼好玩的事。相反地，個別選民不用擔心忽略自己的責任會付出什麼代價。投錯人，我們身上會發生什麼事？沒有，完全沒有。投票不像開車，你可以一次又一次地亂投，投票權也不會被撤銷，即使我們的國家正步向毀滅。

既然選民不需要為公民失職（citizen malpractice）負責，他們就不會靈光一閃地發現自己錯了。事實上，選民從政客與媒體那邊聽來的全是好話，這讓他們覺得憑本能反應、順其自然就可以了，不必認真瞭解複雜的政治事務。但我們知道這根本不夠。

吉姆P.應該去圖書館研究一下歐巴馬，圖書館員會告訴他哪些媒體來源是可信的，他實在沒有理由這麼困惑。但吉姆P.終究沒這麼做，因為歐巴馬雖然弄得他很是困惑，他卻沒想到必須這麼做。

人們沒辦法理解「靠自己」的壞處，這並不奇怪，畢竟靠自己正是我們奮鬥的目標。誰想讓政黨或工會告訴我們該投給誰？但是，當舊系統崩壞時，很多東西也不見了。政治變得更遙不可及，選民沒辦法接觸那些能給他們有價值的提示的人，許多更新世大腦導致的偏誤會變得更嚴重。靠自己的人對參與政治的興趣更低，想投票的人變得更少。既然我們沒辦法和政治人士有私下來往，我們就更難解讀政治人物，連產生同理心的能力也會受損。對政黨與勞工領袖而言，他們每天和大眾互動，看見的是活生生的人物面對的問題。這些不幸的故事改變了他們的看法與政治觀點，最後，這也會改變選民的看法與他們的政治觀點。

這本書告訴我們，政治不是輕而易舉的事。我在研究中學到了這件事，希望你也有這樣的收穫。好奇心、察言觀色、現實主義與同理心，這些都是人類的天性，卻不是公民的天性。

我們確實可以讓民主制度發揮作用，即使我們有著更新世大腦。但我們必須像寡婦那樣努力。當我們忙著改良民主制度的時候，我們也需要改造自己，幸運的是，科學告訴我們做得到。

# 誌謝

對於這本參考了十幾種學術領域才得以完成的著作，我必須先向許多素未謀面的學者致敬，你們的研究提供了重要的資訊，開啟了我的眼界。希望我的註釋有呈現出我的感謝。

當我進行著遠超出我的專業領域，即歷史學者與記者工作時，我不時感到我必須請教專家，以理解我讀到的科學與社會科學研究。很感謝這些學者慷慨地貢獻了寶貴的時間，他們是克里斯多福・艾真（Christopher Achen）、賴利・巴特爾（Larry Bartels）、彼得・哈特米（Peter Hatemi）、馬可・拉可伯尼（Marco Iacoboni）、瑪莉・李・贊斯福德（Mary Lee Jensvold）、寇特與格雷迪・朗（Kurt and Gladys Lang）、喬治・馬庫斯（George Marcus）、邁克爾・邦・彼得森（Michael Bang Petersen）、保羅・斯洛維奇（Paul Slovic），以及大衛・皮薩羅（David Pizarro），他在二〇一〇年於多倫多大學梅西講座（Massey lecture）的精彩演講讓我凝聚出這本書的主題：當我們面對政治問題時，為何我們總是看似毫無準備。大衛告訴我們，這是因為根深柢固的情緒反應；它們在石器時代可能是優點，到現代就不一定了。

歷史學家方面，我要感謝提摩西・納夫塔利（Timothy Naftali）與盧克・尼特（Luke Nichter）的指教，他們幫我釐清了常讓人混淆的水門案。

感謝幾位私底下和我反覆討論的朋友，包括迪克·衛斯理（Dick Wesley，已故）、羅德·德克（Rod Decker）與伯納德·衛斯伯格（Bernard Weisberger）。伯尼已經九十歲了，從七〇年代後期到現在，我每本書的草稿都會請他過目，這本也是。他是世界上最好的導師。

感謝約翰·威爾森（John Wilson）親切的協助，他幫我查詢詹森總統圖書館裡的文件。

感謝經紀人威廉·克拉克（William Clark）的提點，讓我產生了寫這本書的念頭；那發生在二〇一一年六月，一場於紐約市巴薩澤餐廳（Balthazar）的美好午餐上，當然，這下他倒楣了，他得閱讀沒完沒了的錯誤草稿，直到我找到論述基礎。

能和本書的三位編輯共事是我的榮幸。感謝Basic Books出版社迷人又睿智的編輯蘿拉·賀瑪特（Lara Heimert），她勇敢地讓歷史學者寫科學書籍，並提供了精彩的洞見與敏銳的指引。感謝羅傑·拉布里（Roger Labrie）以極大的耐心與智慧逐行修改我的手稿。感謝約翰·威科克森（John Wilcockson）仔細校訂最終完稿，幫我修正了無數個前後不一致之處。

我要向我母親致上崇高的敬意；讀者應該曉得，我是因為她才愛上政治的，我衷心期盼她能活著看見這本書的出版，但已經戰勝兩次癌症的她最終贏不了第三次，在我完成之前，便離開了我們。

我也要感謝我的姊妹蘭迪·謝克曼（Randi Shenkman），當我在寫水門案的章節時，我一邊翻著史丹利·庫特勒（Stanley Kutler）的《濫權》，這是她在一年前送我的書。她在扉頁上寫著：「生日快樂，尼克森最長久的擁護者」。當我在這本書透露我曾經支持尼克森的秘密之後，這就不再是家人才懂的笑話了。

說到秘密，我把我最重要的感謝放在最後：獻給我的丈夫約翰・史塔基（John Stucky）。我有幸和他結了四次婚：第一次是在二〇〇四年的奧勒岡州，他們突然承認同性婚姻合法，我們便結婚了。可惜的是，奧勒岡州馬上改為認定同性婚姻違法，我們的結婚證明變成廢紙。二〇〇五年，我們在溫哥華卑詩省二度結婚，但我們都不想為了婚姻離開美國，所以當康乃狄克州通過同性婚姻合法時，我們馬上又結了一次。第四次結婚是自然發生的，我們什麼也沒做，因為二〇一四年，我們居住的華盛頓州自動將伴侶（partnership）轉換為婚姻關係，這麼一來，我們在二〇〇七年取得的伴侶證明就變成了結婚證明。我們在一起十五年了，這是我生命中最棒的時光；如果讀者能感受到書中的喜悅，這都要感謝約翰，他是世上最好的另一半。每天晚上，在結束了我一天的研究回家後，我總是和他分享今天所有的發現，而他也會熱心提問，幫我釐清思緒。當寫書這件事變得讓人喘不過氣時（常常如此），他總是在身邊為我打氣。

我很慶幸政府現在承認了約翰在我生命中的角色。公眾對於同性婚姻的意見可以發生如此迅速的改變，讓我們得以結婚，這是我人生中最大的驚喜之一。就像這本書提到的，科學讓我們有理由對公眾意見保持樂觀，而我的婚後生活在過去這幾年也給了我同樣的自信。

# 註釋

## 導論：兩造不相配合

1 Radu J. Bogdan, *Interpreting Minds* (MIT Press, 2003), p. 115.

2 Nikolaas Tinbergen, *The Study of Instinct* (Oxford University Press, 1958).

3 William James, *The Principles of Psychology* (Henry Holt, 1890), p. 404.

4 Daniel Goleman, *Focus: The Hidden Driver of Excellence* (Harper, 2013), p. 66.

5 Carolyn C. Goren, Merrill Sarty, Paul Y. K. Wu,"Visual Following and Pattern Discrimination of Face-like Stimuli by Newborn Infants," *Pediatrics* (October 1, 1975), Vol. 56, No. 4, pp. 544–549.

6 Timothy D. Wilson, *Strangers to Ourselves: Discovering the Adaptive Unconscious* (Harvard University Press, 2004). 亦可參見 Jason Weeden and Robert Kurzban, *The Hidden Agenda of the Political Mind: How Self-Interest Shapes Our Opinions and Why We Won't Admit It* (Princeton University Press, 2014), chapter 3.

7 Maria Hartwig and Charles F. Bond Jr.,"Why Do Lie-catchers Fail?" *Psychological Bulletin* (July 2011), Vol 137, No. 4, pp. 643–659.

8 Simon Baron-Cohen, *Mindblindess* (MIT Press, 1997), p. 60.

9 Frans de Waal, *The Age of Empathy* (Broadway Books, 2010).

10 Richard Restak, *The Naked Brain* (Three Rivers Press, 2006), p. 94.

11 Robert Trivers,"Parental Investment and Sexual Selection," in *Sexual Selection and the Descent of Man: 1871–1971*, ed. Bernard Campbell (Aldine Publishing Co., 1972), pp. 142–43. 亦可參見 Daniel Goleman, *Focus: The Hidden Driver of Excellence* (Harper, 2013), p. 66.

12 Christopher Boehm, Hierarchy in the Forest: The Evolution of Egalitarian Behavior (Harvard University Press, 1999), p. 198. E. O. Wilson, A New Conception of Human Evolution," Seattle Townhall lecture (April 19, 2012). 科學家同意人類的演化到今天還在進行。不過，大部分的演化心理學家認為，人腦的基本迴路在更新世就已經完成。有些科學家相信重大的改變只需要數百年的時間就能發生。可參考尼可拉斯・韋德（Nicholas Wade）爭議性的著作 *A Troublesome Inheritance* (Penguin Press, 2014), p. 53ff, 他詳細討論了蘇聯科學家德米特里・別利亞耶夫（Dmitri Belyaev）的研究。關於人腦在過去幾百年發生了顯著改變的理論，參見 Marlene Zuk, *Paleofantasy: What Evolution Really Tells Us About Sex, Diet, and How We Live* (W. W. Norton, 2013).

13 Leda Cosmides & John Tooby,"Evolutionary Psychology: A Primer," website of the Center for Evolutionary Psychology (January 13, 1997). 亦可參見 Cosmides and Tooby,"Evolution to Behavior: Evolutionary Psychology as the Missing Link," in *The Latest on the Best: Essays on Evolution and Optimality*, ed. John Dupré (MIT Press, 1987) 以及 Peter Hatemi and Rose McDermott, eds., *Man Is by Nature a Political Animal: Evolution, Biology and Politics* (University of Chicago Press, 2011), esp. chapter 1. 有兩本教科書提供了很好的演化心理學導論，分別是 *Evolutionary Psychology: The New Science of the Mind* (Pearson, 2012) by David Buss 以及 *Human Evolutionary Psychology* (Princeton University Press, 2002) by Louise Barrett, Robin Dunbar and John Lycett. 亦可參見 *The Oxford Handbook of Evolutionary Psychology* (Oxford University Press, 2007), ed. by Dunbar and Barrett and *The Handbook of Evolutionary Psychology* (Wiley, 2005), ed. by Buss.

14 Gary Marcus, *The Birth of the Mind: How a Tiny Number of Genes Creates The Complexities of Human Thought* (Basic Books, 2004), p. 12ff. 亦可參見 Jonathan Haidt, *The Righteous Mind: Why Good People Are Divided by Politics and Religion* (Pantheon, 2012), pp. 130–131.

15 Walter Mischel, *The Marshmallow Test: Mastering Self-Control* (Little, Brown, 2014), pp. 169, 216, 235ff.

16 Steven Pinker, *The Better Angels of Our Nature: Why Violence Has Declined* (Penguin Books, 2012).

17 即使在個人生活中，我們的本能也力不從心。比如說，為什麼有這麼多美國人體重過重？這不是因為他們不自制。哈佛科學家丹尼爾．李伯曼（Daniel Lieberman）認為，我們本來就不是被設計成要活在一個充斥著高糖與高脂肪食物的世界。我們的本能是用來應付這類食物相當匱乏的環境。因此，我們少了一個提示自己該停止進食的調控器。我們的系統要我們吃、吃、吃。跟政治一樣，我們再度面臨了不相配合的問題。參見 *The Story of the Human Body: Evolution, Health, and Disease* (Pantheon, 2013).

18 E-mail communication with the author, September 30, 2011.

19 Christopher Achen and Larry Bartels, "It Feels Like We're Thinking: The Rationalizing Voter and Electoral Democracy," paper delivered at the Annual Meeting of the American Political Science Association (August 28, 2006).

20 Larry Bartels and Christopher Achen, "Blind Retrospection: Electoral Responses to Droughts, Flu, and Shark Attacks" paper delivered at the Annual Meeting of the American Political Science Association (September 2002).

21 參見美國國家海洋暨大氣總署網站—國家氣候數據中心（National Climatic Data Center，NCDC，譯註：現稱國家環境資訊中心（National Centers for Environmental Information，NCEI））—歷史帕莫乾旱指數—溫度、降雨與乾旱。

22 Andrew Healy, Neil Malhotra, and CeciliaHyunjung Mo,"Irrelevant Events Affect Voters'Evaluations of Government Performance," *Proceedings of the National Academy of*

Sciences of the United States of America (July 20, 2010), Vol. 107, No. 29, pp. 12804–12809.

23 Ryan E. Carlin et al.,"Natural Disaster and Democratic Legitimacy: The Public Opinion Consequences of Chile's 2010 Earthquake and Tsunami," *Political Research Quarterly* (March 2014), Vol. 67 No. 1, pp. 3–15.

24 Daniel Kahneman, *Thinking Fast and Slow* (Farrar, Straus and Giroux, 2011), p. 417.

25 Richard West, Russell Meserve, and Keith Stanovich,"Cognitive Sophistication Does Not Attenuate the Bias Blind Spot," *Journal of Personality and Social Psychology* (September 2012), Vol. 103, No. 3, pp. 506–519.

26 我必須說本能是很複雜的，這顯而易見。我們沒辦法一次讓它們全部停止。本能會不會發揮作用是依情況而定。在這本書裡，我反覆談論著本能派不上用場的狀況，然而這不等於它們永遠都是如此。即使在現代政治的脈絡下，這些本能有時還是絕對必要的。舉例來說，如果人類少了所有本能中最基礎的一項，也就是和人來往的本能，地球上就不太有機會出現能長久延續下去的社會。這是很重要的社會本能。

另一個本能是我們致力於公平。這是事實，而且同樣不可或缺。世界各地的社會科學家對生活在各種社會與政治條件下的人進行實驗，他們都證實了這一點。換句話說，追求公平是全人類的本能，就像最後通牒賽局（Ultimatum Game）那樣。最後通牒賽局的進行模式是由兩名玩家分錢，比如說一百美元，其中只有一位玩家（決策者）能決定怎麼分。另一位玩家如果覺得自己被分到的太少，他可以不接受，這麼一來雙方都拿不到錢，交易失敗。那麼，常見的分法是什麼？決策者會留下八十美元，給對方二十美元。如果決策者分給對方的金額更低，另一位玩家通常會拒絕，就算拿個五美元或五美分也多過什麼也沒有。為什麼人們不接受過低的出價？因為這讓他們覺得不公平。參見Robert Trivers, *The Folly of Fools* (Basic Books, 2011), p. 49.

耶魯大學的保羅・布倫憑著他強烈的直覺指出，玩家會把自己手上的錢分給別人，主要是因為難以察覺的社會壓力。他們想讓自己在朋友與他人面前看起來像個好人。他認為我們欠缺真正的羅賓漢本能（Robin Hood instinct）。不過他也承認，我們有著與他人合作的強烈衝動。參見*Just Babies* (Crown, 2013), pp. 65–74.

27 Haidt, *Righteous Mind*, chapters 9 and 10.

28 Uri Gneezy et al.,"Gender Differences in Competition: Evidence From A Matrilineal And A Patriarchal Society," working paper (January 2008). 演化心理學家指出，許多文化上的差異是受環境影響。兩種文化或許有著相同的演化心理機制中，而因為環境的差異，同樣的心理機制能產生不同的結果。因此，在某些文化裡面，人們會分享食物，而某些文化則否。研究顯示，如果某特定食物短缺（例如打獵得到的肉），分享這種食物就會變得普及。如果食物充足，分享就變得罕見。但是，兩種文化都存在著同樣的演化心理機制，也就是分享。

## 第1章——麥可・喬登教我們的事

1 Ira Berkow,"Looking Over Jordan," *New York Times* ( January 31, 1999).

2 Roland Lazenby, *Michael Jordan: The Life* (Little, Brown, 2014), p. 495.

3 List of Multi-sport Athletes," Wikipedia (accessed October 2, 2013).

4 "List of Athletes with Olympic Medals in Different Disciplines," Wikipedia (accessed October 2, 2013).

5 Freakonomics podcast,"What Do Medieval Nuns and Bo Jackson Have in Common?" (May 9, 2013).

6 假設麥可・喬登努力練棒球，就像他打籃球那麼認真，他會成為一位偉大的棒球員嗎？他的傳記作家羅倫・拉森比（Roland Lazenby）認為有可能。拉森比指出，喬登之所以很難成為棒球員，是因為他的競爭者是那些在職業生涯中已經揮出上千次打擊的選手。(*Michael Jordan,* p. 500).

7 Brett Gary, *The Nervous Liberals* (Columbia University Press, 1999).

8 Rick Shenkman, *Legends, Lies and Cherished Myths of American History* (HarperCollins, 1988), *"I Love Paul Revere Whether He Rode or Not"* (HarperCollins, 1991), and *Legends, Lies and Cherished Myths of World History* (HarperCollins, 1993).

9 這些統計數字收錄在 Rick Shenkman, *Just How Stupid Are We* (Basic Books, 2008). 亦可參見 Michael X. Delli Carpini and Scott Keeter, *What Americans Know about Politics and Why It Matters* (Yale University Press, 1997).

10 Eli Saslow, "In Flag City USA, False Obama Rumors Are Flying," *Washington Post* (June 30, 2008).

11 Eric R. Kandel, *In Search of Memory: The Emergence of a New Science of Mind* (W. W. Norton, 2006), chapter 11.

12 研究者認為，好奇心是我們對謠言如此著迷的原因。謠言是什麼？就像賽馬場上的耳語，它可能有幾分真實性。我們周旋在各種謠言中，有正面也有負面。不過，最吸引我們的是負面謠言。比如說，我們會想知道自己的公司是不是快倒了；假設出現這種謠言，我們肯定緊追不捨。參見 Nicholas DiFonzo, *The Watercooler Effect: A Psychologist Explores the Extraordinary Power of Rumors* (Avery, 2009).

## 第2章——人人都是政治動物

1 參見詹姆士・費希金主持的審議式民主中心（Center for Deliberative Democracy）網站。可參考他的兩本著作 *The Voice of the People: Public Opinion and Democracy* (Yale University Press, 1997) 以及 *When the People Speak: Deliberative Democracy and Public Consultation* (Oxford University Press, 2011).

2 Steven A. Holmes, "Broad Poll Of the Public," *New York Times* (December 3, 1995).

3 Fishkin, *Voice of the People,* chapter 5.

4 這裡我必須指出，無知的選民不是一無所知。他們很瞭解對他們有直接影響的事物。當媒體報導的新聞可能和全人類有關，例如斬首行動，絕大多數的選民會非常注意這件事。根據國家廣播公司新聞網在二〇一四年九月的報導，有百分之五十九的美國人

密切追蹤著ISIS組織斬首行動的新聞。過去五年，沒有任何事件引起這麼多人如此密切地關注。Chuck Todd on NBC's Nightly News (September 9, 2014).

5 Robert Mutch, *Buying the Vote: A History of Campaign Finance Reform* (Oxford University Press, 2014).

6 Henry Milner, *Civic Literacy: How Informed Citizens Make Democracy Work* (Tufts, 2002), p. 18ff. See also Robert D. Putnam, *Bowling Alone* (Simon & Schuster, 2000).

7 Rick Shenkman,"Sam Wineburg Dares to Ask If the Teaching American History Program Is a Boondoggle," History News Network (April 19, 2009).

## 第3章——身邊最親近的一百五十位朋友

1 Christopher Boehm, *Hierarchy in the Forest: The Evolution of Egalitarian Behavior* (Harvard University Press, 2001).

2 Steven Pinker, *How the Mind Works* (W. W. Norton, 1997), p. 388.

3 Michael Bang Petersen,"Is the Political Animal Politically Ignorant? Applying Evolutionary Psychology to the Study of Political Attitudes," *Evolutionary Psychology* (2012), Vol. 10, No. 5, pp. 802–817.

4 如果想瞭解一個人的人際網路，聖誕卡是特別有用的指標。在西方社會，聖誕節是人們一年一度問候他們在乎的人的節日。Robin Dunbar, *Grooming, Gossip and the Evolution of Language* (Harvard University Press, 1996), p. 68ff.

5 the magic number, 150. Malcolm Gladwell, *The Tipping Point* (Little, Brown, 2002), p. 177ff.

6 migrations in human history. *Ibid*, p. 73.

7 some day find useful. Nicholas Humphrey, "The Social Function of Intellect," in *Machiavellian Intelligence: Social Expertise and the Evolution of Intellect in Monkeys, Apes and Humans* (Oxford University Press, 1988), ed. by R.W. Byrne and Andrew Whiten.

8 a startling discovery. 同上。

9 Grenville Clark, letter to the editor, *New York Times* (April 22, 1955).

10 people are complicated. 根據支配理論（Dominance Theory），我們之所以會演化出更高級的認知功能，是因為我們必須決定誰該優先享用資源。後面的章節會說明，人類天生的心理機制使我們在三歲時就能判斷自己對他者的義務是什麼。這種能力稱為義務推理，它幫助我們決定一個人的位階是高或低。這是建立地位排序（pecking order，譯註：即啄序）的重要條件。參見 Denise Cummins, *The Evolution of Mind* (Oxford University Press, 1998), chapter 2.

11 like any other man. Clyde Kluckhohn and Henry Alexander Murray, *Personality in Nature, Society, and Culture* (Knopf, 1948), p. 35.

12 in the Netherlands. Frans de Waal, *Chimpanzee Politics: Power & Sex Among Apes* (Johns Hopkins University Press, 1998), esp. pp. xiii, 98, 103–104.

13 Form bigger groups. 是雞生蛋，還是蛋生雞？我們是先有了更大的群體，才有更大的腦，還是我們更大的腦，讓我們組成更大的群體？人類腦容量的變化大約發生在一千八百萬年前，當時，我們的祖先離開森林，開始在非洲的稀樹草原（savannas）上生活。根據愛德華・威爾森（E. O. Wilson）的說法，當時的人類已經能取得高蛋白質的食物，也就是肉。蛋白質讓我們的大腦能長大。這就是所謂的稀樹草原假說。更大的腦，帶來更大的群體。參見 Wilson, *The Social Conquest of Earth* (Liveright, 2012). 另一種假說則認為，我們的演化是為了應付不穩定的氣候。當氣候在熱、冷與潮濕之間變換時，越能適應的人演化適合度就越高。史密斯森尼學會（Smithsonian）的瑞克・帕茲（Rick Potts）提出的便是這種假說。參見 Potts, *What Does It Mean to Be Human* (National Geographic, 2010).

14 because they cannot talk. Robin Dunbar in *Grooming, Gossip and the Evolution of Language* (Harvard University Press, 1996), and in his coauthored textbook, *Human Evolutionary Psychology* (Princeton University Press, 2002), p. 346.

15 傑森・維登（Jason Weeden）與羅伯特・庫茲班（Robert Kurzban）在 *The Hidden Agenda of the Political Mind: How Self-Interest Shapes Our Opinions and Why We Won't Admit It* (Princeton University Press, 2014) 當中指出，低教育程度的白人特別容易冷漠無感（第一百九十頁）。他們認為，這是因為兩大政黨都沒有努力為他們爭取權益。這或許是對的，但是它並不影響演化心理學的解釋。在狩獵採集者聚落，人們可以照顧好自己的利益，因為這個社群很少，基本上人人平等。

## 第4章——為何領袖不如預期會讓我們驚訝？

1 John Tierney,"Edwards Wins: A Theory Tested," *New York Times* (May 2, 2004).

2 Michael Bang Petersen,"Is the Political Animal Politically Ignorant? Applying Evolutionary Psychology to the Study of Political Attitudes," *Evolutionary Psychology* (2012), Vol. 10, No. 5, pp. 802–817.

3 Charles Peters,"Tilting at Windmills," *Washington Monthly* (June 2003).

4 Thomas Reeves, *A Question of Character* (Three Rivers Press, 1992), p. 186ff.

5 Mimi Alford, *Once Upon a Secret* (Hutchinson Radius, 2012).

6 Keith Olson, *Watergate: The Presidential Scandal that Shook America* (University Press of Kansas, 2003), p. 110.

7 Christopher H. Achen and Larry M. Bartels, "Musical Chairs: Pocketbook Voting and the Limits of Democratic Accountability," Annual Meeting of the American Political Science Association (2004).

8 John Ehrman, *The Eighties: America in the Age of Reagan* (Yale University Press, 2005), pp. 47–48.

9 無論是自由派或保守派的傳記作者，他們都同意雷根受到數百萬名美國人的愛戴，即使有越來越多的證據指出他其實製造了對立，例如瑞克・佩爾斯坦（Rick Perlstein）的

著作 *The Invisible Bridge* (Simon & Schuster, 2014) 主要討論的就是這一點。假使選民不支持雷根的意識形態，他們為何還要投給他？這有點複雜。不單是因為卡特在許多方面做不好，促使選民期望改變，還加上雷根說的是選民想聽的話。他訴諸於美國人經典的例外主義迷思（exceptionalism，譯註：認為美國是世上獨一無二的國家），對水門案避重就輕，重申美國人固有的良善。佩爾斯坦強調，在重要的政治人物之中，只有雷根說水門案根本算不上什麼大事。


10 參見 Nicholas Epley, *Mindwise*, 特別是第一章。

11 Maria Elizabeth Grabe,"News as Reality-Inducing, Survival-Relevant, Gender-Specific Stimuli," in *Applied Evolutionary Psychology*, ed., by S. Craig Roberts (Oxford University Press, 2012), p. 362.

12 David Eagleman, *Incognito: The Secret Lives of the Brain* (Pantheon, 2011), pp. 46–47.

13 George Marcus, *Political Psychology: Neuroscience, Genetics, and Politics* (Oxford University Press, 2012), p. 107.

14 Eiluned Pearce, Chris Stringer and Robin Dunbar,"New Insights Into Differences In Brain Organization Between Neanderthals And Anatomically Modern Humans," *Proceedings of the Royal Society B* (March 13, 2013).

15 John Medina, *Brain Rules* (Pear Press, 2008), chapter 10.

16 Leslie Stahl, *Reporting Live* (Simon & Schuster, 2000), p. 211.

17 Kenneth Walsh,"Poll: 50 Years Later, JFK Lives On," *U.S. News & World Report* (October 15, 2013).

18 Steven M. Gillon, "Rethinking the JFK Legacy," History News Network (October 28, 2013).

19 "The Kennedy Half Century: National Polling Results," an online survey by Larry Sabato, author of *The Kennedy Half Century: The Presidency, Assassination, and Lasting Legacy of John F. Kennedy* (Bloomsbury USA, 2013).

20 維基百科上有一個實用的表格比較不同美國總統的評價，參看："Historical Rankings of Presidents of the United States."

21 Robert Caro, *The Years of Lyndon Johnson: The Passage of Power* (Knopf, 2012), p. 6.

22 Simon Baron-Cohen, *Mindblindness* (MIT Press, 1997), chapter 7.

23 Tom Foulsham et al.,"Gaze Allocation in a Dynamic Situation: Effects of Social Status and Speaking," *Cognition* (September 24, 2010).

24 Peter R. Murphy et al.,"Pupil-Linked Arousal Determines Variability in Perceptual Decision Making," *PLOS: Computational Biology* (September 2014), Vol. 10, No. 9.

25 Richard Restak, *The Naked Brain* (Three Rivers Press, 2006), p. 139.

26 Caro, *Passage of Power*, p. 33.

27 Bruce Hood, *Supersense* (HarperOne, 2009), chapter 9.

28 David Remnick, *The Bridge: The Life and Rise of Barack Obama* (Knopf, 2010), p. 371.

## 第5章——一百六十七毫秒


1 Gerd Gigerenzer, Peter M. Todd, and the ABC Research Group, *Simple Heuristics that Make Us Smart* (Oxford University Press, 1999), pp. 18–19.

2 Daniel Kahneman, *Thinking Fast and Slow* (Farrar, Straus and Giroux, 2011).

3 Michael Gazzaniga, *The Mind's Past* (University of California Press, 1998), p. 21.

4 George Marcus, *Political Psychology: Neuroscience, Genetics, and* Politics (Oxford University Press, 2012), p. 107. 現在的腦科學家幾乎都知道快思考與慢思考的區別，然而，這不等於他們對這個區別有共識。近期的研究指出，科學家為這個雙程系統（dual-process system）發展了二十八種命名，每一種都代表著對快思考與慢思考本質的不同想法。連快思考或慢思考是否有效率這麼基本的問題，在這個概念大雜燴裡面也意見不一。某些人認為快思考是有效率的；某些人則堅決反對。雙方的觀點都出現在最近期對雙程系統研究的綜合指南。參見Jeffrey W. Sherman et al., eds. *Dual-Process Theories of the Social Mind* (Guilford Press, 2014); 參見Sloan, p. 77（有效率）與Spunt & Lieberman, p. 280（沒效率）。

5 Gerd Gigerenzer, *Gut Feelings: The Intelligence of the Unconscious* (Penguin, 2007).

6 Gerd Bohner and Thomas Weinerth, "Negative Affect Can Increase or Decrease Message Scrutiny: The Affect Interpretation Hypothesis," *Personality and Social Psychology Bulletin* (November 2001), Vol. 27, No. 11, pp. 1417–1428.

7 心理學家詹姆士・坎廷（James Cutting）的實驗顯示，我們偏好自己熟悉的藝術大於經典藝術。參見 "The Mere Exposure Effect and Aesthetic Preference" in P. Locher, C. Martindale, & L. Dorfman, eds., *New Directions in Aesthetics, Creativity, and the Psychology of Art* (Baywood Publishing Co., 2006).

8 Daniel Kahneman, *Fast Thinking*, p. 97ff.

9 同上, p. 113ff.

10 Edward H. Hagen and Peter Hammerstein,"Game Theory And Human Evolution: A Critique of Some Recent Interpretations Of Experimental Games," *Theoretical Population Biology* (2006), Vol. 69, pp. 341–342.

11 Bruce M. Hood, *Supersense* (HarperOne, 2009), pp. 112–113.

12 *The Oxford Handbook of Face Perception*, ed. Gillian Rhodes et al. (Oxford University Press, 2011), esp. p. 3.

13 Elinor McKone and Rachel Robbins,"Are Faces Special?" in *Oxford Handbook of Face Perception*, chapter 9.

14 *Ibid*, p. 151ff.

15 Kang Lee et al.,"Seeing Jesus in Toast: Neural and Behavioral Correlates of Face Pareidolia," *Cortex* (April 2014), Vol. 53, pp. 60–77.

16 Travis N. Ridout and Kathleen Searles, "It's My Campaign I'll Cry If I Want to: How and When Campaigns Use Emotional Appeals," *Political Psychology* (February 15, 2011).

17 Benjamin, Daniel J. and Jesse M. Shapiro,"Thinslice forecasts of gubernatorial elections," *Review of Economics and Statistics* (2009), Vol. 91, No. 3, pp. 523–536.

18 Malcolm Gladwell, *Blink: The Power of Thinking without Thinking* (Little, Brown, 2005), pp. 18–33.

19 Charles C. Ballew II and Alexander Todorov,"Predicting Political Elections from Rapid and Unreflective Face Judgments," *Proceedings of the National Academy of Sciences* (November 13, 2007), Vol. 104, No. 46.

20 照片有可能呈現一個人的整體健康狀況。比如說，陽剛的臉型（寬臉與方正的下巴）是在睪固酮濃度較高的子宮中產生的。睪固酮和免疫功能低下相關，這或許會讓你以為陽剛臉型是不健康的指標。恰好相反。根據推論，只有健康的人能承受和陽剛臉型相關的高睪固酮濃度。研究顯示，世界各地的女性絕大多數都偏好長得陽剛的男性，這代表了演化趨勢。另一個女性偏好的臉部特徵是對稱，這也和健康程度相關。參見David Buss, *Evolutionary Psychology: The New Science of the Mind* (Pearson, 2012), pp. 122–123.

耳垂可能是精神健康的線索。在子宮中正常發育的人類，耳垂會低於耳朵與臉的連結點。它應該下垂。而在子宮中發育過程中受化學不平衡影響的人（酒精或藥物等等），他們的耳垂可能不下垂。研究顯示，耳垂天生未下垂的男性有更高的機率罹患過動症。這關係著長大後的犯罪比率。參見Sarnoff A. Mednick,"Congenital Determinants of Violence," *Bulletin of the American Academy of Psychiatry and the Law* (1988), Vol. 16, No. 2, p. 107.

21 傳統觀念認為選民偏好討喜與可靠的政治人物，然而托多洛夫的研究指出，選民最看重的其實是能力。

22 Alexander Todorov, et al., "Inferences of Competence from Faces Predict Election Outcomes," *Science* (2005), Vol. 308, No. 1623.

23 Eugene Borgida et al., *The Political Psychology of Democratic Citizenship* (Oxford University Press, 2009), chapter 4.

24 Jonathan B. Freeman et al.,"Amygdala Responsivity to High-Level Social Information from Unseen Faces" *Journal of Neuroscience* (August 6, 2014).

25 Mary C. Potter et al., "Detecting Meaning in RSVP at 13 ms per Picture," *Attention, Perception, & Psychophysics* (February 2014), Vol. 76, No. 2, pp. 270–279.

26 艾維・圖西曼（Avi Tuschman）對影響投票行為的諸多因素（例如基因與個性）做了很好的整理，請見他的著作*Our Political Nature: Evolutionary Origins of What Divides Us* (Pantheon, 2013).

27 Jeremy Bailenson et al., Facial Similarity Between Voters and Candidates Causes Influence," *Public Opinion Quarterly* (2008), Vol. 72, No. 5, pp. 935–961.

28 社會科學家發現，人類會無意識地對外人持有偏見。它常常表現為種族歧視，但偏見本身和種族無關。對於那些不像是我們在兒童時期會遇到的人，我們通常持有偏見。此外，通俗文化也讓我們產生偏見。由社會科學家執行的內隱聯結測試（Implicit

Association Test, IAT）能檢測出連我們自己都沒察覺的偏見。身為混血兒的麥爾坎．葛拉威爾便指出，內隱聯結測試顯示他對黑人有偏見。偏見和種族歧視不是同一回事。參見 Anthony Greenwald, *Blindspot: Hidden Biases of Good People* (Delacorte Press, 2013).

29 狩獵採集者的另一項優勢是，他們可以合理地認為領導者的體形和地位是相關的。比起瘦小的人，高大的人容易搶到更多資源。因此，如果你想知道一個人的地位高低，你只要快速打量他的身形即可。他越高大，他就越可能掌握權力。不幸的是，我們承襲了這種體型偏見。在現代世界，以體型來選領導者沒什麼意義。領導者是高或矮有什麼好處？沒有。但我們比較常選誰？高的候選人。對於二十世紀的美國選民來說，當他們要在兩位主要的總統候選人當中選擇時，他們有百分之八十三的比率選較高的那一位。並不是只有選民會受身高影響，職場上也是如此。研究顯示，如果你越高，你就越容易獲得升遷，薪水也越多。我們又遇到了不相符的問題。J. S. Gillis, *Too Tall, Too Small* (Institute for Personality and Ability Testing, 1982).

30 Lee Ross and Richard E. Nisbett, *The Person and the Situation* (Pinter & Martin, 2011), pp. 2–3.

31 Lyn Ragsdale, *Vital Statistics on the Presidency* (CQ Press, 2014, 4th edition), pp. 3–5.

32 Conor Friedersdorf, "Bush and Obama Spurred Edward Snowden to Spill U.S. Secrets," the *Atlantic* (August 22, 2014).

33 Fred Greenstein, *The Presidential Difference: Leadership Style from FDR to Barack Obama* (Princeton University Press, 2009), pp. 1–3.

34 希斯頓的話引用自 Gil Troy, *Morning in America* (Princeton University Press, 2005), p. 262. 霍華德．菲利浦斯的話引用自 Shoon Kathleen Murray, *Anchors Against Change: American Opinion Leaders' Beliefs After the Cold War* (University of Michigan Press, 2002), p. 23. 小威廉．巴克利與喬治．威爾的話引用自 *Tear Down this Wall: The Reagan Revolution—A National Review History* (Continuum, 2004), p. 166.

35 Beth Fischer, *The Reagan Reversal: Foreign Policy and the End of the Cold War* (University of Missouri Press, 1997).

36 Frances Fitzgerald, *Way Out There in the Blue: Reagan, Star Wars and the End of the Cold War* (Simon & Schuster, 2000).

## 第6章——自欺欺人

1 Roger Fouts, *Next of Kin: My Conversations with Chimpanzees* (William Morrow, 1998).

2 同上, p. 49ff.

3 Martin Schmelz et al., "Chimpanzees Know that Others Make Inferences," *Proceedings of the National Academy of Science* (February 15, 2011).

4 Kay Prüfer et al., "The Bonobo Genome Compared with the Chimpanzee and Human Genomes," *Nature* (June 13, 2012).

5 Daniel C. Dennett, *Consciousness Explained* (Little, Brown, 1991), p. 189.

6 Euclid O. Smith,"Deception and Evolutionary Biology," *Cultural Anthropology* (1987), Vol. 2, pp. 50–64.

7 與作者的訪談, December 14, 2012.

8 Peter Hatemi and Rose McDermott, eds., *Man Is by Nature a Political Animal* (University of Chicago Press, 2011), pp. 49–50.

9 Ruggero D'Anastasio et al.,"Micro-Biomechanics of the Kebara 2 Hyoid and Its Implications for Speech in Neanderthals," *PLOS ONE* (December 18, 2013).

10 Jonathan Haidt, *The Righteous Mind: Why Good People Are Divided by Politics and Religion* (Pantheon, 2012), chapter 3.

11 Wu D et al.,"Neural Correlates of Evaluations of Lying and Truth-Telling in Different Social Contexts," *Brain Research* (May 10, 2011).

12

| 總統 | 例子 | 來源 |
|---|---|---|
| 傑佛遜 | 謊稱他和菲利浦・弗雷諾（Philip Freneau）在報紙上抨擊亞歷山大・漢彌爾頓（Alexander Hamilton）的行為無關。 | James Thomas Flexner, *George Washington and the New Nation* (Little, Brown, 1970), pp. 375–376. |
| 門羅 | 謊稱他不會透露雷諾夫人（Mrs. Reynolds）和漢彌爾頓之間的秘密緋聞。 | Forrest McDonald, *The Presidency of George Washington* (University Press of Kansas,1974), pp. 109–110. |
| 威廉・亨利・哈里森 | 謊稱自己是在一間小木屋出生的。 | Edward Pessen, *The Log Cabin Myth* (Yale University Press, 1984). |
| 波爾克 | 謊稱墨西哥軍隊在美國國土殺害美國人，以此合理化美墨戰爭。 | Charles G. Seller, *James K. Polk: Continentalist* (Princeton University Press, 1966), p. 409. |
| 皮爾斯 | 欺騙他的妻子他沒有競逐黨內提名。 | Rick Shenkman, *Presidential Ambition* (HarperCollins, 1999), chapter 5. |
| 布坎南 | 宣稱他事先不知道最高法院對德雷得・史考特（Dred Scot）案的判決，儘管他有出手干預。 | Philip Klein, *President James Buchanan* (Pennsylvania State University Press, 1962), pp. 269–272. |
| 格蘭特 | 號稱清廉，卻屢次放任友人詐騙公款。 | Shenkman, *Presidential Ambition*, p. 173ff. |
| 海斯 | 號稱清廉，卻對郵政署與紐約海關局的貪腐睜一隻眼閉一隻眼。 | Harry Barnard, *Rutherford B. Hayes* (Boobs-Merrill, 1954), *passim.* |
| 加菲爾德 | 對於他在動產信貸醜聞（Crédit Mobilier scandal）當中接受賄賂一事未完全吐實。 | Allan Peskin, *Garfield* (Kent State University Press, 1978), p. 362. |

| | | |
|---|---|---|
| 阿瑟 | 隱瞞他得了致命的布萊特氏症（Bright's Disease）。 | Shenkman, *Presidential Ambition*, chapter 10. |
| 克里夫蘭 | 隱瞞他的癌症病情。 | Shenkman, *Presidential Ambition*, pp. 235–241. |
| 班傑明·哈里森 | 對導致美國接管夏威夷的情勢說謊 | Shenkman, *Presidential Ambition*, pp. 247–248. |
| 老羅斯福 | 謊稱美國政府沒有在幕後支持巴拿馬革命。 | Henry F. Pringle, *Theodore Roosevelt* (Harcourt Brace, 1931), p. 221ff. |
| 威爾遜 | 對健康狀況說謊。 | Thomas Fleming, *The Illusion of Victory* (Basic Books, 2003), p. 418ff. |
| 哈定 | 反覆出軌，隱瞞政府的貪腐，對健康狀況說謊。 | Francis Russell, *The Shadow of Blooming Grove* (McGraw-Hill, 1968), *passim.* |
| 小羅斯福 | 出軌，對納粹攻擊基爾號驅逐艦（USS *Greer*）的事件說謊。 | Shenkman, *Presidential Ambition*, p. 310. |
| 艾森豪 | 在參選總統之前隱瞞嚴重的健康問題，並且對U2偵察機事件說謊。 | Robert Gilbert, *The Mortal Presidency* (Fordham University Press, 1992), chapter 4; James Pfiffner, *The Character Factor* (Texas A&M University Press, 2004), p. 41. |
| 甘迺迪 | 對他的健康狀況以及飛彈落差（missile gap）說謊，未告知他同意從古巴撤除木星飛彈，以換取蘇聯也撤除飛彈。 | Thomas Reeves, *A Question of Character* (Three Rivers Press, 1992), passim; John Mearsheimer, *Why Leaders Lie* (Oxford University Press, 2011), p. 66. |
| 詹森 | 對北部灣事件（Tonkin Gulf attack，譯註：又稱東京灣事件）說謊。 | Pfiffner, *Character Factor*, p. 55ff. |
| 尼克森 | 對水門案說謊。 | Pfiffner, *Character Factor*, p. 120ff. |
| 雷根 | 對伊朗門事件（Iran-Contra）說謊。 | Pfiffner, *Character Factor*, p. 56ff. |
| 老布希 | 對伊朗門事件說謊。 | Pfiffner, *Character Factor*, p. 45ff. |
| 柯林頓 | 對陸文斯基緋聞案說謊。 | Starr Report. |
| 小布希 | 對伊拉克戰爭說謊。 | Mearsheimer, *Why Leaders Lie*, pp. 49–55. |
| 歐巴馬 | 發表許多關於醫療保險的不實聲明。 | PolitiFact. |

13 Garry Wills, *Cincinnatus: George Washington and the Enlightenment* (Doubleday, 1984).

14 這是我在 *Presidential Ambition* 當中說的故事。

15 Hugh Gallagher, *FDR's Splendid Deception: The moving story of Roosevelt's massive disability—and the intense efforts to conceal it from the public* (Vandamere, 1999), p. 94.

16 Ron Reagan Jr., *My Father at 100* (Viking, 2011).

17 Leslie Stahl, *Reporting Live* (Simon & Schuster, 2000), p. 211.

18 Rick Shenkman, *Presidential Ambition*, p. 236ff.

19 Michael Shermer, *The Believing Brain: From Ghosts and Gods to Politics and Conspiracies—How We Construct Beliefs and Reinforce Them as Truths* (St. Martin's Griffin, 2012), pp. 133–135.

20 Daniel Gilbert, How Mental Systems Believe," *American Psychologist* (February 1991), Vol. 46, No. 2, p. 110. 亦可參見Gilbert,"You Can't Not Believe Everything You Read," *Journal of Personality and Social Psychology (*August 1993), pp. 221–231. 丹妮絲・柯明斯（Denise Cummins）指出，當我們專注於所謂的參照推理（indicative reasoning），也就是「推理者被要求驗證一條定律是否為真」時，我們會本能地尋找支持這條定律的證據。我們不會試著反駁它。如果有人告訴我們，所有的天鵝都是白的，我們會想辦法證明這個說法。我們不會馬上去尋找黑天鵝。參見Cummins,"Evidence of Deontic Reasoning in 3- and 4-Year-Old Children," *Memory and Cognition* (1996), Vol. 24, No. 6, p. 824.

21 Jeremy Dean,"Why You Can't Help Believing Everything You Read," PsyBlog (September 17, 2009).

22 Daniel Gilbert,"How Mental Systems Believe."

23 有兩項因素讓我們渴望相信領導者。其一，就像丹尼爾・吉伯特在How Mental Systems Believe提出的理論，我們就是傾向於相信，而非懷疑。更精確地說，根據合理化理論，我們傾向於相信領導者，因為我們希望每件事都合情合理；富人的財富是他們應得的，窮人之所以窮困是因為懶惰。參見Melvin Lerner, *The Belief in a Just World: A Fundamental Delusion* (Springer, 1980). 近期的研究顯示，某些人更容易受到這種想法的影響，尤其是保守派（相較於自由派）。參見John T. Jost et al., "A Decade of System Justification Theory: Accumulated Evidence of Conscious and Unconscious Bolstering of the Status Quo," *Political Psychology* (December 2004), Vol. 25, No. 6, p. 881ff. 其二，某些理論認為多層次選擇（multilevel selection）影響了人們相信領導者的意願。這是較少數的生物學家的觀點，他們認為演化既發生在群體內（偏好自私）也發生在群體間（偏好合群）。在其他條件相等的狀況下，群體中的自私者比利他者更具優勢，然而由利他者組成的群體又會勝過由自私者組成的群體。根據多層次選擇理論，利他者會將群體利益置於個人利益之上。這使人們傾向於信任現有的階層制度。參見Haidt, *Righteous Mind*, chapter 9。

24 Nikita Stewart and Michael E. Ruane,"Like Lincoln, Obama Will Ride the Rails To D.C." *Washington Post* (December 16, 2008).

25 David Brody,"The Obama Memorial?" Christian Broadcasting Network website (December 16, 2008).

26 Robert Trivers, *The Folly of Fools* (Basic Books, 2011), p. 19.

27 Amy Chua And Jed Rubenfeld,"What Drives Success," *New York Times* (January 25, 2014).

28 Ross Hammond and Robert Axelrod,"The Evolution of Ethnocentrism," *Journal of Conflict Resolution* (December 2006), Vol. 50, No. 6.

29 Richard Dawkins, *The Selfish Gene* (Oxford University Press, 2009), p. 184ff; Gerd Gigerenzer and Klaus Hug,"Domain-Specific Reasoning: Social Contracts, Cheating, and Perspective Change," *Cognition* (1992), Vol. 43, p. 127ff; and William J. Ray, *Evolutionary Psychology: Neuroscience Perspectives Concerning Human Behavior and Experience* (2012), p. 326–327. 近年，有某些科學家接納了多層次選擇，在達爾文主義的基礎上繼續往前推進。參見 E. O. Wilson, *The Meaning of Human Existence* (Liveright, 2014), chapter 6.

30 這代表某種形式的群體選擇（group selection）可能影響著我們發展為社會化物種的過程。相關的理論很多。例如，有人認為演化偏好一個由善意的互助者組成的社會，而不是充斥著騙子的社會。天長地久，利他主義的基因理論上會變成主流。不過，儘管達爾文相信群體選擇，科學家還是對此保持懷疑態度。參見 Christopher Boehm,"Emergency Decisions, Cultural-Selection Mechanics, and Group Selection" *Current Anthropology* (December 1996), Vol. 37, No. 5, pp. 763–793; Edward O. Wilson, *The Social Conquest of Earth* (Liveright, 2012), p. 91.

31 Jonathan Haidt, *Righteous Mind*, p. 204–207.

32 Jared Diamond, *The Third Chimpanzee* (Harper, 2006), p. 172ff.

33 Robert Trivers, *Folly of Fools*, p. 5.

34 同上。

35 Raoul Bell and Axel Buchner,"Enhanced Source Memory for Names of Cheaters," *Evolutionary Psychology* (2009), Vol. 7, No. 2, pp. 317–330. 丹妮絲・柯明斯指出，當我們盡義務的時候（我們對其他社會成員的責任），我們會找出逃避義務的人。參見 "Evidence of Deontic Reasoning in 3- and 4-Year-Old Children," *Memory and Cognition* (1996), Vol. 24, No. 6, p. 824. 我們是自動地這麼做，代表其中牽涉了情緒。這和喬舒亞・葛林（Joshua Greene）的研究結果相符，他用功能性核磁造影掃描正在進行道德判斷的受試者，發現他們啟動了情緒模組。換句話說，當我們面臨道德選擇時，我們會變得情緒化。義務的判斷是情緒化的。參見 Greene,"The Secret Joke of Kant's Soul," in volume 3 of *Moral Psychology: The Neuroscience of Morality: Emotion, Disease, and Development* (MIT Press, 2007), ed. W. Sinnott-Armstrong. 強納森・海德特認為道德感是由情緒驅動的。在他著名的比喻中，情緒是大象，理性則是騎象人。誰是老大？大象。大象改變了方向，騎象人才做出反應。下決定的並不是騎象人。因此，我們常常沒辦法解釋自己的道德邏輯。我們就是覺得這麼做是對的，那麼做是錯的。參見 *The Righteous Mind*, p. 65ff.

36 Ralph Andrist, ed., *George Washington: A Biography in His Own Words* (*Newsweek*/Harper & Row, 1972), pp. 29, 50.

37 See Rick Shenkman, *Presidential Ambition*, chapter 1.

38 同上，pp. 95–120.

39 布坎南終生未婚。近年，有某些人推測他可能是同志。他和同樣單身的參議員威廉・金恩（William King）同住多年，後者似乎迷戀著布坎南，至少表面上如此。金恩被其他人殘酷地戲稱為南西小姐（Miss Nancy）；當他被派任法國大使之後，他在一封信中傾訴了對布坎南的強烈思念。如果布坎南是同志，這或許就能解釋他為何和安之間保持著奇怪的距離。就像我在另一本書（*Presidential Ambition*, p. 102）當中的解釋，「他應該陷入天人交戰，當一股強大的力量將他推向安的時候，又有一股力量要他遠離，這讓他悲哀地困在絕望的矛盾狀態。」不過，無論他是不是同志，這都不會免除他很可能是貪圖安的財富才追求她的指控。如果他是同志，他向安求婚就只是為了得到社會地位的優勢。如果他是異性戀，卻在宣布訂婚後和安保持距離，這代表他要的是錢，而不是和對方在一起。

40 E. O. Wilson, *On Human Nature* (Harvard University Press, 2004), p. 126.

41 Justin A. Nelson,"Drafting Lyndon Johnson: The President's Secret Role in the 1968 Democratic Convention," *Presidential Studies Quarterly* (February 16, 2004).

42 David Donald, *Lincoln* (Simon & Schuster, 1995), p. 491.

43 Coren L. Apicella et al.,"Testosterone and Financial Risk Preferences," *Evolution and Human Behavior* (November 2008), Vol. 29, No. 6, pp. 384–390. 麥克・薛莫指出，近期的研究顯示多巴胺提供的或許並不是酬賞本身。事實上，多巴胺可能是藉由阻擋焦慮感來激勵我們，這就像是大腦對你說，嘿，贏了這場比賽，我就保證你不會覺得焦慮。參見 Michael Shermer, *The Believing Brain*, p. 118.

44 Peter Hatemi and Rose McDermott, *Man Is by Nature a Political Animal*, p. 269.

45 David Buss, *Evolutionary Psychology: The New Science of the Mind* (Pearson, 2012), p. 363.

46 Daniel Kahneman, *Thinking Fast and Slow* (Farrar, Straus and Giroux, 2011), chapter 26.

47 同上，pp. 118–119.

48 Paul Zak, *The Moral Molecule: The Source of Love and Prosperity* (Dutton, 2012), p.79.

49 *New York Times* (March 28, 1992), p. 9.

50 Herbert S. Parmet, *George Bush: The Life of a Lone Star Yankee* (Scribner, 1997), p. 114.

51 William von Hippel and Robert Trivers,"The Evolution and Psychology of Self-Deception," *Behavioral and Brain Sciences* (2011), Vol. 34.

52 在二〇一四年發表的一項振奮人心的研究中，科學家發現，當我們允許專家積極地提問，他辨認出騙子的正確率可以高達百分之九十七點八。如果讓學生在旁邊觀摩，學生的正確率也可以達到百分之九十三點六。研究者總結，「數據顯示，如果專家可以積極地對潛在的騙子提問，他們就能正確區別真話與謊言，而不是專家的人在看了專家怎麼問〔人〕之後，他們也能獲得很高的正確率。」參見 Timothy R. Levine et al., "Expertise in Deception Detection Involves Actively Prompting Diagnostic Information Rather Than Passive Behavioral Observation," *Human Communication Research* (July 2014), Vol. 40, pp. 442–462.

53 Robert Caro, *The Years of Lyndon Johnson: The Passage of Power* (Knopf, 2012), pp. 82–83.

54 Dingcheng Wu et al., "Neural Correlates of Evaluations of Lying and Truth-Telling in Different Social Contexts," *Brain Research* (2011). 某些研究者指出，有意說謊會危害健康。參見 "Lying Less Linked to Better Health, New Research Finds," News release issued by the American Psychological Association (August 4, 2012).

55 Anil Ananthaswamy, "The More You Lie, the Easier It Gets," *New Scientist* (February 8, 2011).

56 Joseph T. Hallinan, *Kidding Ourselves: The Hidden Power of Self-Deception* (Crown, 2014).

57 Robert Trivers, *Folly of Fools,* pp. 2–4. 泰弗士的理論在二〇一四年獲得證實；當時的研究者發現，社會獎勵著過度自信。研究者指出，「人們獎勵的常常不是最有成就的人，而是最會欺騙自己的人。這代表自欺有利於演化。」參見Shakti Lamba and Vivek Nityananda,"Self-Deceived Individuals Are Better at Deceiving Others," *PLOS ONE* (August 2014).

## 第7章——我們真的想知道真相嗎？

1 Gladys and Kurt Lang, *The Battle for Public Opinion: The President, the Press, and the Polls During Watergate* (Columbia University Press, 1983), p. 27ff.

2 A good general survey is provided by James M. Perry, "Watergate Case Study," in Tom Rosenstiel and Amy S. Mitchell, *Thinking Clearly: Cases in Journalistic Decision-Making* (Columbia University Press, 2003).

3 Carl Bernstein and Bob Woodward, "Mitchell Controlled Secret GOP Fund," *Washington Post* (September 29, 1972).

4 Harris Poll (September 14, 1972).

5 Carl Bernstein and Bob Woodward, "FBI Finds Nixon Aides Sabotaged Democrats," *Washington Post* (October 19, 1972).

6 *Los Angeles Times* (October 5, 1972).

7 Keith Olson, *Watergate: The Presidential Scandal that Shook America* (University Press of Kansas, 2003), p. 65ff. 底下段落的民調引用自此。

8 同上。

9 Paul Lazarsfeld, Bernard Berelson, and Hazel Gaudet, *The People's Choice: How the Voter Makes Up His Mind in a Presidential Campaign* (Columbia University Press, 1944).

10 哥倫比亞大學的研究者確信，媒體在選舉中的許多角色是被過份誇大了，但是，由寇特．朗與格雷迪．朗在五〇年代進行的研究顯示，媒體可以對選民產生深遠的影響。例如，對於在一九五二年觀看全國代表大會電視轉播的民眾而言，他們接收到的事實會因電視台而異。CBS電視台擁有當時三大電視台當中最堅強的記者陣容，觀眾能獲得充份的資訊，密切追蹤事件，讓人覺得大會進行得有條有理。NBC電視台著重於政治人物的性格，因此，當議長山姆．雷本（Sam Rayburn）要某位試圖發言的代表噤聲時，觀眾便產生了反感。CBS電視台有解釋雷本為什麼這麼做，而NBC電視台並沒有，

這讓觀眾以為雷本是個惡霸。ABC電視台只有零散且失焦的報導，使觀眾摸不著頭緒。參見Gladys and Kurt Lang, *Television and Politics* (2002).

11 James H. Fowler, Laura A. Baker, and Christopher T. Dawes, "Genetic Variation in Political Participation," *American Political Science Review* (May 2008), Vol. 102, No. 2.

12 Rose McDermott et al., "Assortative Mating on Ideology Could Operate Through Olfactory Cues," *American Journal of Political Science* (September 2014).

13 Jonathan Haidt *The Righteous Mind: Why Good People Are Divided by Politics and Religion* (Pantheon, 2012), pp. 312–313.

14 強納森・海德特在《好人總是自以為是：政治與宗教如何將我們四分五裂》當中指出，我們對於各種價值觀的先天傾向，例如我們看重的是忠實（通常是保守價值）或關懷（通常是自由價值），形塑了我們的政治意見。約翰・喬斯特（John Jost）在*Social and Psychological Bases of Ideology and System Justification* (Oxford University Press, 2009) 當中主張，意識形態是一種心理作用。是心理讓我們彼此不同，比如說，使某些人更容易產生刻板印象。傑森・維登和羅伯特・庫茲班在*The Hidden Agenda of the Political Mind: How Self-Interest Shapes Our Opinions and Why We Won't Admit It*當中指出，廣義上來說，是我們的利益驅動了我們的政治思想。本章後段會討論這一點。

15 David A. Pizarro, et al.,"Disgust Sensitivity Predicts Intuitive Disapproval of Gays," *Emotion* (2009), Vol. 9, No. 3. 作者與David Pizarro的訪談, January 10, 2013.

16 Steven Pinker, *How the Mind Works* (W. W. Norton, 1997), p. 305. See also: Charles Taber and Milton Lodge,"Motivated Skepticism in the Evaluation of Political Beliefs," *American Journal of Political Science* (July 2006), Vol. 50, No. 3, pp. 755–769.

17 Hugo Mercier and Daniel Sperber, "Why do humans reason? Arguments for an Argumentative Theory," *Behavioral and Brain Sciences* (2011), Vol. 34, pp. 57–111.

18 黨派支持者同時展現了驗證性偏誤與失驗性偏誤。一項在二〇一四年發表的研究指出，當事情出錯時（例如人們沒辦法連上歐巴馬健保的網站），黨派支持者會怪罪另一黨，即使專家提出了相反意見。簡單來說，知識輸給了黨派。參見Jeffrey Lyons and William P. Jaeger, "Who Do Voters Blame for Policy Failure? Information and the Partisan Assignment of Blame," *State Politics and Policy Quarterly* (September 2014), Vol. 14, No. 3, pp. 321–341.

19 Cordelia Fine,"Biased but Brilliant," *New York Times* (July 30, 2011).

20 Dan M. Kahan, Hank Jenkins-Smith and Donald Braman, "Cultural Cognition of Scientific Consensus," *Journal of Risk Research* (2011), Vol. 14. 商業人士可能會拒絕承認氣候變遷還有一個原因，那就是他們的保守思想。保守派的基本信念是保持現狀，這使保守派變成了社會科學家口中的「體制辯護者」(system justifier)。身為體制辯護者的商業人士更容易陷入偏誤思考。參見 John T. Jost and David Amodio, "Political Ideology as Motivated Social Cognition: Behavioral And Neuroscientific Evidence," *Motivation and Emotion* (March 2012), Vol. 36, No. 1, pp. 55–64.

21 Jason Weeden and Robert Kurzban, *The Hidden Agenda of the Political Mind.*

22 David Buss, ed., *Handbook of Evolutionary Psychology* (Wiley, 2005), p. 240ff.

23 Dominic D.P. Johnson et al., "The Evolution of Error: Error Management, Cognitive Constraints, and Adaptive Decision-Making Biases," *Trends in Ecology and Evolution* (August 2013), Vol. 28, No. 8, pp. 474–481.

24 參見 Andrew Newberg and Mark Waldman, *Why We Believe What We Believe* (Free Press, 2006); Daniel Kahneman, *Thinking Fast and Slow* (Farrar, Straus and Giroux, 2011).

25 Scott O. Lilienfeld et al., *50 Great Myths of Popular Psychology: Shattering Widespread Misconceptions about Human Behavior* (Wiley-Blackwell, 2010), chapter 16.

26 Gerd Gigerenzer, *Gut Feelings: The Intelligence of the Unconscious* (Penguin, 2007).

27 Timothy D. Wilson and Nancy Brekke, "Mental Contamination and Mental Correction: Unwanted Influences on Judgments and Evaluations," *Psychological Bulletin* (1994), Vol. 116, No. 1, p. 117ff.

28 Jonathon D. Brown, *The Self* (Psychology Press, 2014).

29 Tali Sharot, *The Optimism Bias: A Tour of the Irrationally Positive Brain* (Pantheon, 2011), p. 15.

30 Peter Hatemi and Rose McDermott, eds., *Man Is by Nature a Political Animal: Evolution, Biology and Politics* (University of Chicago Press, 2011), p. 247.

31 同上, chapter 11.

32 Margarete Vollrath, et al., "Personality, Risky Health Behaviour, and Perceived Susceptibility to Health Risks," *European Journal of Personality* (1999), Vol. 13, pp. 39–50.

33 Daniel Kahneman, *Thinking Fast and Slow,* p. 170ff.

34 Walter Mondale, *The Good Fight* (Scribner, 2010), p. 294.

35 Gerd Gigerenzer, *Gut Feelings.*

36 Douglas T. Kenrick and Vladas Griskevicius, *The Rational Animal* (Basic Books, 2013); Martie G. Haselton and David M. Buss, "Biases in Social Judgment: Design Flaws or Design Features?" in *Social Judgments: Implicit and Explicit Processes*, ed. Joseph P. Forgas et al. (Cambridge University Press, 2003).

37 Norbert Schwarz, Herbert Bless, and Gerd Bohner, "Mood and Persuasion: Affective States Influence the Processing of Persuasive Communications," in *The Message Within: The Role of Subjective Experience in Social Cognition and Behavio*r, ed. Herbert Bless and Joseph Forgas (Psychology Press, 2000), p. 252.

38 Peter Hatemi and Rose McDermott, *Man Is by Nature a Political Animal*, p. 16.

39 Peter Gray, *Psychology*, 5th ed. (Worth Publishers, 2007), p. 494.

40 Christopher Achen and Larry Bartels, "It Feels Like We're Thinking: The Rationalizing Voter and Electoral Democracy," 此論文發表於二〇〇六年八月二十日的美國政治學會年會（Annual Meeting of the American Political Science Association）。

41 Leon Festinger, Henry Riecken and Stanley Schachter, *When Prophecy Fails: A Social and*

*Psychological Study of a Modern Group That Predicted the Destruction of the World* (Harper Torchbooks, 1964).

42 Bruce M. Hood, *Supersense* (HarperOne, 2009), p. 10ff.

43 George Marcus, *Political Psychology: Neuroscience, Genetics, and Politics* (Oxford University Press, 2012), pp. 70–73.

44 William Rorabaugh, *The Alcoholic Republic: An American Tradition* (Oxford University Press, 1979), pp. ix, 6, 10, 20–21, 26, 48, 55, 64, 84, 125, 151, 163, 169–170. Mark Edward Lender and James Kirby Martin, *Drinking in America: A History* (Free Press, 1982), pp. 2, 3, 7, 11, 30, 32–34.

45 David Hackett Fischer, *Growing Old in America* (Oxford University Press, 1978).

46 我們用革命（revolution）來形容美國獨立運動，這件事相當值得深思。我們說的革命是指推翻過去的劇變。然而，迴轉（revolve）的原意完全不是如此。它代表著回到過去。它是生命循環的暫停與轉向。我們對革命一詞的用法，反映了我們認為歷史是一系列習以為常事件的舊有思想。冬天之後是春天，誕生之後是死亡。這呈現了我們想讓事物變得可預測的意圖，連美國獨立戰爭也不例外。參見 George Marcus, *Political Psychology*, pp. 70–73.

47 Walter Laqueur,"Putin and the Art of Political Fantasy," *Standpoint Magazine* (Jan./Feb. 2015).

48 Marc Ambinder,"Falwell Suggests Gays to Blame for Attacks," ABC News website (September 14, 2001). 社會科學家尼可拉斯・伊普萊指出，我們喜歡把大自然擬人化。他提到當卡崔娜颶風來襲時，紐奧良市市長雷・納根（Ray Nagin）表示，「美國肯定激怒了上帝。祂不認可我們用虛偽的藉口進軍伊拉克的行為。不過，祂肯定也對美國黑人感到失望。我們沒有照顧好自己。」參見Nicholas Epley, *Mindwise: How We Understand What Others Think, Believe, Feel, and Want* (Knopf, 2014), p. 61.

49 一項二〇〇五年的研究顯示，如果我們給病患一個比較不明確的診斷，他們會覺得自己病得更重。越不明確，他們越覺得自己的病況緊急。參見 Y. Kang, "Effects of Uncertainty on Perceived Health Status in Patients with Atrial Fibrillation," *Nursing in Critical Care* (July-August 2005), Vol. 4, pp. 184–91.

50 President in our history. Lyn Ragsdale, *Vital Statistics on the Presidency* (3d ed., Congressional Quarterly Press, 2009), p. 248.

51 當危機發生時，美國人通常會團結起來擁護總統。一九七九年，在美國駐伊朗大使館被佔領，爆發人質挾持事件後，連不受歡迎的卡特也獲得了美國人的支持。他的支持度從百分之三十出頭上升到百分之五十幾左右。這個危機氛圍持續了一年多，直到伊朗釋放人質。不過，選民並沒有支持卡特這麼久。事件發生的三個月後，他的支持度就一路下滑。這是因為他不再能給選民信心。對許多人來說，他似乎不知所措。

52 John Medina, *Brain Rules* (Pear Press, 2008), p. 224.

53 Robin Reineke, "It's Right Under Our Noses: The Importance of Smell to Science and our

Lives," 2000 Third Web Report.

54 Barry Schwartz, *The Paradox of Choice: Why More Is Less* (Ecco, 2012).

55 Samuel McClure et al., "Neural Correlates of Behavioral Preference for Culturally Familiar Drinks," *Neuron* (October 14, 2004), Vol. 44, No. 2, pp. 379–387.

56 Daniel Gilbert et al., "Immune Neglect: A Source of Durability Bias in Affective Forecasting," *Journal of Personality and Social Psychology* (September 1998), Vol 75, No. 3, pp. 617–638.

57 Elliot Aronson and Judson Mills, "The Effect of Severity of Initiation on Liking for a Group," *Journal of Abnormal and Social Psychology*, Vol. 59, No. 2 (September 1959), pp. 177–181.

58 Interview with Carol Tavris, Brain Science Podcast (2011), episode 43. See also: Carol Tavris and Elliot Aronson, *Mistakes Were Made (But Not by Me)* (Houghton Mifflin Harcourt, 2007).

59 長久以來，社會科學家相信選民需要的是事實，資訊可以治療無知；不過，這越來越像是天真的想法。大量的研究顯示，當事實和意識形態彼此矛盾時，獲得正確資訊的選民還是會堅持自己錯誤的信念。事實上，幾項設計完善的研究指出，選民獲得正確資訊之後反而會「比起未受更正的人更強烈地堅持己見」。其中一位研究者說他們不講理。我們能怪他們嗎？你提出修正，而人們仍堅信自己是對的？這確實讓人沮喪。參見 Brendan Nyhan and Jason Reifler, "When Corrections Fail: The Persistence of Political Misperceptions," *Political Behavior* (2010), Vol. 32, pp. 303–330.

60 Shelby Steele, *A Bound Man: Why We Are Excited About Obama and Why He Can't Win* (Free Press, 2007). 諷刺的是，斯蒂爾雖然正確地指出歐巴馬對白人選民的吸引力，他卻誤判了選情，預測歐巴馬會輸掉二〇〇八年的選舉。斯蒂爾後來表示，他錯在於以為歐巴馬沒辦法維持他無害黑人的形象。斯蒂爾也提到，他的預測沒有經過深思熟慮。

61 本段落是根據作者與喬治・馬庫斯在二〇一三年三月二十日的Skype訪談內容。

62 情緒成了許多社會科學領域的重要課題，特別是心理學。佛洛伊德要我們關注心靈，然而，你沒辦法從經驗上檢驗他的見解。你要怎麼檢驗本我對一個人的影響？在二〇年代的反佛洛伊德學說思潮中，心理學家轉為支持行為主義。行為主義看起來比較科學，因為它關注於可測量的事物，例如老鼠對正與負強化的反應時間。不過，到了五〇年代，心理學家又重新思考是否要這麼支持行為主義。行為主義認為我們是白板，任何人都可以透過賞罰系統教我們任何事。但事實並非如此。我們知道人類不是白板，人類的許多行為是生物學的作用結果。我們在悲傷時哭泣、快樂時歡笑，不必有人教我們這些反應，我們就是會這麼做。參見Jonathan Haidt's *The Righteous Mind* (Pantheon, 2012).

63 參見Joseph LeDoux, *The Emotional Brain* (Simon & Schuster, 1996), Ronald de Sousa, *The Rationality of Emotion* (MIT Press, 1990), and Antonio Damasio, *Descartes' Error: Emotion, Reason, and the Human Brain* (Penguin, 2005).

64 本段落的參考文獻包括：George Marcus, *Political Psychology*; George Marcus, W. Russell Neuman, and Michael MacKuen, *Affective Intelligence and Political Judgment* (University Of Chicago Press, 2000); *The Affect Effect: Dynamics of Emotion in Political Thinking and Behavior,* ed. by W. Russell Neuman, George Marcus, Michael MacKuen, and Ann N. Crigler. (University Of Chicago Press, 2007); and George Marcus, *The Sentimental Citizen: Emotion in Democratic Politics* (Pennsylvania State University Press, 2002).

65 George Marcus, W. Russell Neuman, and Michael MacKuen, "Ideology, Affect, Context, and Political Judgment: When Conservatives and Liberals Share Feelings and When They Don't," paper presented at the Annual Meeting of the American Political Science Association (August 2014).


## 第8章——事出必有因


1 "The Pledge of Private Treptow," *New York Times* (January 21, 1981); Edmund Morris, *Dutch* (Random House, 1999), pp. 412–413.

2 Alan Barrie Spitzer, *Historical Truth and Lies about the Past: Reflections on Dewey, Dreyfus, de Man, and Reagan* (University of North Carolina Press, 1996), p. 108ff.

3 Peggy Noonan, *What I Saw at the Revolution: A Political Life in the Reagan Era* (Random House, 2003), pp. 143ff, 184. 雷根為什麼會如此執著於這些故事引起了揣測。瑞克・佩爾斯坦在 *The Invisible Bridge* (2014) 當中指出，這是因為雷根悲慘的童年。英雄故事是他的避難所，讓他逃離飄忽不定的家庭生活。他的父親是個酒鬼。他在童年時期搬了十幾次家。雷根曾目睹他父親醉得不省人事倒在雪地裡。因此，比起現實，雷根更喜歡邪不勝正的英雄故事。這些故事讓年輕時期的雷根保持理智。就像我在參考文獻的前段所指出的，佩爾斯坦發現，在七〇年代的總統大選中，雷根是最徹底地淡化水門案並袒護尼克森的候選人。這讓瞭解他的人相當困惑。然而，佩爾斯坦認為雷根不得不如此。他必須編造一個總統以智慧與正義在統治國家的虛假世界。比起民主黨對水門案的負面批評，很多美國人更喜歡雷根版本的故事。

4 Howard Gardner, *Leading Minds: An Anatomy of Leadership* (Basic Books, 1996), pp. 41ff.

5 Yuval Noah Harari, *Sapiens: A Brief History of Humankind* (Harper, 2015), p. 34.

6 Fritz Heider & Marianne Simmel,"An Experimental Study of Apparent Behavior," *American Journal of Psychology* (1944), Vol. 57, pp. 243–259.

7 Marlon S. Matthews, et al.,"William P. van Wagenen and the First Corpus Callosotomies for Epilepsy," *Journal of Neurosurgery* (2008), Vol. 108, pp. 608–613.

8 Michael S. Gazzaniga,"Principles of Human Brain Organization Derived from Split-Brain Studies," *Neuron* (February 1995), Vol. 14, pp. 217–228; David Wolman,"The Split Brain: A Tale of Two Halves," *Nature* (March 14, 2012).

9 Michael S. Gazzaniga, *Who's in Charge: Free Will and the Science of the Brain* (Ecco, 2011), p. 81ff.

10 Michael S. Gazzaniga,"The Split Brain in Man," *Scientific American* (1967), Vol. 217, No. 2, p. 29. 亦可參見：Jason Weeden and Robert Kurzban, *The Hidden Agenda of the Political Mind: How Self-Interest Shapes Our Opinions and Why We Won't Admit It* (Princeton University Press, 2014), p. 51.

11 Maria-Dorothea Heidler,"Is Your Brain Lying to You? How the Brain Leads Us to Believe False Truths," *Scientific American* (March 2014), Vol. 25, No. 2.

12 Armin Schnider,"Orbitofrontal Reality Filtering," *Frontiers in Behavioral Neuroscience* (June 10, 2013), Vol. 7, p. 67.

13 Armin Schnider,"Spontaneous Confabulation and the Adaptation of Thought to Ongoing Reality," *Nature Reviews Neuroscience* (August 2003), Vol. 4, pp. 662–671.

14 還有其他證據證明我們的預配線路是以故事來思考。近期的研究指出，如果孩童的父母用說故事的方式告訴他們在三歲時發生了什麼事，他們記得的內容會多上許多。參見 Patricia Bauer,"The onset of childhood amnesia in childhood: A prospective investigation of the course and determinants of forgetting of early-life events," *Memory* (November 18, 2013).

15 Michael S. Gazzaniga, *The Cognitive Neurosciences III* (MIT Press, 2004), p. 1194.

16 Michael Shermer, *The Believing Brain: From Ghosts and Gods to Politics and Conspiracies—How We Construct Beliefs and Reinforce Them as Truths* (St. Martin's Griffin, 2012), pp. 59–60. 史迪芬・平克提出了「胡謅產生器」(baloney generator）一詞。參見Pinker, *The Blank Slate: The Modern Denial of Human Nature* (Penguin Books, 2003), p. 43.

17 Jeremy Dean,"The Psychology of Storytelling and Empathy, Animated," PsyBlog (January 31, 2014).

18 Paul Zak, *The Moral Molecule: The Source of Love and Prosperity* (Dutton, 2012), p. 72.

19 Rick Perlstein, ed., *Richard Nixon: Speeches, Writings, Documents* (Princeton University Press, 2008), p. 3.

20 Sigma 1, Part 1, National Security File, Agency File, box 30, LBJ Library.

21 H.R. McMaster, *Dereliction of Duty* (Harper, 1997), p. 89ff. 我的論點參考了先前引用過的兵棋推演研究，麥馬士達的看法，以及 Dominic D. P. Johnson et al.,"Overconfidence In Wargames: Experimental Evidence on Expectations, Aggression, Gender and Testosterone," *Proceedings of the Royal Society* (June 20, 2006), Vol. 273, pp. 2513–2520.

22 Robert McNamara, *In Retrospect* (Crown, 1996), p. 208.

23 William Bundy, unpublished memoir appendix, LBJ Library.

24 Maria Lipman et al.,"The Stalin Puzzle"(Carnegie Endowment for International Peace, 2013).

25 Jonathan Haidt, *The Happiness Hypothesis: Finding Modern Truth in Ancient Wisdom* (Basic Books, 2006), p. 73ff.

26 Alicia Shepard, *Woodward and Bernstein: Life in the Shadow of Watergate* (Wiley, 2007), p.

57.

## 第9章——活在一九七四年

1 本段落根據作者與提摩西・納夫塔利在二O一三年四月十五日的Skype訪談。

2 尼克森總統博物館網站可查到原版的水門案展覽，參見www.nixonlibrary.gov/themuseum/exhibits/oldwatergatetour.php

3 Ken Hughes,"Nixon's Biggest Crime Was Far, Far Worse than Watergate," History News Network (June 5, 2012).

4 Drew Westen, *The Political Brain* (PublicAffairs, 2007), pp. xi–xv.

5 Kate Zernike."Unlikely Activist Who Got to the Tea Party Early," *New York Times* (February 27, 2010).

6 Wikipedia entry,"Rick Santelli," accessed September 24, 2013.

7 桑特利說的越多，他就顯得越不可理喻。儘管有大量的證據指出通膨的風險不高，他還是持續地預測通膨即將失控。參見Paul Krugman,"Rick Santelli and Affinity Fraud," *New York Times* (July 14, 2014).

8 Alex Pentland, *Social Physics* (Penguin, 2014), chapter 8.

9 Nicholas A. Christakis and James H. Fowler, *Connected: The Surprising Power of Our Social Networks and How They Shape Our Lives* (2009), p. 295.

10 Christopher Goffard,"At Nixon Library, The Old Game of Hardball Against a New View of Watergate," *Los Angeles Times* (December 14, 2011).

11 Adam Nagourney,"Watergate Becomes Sore Point at Nixon Library," *New York Times* (August 6, 2010).

12 隆納・沃克提供給國家檔案館的備忘錄, "Memorandum for Sharon Fawcett, Assistant Archivist, Office of Presidential Libraries, National Archives and Records Administration" (August 2010).

13 Victor Lasky, *It Didn't Start with Watergate* (Dell Publishing, 1977).

14 Jonathan Haidt, *The Righteous Mind: Why Good People Are Divided by Politics and Religion (Pantheon, 2012),* chapter 4.

15 David Sloan Wilson, *Darwin's Cathedral: Evolution, Religion, and the Nature of Society* (University of Chicago Press, 2002).

16 Jonathan Haidt, *Righteous Mind*, pp. 138–141. 保守派的六項特質包括非常尊敬做出犧牲的人、按照一個人的付出給予等比例的回報、忠誠、重視等級制、敬畏神聖，以及熱衷自由。

17 可參見Ethan Rarick, *Desperate Passage: The Donner Party's Perilous Journey West* (Oxford University Press, 2008).

18 Louise Barrett, Robin Dunbar and John Lycett, *Human Evolutionary Psychology* (Princeton University Press, 2002), pp. 64–65.

19 Nicholas Wade, *Before the Dawn: Recovering the Lost History of our Ancestors* (Penguin, 2006), p. 159ff.

20 Louise Barrett et al., *Human Evolutionary Psychology*, p. 25ff.

21 Richard Dawkins, *The Selfish Gene* (Oxford University Press, 2009), *passim*. 我的討論基本上參考了前面提過的道金斯與路易斯．巴瑞特（Louise Barrett）等人的著作。

22 Patricia Churchland,"Self as Brain," Seattle Townhall lecture (September 24, 2013).

23 一項於二〇一四年發表的研究顯示，只有大家庭模式，也就是孩童是由父母、祖父母與舅姨叔嬸共同照顧的情況下，靈長類才會表現出清楚的利他主義。在十五種靈長類動物中，只有人類和狨猴（callitrichid monkey，一種活在高度互助的小團體的新世界猴）具有利他行為。參見J. M. Burkart et al.,"The Evolutionary Origin of Human Hyper-Cooperation," *Nature Communications* (August 2014), Vol. 5, No. 4747.

24 David Buss, ed., *Handbook of Evolutionary Psychology* (Wiley, 2005), p. 631.

25 同上。

26 William J. Ray, *Evolutionary Psychology: Neuroscience Perspectives* (SAGE, 2012), p. 162–167, 175, 286–287, 292, 313–316.

27 同上, p. 167.

28 Louise Barrett et al., *Human Evolutionary Psychology*, pp. 61–62.

29 如同我在參考文獻第六章討論過的，近年來，有某些科學家對個體選擇（individual selection）理論提出了廣泛批評，質疑漢彌爾頓規則，包括哈佛大學的E．O．威爾森在內。（參見E. O. Wilson's *The Meaning of Human Existence* [Liveright, 2014], chapter 6 and the appendix.）這些反對者相信多層次選擇。也就是說，我們和動物都經歷了個體與群體的雙重選擇。個體選擇偏好自私，而群體選擇偏好利他。達爾文自己也信奉多層次選擇。他認為這是利他行為的唯一解釋。

當二十世紀的社會科學家開始研究利他行為時，他們發現了某些達爾文沒注意到的機制，這些機制讓利他行為能獲得演化的青睞。其中一項是所謂的投桃報李。要在典型的囚徒困境中占上風，有一條簡單的策略，那就是在第一輪合作，而除非對方也以善意回應，否則下一輪就不合作。這就是投桃報李的意義。採取這條策略的玩家通常會勝過自私者。參見William J. Ray, *Evolutionary Psychology: Neuroscience Perspectives concerning Human Behavior and Experience* (SAGE Publications, 2012), p. 322. 投桃報李機制解釋了合作者為何能在自私無情的群體中生存，因為它解決了熟悉的順風車難題（free rider problem，搭順風車的人每次都會佔合作者的便宜）。

經濟學家出身的神經科學家保羅．扎克近期發現，單單一個催產素分子就能觸發所有動物的利他反應，包括人類在內。參見Paul Zak's *The Moral Molecule: The Source of Love and Prosperity* (Dutton, 2012). 扎克認為打從哺乳動物演化之始，利他主義就是必要條件。他指出，只有信任同類的動物才會降低防備，讓交配得以發生。當我們信任他人時，他人也會信任我們，這構成了良性循環。扎克的研究顯示，所有人類都具備展現信任的能力，即使他們正為了稀缺資源彼此競爭。是什麼決定了我們要不要信任彼此？情境。

當然，有些人確實比較不值得信任，這可能來自於基因與環境的綜合作用。

扎克的研究結果顯示，單靠漢彌爾頓規則無法解釋利他行為。我們天生就有著利他的本性。不過，這項法則讓我們了解，為什麼親屬之間常常表現出更高度的利他主義，而非親屬之間則較少，比如朋友。當然，未來的研究可能會發現利他主義其實來自於更複雜的關係。

30 我的敘述主要依據下面這篇特別報導，*Boston Globe,*"102 Hours in Pursuit of Marathon Suspects." (April 28, 2013).

31 "Bomb Suspects'Mother Defends Sons," *Daily Beast* (April 19, 2013) and"Bombing Suspect's Father Speaks," *Daily Beast* (April 19, 2013).

32 演化似乎確實偏好能控制自己的反社會衝動的人。合群者和好公民會得到獎勵。搶匪與霸凌者將受懲罰；在原始社會，他們常被處死。演化讓那些可以和他人和諧相處的人存活下來。這促成了一個更講求道德的社會。不過，演化本身不在乎我們是否道德。演化沒有目的。某些行為會得到較高演化適合度作為酬賞，然而，我們不是被設計成要做什麼而不做什麼。當我們說我們被「設計」成這樣或那樣時，我們指的並不是「設計」在字面上的意義。參見Christopher Boehm, *Hierarchy in the Forest: The Evolution of Egalitarian Behavior* (Harvard University Press, 1999), p. 28ff.

33 Tegan Cruwys et al.,"Feeling Connected Again: Interventions that Increase Social Identification Reduce Depression Symptoms in Community and Clinical Settings," *Journal of Affective Disorders* (February 2014). Vol. 159, pp. 139–146.

34 "After Election Setbacks. Diehards Battle Pragmatists for Control of GOP," McClatchy Newspapers (December 6, 2012).

35 Jonathan Haidt, *The Righteous Mind*, chapter 11.

36 作者與納夫塔利在二Ｏ一三年四月十五日的訪談：「他告訴我說，只要我還在圖書館的一天，他就永遠不會走進來，因為我邀請了約翰．迪恩。」

37 Edward J. MacKenzie Jr.,"Breaking Legs for Whitey," Boston Magazine (May 2003).

38 William Safire,"His Brother's Keeper," *New York Times* (December 5, 2002).

39 Irving L. Janis, *Groupthink* (Houghton Mifflin, 1982).

40 Richard Thaler and Cass Sunstein, *Nudge: Improving Decisions About Health, Wealth, and Happiness* (Penguin Books, 2009), p. 56.

41 Paul Zak, *The Moral Molecule*, p. 98.

## 第10章——當事情發生在你身上時

1 "Air Battle of South Korea," Wikipedia (accessed March 25, 2014).

2 除了特別註明，這段史實是參考Marilyn Young,"Bombing Civilians from the Twentieth to the Twenty-First Centuries," in *Bombing Civilians*, ed. Yuki Tanaka and Marilyn Young (2009).

3 Freda Kirchwey,"Liberation by Death," *Nation* (March 10, 1951).

4 Roger Dingman,"Atomic Diplomacy during the Korean War," *International Security* (Winter, 1988–1989), Vol. 13, No. 3, p. 81.
5 共和黨員的這項宣稱並不是真的，艾森豪從來沒有威脅要使用核武；請參見上一個參考文獻。
6 Marilyn Young,"Bombing Civilians," p. 158.
7 同上, p. 164.
8 Mark Clodfelter, *The Limits of Air Power: The American Bombing of North Vietnam* (Bison Books, 2006), p. 56ff.
9 Jonah Lehrer, *How We Decide* (Mariner Books, 2009), p. 187.
10 Quote from Comedy Central's *The Daily Show*, March 4, 2014.
11 Rob Portman,"Gay Couples also Deserve Chance to Get Married," *Columbus Dispatch* (March 15, 2013).
12 "Rob Portman Reverses Gay Marriage Stance After Son Comes Out," Huffington Post (March 15, 2013).
13 Paul Zak, *The Moral Molecule: The Source of Love and Prosperity* (Dutton, 2012), p. 165ff.
14 同上, p. 135ff.
15 Nicholas Epley, *Mindwise: How We Understand What Others Think, Believe, Feel, and Want* (Knopf, 2014), preface.
16 同上, p. 41ff.
17 同上, p. 93ff.
18 同上, p. 173.
19 Paul Zak, *Moral Molecule*, p. 158ff.
20 Paul Bloom, *Just Babies: The Origins of Good and Evil* (Crown, 2013), p. 174.
21 Deborah Small, George Lowenstein, and Paul Slovic,"Sympathy and callousness: The Impact of Deliberative Thought on Donations to Identifiable and Statistical Victims," *Organizational Behavior and Human Decision Processes* (March 2006), Vol. 102, pp. 143–53.
22 Nicholas Epley,"Understanding the Minds of Others," Seattle Townhall lecture (February 27, 2014).

## 第11章——會計師謬誤

1 Anthony Lewis,"The Real Mr. Ford," *New York Times* (October 25, 1976).
2 Denise Cummins, ed., The *Evolution of Mind* (Oxford University Press, 1998), p. 40ff. 亦可參見 Michael Inzlicht and Sukhvinder Obhi,"Powerful and Coldhearted," *New York Times* (July 27, 2014).
3 Yoel Inbar, David A. Pizarro, Joshua Knobe, and Paul Bloom,"Disgust Sensitivity Predicts Intuitive Disapproval of Gays," *Emotion* (2009), Vol. 9, No. 3, pp. 435–439.
4 Nicholas Epley, *Mindwise: How We Understand What Others Think, Believe, Feel, and Want*

(Knopf, 2014), p. 43ff.

5 Kathleen D. Vohs et al.,"Merely Activating the Concept of Money Changes Personal and Interpersonal Behavior," *Current Directions in Psychological Science* (2008), Vol. 17, No. 3, p. 209. 亦可參見 Nicholas Kristof,"The Compassion Gap," *New York Times* (March 1, 2014) and Robert Burton,"A Judge without Empathy Is Inhuman," *Salon* (May 12, 2009).

6 想當頭頭的領袖型男性或許不用特別有同理心，但他們絕不能冒犯社群的對錯觀念。研究狩獵採集者社群的人類學家發現，行為野蠻的領導者最後都會被拉下台。參見 Christopher Boehm, *Hierarchy in the Forest: The Evolution of Egalitarian Behavior* (Harvard University Press, 1999).

7 Susan T. Fiske,"Envy Up, Scorn Down: How Comparison Divides Us," *American Psychology* (November 2010).

8 我們通常以為強勢者會比弱勢者更不願意幫助別人，然而，這裡有個著名的例外。在勝利之後，即使只是贏了一場運動比賽，勝者都更容易表現出同情心。贏家有心力關注別人。而輸家呢？他們陷在失敗的情緒裡，沒辦法關心別人的痛苦。參見 Nancy Eisenberg, "Emotion, Regulation and Moral Development," *Annual Review of Psychology* (2000), Vol. 51, pp. 665–697.

9 Paul Zak, *The Moral Molecule: The Source of Love and Prosperity* (Dutton, 2012), chapter 4.

10 大衛・休謨以及亞當・斯密都主張人類必須同情他者。休謨認為同情不過就是接收他者的感受。他說，「一個人的情緒傳達給另一個人是輕而易舉的」。斯密的觀點沒那麼樂觀。他指出，我們需要「道德想像」來瞭解別人的感受。對許多事情有著正確看法的休謨（特別是心智運作的方式；休謨認為理性是「為熱情服務的奴隸」）這次顯然錯了，同理心並不是自動的。亞當・斯密是對的，我們需要道德想像來進入別人的大腦。福特的問題便是欠缺道德想像。參見 "Adam Smith's Moral and Political Philosophy" in the online Stanford Encyclopedia of Philosophy (February 15, 2013).

11 Anthony I. Jack et al.,"fMRI Reveals Reciprocal Inhibition between Social and Physical Cognitive Domains," *NeuroImage* (February 2013), Vol. 66, No. 1, pp. 385–401.

12 Samuel L. Popkin, *The Reasoning Voter* (University Of Chicago Press, 1994), pp. 1–5.

13 Paul Zak, *Moral Molecule*, pp. 71–75.

14 Nicholas Epley, *Mindwise*, p. 45.

15 Marco Iacoboni, *Mirroring People: The New Science of How We Connect with Others* (Farrar, Straus and Giroux, 2008), p. 115.

16 Sandra Blakeslee,"Cells That Read Minds," *New York Times* (January 10, 2006). 這篇《紐約時報》報導應該就是讓冰淇淋故事廣為流傳的主因。雖然相關人士從未出面證實，《紐約時報》網站仍然查得到這篇報導。《紐約時報》也是為這個故事添加生動細節的幕後推手，比如監視器發出了「嗶嗶」聲。參見 Iacoboni, *Mirroring People*, p. 11.

17 派翠西亞・徹蘭（Patricia Churchland）在課堂上表達了她的懷疑態度，參見"Self as Brain," Seattle Townhall lecture (September 24, 2013). 她反對的主要理由是鏡像神經

元賦予獼猴的似乎不是同理心，這代表同理心還有其他機制存在。亦可參見 Gregory Hickok,"Three Myths About the Brain," *New York Times* (August 1, 2014).

18 Nicholas Epley, *Mindwise*, p. 45.

19 *Historical Statistics of the United States* (United States Census Bureau, 1975), Vol. 1, pp. 356, 966; Vol. 2, p. 1104.

20 Lou Cannon, *Reagan* (Simon & Schuster, 1982), pp. 175–184.

21 R. Richard Ritti and Drew W. Hyman, "The Administration of Poverty: Lessons from the'Welfare Explosion'1967–1973," *Social Problems* (December 1977), Vol. 25, No. 2, pp. 157–175.

22 Paul Krugman,"Republicans and Race," *New York Times* (November 19, 2007).

23 Josh Levin,"The Welfare Queen," *Slate* (December 19, 2013).

24 Arloc Sherman, Robert Greenstein, and Kathy Ruffing,"Contrary To'Entitlement Society'Rhetoric, Over Nine-Tenths of Entitlement Benefits Go To Elderly, Disabled, or Working Households," Center on Budget and Policy Priorities (February 10, 2012).

25 R. Richard Ritti and Drew W. Hyman,"The Administration of Poverty," p. 163.

26 Felicia Kornbluh, *The Battle for Welfare Rights* (University of Pennsylvania Press, 2007).

27 R. Richard Ritti and Drew W. Hyman,"The Administration of Poverty."

28 Kornbluh, *Welfare Rights*, p. 91.

29 Dan T. Carter, *The Politics of Rage: George Wallace, the Origins of the New Conservatism, and the Transformation of American Politics* (Louisiana State University Press, 2000), p. 374.

30 Michael Bang Petersen,"Social Welfare as Small-Scale Help: Evolutionary Psychology and the Deservingness Heuristic," *American Journal of Political Science* (January 2012), Vol. 56, No. 1, pp. 1–16.

31 Michael Bang Petersen et al.,"Who Deserves Help? Evolutionary Psychology, Social Emotions, and Public Opinion about Welfare," *Political Psychology* (June 2012), Vol. 33, No. 3, pp. 395–418.

32 我並不是要淡化種族歧視在社會福利爭議當中的角色。種族同質性高的國家的社會福利會比較慷慨，而種族異質性高的國家則相反，引人深思。參見 Alberto Alesina and Edward Glaeser, *Fighting Poverty in the U.S. and Europe: A World of Difference* (Oxford University Press, 2004).

33 Lee Ross and Richard E. Nisbett, *The Person and the Situation* (Pinter & Martin, 2011).

34 Chana Joffe-Walt,"Unfit for Work: The Startling Rise of Disability in America," NPR's *All Things Considered* (April 2013).

35 "Aid to Disabled Children now Outstrips Welfare: As SSI Expands, Debate Intensifies," *Boston Globe* (August 28. 2014).

36 R. Kent Weaver, *Ending Welfare as We Know it* (Brookings Institution Press, 2000), p. 173.

## 總結：向前邁進

1 Alicia Shepard, *Woodward and Bernstein: Life in the Shadow of Watergate* (2007).
2 Paul Bloom,"Psych 110: Introduction to Psychology," Open Yale Courses, lecture 4, available online.
3 Alicia Shepard, *Woodward and Bernstein*, p. 54.
4 Bob Woodward and Carl Bernstein, *All the President's Men* (1974), pp. 95–101.
5 Jeffrey Alan Gray, *Consciousness: Creeping up on the Hard Problem* (Oxford University Press, 2007), pp. 75ff. 感謝喬治・馬庫斯提醒我參考格雷的著作。
6 Rachel Herz, *That's Disgusting: Unraveling the Mysteries of Repulsion* (W. W. Norton, 2012).
7 Carol Hay,"Gross Violations," *Aeon* (November 19, 2014).
8 Katherine Woollett and Eleanor Maguire,"Acquiring 'the Knowledge' of London's Layout Drives Structural Brain Changes," *Current Biology* (December 20, 2011), Vol. 21, No. 24–2, pp. 2109–2114.
9 Jonathan Haidt, *The Righteous Mind: Why Good People Are Divided by Politics and Religion* (Pantheon, 2012), p. 45ff.
10 David Eagleman, *Incognito: The Secret Lives of the Brain* (Pantheon, 2011), chapter 5.
11 Michael S. Gazzaniga, *Who's in Charge: Free Will and the Science of the Brain* (Ecco, 2012) and Bruce M. Hood, *SuperSense: Why We Believe in the Unbelievable* (HarperOne, 2009). 同上，大衛・伊爾格曼（David Eagleman）是懷疑人類有自由意志的科學家之一。
12 "2014 November General Election Turnout Rates," Election.Project.org (Nov. 20, 2014).
13 Alex Pentland, *Social Physics* (2014), p. 64ff.
14 同上, p. 199ff.
15 Alex Pentland,"'Social Physics:' Engaging with the Big Data Around Us," Seattle Townhall lecture (February 6, 2014).
16 Alex Pentland, *Social Physics*, p. 35.
17 同上, p. 167ff.
18 同上, p. 49ff.
19 參見 George Marcus, W. Russell Neuman, and Michael MacKuen,"Ideology, Affect, Context, and Political Judgment: When Conservatives and Liberals Share Feelings and When They Don't," paper presented at the Annual Meeting of the American Political Science Association (August 2014).
20 參見 Jonathan Haidt, *Righteous Mind*, and James H. Fowler, Laura A. Baker, and Christopher T. Dawes, "Genetic Variation in Political Participation," *American Political Science Review* (May 2008), Vol. 102, No. 2. 亦可參見 John R. Hibbing, Kevin B. Smith and John R. Alford, *Predisposed: Liberals, Conservatives, and the Biology of Political Differences* (Routledge, 2014).
21 Leonie Huddy, Stanley Feldman, and Erin Cassese,"On the Distinct Political Effects of

Anxiety and Anger," in *The Affect Effect*, pp. 202–230.

22 Jonathan McDonald Ladd and Gabriel S. Lenz,"Does Anxiety Improve Voters' Decision Making?" *Political Psychology* (2011), Vol. 32, No. 2, pp. 347–361.

23 Philip E. Tetlock, *Expert Political Judgment: How Good Is It? How Can We Know?* (2005).

24 Michael Shermer, *The Believing Brain: From Ghosts and Gods to Politics and Conspiracies—How We Construct Beliefs and Reinforce Them as Truths* (St. Martins Griffin, 2012), p. 79.

25 Guido den Dekker et al.,"From Human Insecurity to International Armed Conflict,"50th Pugwash Conference on Science and World Affairs (August 2000), and Richard Restak, *Poe's Heart and the Mountain Climber: Exploring the Effect of Anxiety on Our Brains and Our Culture* (Three Rivers Press, 2004).

26 我必須指出，焦慮是一種個人特質。杏仁核較大的人更容易感覺焦慮。Caren Chesler,"The Coward," *Aeon* (October 30, 2014).

27 George Marshall, *Don't Even Think About It: Why Our Brains Are Wired to Ignore Climate Change* (Bloomsbury, 2014), p. 57ff.

28 Gallup Poll,"In U.S., Most Do Not See Global Warming as Serious Threat"(March 13, 2014).

29 *Washington Post*-ABC poll,"EPA Rules on Greenhouse Gases"(June 2, 2014).

30 有篇很好的文章總結了這些民調的發現，參見Ira Chernus,"Don't Blame Climate Change Deniers," History News Network (September 24, 2014).

31 George Marshall, *Climate Change*, p. 228.

32 Kathleen Hall Jamieson, *Everything You Think You Know About Politics . . . and Why You're Wrong* (2000), p. 105ff and Jamieson, *Packaging the Presidency: A History and Criticism of Presidential Campaign Advertising* (Oxford University Press, 1996), p. 220.

33 George Marshall, *Climate Change*, p. 67.

34 Michael MacKuen, Jennifer Wolak, Luke Keele, and George Marcus, "Civic Engagements: Resolute Partisanship or Reflective Deliberation," *American Journal of Political Science* (April 2010), Vol. 54, No. 2, pp. 440–458.

35 George Marcus, W. Russell Neuman, and Michael MacKuen,"Ideology, Affect, Context, and Political Judgment."

36 近期有項研究顯示，微博上的憤怒留言的散播速度比其他留言快上許多；這並不讓人意外。參見Rui Fan, Jichang Zhao, Yan Chen, and Ke Xu, "Anger is More Influential Than Joy: Sentiment Correlation in Weibo," arXiv (September 2013), 1309.2402 [cs.SI].

37 政客與倡議人士一直利用我們的憤怒不只是因為有效，還因為憤怒是最短暫的情緒。一般而言，我們不會處在憤怒狀態非常久。和其他情緒相比，憤怒的時間很短暫。根據一項近期的研究，我們維持悲傷的時間可以比憤怒久得多。然而，憎恨的持續時間可以和悲傷一樣長。在政治當中，引起憤怒的事件幾乎都會產生憎恨。參見Philippe Verduyn and Saskia Lavrijsen, "Which Emotions Last Longest and Why: The Role of

Event Importance and Rumination," *Motivation and Emotion* (October 31, 2014).
38 Walter Mischel, *The Marshmallow Test* (Little, Brown, 2014), pp. 127–128.
39 Don Taylor,"Two-thirds of Americans Don't Save Enough," Bankrate.com (October 7, 2014).
40 Mischel, *Marshmallow Test*, p. 66ff.
41 Andrea Orr,"What Went Wrong with No Child Left Behind?" Economic Policy Institute (March 18, 2010). www.epi.org/publication/what went wrong with no child left behind/
42 "Libya Weapons Aid Tuareg Rebellion in Mali," *Los Angeles Times* (June 12, 2012).
43 Matthew Feinberg and Robb Willer,"The Moral Roots of Environmental Attitudes," *Psychological Science* (December 10, 2012), Vol. 24, pp. 56–62.
44 Matt Bai, *All the Truth Is Out: The Week Politics Went Tabloid* (Knopf, 2014).

## 尾聲：寡婦優勢

1 和所有人一樣，我的家族故事也來自久遠的記憶。我能信任的只有我祖父的出生證明；不過，它可能也不正確。根據這份文件，我的祖父出生於奧地利，儘管家族流傳下來的說法是他的祖先來自羅馬尼亞。羅馬尼亞曾經是奧匈帝國的一部份，但事情有充分的不確定性，是可以懷疑家族流傳下來的各種說法，包括我祖父到底是在哪裡出生的。

2 Sean Wilentz, *The Rise of American Democracy: Jefferson to Lincoln* (W. W. Norton, 2005), pp. 138–139, 505.
3 Rick Shenkman, *Presidential Ambition* (HarperCollins, 1999), pp. 198–199.
4 Rick Shenkman,"Television, Democracy, and Presidential Politics," *The Columbia History of Post-World War II America*, ed. Mark C. Carnes (Columbia University Press, 2007), pp. 255–284.
5 its tax-exempt status. *Branch Ministries, Inc. versus Charles O. Rossotti*, Civil Action No. 95–0724 (PLF). www.irs.gov/pub/irs-utl/branch_ministries.pdf 亦可參見 Barry W. Lynn, *Piety & Politics: The Right-Wing Assault on Religious Freedom* (Harmony, 2006), p. 150ff.

左岸政治　299

# 為何我們總是選錯人？人類政治行為的迷思

# POLITICAL ANIMALS

## How Our Stone-Age Brain Gets in the Way of Smart Politics


作　　者　瑞克．謝克曼（Rick Shenkman）
譯　　者　曾亞晴、陳毅澂、林士堯
總 編 輯　黃秀如
責任編輯　林巧玲
行銷企劃　蔡竣宇
封面設計　廖　韡

社　　長　郭重興
發行人暨出版總監　曾大福
出　　版　左岸文化／遠足文化事業股份有限公司
發　　行　遠足文化事業股份有限公司
231新北市新店區民權路108-2號9樓
電　　話　(02) 2218-1417
傳　　真　(02) 2218-8057
客服專線　0800-221-029
E-Mail　rivegauche2002@gmail.com
左岸臉書　facebook.com/RiveGauchePublishingHouse
法律顧問　華洋法律事務所　蘇文生律師
印　　刷　呈靖彩藝有限公司
初版一刷　2019年12月
初版二刷　2020年2月
定　　價　480元
I S B N　978-986-98006-5-5
歡迎團體訂購，另有優惠，請洽業務部，(02) 2218-1417分機1124、1135

為何我們總是選錯人？人類政治行為的迷思／瑞克．謝克曼（Rick Shenkman）著；曾亞晴，陳毅澂，林士堯譯.
－初版.－新北市：左岸文化，遠足文化，2019.12
面；　公分.－(左岸政治；299)
譯自：Political animals :
how our Stone Age brain gets in the way of smart politics
ISBN 978-986-98006-5-5(平裝)
1.政治心理學 2.政治文化
570.14　　108019835